우리 집 식탁이 레스토랑이 되는 셰프의 비법 레시피

오늘의 양식

우리 집 식탁이 레스토랑이 되는 셰프의 비법 레시피
오늘의 양식

초판 1쇄 발행 2025년 3월 25일
2쇄 발행 2025년 5월 23일

지은이 이상민
펴낸이 장현수
펴낸곳 메이킹북스
출판등록 제 2019-000010호

디자인 윤목화
편집 최선화
교정 안지은
마케팅 김소형

주소 서울특별시 구로구 경인로 661, 핀포인트타워 912-914호
전화 02-2135-5086
팩스 02-2135-5087
이메일 making_books@naver.com
홈페이지 www.makingbooks.co.kr

ISBN 979-11-6791-683-9 (03590)
값 20,000원

ⓒ 이상민 2025 Printed in Korea

잘못된 책은 구입하신 곳에서 바꾸어 드립니다.
이 책의 전부 또는 일부 내용을 재사용하려면 사전에 저작권자와 펴낸곳의 동의를 받아야 합니다.

메이킹북스는 저자님의 소중한 투고 원고를 기다립니다.
출간에 대한 관심이 있으신 분은 making_books@naver.com으로 보내 주세요.

우리 집 식탁이 레스토랑이 되는 셰프의 비법 레시피

오늘의 양식

이상민 지음

메이킹북스

프롤로그

요리를 시작한 지 어느덧 반평생 이상이 흘렀습니다. 길다면 길고 짧다면 짧은 시간, 음식을 만들며 많은 희로애락을 느꼈고, 요리 하나하나에 마음을 담았습니다. 아직도 요리를 하여 접시에 플레이팅하기까지 어려움도 시행착오도 많지만 대중들에게 제 요리를 선보여 행복감을 줄 수 있다면, 그 보람과 기쁨은 이루 말할 수 없는 것 같습니다.

만 13세에 처음 방과후 학교를 통하여 이탈리안 요리를 접하였고 만 15세에 요리학원을 등록하여 한식조리기능사 자격증을 공부했습니다. 만 16세부터 이탈리안 레스토랑에서 근무를 시작하여 만 20세, 저만의 요리책 레시피를 글과 그림으로 담아 보았습니다. 이 책은 그 시절이 고스란히 담겨 있는 소중한 기록입니다.

음식을 오랫동안 만들지만 정답은 없고 요리를 하면 할수록 어려운 게 음식을 만드는 것이고 그 음식으로 미각, 후각, 시각을 자극시킨다는 게 참으로 어려운 일입니다.

많은 후배분들, 주부 및 음식을 접하는 모든 분들이 이 책을 통해, 양식의 매력을 보고 배우고 느끼시면 좋겠습니다. 소박한 음식들이지만, 제 작은 진심들이 전해지기를 바라 봅니다.

추천사

책 발간을 진심으로 축하합니다.

저자님은 전주대학교 특강에서 처음 만났습니다.
특강 내용을 진심으로 경청하는 학생이었고 지금은 대한민국 이탈리안 요리를 이끄는 선구적인 역할을 하고 있습니다.
오너셰프로써 배운 경험을 후학에게 전수하고 이탈리아 요리의 기술과 이론을 재정립하여 요리를 배우는 후배들에게 바이블이라 할 수 있습니다.
지금까지 틈틈이 집필한 많은 교재는 학생과 실무에 종사하는 호텔 셰프 그리고 창업을 목적으로 하는 소상공인들에게도 좋은 길잡이 역할을 하고 있습니다.
요리 관련 서적들이 많이 있지만, 저자님의 책은 조리법, 음식 사진들이 꼼꼼하고 누구나 쉽게 이해하고 간결하게 집필되어 요리사들에게는 큰 도움이 될 것 같습니다.
책 발간을 진심으로 축하하면서 앞으로도 요리를 배우는 후배들을 위하여 배 항로를 가르는 선장이 되어 주십시오.

진심으로 축하합니다….

2025년 03월 09일
부산롯데호텔 총주방장 김 봉 곤 드림 (인)

목차

프롤로그 _ 4

추천사 _ 5

조리 용어 _ 32

❧ 소고기 ❧

· 라즈베리 소스를 곁들인 소안심 찹스테이크에 조화를 이룬 매시트포테이토
  그리고 당근 퓌레와 단호박 퓌레를 곁들여 낸 두 가지 맛 파스타 샐러드 _ 37
· 홀그레인 브라운소스에 어우러진 등심스테이크에 고구마 마카로니 샐러드와
  버섯볶음 그리고 아보카도 살사 _ 38
· 안심스테이크와 안심버섯 볶음밥에 황도구이를 올린 양파볶음
  그리고 발사믹 소스와 바나나 소스 _ 39
· 세 가지 맛 소스와 세 가지 맛 퓌레를 곁들인 찹스테이크와 소 안심 버섯 리소토 _ 40
· 안심스테이크와 오리엔탈 카르파초 샐러드 & 토마토 브루스케타
  그리고 브라운소스 _ 41
· 데리야끼 소스를 곁들인 소고기 타다끼와 버섯 야채 처트니를 얹은
  오코노미야끼 _ 42
· 햄버그스테이크와 야채 소테잉 & 과일 살사 그리고 갈릭소스와 바질 페스토 _ 43
· 견과류 땅콩크림소스와 어우러진 채끝 스테이크와 야채볶음
  그리고 매시트포테이토와 아스파라거스구이 _ 44
· 복분자 소스를 곁들인 버섯 떡갈비와 곶감 퓌레
  그리고 동양식 샐러드와 비빔밥롤 _ 45
· 청포도 레드 와인 소스에 어우러진 등심스테이크와 마카로니 샐러드
  그리고 야채볶음 & 고구마 케이크 _ 46
· 안심 단호박 영양롤과 구운 치즈 과일 살사 & 감자 빠찌엔느
  그리고 홀그레인 머스터드 크림소스 _ 47
· 하드롤 속을 채운 상하이 카르파초 볶음과 파스타 양송이수프
  그리고 메이플시럽에 어우러진 펌킨파이 _ 48
· 단호박 햄버그스테이크와 페페론치노 소고기 볶음밥 & 느타리버섯볶음
  그리고 크림치즈소스 _ 49

- 오미자 소스에 어우러진 소고기 안심 필렛과 무화과 정과 & 고구마 퓌레
  그리고 카망베르 치즈를 곁들인 소 안심 리소토 _ 50
- 깻잎 페스토를 곁들인 소 등심 스튜와 메이플 시럽에 어우러진 견과류 파이와
  크림 파스타 _ 51
- 아메리칸 스타일 안심스테이크와 발사믹 소스
  그리고 매시트포테이토와 콘솔로 & 버터 모닝빵 _ 52
- 네 가지 맛 소스를 곁들인 소고기 양념 튀김과 찹스테이크
  그리고 스티밍한 소고기 & 소고기 치즈롤 _ 53
- 채끝 치즈롤과 월남쌈 야채 샐러드 그리고 과일 크림 케이크 _ 54
- 등심스테이크와 감자 마카로니
  그리고 아스파라거스구이 & 바질 페스토 _ 55
- 망고 레몬 소스를 곁들인 카프레제롤과 소고기 버섯 도리아롤
  그리고 감자 과일 살사롤 _ 56
- 카망베르 소고기 버섯 리소토와 감자튀김 & 고구마 마카로니 샐러드롤
  그리고 깻잎 페스토 _ 57
- 로즈메리 페스토와 야채 쿠스쿠스를 곁들인 데리야끼 목심구이와
  생강 빠찌엔느 그리고 토마토 처트니 _ 58
- 바질 토마토 모차렐라 치즈 등심볶음에 어우러진 버섯 크림 리소토볼과
  고구마 빠찌엔느 _ 59
- 감자 또르띠노에 어우러진 안심 찹스테이크와 바질 토마토
  그리고 그라나파다노 치즈와 단호박 퓌레 _ 60
- 새우 새송이버섯 크림소스를 곁들인 등심스테이크와 누룽지 야채볶음
  그리고 라디치오로 감싼 단호박 샐러드 & 산딸기 _ 61
- 마늘 & 오레가노 토스트에 속을 채운 봄 야채 파스타 샐러드와 소고기 필렛
  그리고 그라나파다노 치즈 _ 62
- 소고기 안심 토마토 리소토를 넣은 코티지 파이와 바질 페스토
  그리고 가지 라자냐와 가든 샐러드 _ 63
- 누룽지에 어우러진 소고기 장조림구이와 야채 쿠스쿠스
  그리고 안티파스토와 아스파라거스 & 마늘구이 _ 64

· 견과류 떡갈비와 그린빈 샐러드 & 단호박 라비올리 그리고 곶감 소스 _ 65
· 찹스테이크와 버섯 크림 리소토 그리고 라즈베리 퓌레 & 마카로니 샐러드 _ 66
· 오렌지 발사믹 소스를 곁들인 소 안심구이와 감자 고르곤졸라
  그리고 과일 샐러드 & 홀그레인 마요네즈 소스와 감자 치즈볼 _ 67
· 고르곤졸라 치즈와 데리야끼 소스에 어우러진 안심스테이크와 새송이볶음
  그리고 아메리칸 볶음밥과 감자튀김 _ 68
· 자몽 샐러드에 어우러진 햄버그스테이크와 새우 버섯 크림소스
  그리고 야채 필라프와 카망베르 치즈를 곁들인 고구마 튀김 _ 69
· 옥수수콘 치즈를 곁들인 안심 과일 치즈 가지롤과 단감 빠찌엔느
  그리고 플레인 드레싱에 어우러진 과일 살사 _ 70
· 등심 찹스테이크와 단호박 리소또 & 가든 샐러드 _ 71
· 카르파초 샐러드에 어우러진 알리오 올리오와 바질 페스토
  그리고 아글리오 피자 카나페 _ 72
· 머시룸 소스를 곁들인 안심스테이크와 새우구이
  그리고 야채 필라프와 어니언 튀김 & 로즈메리 페스토 _ 73
· 유자 소스를 곁들인 등심 찹스테이크와 가든 샐러드 & 감자 치즈볼
  그리고 토마토 브루스케타 _ 74
· 미트볼 소스에 어우러진 가지 라자냐와 버섯구이
  그리고 세 가지 맛 미니 파이 _ 75
· 등심구이와 버섯 팀발
  그리고 레몬 제스트와 석류 소스를 곁들인 쿠스쿠스볼 _ 76
· 감자를 넣은 안심롤과 튀긴 아스파라거스
  그리고 당근 올리베트 & 양송이구이와 블랙베리 소스 _ 77
· 수비드로 익힌 안심과 래디시
  그리고 쿠스쿠스와 데리야끼 소스로 조린 올리브 & 유자 제스트 _ 78
· 라이스페이퍼에 담은 상하이식 등심 볶음과 병아리콩
  그리고 샐러리 제스트 _ 79
· 파프리카와 감자퓌레로 속을 채운 안심 룰라드와 블루베리 소스
  그리고 쿠스쿠스와 샐러드 & 타임 페스토 _ 80

- 핑크 페프콘 소스를 곁들인 페투치네 누들과 안심스테이크
  그리고 쿠스쿠스 & 크레송 _ 81
- 채끝 스테이크와 푸실리 샐러드 & 매시트 스위트포테이토
  그리고 석류 소스와 와인 젤리 & 자몽 _ 82
- 안심스테이크와 페퍼로니 라자냐 & 샐러리 제스트
  그리고 발사믹 소스와 안티파스토 _ 83
- 채끝 스테이크와 망고 퓌레 & 과일 샐러드
  그리고 라즈베리 소스와 오렌지 거품을 얹은 망고 젤리 _ 84
- 견과류와 고르곤졸라 치즈를 얹은 등심구이와 레몬 샐러드
  그리고 유자 비네그레트 & 유자 제스트 _ 85
- 안심스테이크와 토마토 파르팔레
  그리고 매시트포테이토 & 바질 페스토 _ 86
- 발사믹 소스로 글레이징한 등심구이와 감자 뇨끼
  그리고 아스파라거스구이와 단호박 퓌레 & 말린 토마토 _ 87
- 카르파초 샐러드와 라비올리
  그리고 레몬 제스트와 모차렐라 치즈 & 와인 젤리 _ 88
- 복분자 소스를 곁들인 채끝 스테이크와 야채 팀발 & 아스파라거스구이
  그리고 토마토 루오테 _ 89
- 안심 페투치네 누들과 가지 라자냐
  그리고 시금치 라비올리와 사과 빠찌엔느 _ 90
- 페페론치노를 넣어 소테잉한 찹스테이크와 단호박 퓌레
  그리고 야채 처트니와 아스파라거스구이와 양송이구이 _ 91
- 과일 치즈를 넣은 등심롤과 감자 퓌레를 넣은 등심롤
  그리고 브로콜리 퓌레와 오렌지 제스트 _ 92
- 소고기 필렛과 감자 퓌레 & 쿠스쿠스
  그리고 브라운소스와 고구마 빠찌엔느 _ 93
- 블랙베리 소스에 어우러진 햄버그스테이크와 쿠스쿠스 & 야채
  그리고 메이플 시럽 생크림 _ 94
- 찹스테이크와 단호박 퓌레 & 황도구이 그리고 바질 페스토와 토마토 _ 95

· 토마토 페투치네 누들을 넣은 등심롤과 쿠스쿠스볼
  그리고 오렌지 제스트와 토마토홀 _ 96
· 민트 페스토를 곁들인 안심 & 아스파라거스 필라프와 고르곤졸라볼과
  감자 빠찌엔느 _ 97
· 단호박 소스에 어우러진 등심 필렛과 토마토 샐러드
  그리고 라즈베리 소스를 곁들인 치즈케이크 _ 98
· 찹스테이크와 망고 젤리 퓌레
  그리고 만다린 샐러드와 감자 빠찌엔느 & 브라운소스 _ 99
· 등심스테이크에 라즈베리 소스와 갈릭 포테이토
  그리고 과일 살사 & 쿠스쿠스 _ 100
· 가지 라자냐로 속을 채운 안심롤과 홀그레인 머스터드 크림소스
  그리고 고구마 감자 퓌레와 푸실리 야채 샐러드 _ 101
· 소고기 양념 튀김을 넣은 단호박 라자냐와 야채 줄리엔
  그리고 민트 페스토와 카프레제 샐러드 _ 102
· 레드 와인 소스를 곁들인 안심스테이크와 감자구이 & 당근 조림
  그리고 쿠스쿠스와 아스파라거스 샐러드 _ 103
· 토마토 펜네와 감자 퓌레로 속을 채운 등심롤과 망고 페스토
  그리고 안티파스토와 어린잎 샐러드 _ 104
· 소 안심 리소토와 오렌지 제스트
  그리고 카르파초 샐러드와 겨자 비네그레트 & 깻잎 페스토 _ 105
· 마스카르포네 치즈와 포르치니 버섯을 넣은 안심롤과 브라운소스
  그리고 단호박 퓌레와 고구마 빠찌엔느 & 라즈베리 _ 106
· 블랙베리 소스에 어우러진 채끝 스테이크와 갈릭 퓌레
  그리고 단호박 샐러드와 쿠스쿠스볼 & 민트 페스토 _ 107
· 크랜베리 소스를 곁들인 등심 필렛과 드라이징한 야채
  그리고 쿠스쿠스와 시즈닝 포테이토 & 시저 샐러드 _ 108
· 안심 찹스테이크와 라즈베리 소스 & 사과 빠찌엔느
  그리고 두 가지 맛 퓌레와 크림 루오테 & 토마토 파르팔레 _ 109
· 쿠스쿠스를 채운 등심롤과 브라운소스 & 포테이토

- 그리고 그린 샐러드와 발사믹 소스 _ 110
- 등심 치즈볼과 아스파라거스 샐러드
  그리고 레몬 제스트와 오렌지 소스 & 바질 페스토 _ 111
- 소고기 필렛과 스트로베리 소스 & 단호박 라자냐
  그리고 쿠스쿠스와 타임 페스토 & 마카로니 샐러드 _ 112
- 등심스테이크와 레드 와인 소스 & 감자 퓌레
  그리고 야채 필라프 & 레몬 제스트와 두 가지 맛 퓌레 _ 113
- 데리야끼 소스로 조린 등심 필렛과 고구마 빠찌엔느
  그리고 망고 소스와 단호박 퓌레 _ 114
- 안심 속을 채운 견과류 치즈롤과 메이플 소스
  그리고 야채 라자냐와 버섯 도리아 _ 115
- 바나나 소스와 라즈베리 소스에 어우러진 등심 찹스테이크
  그리고 쿠스쿠스와 어린잎 샐러드 & 아스파라거스구이 _ 116
- 토마토 안심 페투치네 누들과 어린잎 샐러드 그리고 크림치즈롤과 과일 살사 _ 117
- 마스카르포네 감자 크림치즈를 넣은 안심롤과 크랜베리 소스
  그리고 견과류 단호박 파이와 과일 살사 _ 118
- 베샤멜소스를 곁들인 등심 필렛과 매시트포테이토
  그리고 크림치즈롤과 민트 페스토 _ 119
- 등심 햄버그스테이크와 버섯 크림소스 & 데리야끼 소스
  그리고 야채구이와 고구마 다이스 _ 120
- 안심 토마토 파스타와 가지 라자냐 그리고 민트 페스토와 오렌지 제스트 _ 121
- 안심스테이크와 라즈베리 소스
  그리고 버섯 팀발과 쿠스쿠스 & 안티파스토와 애플 샐러드 _ 122
- 브라운소스에 글레이징한 매시트포테이토 치즈 등심롤과 고구마 빠찌엔느
  그리고 양송이버섯구이 _ 123
- 두 가지 맛 소스에 어우러진 감자 치즈 등심롤과 고구마 치즈 등심롤
  그리고 크레페 샐러드 & 단호박 퓌레 _ 124
- 발사믹 소스로 글레이징한 안심 찹스테이크와 감자 퓌레 & 바질 페스토
  그리고 드라이징한 야채 _ 125

· 베샤멜소스에 어우러진 소고기 필렛과 단호박 퓌레
  그리고 파프리카 처트니와 어린잎 샐러드 _ 126
· 안심스테이크와 스트로베리 소스 그리고 크림치즈롤과 단호박 라비올리 &
  드라이징한 야채 _ 127
· 단호박 망고 소스를 곁들인 구운 등심 필렛과 야채 처트니
  그리고 드라이징한 야채와 쿠스쿠스 _ 128
· 브라운소스에 조화를 이룬 채끝 햄버그스테이크와 갈릭 퓌레
  그리고 카프레제 샐러드와 크림 마카로니 _ 129
· 단호박 & 토마토 등심 라자냐와 크림소스
  그리고 드라이징한 방울토마토 & 페페론치노 페스토 _ 130

돼지고기

· 베샤멜소스와 데리야끼 소스를 곁들인 콩피 목심구이와 와인으로 조린
  래디시에 곁들여낸 아스파라거스구이 _ 132
· 발사믹 소스를 곁들인 삼겹살구이와 단호박 라비올리
  그리고 카프레제 샐러드 _ 133
· 브라운소스에 글레이지한 항정살과 야채볶음 그리고 버섯 크림소스 _ 134
· 고르곤졸라 돈가스와 야채 필라프 & 가든 샐러드 그리고 사과폰당 _ 135
· 라즈베리 소스를 곁들인 안심스테이크와 구운 마늘 & 매시트포테이토
  그리고 만다린 샐러드와 구운 방울토마토 _ 136
· 단호박 크림 퓌레를 곁들이고 카타이피면으로 감싼 돼지고기 고르곤졸라롤과
  발사믹 소스가 들어간 어린잎 샐러드 _ 137
· 상하이식 갈비찜 리소토와 갈비구이
  그리고 사프란 페스토를 곁들인 사과 빠찌엔느 & 마늘 바게트 _ 138
· 블루베리 소스에 어우러진 포크 등심스테이크와 마카로니 샐러드
  그리고 레드 와인으로 조린 당근 올리베트 _ 139
· 페페론치노 칠리소스를 곁들인 단호박 삼겹살 라자냐와 플레인 드레싱을
  곁들인 바게트 과일 샐러드 _ 140
· 커리 소스에 어우러진 목심구이와 토르티야에 담긴 리소토 그라탱

- 그리고 오리엔탈 드레싱 & 릭 샐러드 _ 141
- 단호박 치즈 등심롤과 고구마 크림소스, 감자 뇨끼 그리고 사과 샐러드 _ 142
- 로즈메리 브라운 소스로 글레이징한 삼겹살구이와 고구마 마스카르포네 퓌레
  그리고 토마토 파스타 & 오렌지 제스트 _ 143
- 사프란 페스토와 커리향을 입힌 목심과 매운 목심 토마토 리소토
  그리고 마 & 치즈 생크림과 연근 튀김 _ 144
- 고구마 치즈를 곁들여낸 데리야끼 목심구이와 발사믹 드레싱을 이용한 비타민
  샐러드 그리고 마르게리따롤 _ 145
- 등심 타코야끼 크림 스파게티를 곁들인 베이컨 감자 스테이크와 토마토 처트니 _ 146
- 토마토 크림소스로 글레이징한 삼겹살 로쏘와 감자 빠찌엔느
  그리고 단호박 파이 & 바질 토마토 _ 147
- 등심 햄버그스테이크와 플레인 마요네즈 소스
  그리고 야채 처트니 & 연근 샐러드 _ 148
- 사프란 된장 소스에 어우러진 목심구이와 파프리카 볶음
  그리고 야채 쿠스쿠스 _ 149
- 청포도 소스에 어우러진 등심구이와 그린빈 감귤 샐러드
  그리고 레드 와인으로 조린 람부탄 _ 150
- 버섯 등심 도리아롤과 단호박 치즈 돈가스롤
  그리고 카프레제 샐러드 & 커리 페스토 _ 151
- 샐러드 파스타와 로즈메리 페스토를 곁들인 삼겹살구이와 데리야끼로
  글레이징한 목심 그리고 미트볼 _ 152
- 오렌지 소스를 곁들인 목심강정 청경채 볶음과 고구마 빠찌엔느
  그리고 카망베르 과일 브루스케타 _ 153
- 마르게리따 피자를 넣은 등심 돈가스와 초콜릿 소스
  그리고 마카로니 샐러드 & 아스파라거스구이 _ 154
- 고구마 치즈 돈가스롤과 소시지 야채볶음밥
  그리고 데리야끼 소스와 바질 페스토 _ 155
- 된장으로 글레이징한 매운 삼겹살과 단호박 사과 수프
  그리고 토르티야로 감싼 봉골레 _ 156

- 아스파라거스 볶음에 어우러진 브라운소스 & 목심구이와 사프란 페스토
  그리고 카망베르 치즈와 버섯튀김 _ 157
- 양배추에 어우러진 된장 삼겹구이와 멜론 빠찌엔느
  그리고 안티파스토 & 새우 필라프 _ 158
- 석류 소스와 레몬소스를 곁들인 등심으로 감싼 토마토 리소토롤과 감자
  크랜베리 빠찌엔느 & 계피 도넛 _ 159
- 바질 페스토에 어우러진 과일 크림 치즈 등심롤과 단호박 돈가스롤
  그리고 도쿄 샐러드 라이스볼 & 감자볼 _ 160
- 세사미 드레싱을 곁들인 모차렐라 돈가스 샐러드와 토르티야에 어우러진
  알리오 올리오 그리고 구운 방울토마토 & 바질 _ 161
- 양배추로 감싼 목심구이와 토마토 처트니
  그리고 카망베르 치즈 크림과 쿠스쿠스 & 바질 페스토 _ 162
- 삼겹살 토마토 스튜를 곁들인 알리오 올리오와 가지 라자냐
  그리고 바질 페스토 _ 163
- 목심 야채 라자냐와 버섯 크림 마카로니 그리고 포테이토칩 & 과일 살사 _ 164
- 로즈메리 페스토와 과일 살사에 어우러진 감자 돈가스롤과
  리코타 치즈로 감싸안은 목심구이 그리고 카프레제롤 _ 165
- 등심 스튜에 어우러진 크림치즈볼과 레몬 제스트 그리고 바질 페스토와
  발사믹 소스 그리고 체리 _ 166
- 레드 와인으로 글레이징한 목심구이와 된장 소스
  그리고 새우볶음밥과 아스파라거스구이 _ 167
- 토마토 파스타에 어우러진 삼겹살과 하드롤
  그리고 카망베르 치즈볼과 사과 빠찌엔느 _ 168
- 마카로니 단호박 샐러드에 어우러진 누룽지를 넣은 포크롤과 고구마 스틱 &
  매시트포테이토 그리고 빠네 _ 169
- 버섯 크림으로 속을 채운 안심 돈가스와 미트볼 소스
  그리고 봉골레와 고구마 샐러드 & 양송이구이 _ 170
- 데리야끼 소스를 얹은 목심구이와 쿠스쿠스
  그리고 시저 샐러드와 민트 페스토 _ 171

- 갈릭 소스로 글레이징한 등심구이와 감자 빠찌엔느 & 크레송 수프
  그리고 타임 페스토 & 단호박 샐러드 _ 172
- 단호박을 넣은 등심 돈가스와 고르곤졸라 치즈
  그리고 라디치오 샐러드와 레몬 비네그레트 _ 173
- 구운 삼겹살과 파프리카 팀발 & 오렌지 제스트 그리고 발사믹 식초와 오렌지 _ 174
- 된장 소스에 어우러진 스티밍한 삼겹살과 오렌지 거품 그리고 빠네 & 건포도 _ 175
- 고구마와 파프리카로 속을 채운 안심 필라프와 체리 소스
  그리고 쿠스쿠스볼과 타임 페스토 _ 176
- 안심스테이크와 야채 팀발 & 오렌지 제스트
  그리고 스트로베리 소스와 체리 토마토 젤리 _ 177
- 청포도 소스를 곁들인 삼겹살구이와 알리오 올리오
  그리고 매시트 스위트포테이토 _ 178
- 삼겹살 구이와 등심 치즈볼 & 아스파라거스 샐러드
  그리고 발사믹 소스와 바질 페스토 _ 179
- 목심구이와 페퍼로니 & 자몽 그리고 레몬 제스트와 오렌지 소스 _ 180
- 데리야끼 소스로 글레이징한 등심구이와 바질 파스타
  그리고 감자 퓌레와 견과류 크러스트볼 & 과일 줄리엔 _ 181
- 카망베르 안심 돈가스와 애플 샐러드
  그리고 야채 필라프와 고구마 퓌레 & 레몬 제스트 _ 182
- 감자 퓌레를 곁들인 삼겹살구이와 블렌칭한 야채
  그리고 레몬 제스트 & 방울토마토 _ 183
- 허브 크러스트를 입힌 치즈 등심볼과 크림 마카로니
  그리고 과일 샐러드 & 고구마 빠찌엔느 _ 184
- 토마토 루오테를 곁들인 로즈메리 삼겹살구이와 크림 가지 라자냐
  그리고 과일 살사 & 연근튀김 _ 185
- 리코타 치즈를 넣은 등심볼과 야채 처트니
  그리고 미역국 페투치네 누들과 두부 젤리 _ 186
- 블랙베리 소스를 곁들인 포크 스테이크와 단호박 라비올리
  그리고 바질 페스토와 감자 퓌레 & 버섯 팀발 _ 187

- 등심 쿠스쿠스와 토마토 브루스케타
  그리고 토마토 파르팔레와 매시트 스위트포테이토 _ 188
- 치즈 등심볼과 모차렐라 고구마구이 & 생크림
  그리고 토마토 퓌레와 레몬 제스트 _ 189
- 하드롤에 어우러진 칠리 바비큐 폭찹과 땅콩크림 갈릭구이와
  안티파스토 & 타임 페스토 _ 190
- 귀리 리소토에 어우러진 데리야끼 등심 찹스테이크와 사프란 페스토
  그리고 페페론치노와 바질 토마토 _ 191
- 로즈메리를 입힌 삼겹살 스테이크와 토마토 파르팔레
  그리고 매시트 펌킨 & 레몬 젤리와 민트 페스토 _ 192
- 페페론치노 삼겹살 찹스테이크와 망고 퓌레 & 버섯 크림소스
  그리고 매시트포테이토와 바질 페스토 _ 193
- 토르티야 속을 채운 서양식 갈비찜과 바질 페스토 펜네와 오렌지 제스트 _ 194
- 치즈 등심볼과 모차렐라 토마토소스 그리고 단호박 라비올리 & 호두 파이 _ 195
- 데리야끼로 글레이징한 등심과 가지 라자냐
  그리고 쿠스쿠스와 과일 샐러드 & 어린잎 안티파스토 _ 196
- 크랜베리 소스를 곁들인 등심스테이크와 드라이징한 야채
  그리고 시즈닝 포테이토와 갈릭 퓌레 _ 197
- 삼겹살 필라프와 안심 햄버그스테이크 그리고 루오테 샐러드와 자몽 제스트 _ 198
- 토마토 파르팔레에 어우러진 버섯 리소토 안심롤
  그리고 단호박 퓌레와 민트 페스토 _ 199
- 삼겹살 스테이크와 토마토 리소토볼 그리고 자몽 비네그레트와 타임 페스토 _ 200
- 삼겹살구이와 야채 처트니 & 청포도 소스
  그리고 야채 필라프와 깻잎 페스토 _ 201
- 안심 치즈볼 강정과 두 가지 맛 라비올리
  그리고 스트로베리 소스와 타임 페스토 & 감자 빠찌엔느 _ 202
- 과일 치즈를 넣은 안심롤과 라즈베리 소스 그리고 야채 팀발과 크레페 샐러드 _ 203
- 데리야끼로 졸인 등심구이와 고구마 퓌레
  그리고 드라이징한 야채 & 아스파라거스구이 _ 204

- 토마토 안심 스튜와 고구마 빠찌엔느
  그리고 타임 페스토와 버터 쿠키 & 라즈베리 젤리 _ 205
- 발사믹 소스에 글레이징한 등심구이와 단호박 퓌레
  그리고 파스타 샐러드와 유자 제스트 _ 206
- 삼겹살 미트볼로 속을 채운 야채 라자냐와 단호박 크림소스
  그리고 고르곤졸라 치즈 퓌레 _ 207
- 삼겹살 필라프와 로즈메리 페스토 그리고 등심 견과류 강정볼과 오렌지 _ 208
- 견과류 땅콩크림을 넣은 안심롤과 쿠스쿠스
  그리고 춘권피 크림치즈롤과 페퍼로니구이 _ 209
- 카스타피면으로 감싼 고구마 치즈 등심롤과 감자 퓌레
  그리고 키위 젤리와 바질 페스토 _ 210
- 레드 와인으로 졸인 삼겹살 구이와 생강 빠찌엔느
  그리고 쿠스쿠스볼과 크레페 샐러드 _ 211
- 매운 등심 커리 리소토와 삼겹살구이 그리고 민트 페스토와 안티파스토 _ 212
- 토마토소스에 글레이징한 돼지갈비와 바질 페스토
  그리고 고구마 빠찌엔느와 레몬 클리에 _ 213
- 단호박 퓌레를 곁들인 야채 등심볼과 쿠스쿠스
  그리고 시저 샐러드와 타임 페스토 _ 214
- 등심 버섯 리소토와 타임 페스토 그리고 고르곤졸라 등심 필렛과 과일 샐러드 _ 215
- 미트볼 소스에 어우러진 파르팔레와 치즈 삼겹구이
  그리고 레몬 제스트와 로즈메리 페스토 _ 216
- 토르티야에 속을 채운 모차렐라 등심 토마토 페투치네 누들
  그리고 라디치오 샐러드와 고구마 퓌레 _ 217
- 땅콩크림 견과류 돈가스와 쿠스쿠스
  그리고 크림치즈롤과 마카로니 감자 샐러드 _ 218
- 토마토 루오테로 속을 채운 등심롤과 크림 수프
  그리고 쿠스쿠스볼과 민트 페스토 _ 219
- 레드 와인으로 글레이징한 삼겹살 필렛과 단호박 퓌레
  그리고 어린잎 샐러드와 고구마 빠찌엔느 _ 220

· 마카로니 샐러드를 곁들인 햄버그스테이크 단호박 리소토롤과 구즈베리 소스
  그리고 감자 빠찌엔느 _ 221
· 커리 소스에 글레이징한 등심 필렛과 쿠스쿠스
  그리고 드라이징한 야채 & 과일 살사 _ 222
· 두 가지 맛 소스에 어우러진 등심 치즈 크러스트볼과 시즈닝 포테이토
  그리고 시저 샐러드 _ 223
· 견과류 고구마 퓌레를 채운 안심롤과 쿠스쿠스롤 & 케이준 치즈 샐러드
  그리고 단호박 소스와 안티파스토 _ 224
· 칠리소스에 글레이징한 삼겹살 필렛 & 버섯 처트니
  그리고 크림치즈 샐러드볼과 쿠스쿠스볼 _ 225
· 토르티야 속을 채운 카망베르 토마토 등심 리소토와 발사믹 소스 &
  바질 페스토 그리고 과일 처트니 _ 226
· 브라운소스와 발사믹 소스를 곁들인 단호박 치즈 돈가스롤
  그리고 크림치즈롤과 가지 튀각 _ 227

닭고기

· 치킨롤과 단호박 퓌레 & 감자 또르띠노 그리고 발사믹 소스와 버섯 크림소스 _ 229
· 단호박 소스를 곁들인 삼계탕 치킨 리소토롤과 약선정과
  그리고 오리엔탈 샐러드 _ 230
· 크림에 어우러진 부드러운 닭가슴롤과 견과류 강정볼 그리고 과일 처트니 _ 231
· 발사믹 소스와 데리야끼 소스를 곁들인 치킨가스와 치킨 도리아
  그리고 치킨샐러드 _ 232
· 견과류 치킨강정과 고르곤졸라 감자 & 파스타 샐러드 그리고 대추 꿀 소스 _ 233
· 단호박 사과 스튜를 곁들인 닭 버터 구이와 토마토 리소토볼
  그리고 파스타 샐러드 _ 234
· 치킨구이와 버섯 처트니 & 파인애플 살사 그리고 파인애플 머스터드소스 _ 235
· 메이플 시럽을 곁들인 버섯 크림 리소토 닭가슴살과 자몽 샐러드
  그리고 사과파이 _ 236
· 바질 페스토를 이용한 빠네에 어우러진 크림 치킨 펜네와 고르곤졸라 &

바나나 크림치즈 _ 237
· 크랜베리로 속을 채운 닭가슴살 파이롤과 푸타네스카
  그리고 견과류 드레싱을 곁들인 과일 살사 _ 238
· 토마토에 어우러진 치킨 브루스케타와 야채 도리아볼
  그리고 고르곤졸라 감자 치즈 _ 239
· 허브 갈릭으로 어우러진 닭가슴살 튀김과 오리엔탈 드레싱을 곁들인
  라디치오 샐러드 & 그라나파다노 포테이토 _ 240
· 바나나와 닭 신장을 채운 닭 오븐구이와 갈릭 간장 소스
  그리고 표고버섯 튀김 & 락규 레몬 제스트 _ 241
· 오렌지 소스를 곁들인 닭가슴살구이와 그린빈 샐러드 그리고 치킨 리소토 _ 242
· 굴소스를 곁들인 고르곤졸라 닭강정과 야채볶음
  그리고 빠네 & 생크림 과일 파이 _ 243
· 모카빵 속을 채운 카망베르 궁보계정과 깻잎 페스토를 곁들인 월남쌈
  그리고 오렌지 제스트 & 바닐라 빈 _ 244
· 치킨 오븐구이와 스위트포테이토 & 파프리카 샐러드
  그리고 머스터드소스와 고수 페스토 _ 245
· 스트로베리 소스와 로즈메리 페스토를 곁들인 단호박 빠찌엔느 닭가슴살
  머시룸롤과 발사믹 드레싱을 이용한 샐러드 _ 246
· 아스파라거스와 포테이토 & 마늘구이에 어우러진 치킨 견과류 강정볼과
  발사믹 소스 그리고 과일 살사 _ 247
· 발사믹 소스를 곁들인 토마토 치킨 리소토롤과 고구마와 치즈를 채운
  치킨가스롤 그리고 마카로니 샐러드 _ 248
· 머스터드소스와 파슬리 페스토를 곁들인 치킨 볶음밥과 단호박 닭강정볼
  그리고 무화과 토마토 처트니 _ 249
· 치킨 스튜와 알리오 올리오 바게트 & 파르메산 치즈 그리고 타임 페스토 _ 250
· 치킨 버섯 도리아와 치킨 샐러드 & 감자 올리베트
  그리고 라즈베리 소스와 바질 페스토 _ 251
· 피스타치오와 체리 소스를 곁들인 치킨 토마토 파스타롤과 치킨 단호박 파이롤
  그리고 고구마 & 사과칩 _ 252

· 청사과 퓌레를 곁들인 치킨 모르네와 상하이 야채볶음
  그리고 당밀 캐러멜 소스에 어우러진 초콜릿 케이크 _ 253
· 베샤멜소스와 사프란 페스토에 어우러진 치킨 스튜와 차조기잎 치킨 커틀릿
  그리고 안티파스토 & 체스트넛 파이 _ 254
· 버섯 크림 리소토로 속을 채운 치킨 오븐구이와 발사믹 소스
   그리고 야채 올리베트 & 쿠스쿠스 _ 255
· 크랜베리로 속을 채운 닭가슴살 치즈롤과 새우 캘리포니아롤
  그리고 과일 샐러드 _ 256
· 호이신 소스로 볶은 치킨 & 야채볶음과 치즈 바게트 & 과일
  그리고 바질 페스토 _ 257
· 오디 소스와 발사믹 소스를 곁들인 치킨 햄버그스테이크와 느타리버섯볶음 &
  야채 필라프 그리고 레몬타임 페스토 _ 258
· 초콜릿 소스에 어우러진 아몬드 닭강정볼과 단호박 빠찌엔느
  그리고 아마트리치아나 _ 259
· 베샤멜소스를 이용한 치킨 스튜와 갈릭 에그 바게트 & 살구잼
  그리고 오리엔탈 드레싱을 이용한 허브 닭가슴살 샐러드 _ 260
· 갈릭 소스를 곁들인 치킨 스테이크와 카망베르 치즈 마카로니
  그리고 만다린 샐러드와 아스파라거스구이 & 레몬 페스토 _ 261
· 고구마 마카로니 샐러드에 어우러진 버섯 크림 리소토를 채운 치킨가스롤과
  안티파스토 _ 262
· 블루베리 소스와 바질 페스토를 곁들인 닭 버터 구이와 야채 쿠스쿠스
  그리고 고구마 케이크 _ 263
· 케이크를 감싸안은 치킨롤과 라즈베리 퓌레
  그리고 카망베르 크림 펜네와 견과류 드레싱을 곁들인 샐러드 _ 264
· 머스터드소스를 이용한 치킨 퀘사디아 볶음과 세이지 페스토
  그리고 과일 케이크와 사과 빠찌엔느 _ 265
· 메이플 오렌지 소스를 이용한 견과류 닭강정볼과 유자 제스트
  그리고 바질 페스토 파스타와 카망베르 치즈 _ 266
· 발사믹 소스와 리코타 치즈 크림소스에 어우러진 치킨가스와 버섯 도리아

그리고 매시트 스위트포테이토 _ 267
- 로즈메리를 입힌 닭가슴살 구이와 샐러드 파스타
  그리고 매시트 펌킨과 크랜베리 소스 _ 268
- 카망베르 치즈를 넣은 치킨가스와 인도식 커리
  그리고 쿠스쿠스볼 & 바질 페스토 _ 269
- 감자와 고르곤졸라 치즈를 넣은 닭 룰라드 & 자몽
  그리고 버섯 크림소스와 오렌지 제스트 _ 270
- 닭 염통구이와 토마토 팀발 & 레몬 제스트
  그리고 머스터드소스와 청포도 젤리 _ 271
- 닭가슴살과 아스파라거스 샐러드 그리고 발사믹 소스와 바질 페스토 _ 272
- 단호박과 스트링 치즈로 속을 채운 닭 오븐구이와 쿠스쿠스
  그리고 레드 와인 소스와 와인젤리 _ 273
- 데리야끼 소스를 바른 닭가슴살구이와 아스파라거스구이
  그리고 유자 제스트와 드라이 토마토에 레몬 비네그레트 _ 274
- 병아리콩을 곁들인 치킨 버섯 도리아와 릭 샐러드
  그리고 오렌지 제스트 & 로즈메리 페스토 _ 275
- 구운 닭가슴살과 야채 쳐트니 & 레몬 제스트
  그리고 타임을 첨가한 과일 비네그레트 _ 276
- 허브를 입힌 치킨가스와 캘리포니아롤 그리고 발사믹 소스와 플레인 소스 _ 277
- 카망베르 치즈를 넣은 닭강정과 쿠스쿠스 볼
  그리고 오렌지 소스와 브로콜리 퓌레 & 글레이징한 견과류 _ 278
- 스터드소스를 곁들인 칠리소스 닭가슴살 샐러드와 버섯 팀발
  그리고 아스파라거스 감자 퓌레와 방울토마토 _ 279
- 치킨 스테이크와 토마토 버섯 리소토 & 감자구이
  그리고 갈릭 퓌레와 자몽 제스트 _ 280
- 그라나파다노 치킨 알라킹과 루오테 그리고 고구마구이와 바질 페스토 _ 281
- 베샤멜소스를 곁들인 마스카르포네 버섯 치킨롤과 과일 크림
  그리고 레몬 제스트 _ 282
- 민트 페스토에 어우러진 치킨볼과 치킨롤

그리고 쿠스쿠스와 감자 퓌레 & 단호박 퓌레 _ 283
- 크랜베리로 속을 채운 치킨롤과 감자 고르곤졸라
  그리고 토마토 루오테와 연근튀김 _ 284
- 치킨 라자냐와 단호박 퓌레를 곁들인 쿠스쿠스와 튀긴 샐러드
  그리고 로즈메리 페스토 _ 285
- 버섯 토마토 리소토를 넣은 치킨롤과 라디치오 샐러드
  그리고 카망베르 토마토와 고구마 빠찌엔느 _ 286
- 토르티야에 담은 매운 치킨 커리 페투치네 누들과 마스카르포네볼
  그리고 방울토마토 찹 & 딜 페스토 _ 287
- 스트로베리 소스를 얹은 치킨 스테이크와 버섯 볶음밥
  그리고 시즈닝 포테이토 _ 288
- 갈릭 향을 입힌 크리스피 치킨과 레몬 제스트
  그리고 어니언 소스를 곁들인 크레페 샐러드 _ 289
- 뽀모도로 스파게티에 어우러진 베이컨 치즈 테린느와 라디치오 샐러드
  그리고 크림치즈볼과 딜 페스토 _ 290
- 자몽 비네그레트를 곁들인 닭가슴살구이와 버섯 팀발 & 레몬 제스트
  그리고 마카로니 샐러드 _ 291
- 치킨 쿠스쿠스볼과 피자롤 그리고 오렌지 비네그레트와 라즈베리 _ 292
- 토르티야 속을 채운 치킨 리소토 그라탱과 바질 페스토
  그리고 안티파스토와 유자 제스트 _ 293
- 단호박 속을 채운 치킨 리소토와 가지 튀각
  그리고 라디치오 샐러드와 견과류 파이 _ 294
- 치킨 햄버그스테이크와 칠리소스
  그리고 단호박 빠찌엔느와 두 가지 맛 파프리카 퓌레 _ 295
- 시금치 크림소스에 어우러진 치킨 견과류볼
  그리고 하드롤에 담은 치킨 필라프와 바질 페스토 _ 296
- 뉴요커 토마토 치킨구이와 한라봉 제스트
  그리고 카프레제 샐러드와 바질 페스토 & 발사믹 젤리 _ 297
- 과일 크림소스로 속을 채운 치킨롤과 버섯 크림소스

- 그리고 바질 토마토와 레몬 제스트 _ 298
- 치킨 햄버그스테이크와 라즈베리 소스 & 시저 샐러드
  그리고 쿠스쿠스와 타임 페스토 _ 299
- 하드롤을 곁들인 크림 치킨 루오테와 발사믹 소스 & 바질 페스토
  그리고 과일 살사 _ 300
- 데리야끼 소스와 민트 페스토에 어우러진 치킨 타코야끼
  그리고 카망베르 크림소스와 레몬 제스트 _ 301
- 치킨 스테이크와 블루베리 소스 & 발사믹 소스
  그리고 쿠스쿠스와 시즈닝 포테이토 _ 302
- 버섯 크림소스를 채운 치킨롤과 단호박 퓌레
  그리고 크레페 샐러드와 플레인 소스 _ 303
- 허브 갈릭 치킨 강정과 라디치오 샐러드 그리고 단호박 강정 & 민트 페스토 _ 304
- 크림 염통 루오테와 치즈스틱 그리고 닭가슴살 샐러드 & 오렌지 제스트 _ 305
- 단호박 퓌레에 어우러진 야채 치킨롤
  그리고 춘권피 크림치즈 샐러드와 캘리포니아롤 _ 306
- 치킨 미트볼로 속을 채운 단호박 라자냐와 자몽 제스트
  그리고 바질 페스토와 카프레제 샐러드 _ 307
- 커리 가루와 머스터드소스를 곁들인 체다치즈 치킨 소테잉
  그리고 쿠스쿠스볼과 민트 페스토 _ 308
- 바게트에 속을 채운 아마트리치아나와 카망베르 치즈
  그리고 레몬 클리에와 머랭 쿠키 _ 309
- 두 가지 맛 소스를 곁들인 버섯 크림 치킨롤과 버섯 토마토 치킨롤
  그리고 춘권피 샐러드 _ 310
- 고구마 치즈 돈가스롤과 시즈닝 포테이토 & 염통 꼬치구이
  그리고 데리야끼와 크림소스 _ 311
- 단호박 치킨 강정볼과 치즈 치킨 강정볼 & 비타민 샐러드
  그리고 라즈베리 소스와 블루베리 소스 _ 312
- 치킨 햄버그스테이크와 청포도 와인 소스
  그리고 고구마 퓌레와 안티파스토 & 치즈케이크 _ 313

- 치킨 커리 리소토와 페페론치노 페스토
  그리고 발사믹 소스에 어우러진 감자볼 & 크림치즈롤 _ 314
- 칠리소스에 글레이징한 닭가슴살과 포테이토 치즈 퓌레
  그리고 양송이버섯 볶음과 머스터드소스 _ 315
- 모카빵 속을 채운 치킨 크림 파르팔레 & 레몬 제스트
  그리고 망고 소스와 안티파스토 _ 316
- 아메리칸 치킨 스테이크와 홀그레인 머스터드소스
  그리고 시즈닝 포테이토와 시저 샐러드 _ 317
- 토마토소스에 어우러진 치킨 스테이크와 단호박 라비올리
  그리고 두 가지 맛 소스와 비타민 샐러드 & 고구마 빠찌엔느 _ 318
- 카프레제 샐러드로 속을 채운 치킨롤과 단호박 크림소스
  그리고 쿠스쿠스볼을 곁들인 케이준 치킨 샐러드 _ 319
- 갈릭 토스트 속을 채운 카망베르 치즈 크림 치킨
  그리고 고구마볼과 감자볼 & 치즈볼과 두부볼 _ 320
- 토마토 파르팔레를 곁들인 커리 향을 낸 닭 버터 구이와 자몽 제스트
  그리고 머스터드소스와 바질 페스토 _ 321
- 커리 리소토를 넣은 치킨롤과 베샤멜소스
  그리고 라디치오 샐러드 & 감자 빠찌엔느 _ 322
- 치킨가스와 데리야끼 소스 & 두 가지 맛의 밥
  그리고 시즈닝 포테이토와 시저 샐러드 _ 323
- 버섯크림 파르팔레에 어우러진 치킨 미트볼과 단호박 빠찌엔느
  그리고 비타민 샐러드와 민트 페스토 _ 324

해산물

- 베샤멜소스를 곁들인 가자미 튀김과 야채 볶음
  그리고 할라피뇨 샐러드와 고구마 튀김 도넛 _ 326
- 폰즈를 곁들인 두 가지 맛 어선과 미역말이
  그리고 달걀찜과 갑오징어 명란무침 _ 327
- 연어 스테이크에 매시트포테이토 & 과일 살사 그리고 담백한 봉골레 소스 _ 328

- 새우 버섯 크림 샐러드와 라즈베리 소스 그리고 네 가지 맛 치즈 해산물 _ 329
- 바질 해산물 토마토와 문어 라자냐 그리고 버섯크림 마카로니 바게트 _ 330
- 상하이 해물 파스타와 세이지 페스토 그리고 삼색 해산물 & 치즈 _ 331
- 도미튀김과 매실 소스 그리고 숙성 간장 게조림 & 전복 리소토 _ 332
- 딜 페스토에 어우러진 토마토 치즈 오징어구이와 해산물 도리아
  그리고 감귤 드레싱을 곁들인 만다린 샐러드 _ 333
- 세사미 성게 리소토와 망고 드레싱을 곁들인 굴 튀김과 크림에 살짝 어우러진
  숏파스타 _ 334
- 오디 소스를 곁들인 참깨 크러스트 가자미 감자찜과 쭈꾸미 샐러드
  그리고 견과류 강정 _ 335
- 새우로 속을 채운 숭채만두와 타르타르소스 그리고 콘슬로 & 단호박 맛탕 _ 336
- 바게트에 어우러진 해산물 토마토와 카망베르 버섯크림 바게트
  그리고 사프란 페스토 _ 337
- 상하이 야채 줄리엔을 곁들인 고등어 필렛과 새우밥버거
  그리고 포테이토 샐러드 _ 338
- 토마토 바질 필렛과 간장 레몬 소스 그리고 야채 도리아와 야채 올리베트 _ 339
- 모차렐라 토마토소스를 곁들인 단호박, 고구마, 감자 퓌레와 여러 가지
  해산물 구이 _ 340
- 크림치즈 소스를 곁들인 오징어 쉬림프 피자 스테이크와 야채 블랜칭
  그리고 해산물 볶음밥 _ 341
- 떠먹는 크림 해산물과 치즈스틱 & 레몬 샐러드 그리고 레몬타임 페스토 _ 342
- 삼치 소금구이와 복분자로 졸인 락교
  그리고 만다린 샐러드와 청경채 알리오 올리오 _ 343
- 파무침을 곁들인 고등어 순살구이와 야채 필라프
  그리고 호두파이 & 바닐라빈 _ 344
- 자몽 소스를 곁들인 연어 캘리포니아롤과 오보로 김초밥
  그리고 아보카도롤 & 옥수수 락교 _ 345
- 타라곤 페스토를 곁들인 새우 카나페와 새우 강정볼 그리고 새우 크림 샐러드 _ 346
- 모시조개 푸타네스카와 농어구이 & 매시트포테이토 그리고 바질 페스토 _ 347

- 페스카토레 크림을 곁들인 해산물 토마토 캘리포니아 롤과 모과 빠찌엔느
  그리고 키위 샐러드 _ 348
- 살구 허니 소스에 어우러진 토마토 처트니 도미 필렛과 마요네즈 소스에
  어우러진 캘리포니아롤 & 고구마파이롤 _ 349
- 청경채 볶음을 곁들인 숏파스타 야끼우동과 문어 타코야끼
  그리고 리코타 치즈 & 당면 튀일 _ 350
- 토르티야 속을 채운 미역국 파스타 그라탱과 메이플 시럽을 이용한 호두 바게트
  그리고 사프란 페스토 _ 351
- 탠저린 소스를 곁들인 연어롤과 캘리포니아롤
  그리고 새우 버섯 샐러드 & 견과류 빠찌엔느 _ 352
- 크림치즈 소스에 어우러진 가자미 필렛과 도쿄 김초밥
  그리고 버섯 치즈 우동 & 과일 살사를 곁들인 새우 버섯 튀김 _ 353
- 아스파라거스구이와 리코타 치즈를 곁들인 토마토 살사 & 관자구이
  그리고 쭈꾸미 허브 크러스트볼 _ 354
- 야채 쿠스쿠스에 어우러진 연어 스테이크와 토마토 처트니
  그리고 매시트포테이토 & 바닐라빈 _ 355
- 땅콩크림 소스를 곁들인 꽁치 치즈테린느와 블루베리
  그리고 뽀모도로 스파게티와 단호박 샐러드 _ 356
- 딜 페스토를 곁들인 버섯 크림 마카로니와 해산물 크림 리소토볼
  그리고 고구마 빠찌엔느와 산딸기 _ 357
- 하드롤에 어우러진 피시 차우더 수프와 로즈메리
  그리고 홀그레인 머스터드 드레싱을 곁들인 연어 샐러드 _ 358
- 브로콜리 퓌레에 어우러진 도미 리코타 치즈롤과 크림 리소토볼
  그리고 단호박 라자냐 _ 359
- 모차렐라에 어우러진 해산물 토마토 리소토와 바질 페스토 & 사과 빠찌엔느
  그리고 감자 샐러드와 고르곤졸라 피자롤 _ 360
- 아스파라거스구이를 곁들인 삼치구이와 호이신 소스
  그리고 해산물 쿠스쿠스와 매시트포테이토 & 로즈메리 _ 361
- 체리 소스를 곁들인 갈릭 참치구이와 마카로니 샐러드

- 그리고 해물 크림 리소토와 웨지 감자튀김 _ 362
- 해물 크림소스에 어우러진 고구마 라자냐와 감자 라자냐
  그리고 고르곤졸라 치즈 & 오렌지 제스트 _ 363
- 해물 크림 리소토에 어우러진 토마토 랭군과 바질 페스토
  그리고 매시트 스위트포테이토 & 빠네 _ 364
- 시금치 소스를 곁들인 구운 관자와 야채 처트니 & 한라봉 살사 _ 365
- 블루베리 클리에를 얹은 관자와 양송이버섯 그리고 겨자 비네그레트 _ 366
- 레몬 비네그레트를 곁들인 도미와 감자구이
  그리고 체리토마토와 오렌지 제스트 _ 367
- 파프리카와 처빌로 속을 채운 새우 룰라드와 발사믹 소스
  그리고 타라곤 페스토 _ 368
- 말린 대구 블랑다르 퀜넬에 망고 소스 그리고 레몬 & 제스트 핑크 페퍼콘 _ 369
- 타라곤을 입힌 관자와 파프리카 소스
  그리고 파르메산 치즈를 곁들인 시저 샐러드 _ 370
- 구운 연어와 단호박 퓌레 그리고 견과류와 겨자 비네그레트 & 민트 페스토 _ 371
- 구운 도미와 야채 팀발 & 레몬 제스트 그리고 화이트 와인 비네그레트 _ 372
- 광어 타르타르와 야채 팀발 & 날치알 그리고 올리브 안티파스토 _ 373
- 슈프림 소스와 레몬 비네그레트를 곁들여 연어로 말아낸 새우구이와
  아스파라거스 그리고 레몬 제스트 _ 374
- 관자구이와 단호박 라비올리 & 야채 처트니
  그리고 처빌 페스토와 새우구이 & 안티파스토 _ 375
- 데리야끼로 글레이징한 삼치구이와 매시트 스위트포테이토
  그리고 아스파라거스 구이와 오렌지 제스트 & 라즈베리 _ 376
- 해물 크림 파르팔레와 레쉬 펌킨
  그리고 도미구이와 양파 처트니 & 레몬 제스트 _ 377
- 카타이피면으로 감싼 대하구이와 크림 루오테 & 단호박
  그리고 바질 페스토와 방울토마토 퓌레 _ 378
- 도미구이와 감자 퓌레
  그리고 아스파라거스구이와 크림 루오테 & 오렌지 제스트 _ 379

- 바질 페스토에 어우러진 쉬림프 라자냐와 가지, 페퍼로니 피자
  그리고 포테이토 빠찌엔느 _ 380
- 연어 스테이크와 단호박 퓌레 & 견과류 그리고 카망베르 토마토 파르팔레 _ 381
- 오징어 타코야끼와 레몬 제스트 그리고 문어 비네그레트 & 딜 페스토 _ 382
- 쉬림프 토마토 페투치네 누들과 모차렐라 치즈
  그리고 레몬 파이와 딜 페스토 _ 383
- 상하이 해물 볶음밥과 아스파라거스 제스트
  그리고 크레페 샐러드와 안티파스토 _ 384
- 하드롤 속을 채운 연어 크림 리소토와 방울토마토 라자냐
  그리고 바질 페스토 _ 385
- 고르곤졸라 삼치구이와 단호박 라비올리 그리고 라즈베리와 민트 페스토 _ 386
- 꽃게 크림 리소토에 어우러진 크림치즈볼과 토마토 브루스케타
  그리고 딜 페스토 _ 387
- 블루베리 클리에를 얹은 연어와 감자 크림치즈
  그리고 견과류 파이와 바질 페스토 & 파프리카 페스토 _ 388
- 카스타피면으로 감싼 쉬림프와 애호박 라자냐
  그리고 야채 처트니와 민트 페스토 _ 389
- 캐비어를 얹은 관자구이와 아스파라거스구이
  그리고 레몬 제스트와 토마토 야채 팀발 _ 390
- 가자미구이와 야채 줄리엔볶음 & 치즈 퐁듀
  그리고 과일 케이크와 레몬 제스트 _ 391
- 딜 페스토를 곁들인 해산물 파스타 그리고 새우볼 강정과 자몽 제스트 _ 392
- 쉬림프 쿠스쿠스와 프렌치 쉬림프 튀김
  그리고 발사믹 소스와 망고젤리 & 어린잎 샐러드 _ 393
- 토르티야에 담긴 해물 도리아와 그리고 민트 페스토와 안티파스토 _ 394
- 새우 가지 라자냐와 자몽 비네그레트
  그리고 바질 페스토와 레몬 제스트 & 레몬 젤리 _ 395
- 베샤멜소스에 어우러진 가자미 햄버그스테이크
  그리고 감자 빠찌엔느와 민트 페스토 _ 396

- 관자와 아스파라거스구이 & 캐비어
  그리고 레몬 비네그레트와 어린잎 샐러드 _ 397
- 감베로니 토마토와 크림 치즈볼 & 비트잎 샐러드
  그리고 고르곤졸라 감자와 바질 페스토 _ 398
- 블랙베리 소스를 곁들인 가자미구이와 야채 팀발
  그리고 쉬림프 샐러드와 쿠스쿠스 _ 399
- 해산물 볶음과 마늘향을 입힌 페투치네 누들
  그리고 상하이 야채 토마토 소테잉과 바질 페스토 _ 400
- 해산물 치즈 퐁듀와 갈릭 토스트
  그리고 어린잎 샐러드와 타임 페스토와 망고 젤리 _ 401
- 연어 토마토 햄버그스테이크와 매시트포테이토
  그리고 복분자 클리에와 딜 페스토 _ 402
- 망고 소스에 어우러진 대구 무스와 레몬 제스트
  그리고 춘권피 크림치즈와 두 가지 페스토 _ 403
- 해물 크림수프와 도미구이 & 버섯 팀발
  그리고 감자 마카로니볼과 오렌지 제스트 _ 404
- 하드롤에 감은 모차렐라 해산물 토마토와 바질 페스토 & 시저 샐러드 _ 405
- 해산물 토마토 라자냐와 쿠스쿠스 그리고 토마토 브루스케타와 민트 페스토 _ 406
- 갈릭 & 아스파라거스구이에 어우러진 관자구이와 야채 처트니
  그리고 망고 소스와 레몬제스트 _ 407
- 토마토 쉬림프 구이와 해산물 크림치즈롤
  그리고 라디치오 샐러드와 만다린 소스 _ 408
- 단호박 해산물 크림 리소토 그라탱과 바질 페스토
  그리고 카프레제 샐러드 & 발사믹 젤리 _ 409
- 버섯 크림소스를 곁들인 페페론치노 해산물구이와 어린잎 샐러드
  그리고 고르곤졸라 감자 _ 410
- 연어 토마토 라자냐와 카망베르 크림소스
  그리고 고구마 빠찌엔느 & 딜 페스토 _ 411
- 두 가지 맛 소스에 어우러진 동태 감자 치즈롤과 오징어 토마토 루오테

그리고 크림 치즈롤 _ 412
· 망고 소스를 곁들인 새우 햄버그스테이크와 한라봉 살사 & 만다린 젤리
  그리고 시저 샐러드 _ 413
· 쿠스쿠스에 어우러진 관자구이와 망고 처트니
  그리고 크림치즈볼 & 어린잎 샐러드 _ 414
· 해산물구이와 안티파스토 & 민트 페스토 그리고 베샤멜소스와 크림치즈볼 _ 415
· 태국식 해물 페투치네 누들과 페페론치노 페스토
  그리고 쿠스쿠스와 라디치오 샐러드 과일 살사 _ 416
· 버섯 크림 리소토로 속을 채운 가자미 룰라드와 세사미 소스
  그리고 바질 페스토와 자몽 젤리 _ 417
· 세 가지 맛 소스에 조화를 이룬 새우 치즈볼과 오징어 크림 리소토볼
  그리고 굴 & 미역 감자볼 _ 418
· 베샤멜소스를 곁들인 가자미 휠렛과 야채 팀발
  그리고 단호박 퓨레와 브로콜리 퓨레 & 고구마 퓨레 _ 419
· 쉬림프가스 & 쉬림프구이와 타르타르소스
  그리고 마카로니 샐러드와 쿠스쿠스 _ 420
· 세 가지 소스에 어우러진 관자구이 & 야채 처트니와 크림치즈를 넣은 쉬림프 구이
  그리고 해물 쿠스쿠스 _ 421

조리 용어

1. Boiling(보일링)
식재료를 육수나 물, 액체에 넣고 끓이는 방법으로 식재료에 따라 여러 가지 방법으로 끓이는 조리법

2. Roasting(로스팅)
육류나 큰 고깃덩어리를 오븐 속에 넣어 굽는 방법으로 뚜껑을 덮지 않은 채로 조리하는 법

3. Baking(베이킹)
오븐 안에서 건식 열로 굽는 방법으로 빵, 타르트, 파이, 케이크류 등 제빵에서 많이 사용하는 조리법

4. Braising(브레이징)
건식 열, 습식 열에 따른 두 가지 방법으로 이용하는 대표적인 방법으로 한국의 찜과 비슷한 방법

5. Steaming(스티밍)
증기 찜이라는 뜻인데 수증기 대류를 이용하는 방법으로 수증기의 열이 재료에 옮겨져 조리되는 방법

6. Poaching(포칭)
삶기라는 뜻인데 액체 온도가 재료에 전달되는 전도 형식의 습식 열 조리법. 계란이나 단백질 식품들을 끓이고 익히는 방법

7. Sauting(소테잉)
표면이 연한 육류, 간, 내장, 야채 등을 뜨겁게 달구어진 팬에서 급히 익혀내는 방법

8. Poeler(푸알레)
팬 속에 재료를 넣고 뚜껑을 덮은 후 오븐 속에서 익히는 방법

9. Frying(프라잉)
뜨거운 기름에 튀기는 조리법

10. Double Boiling(더블 보일링)
재료를 그릇에 담고 중탕하여 뜨거운 물에 간접 열로 익혀 조리하는 방법

11. Sraing(시어링)
강하게 그을려 고기를 구울 때 강한 화력으로 진한 갈색에 가까운 색이 될 때까지 겉면이 바삭한 크러스트를 만들며 구워내는 방식

12. Daglaze(데글레이즈)
고기를 굽거나 볶을 때 바닥에 눌어붙어 있는 부스러기들을 물이나 육수, 와인 등을 넣어서 서로 섞어주는 조리법

13. Roux(루)
밀가루와 버터를 서로 1:1 비율로 흰색, 황금색, 갈색이 날 때까지 볶아주는 조리법

14. 미르포아
양식에서 기본적으로 사용하는 야채, 양파, 당근, 샐러리 등을 뜻함
(스톡이나 육수를 만들 때 자주 사용한다)

15. 빠찌엔느
야채를 얇게 채 썰어 준 것을 튀긴 것

16. 줄리엔
야채를 얇게 채 썰어 주는 것

17. 마리네이드
육류나 해산물을 오일과 허브로 향을 입히며 간을 해주는 것

18. 라비올리
파스타의 일종이며 치즈 같은 소를 채워 만든 이탈리안식 만두

19. 페스토
오일과 잣 그리고 주재료를 넣고 갈아서 만든 것

20. 제스트
얇게 썬 과육 껍질에 설탕을 입혀 만든 것

21. 올리베트
럭비공 모양 형태의 야채 손질법

22. 샤토
럭비공 모양에서 위아래가 잘린 형태의 야채 손질법

23. 처트니
과일이나 채소에 향신료를 넣어 만든 소스

24. 뒥셀
곱게 다진 버섯, 샬롯, 버터를 볶아주는 조리법

25. 콩소메
고기, 채소 등을 활용해서 깊은 맛을 우려낸 후 면포와 체를 이용하여 맑게 걸러낸 수프

26. 몽테
소스를 만들 때 마지막에 버터 등을 넣고 섞어서 농도를 맞추고, 풍미와 윤기를 더 높여 소스의 완성도를 높이는 작업

27. 쿠르부용
해산물 or 생선을 삶기 위한 육수

28. 브루스케타
이탈리안 요리 안티파스토의 일종으로 마늘 바게트, 올리브, 야채 등을 첨가하여 먹는 요리

29. 안티파스토
애피타이저 또는 식전 식욕을 돋우어 주는 요리 (전채요리)

30. 베이스팅
녹인 버터나 지방으로 음식을 조리하면서 스푼으로 고기나 재료에 지방 or 버터를 끼얹어 풍미를 더하는 방법. 스테이크 등에 많이 쓰인다

31. 캐러멜라이즈
음식물에 포함된 당분이 높은 온도에서 점점 갈변화되어 달콤해지고 고소한 맛을 내는 것 (설탕 시럽, 양파 볶음)

32. 에멀전(만테까레)
파스타를 만들 때 물+기름이 만나서 유화되는 현상

33. 퓌레
과일 따위를 삶거나 걸러서 걸쭉한 상태로 만든 요리

34. 튀일
밀가루, 물, 오일 등을 넣어서 튀긴 것

35. 드라이징
드라이징 냉장고 또는 상온 냉장고로 건조시키는 조리 방법

라즈베리 소스를 곁들인 소안심 찹스테이크에 조화를 이룬 매시트포테이토 그리고 당근 퓌레와 단호박 퓌레를 곁들여 낸 두 가지 맛 파스타 샐러드

■■ —— 재료 —— ■■

소고기 안심, 레드 와인, 바질, 감자, 파슬리, 생크림, 밀가루, 올리브유, 라즈베리 퓌레, 단호박, 당근, 마카로니, 어린잎 채소(비타민, 치커리 등), 스위트콘, 마요네즈, 펜네, 파프리카(빨강, 초록, 노랑) 적양파, 흰 식초, 소금, 후추

■■■ —— 만드는 방법 —— ■■■

① 끓는 물에 약간의 소금과 올리브오일을 넣고 그 다음에 마카로니와 펜네를 넣어 삶는다.
② 단호박, 당근, 감자를 정육면체로 썰어 단호박을 쪄주고 당근과 감자를 삶는다.
③ 감자는 으깨서 생크림과 파슬리, 소금, 후추를 넣어 믹싱한 뒤 짤주머니에 넣어서 오픈 팬에 소프트아이스크림 모양으로 짠 뒤 오븐에 구워 준다.
④ 쪄낸 단호박과 남은 당근은 각자 으깬 뒤 생크림과 소금을 넣어 믹싱한다.
⑤ 밀가루, 올리브오일, 물을 비율에 맞게 섞어서 밀가루 빠네를 만들어 준다.
⑥ 식힌 마카로니와 어린잎 채소, 스위트콘, 마요네즈, 소금, 후추를 넣어 섞은 뒤 마카로니 어린잎 채소를 완성한다.
⑦ 식힌 펜네와 빨, 초, 노 파프리카 채 썬 것과 적양파 채 썬 것에 흰 식초를 넣어 섞은 뒤 펜네 파프리카를 완성한다.
⑧ 라즈베리 퓌레를 냄비에 졸여 라즈베리 소스를 완성한다.
⑨ 소고기 안심을 정육면체로 썰어 올리브유로 잠깐 마리네이드한다. 소금, 후추로 미디움이 되게 소테잉한 다음, 퓌레와 샐러드 소스, 찹스테이크, 매시트포테이토, 빠네를 올려 완성한다.

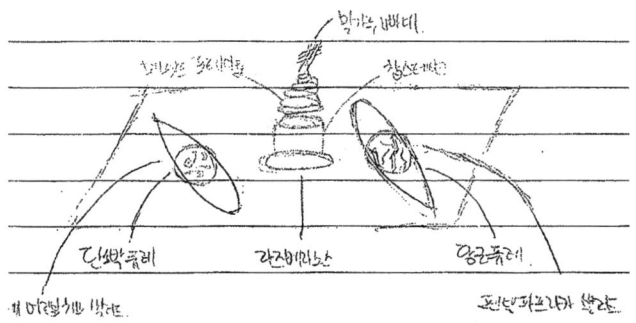

소고기

홀그레인 브라운소스에 어우러진 등심스테이크에 고구마 마카로니 샐러드와 버섯볶음, 그리고 아보카도 살사

■■─── 재료 ───■■

소고기 등심, 새송이버섯, 양송이버섯, 고구마, 마카로니, 옥수수콘, 건포도, 마요네즈, 아보카도, 방울토마토, 양파, 당근, 샐러리, 월계수잎, 통후추, 정향, 페이스트, 레드 와인, 레몬주스, 홀그레인 머스터드, 소금, 후추, 오일

■■■─── 만드는 방법 ───■■■

① 고구마는 쪄 주고 마카로니는 삶아 준다.
② 쪄낸 고구마는 으깨고 익힌 마카로니와 옥수수콘, 건포도, 마요네즈, 소금, 후추 간을 하여 고구마 마카로니 샐러드를 만든다.
③ 아보카도를 정다이스하여 레몬주스를 넣고 소금 간을 약하게 하여 퀸셀로 모양을 잡아주어 아보카도 살사를 만들어 준다.
④ 방울토마토를 (+) 모양으로 칼집을 낸 뒤 데친 다음에 껍질을 살짝 구워서 복주머니 형태가 되게 만든다.
⑤ 새송이버섯과 양송이버섯을 얇게 썰어 소금, 후추 간을 하여 묶는다.
⑥ 냄비에 오일을 두르고 등심 뼈를 볶다가 물을 넣어 육수를 내준다.
⑦ 양파, 당근, 샐러리를 줄리엔하여 프라이팬에 오일을 두르고 볶다가 레드 와인과 페이스트를 넣어 다시 볶은 뒤, 끓인 육수와 소금, 후추 간을 하여 브라운소스를 완성시키고 홀그레인 머스터드를 같이 섞어 홀그레인 브라운소스를 완성시킨다.
⑧ 프라이팬에 오일을 두르고 등심을 소금, 후추 간하여 구운 뒤 오븐으로 한번 더 넣어 스테이크를 완성시킨다.
⑨ 샐러드와 버섯볶음 위에 스테이크를 올린 뒤 소스와 발사믹 방울토마토를 올려 완성시킨다.

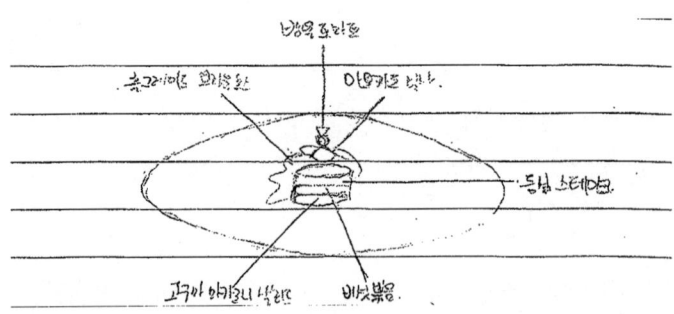

오늘의 양식

안심스테이크와 안심버섯 볶음밥에 황도구이를 올린 양파볶음 그리고 발사믹 소스와 바나나 소스

■■── 재료 ──■■

소고기 안심, 마늘, 양파, 당근, 애호박, 가지, 느타리 버섯, 굴소스, 밥, 고추기름, 참기름, 황도, 양파, 발사믹 식초, 꿀, 바나나 퓌레, 메이플 시럽, 어린잎 채소, 간장, 설탕, 소금, 후추, 올리브오일

■■■── 만드는 방법 ──■■■

① 황도를 웨지형으로 잘라서 프라이팬에 설탕을 조금 넣어 캐러멜화시켜서 황도를 넣어 살짝 구워 준다.
② 양파를 채썰어서 프라이팬에 오일을 두르고 볶다가 간장을 약간 넣어서 양파볶음을 만들어 준다.
③ 발사믹 식초와 꿀을 냄비에 넣어 졸여서 발사믹 소스를 만든다.
④ 바나나 퓌레에 메이플 시럽을 첨가하여 냄비나 프라이팬에 넣어서 졸여준다.
⑤ 안심의 반은 올리브오일에 마리네이드해두고, 나머지 반은 정육면체로 잘라서 소금, 후추 간을 한다.
⑥ 마늘과 양파의 반은 찹을 하고 나머지 양파와 당근, 애호박, 가지는 스몰 다이스하여 증식팬에 고추기름을 두르고 마늘 찹과 양파찹을 넣어 볶다가 손질해둔 정육면체 안심과 야채 다이스를 넣어 볶아주면서 밥과 굴소스를 넣어서 안심버섯볶음밥을 만들어 준다.
⑦ 마리네이드해둔 안심을 소금, 후추 간하여 프라이팬과 오븐을 이용해 미디엄으로 굽는다.
⑧ 스테이크 위에 소스 두 가지를 뿌리고 볶음밥을 옆에 둔 뒤 황도구이, 양파볶음, 어린잎 채소를 올려서 마무리한다.

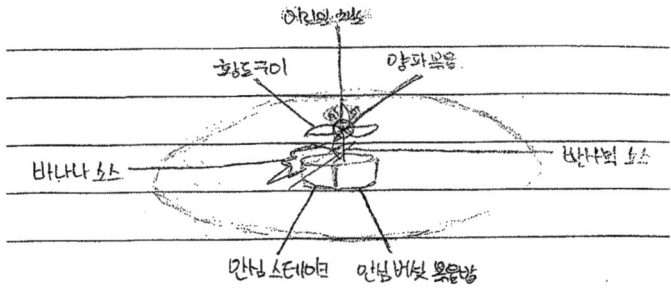

소고기

세 가지 맛 소스와 세 가지 맛 퓨레를 곁들인
찹스테이크와 소 안심 버섯 리소토

■■—— 재료 ——■■

소고기 안심, 마늘, 양파, 느타리버섯, 새송이버섯, 당근, 우유, 휘핑크림, 브로콜리, 생크림, 설익은 밥, 바나나 퓨레, 라즈베리 퓨레, 키위 퓨레, 감자, 어린잎 채소, 참기름, 소금, 후추, 올리브오일

■■■—— 만드는 방법 ——■■■

① 각각의 냄비에 라즈베리 퓨레, 바나나 퓨레, 키위 퓨레를 끓여서 걸쭉하게 소스화해준다.
② 감자, 당근, 브로콜리는 작게 정육면체로 썰어 삶아 준다.
③ 삶은 감자, 당근, 브로콜리는 각자 으깨어 생크림과 소금을 넣어 믹싱한 뒤 짤주머니에 넣어서 오븐 팬에 소프트아이스크림 모양으로 짜내어 오븐에 구워 준다.
④ 마늘과 양파는 찹하고 새송이버섯과 느타리버섯은 먹기 좋은 크기로, 소고기 안심은 적당한 정육면체로 썬다. 프라이팬에 오일을 두르고 마늘 찹과 양파찹을 볶다가 소고기를 넣어 볶으면서 버섯을 넣어 볶고 우유와 휘핑크림 섞은 것과 설익은 밥 그리고 소금, 후추를 간하여 소 안심 버섯 리소토를 완성한다.
⑤ 프라이팬에 오일을 두르고 썰어놓은 소고기 안심을 소금, 후추 간하여 소테잉해준다.
⑥ 중앙에 리소토를 넣고 어린잎 채소를 올려주고, 사이드에 티스푼과 소스, 찹스테이크, 퓨레로 마무리해 준다.

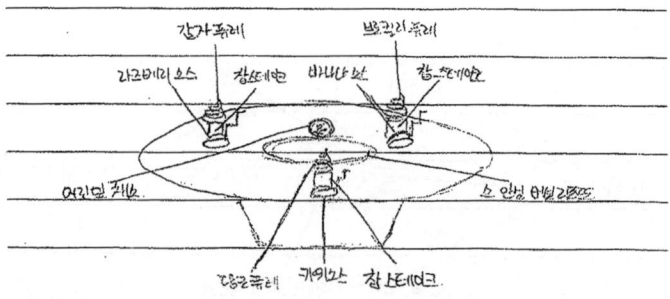

오늘의 양식

안심스테이크와 오리엔탈 카르파초 샐러드 & 토마토 브루스케타 그리고 브라운소스

■■── 재료 ──■■

소고기 안심, 로즈메리, 양파, 당근, 샐러리, 월계수잎, 통후추, 정향, 토마토 페이스트, 레드 와인, 어린잎 채소, 토마토 모차렐라 치즈, 발사믹 식초, 어린잎 새싹, 마늘 버터, 바게트, 파슬리, 토마토, 파프리카, 올리브, 소금, 그라나파다노 치즈가루

■■■── 만드는 방법 ──■■■

① 토마토에 (+) 모양으로 칼집을 내어서 끓는 물에 살짝 담가 껍질을 벗기고 양파, 파프리카를 점다이스하고 올리브를 다진 뒤 소금을 약간 넣어서 토마토 브루스케타에 들어가는 토마토 처트니를 만든다.
② 바게트 빵을 슬라이스하여 마늘 버터, 파슬리 가루를 묻혀서, 180°C 오븐에 바삭하게 구워준 뒤 정육면체 형태로 잘라 토마토 처트니를 올리고 그라나파다노 치즈가루를 뿌려주면 토마토 브루스케타가 완성된다.
③ 모차렐라 치즈와 토마토를 직육면체로 썰어서 쌓아올린 뒤 발사믹 식초를 곁들이고 어린잎 새싹을 올려주어 카프레제 샐러드를 완성한다.
④ 양파, 당근, 샐러리를 줄리엔하여 프라이팬에 오일을 두르고 볶다가 레드 와인과 페이스트를 넣어 다시 볶은 뒤, 끓은 육수와 소금, 후추 간을 하여 브라운소스를 완성한다.
⑤ 프라이팬에 오일을 두르고 안심을 소금, 후추 간하여 구운 뒤 오븐으로 한 번 더 익혀 스테이크를 완성시키고 브라운소스를 올린 뒤 어린잎 채소를 올려 준다.

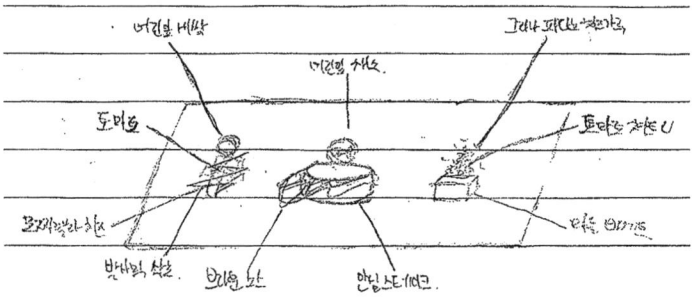

소고기

데리야끼 소스를 곁들인 소고기 타다끼와
버섯 야채 처트니를 얹은 오코노미야끼

■■── 재료 ──■■

소고기 채끝살, 마늘, 양파, 느타리버섯, 새송이버섯, 양송이버섯, 생강, 메추리알, 오징어, 새우, 양배추, 밀가루, 계란, 마, 방울토마토, 간장, 설탕, 소금, 후추, 식초, 식용유

■■■── 만드는 방법 ──■■■

① 방울토마토에 (+) 모양으로 칼집을 낸 뒤 끓는 물에 살짝 데쳐서 복주머니 형태로 만들어 준다.
② 생강을 편썰어서 끓는 물에 살짝 데친 뒤 냄비에 설탕과 식초를 넣어 생강과 함께 초절임을 하여 다져 준다.
③ 프라이팬에 식용유를 두르고 메추리알을 구운 뒤, 느타리버섯을 결대로 썰고, 양송이버섯과 양파를 잘게 썰어 소금, 후추 간을 한 뒤 살짝 볶아서 버섯야채 처트니를 만들고, 물, 간장, 설탕, 마늘, 양파로 데리야끼 소스를 만든다.
④ 오징어, 새우, 양배추, 양파는 잘게 썰고, 마를 갈아서 밀가루와 계란 그리고 소금, 후추를 넣어서 섞어서 오코노미야끼를 만들어 준다.
⑤ 소고기를 편 썰어서 석쇠에다가 미디엄 정도로 구워 준다.
⑥ 홈이 파인 부분에 느타리버섯볶음을 깔고 소고기 타다끼를 올린 뒤 생강 초절임 조금과 메추리알 구이를 얹어주고 붓으로 데리야끼 소스를 그린 뒤 반대편에는 버섯 야채 처트니를 얹은 오코노미야끼로 마무리한다.

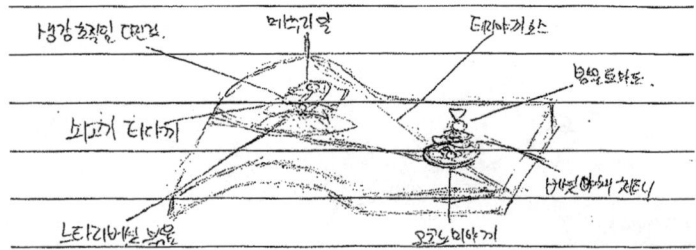

오늘의 양식

햄버그스테이크와 야채 소테잉 & 과일 살사
그리고 갈릭소스와 바질 페스토

■■── 재료 ──■■

소고기 등심, 마늘, 양파, 가지, 애호박, 파프리카, 바질, 잣, 올리브오일, 발사믹 식초, 어린잎 채소, 땅콩버터, 바나나, 키위, 방울토마토, 밀가루, 플레인 요구르트, 레몬주스, 간장, 설탕, 소금, 통후추

■■■── 만드는 방법 ──■■■

① 바질, 잣, 올리브유를 믹서에 갈아서 바질 페스토를 만들어 준다.
② 마늘을 찹한 후 땅콩버터 조금과 섞어 냄비에 살짝 데워 준다.
③ 밀가루, 올리브오일, 물을 넣고 프라이팬에서 센 불로 졸여 빠네를 만든다.
④ 바나나, 키위, 방울토마토를 편 썰어서 플레인 요구르트와 섞은 뒤 레몬주스를 약간 넣어 과일 살사를 만들어 준다.
⑤ 양파, 가지, 애호박, 파프리카를 정다이스로 썬 뒤 프라이팬에 올리브오일을 조금 두르고 볶다가 발사믹 식초와 통후추 약간을 넣어서 볶아 야채 소테잉을 만들어 준다.
⑥ 소고기 등심, 마늘, 양파를 곱게 다져서 간장, 설탕, 소금, 후추로 조미를 한 뒤 후라이팬에서 5분, 오븐에서 5분 정도 구워 준다.
⑦ 중앙에 과일 살사와 빠네를, 사이드에 햄버그스테이크를 썰어 밑에는 갈릭소스와 야채 소테잉을 깔고 바질 페스토로 마무리해 준다.

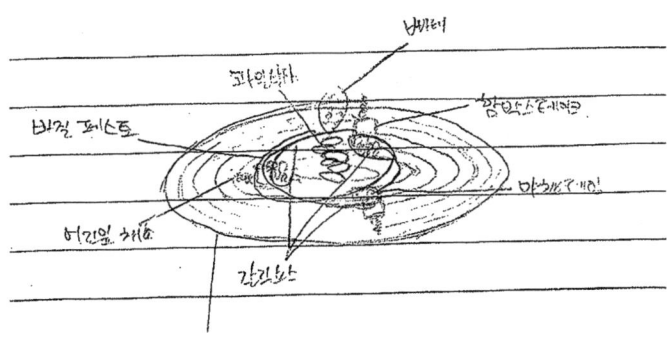

소고기

견과류 땅콩크림소스와 어우러진 채끝 스테이크와 야채볶음 그리고 매시트포테이토와 아스파라거스구이

■■── 재료 ──■■

채끝살, 땅콩, 아몬드, 호두, 땅콩크림, 아스파라거스, 버터, 감자, 파슬리, 생크림, 양파, 마늘, 가지, 애호박, 파프리카, 방울토마토, 바질, 레드 와인, 발사믹 식초, 꿀, 소금, 후추, 올리브오일

■■■── 만드는 방법 ──■■■

① 땅콩크림과 땅콩, 아몬드, 호두를 잘게 다져서 섞어 땅콩크림소스를 만들고, 발사믹 식초, 꿀, 바질을 넣어서 발사믹 소스를 만들어 준다.
② 감자는 삶아서 으깬 다음 생크림과 파슬리, 소금, 후추를 넣어 믹싱한 뒤 짤주머니에 넣어서 오븐 팬에 소프트아이스크림 모양으로 짠 후 오븐에 구워 준다.
③ 마늘과 방울토마토는 반달썰고 양파와 가지, 애호박, 파프리카는 정사각형으로 썬 뒤 프라이팬에서 볶다가 발사믹 식초와 바질을 넣고 볶아 야채볶음을 완성해 준다.
④ 프라이팬에 버터를 녹여 아스파라거스를 소금, 후추 간을 약하게 하여 구워 준다.
⑤ 채끝살은 레드 와인과 바질을 뿌려 잠깐 재워둔 뒤, 올리브오일을 넣은 프라이팬에 5분 정도 익혀 준다.
⑥ 채끝 스테이크를 중앙에 둔 뒤 발사믹 소스를 옅게 바르고 땅콩크림소스를 얹은 뒤 야채볶음 → 매시트포테이토 → 아스파라거스구이 순으로 올려 마무리한다.

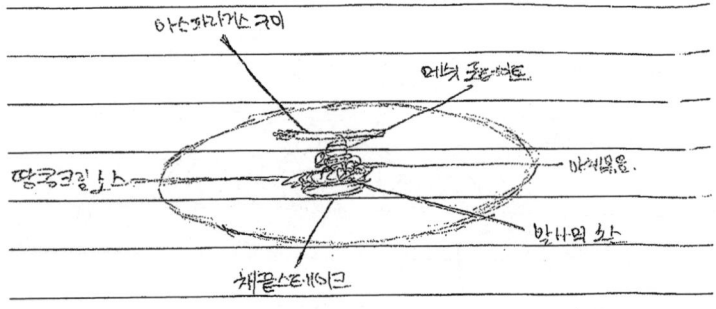

오늘의 양식

복분자 소스를 곁들인 버섯 떡갈비와 곶감 퓌레 그리고 동양식 샐러드와 비빔밥롤

■■—— 재료 ——■■

소고기 등심, 표고버섯, 새송이버섯, 팽이버섯, 마늘, 곶감, 소금, 후추, 간장, 복분자 가루, 양상추, 배, 잣, 대추, 참깨, 검은깨, 마요네즈, 설탕, 식초, 참기름, 밥, 명란젓, 오이, 양파, 게맛살, 김, 어린잎 채소, 어린 새싹

■■■—— 만드는 방법 ——■■■

① 복분자 가루에 물을 희석해 냄비에 끓여 복분자 소스를 만들어 준다.
② 곶감은 잎 부분과 껍질을 벗긴 뒤 속은 볼에다가 으깨고 껍질은 잘게 다져서 곶감 속에 첨가하여 곶감 퓌레를 만들어 준다.
③ 참깨, 검은깨는 믹서로 갈아서 마요네즈, 설탕, 식초, 참기름을 섞어서 세사미 소스를 만든 뒤, 배, 잣, 대추는 채를 썰고 양상추와 소스와 함께 버무려서 동양식 샐러드를 완성한다.
④ 오이, 양파, 게맛살을 채를 썬 뒤, 식초, 설탕, 소금에 초절임을 하고, 밥은 명란젓과 참기름을 섞어 김에 펼친 뒤 캘리포니아롤 형태로 안에 오이, 양파, 게맛살을 넣어 말아서 비빔밥롤을 만들어 준다.
⑤ 소고기 등심과 표고버섯, 새송이버섯, 팽이버섯, 배, 마늘을 잘게 다진 뒤 간장, 설탕, 참기름, 후추로 간을 하여금 원기둥 형태로 만들어서 프라이팬에 살짝 지진 뒤 180°C의 오븐에서 5~7분 정도 더 익혀 준다.
⑥ 버섯 떡갈비, 동양식 샐러드, 비빔밥롤을 각각 곁들이고 어린잎 채소, 새싹으로 마무리한다.

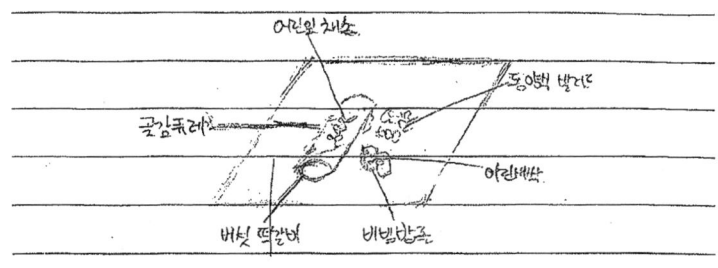

소고기

청포도 레드 와인 소스에 어우러진 등심스테이크와 마카로니 샐러드 그리고 야채볶음 & 고구마 케이크

■■──── 재료 ────■■

소고기 등심, 청포도 캔, 레드 와인, 설탕, 레몬, 로즈메리, 마카로니, 마요네즈, 소금, 후추, 파슬리 가루, 마늘, 양파, 방울토마토, 청피망, 가지, 애호박, 아스파라거스, 고구마, 우유, 계란, 강력분, 버터, B.P, 올리브오일

■■■──── 만드는 방법 ────■■■

① 끓는 물에 마카로니를 삶은 뒤 식혀서 마요네즈, 파슬리 가루, 소금, 후추로 간을 하여 마카로니 샐러드를 만들어 준다.
② 고구마는 강판이나 믹서에 우유를 넣고 갈아 준 다음에 버터를 풀고, 소금, 설탕을 버터에 믹싱한 뒤 계란은 흰자와 노른자를 나누어 벌링법으로 믹싱하여 노른자는 버터에 넣고 흰자는 거품을 살려 밀가루와 B.P를 넣어 섞은 다음 작은 원형 몰드에 담아 180°C 오븐에 8~10분간 구워 준다.
③ 마늘, 양파, 방울토마토, 청피망, 가지, 애호박은 한입 크기로 썰어서 프라이팬에 올리브오일을 두르고 소금, 후추를 약간 넣어 볶아주어 야채볶음을 만든 뒤, 프라이팬에 버터를 넣고 아스파라거스를 소금 간하여 구워 준다.
④ 소고기 등심은 스테이크 크기로 손질하여 로즈메리, 소금, 후추 간을 하여 프라이팬에 살짝 구웠다가 180°C 오븐에서 5분 정도 구워주고 프라이팬에 남은 육즙에 레드 와인, 설탕, 레몬, 청포도를 넣어 소스를 만들어 준다.
⑤ 중앙에 마카로니를 깔고 스테이크, 소스를 뿌린 다음 사이드에 부메뉴를 올려 준다.

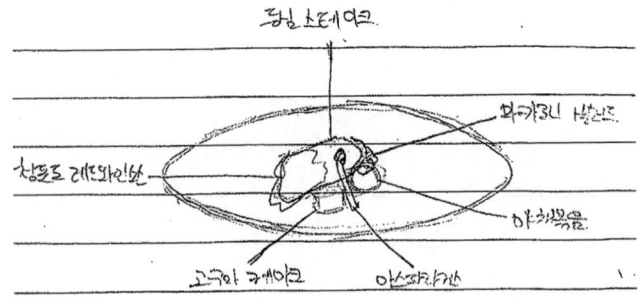

오늘의 양식

안심 단호박 영양롤과 구운 치즈 과일 살사 & 감자 빠찌엔느 그리고 홀그레인 머스터드 크림소스

■■—— 재료 ——■■

소고기 안심, 단호박, 밤, 대추, 인삼, 은행, 홀그레인 머스터드, 우유, 휘핑크림, 사과, 바나나, 방울토마토, 설탕, 피자 치즈, 감자, 바질, 잣, 어린잎 채소, 소금, 후추, 올리브오일

■■■—— 만드는 방법 ——■■■

① 감자는 얇게 채썰어서 180°C 온도에서 튀겨 준다.
② 사과, 바나나, 방울토마토는 먹기 좋은 크기로 일정하게 썰어서 설탕을 조금 뿌리고 피자 치즈와 바질을 뿌려서 180°C 오븐에 구워서 구운 치즈 과일 살사를 만들어 준다.
③ 믹서에 바질, 잣, 올리브오일, 소금, 후추를 섞고 믹싱하여 바질 페스토를 만들어 준다.
④ 프라이팬에 홀그레인 머스터드와 우유, 휘핑크림, 소금, 후추를 넣어 졸여서 홀그레인 머스터드 크림소스를 만들어 준다.
⑤ 단호박은 쪄서 으깨고, 밤, 대추, 인삼, 은행은 껍질 및 씨앗을 벗겨준다.
⑥ 인삼을 포를 떠서 펼친 뒤, 소금, 후추, 바질로 간을 한 다음 으깬 단호박도 같이 펼쳐서 밤, 대추, 인삼, 은행을 넣어 말아서 180°C의 오븐에서 10분간 구워 준다.
⑦ 중앙에 영양롤과 소스, 과일 살사, 빠찌엔느, 어린잎 채소를 놓고 페스토로 마무리한다.

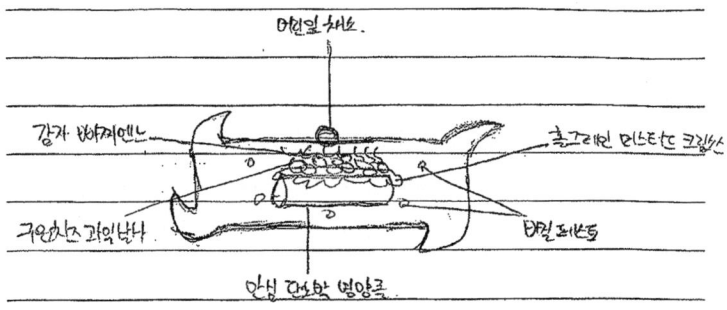

소고기

하드롤 속을 채운 상하이 카르파초 볶음과 파스타 양송이수프 그리고 메이플시럽에 어우러진 펌킨파이

■■── 재료 ──■■

소고기 안심, 느타리버섯, 마늘, 양파, 당근, 가지, 애호박, 페페론치노, 굴소스, 하드롤, 단호박, 계핏가루, 밀가루, 버터, 마카로니, 양송이버섯, 굴소스, 우유, 휘핑크림, 월계수잎, 정향, 통후추, 어린잎 채소, 소금, 후추, 올리브오일

■■■── 만드는 방법 ──■■■

① 하드롤은 윗부분을 자른 뒤 속을 도려 내어서 안 부분을 텅 비게끔 빵칼로 파준다.
② 단호박을 잘게 편 썰어서 프라이팬에 올리브오일을 두르고 계핏가루를 넣어 단호박을 살짝 볶아 준다.
③ 밀가루, 버터, 소금을 볼에다가 넣어서 되직하게 반죽한 뒤 쿠크다스 형태로 넓게 밀어서 단호박을 올려서 180°C 오븐에서 6~8분간 구워 펌킨 파이를 만들어 준다.
④ 프라이팬에 버터를 넣고 밀가루를 볶아서 화이트 루를 만들고 우유와 휘핑크림, 월계수잎, 정향, 통후추를 냄비에 넣어 끓이면서 저어가면서 양송이 간 것과 삶은 마카로니를 넣어 파스타 양송이수프를 만들어 준다.
⑤ 프라이팬에 올리브오일을 두르고 마늘, 양파 다진 것을 볶다가 안심, 양파, 당근, 가지, 애호박, 페페론치노, 굴소스를 넣어 볶아서 상하이 카르파초 볶음을 만들어 하드롤 안에 넣고 스프람파이로 마무리한다.

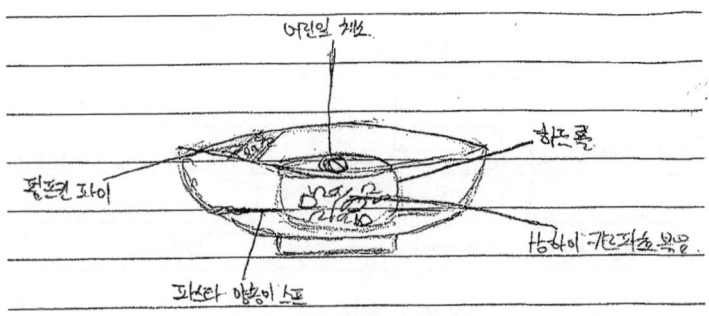

오늘의 양식

단호박 햄버그스테이크와 페페론치노 소고기 볶음밥 & 느타리버섯 볶음 그리고 크림치즈소스

■■ ── 재료 ── ■■

소고기 등심, 마늘, 양파, 샐러리, 굴소스, 단호박, 느타리버섯, 페페론치노, 가지, 애호박, 당근, 쌀, 버터, 민트, 잣, 올리브오일, 우유, 휘핑크림, 카망베르 치즈, 월계수잎, 정향, 통후추, 소금, 어린잎 채소

■■■ ── 만드는 방법 ── ■■■

① 믹서에 민트와 잣, 올리브오일, 소금 후추 약간씩을 넣어서 민트 페스토를 만들어 준다.
② 프라이팬에 올리브오일을 두르고 마늘과 양파 다진 것, 카망베르 치즈, 페페론치노를 넣어 살짝 볶다가 우유, 휘핑크림, 월계수잎, 정향, 통후추, 소금 간을 하여 크림치즈 소스를 만들어 준다.
③ 프라이팬에 느타리버섯을 넣고 볶다가 올리브오일과 소금, 통후추 간 것을 넣어서 느타리버섯볶음을 만들어 준다.
④ 단호박을 손질하여 쪄주고, 등심, 마늘, 양파, 샐러리를 다져서 굴소스로 간을 하여 단호박 찐 것을 넣고 180°C 오븐에서 10분간 구워서 단호박 햄버그스테이크를 만들어 준다.
⑤ 프라이팬에 올리브오일을 두르고 마늘, 양파, 당근, 애호박, 가지, 등심, 페페론치노 다진 것을 넣어 볶다가 꼬들한 밥과 굴소스를 넣어 볶음밥을 만들어 준다.
⑥ 중앙에 햄버그스테이크와 소스, 페스토를 놓고, 사이드에 버섯과 볶음밥을 놓아 준다.

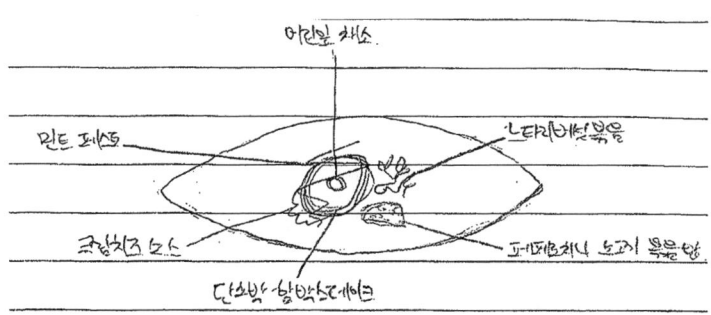

오미자 소스에 어우러진 소고기 안심 필렛과
무화과 정과 & 고구마 퓌레
그리고 카망베르 치즈를 곁들인 소 안심 리소토

■■── **재료** ──■■

소고기 안심, 오미자, 설탕, 무화과, 고구마, 마요네즈, 카망베르 치즈, 페페론치노, 마늘, 양파, 애호박, 가지, 표고버섯, 쌀, 샐러리, 토마토홀, 월계수잎, 정향, 통후추, 어린잎 채소, 소금, 후추, 올리브오일

■■■── **만드는 방법** ──■■■

① 프라이팬에 오미자와 물, 설탕을 넣어서 은근히 끓여서 오미자 소스를 만들어 준다.
② 무화과는 180°C 기름에서 튀긴 뒤, 설탕물에 조려서 무화과 정과를 만들어 준다.
③ 고구마는 쪄낸 다음 으깨어서 마요네즈, 소금, 후추, 간을 하여서 고구마 퓌레를 만들어 준다.
④ 마늘, 양파, 당근, 샐러리를 다져서 프라이팬에 볶다가 냄비에 토마토홀 으깬 것과 물 또는 야채스톡과 월계수잎, 정향, 통후추, 설탕. 소금을 넣어서 끓여 토마토소스를 만들어 준다.
⑤ 프라이팬에 올리브오일을 두르고 소 안심을 주사위 모양으로 썰어서 볶다가 마늘, 양파, 애호박, 가지, 표고버섯 다진 것과 페페론치노, 스톡 또는 물, 카망베르 치즈, 토마토소스, 꼬들한 밥, 소금, 후추를 간하여 리소토를 만들어 준다.
⑥ 소고기 안심 필렛은 프라이팬에 소금, 후추 간을 하여 굽다가 180°C 오븐에서 5분간 더 구워준 뒤 퓌레, 정과, 소스, 리소토를 곁들어 마무리한다.

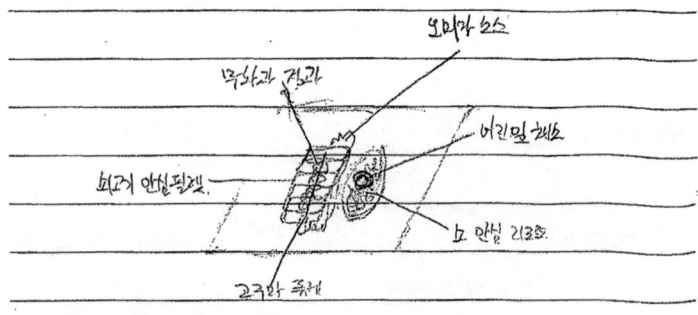

깻잎 페스토를 곁들인 소 등심 스튜와
메이플 시럽에 어우러진 견과류 파이와 크림 파스타

■■── 재료 ──■■

소고기 등심, 등심뼈, 마늘, 양파, 당근, 애호박, 가지, 토마토 페이스트, 토마토홀,
월계수잎, 통후추, 정향, 설탕, 깻잎, 잣, 올리브오일, 호두, 메이플 시럽, 아몬드, 땅콩,
밀가루, 버터, 우유, 휘핑크림, 마카로니, 소금, 후추, 어린잎 채소

■■■── 만드는 방법 ──■■■

① 믹서에 깻잎, 잣, 올리브오일, 소금, 후추 간을 약하게 한 후 갈아 깻잎 페스토를 만들어 준다.
② 버터를 녹여서 밀가루와 소금 간을 약하게 하여 파이 반죽을 만들어 준 뒤 1시간 정도 냉장 휴지를 시켜주어 직사각형 모양으로 반죽을 하여 호두, 아몬드, 땅콩을 반죽 위에 올린 뒤 180℃ 오븐에 10분간 구운 뒤 메이플 시럽을 끼얹어 준다.
③ 프라이팬에 올리브오일을 두르고 마늘과 양파 찹을 넣어 볶다가 삶은 마카로니와 우유, 휘핑크림, 소금, 후추 간을 하여 만들어 준다.
④ 소 등심 뼈를 냄비에서 토마토 페이스트를 넣어 볶다가 물과 마늘, 양파, 당근, 샐러리, 월계수잎, 통후추, 정향을 넣어 브라운스톡으로 만들어 준다.
⑤ 마늘, 양파, 당근, 샐러리를 다져서 프라이팬에 볶다가 냄비에 토마토홀 으깬 것과 물 또는 야채스톡과 월계수잎, 정향, 통후추, 설탕, 소금을 넣어서 토마토소스를 만들어 프라이팬에 등심과 마늘, 양파, 당근, 가지, 애호박을 볶다가 스톡과 토마토소스, 소금, 후추 간을 하여 등심 스튜와 파이 & 파스타를 올려 준다.

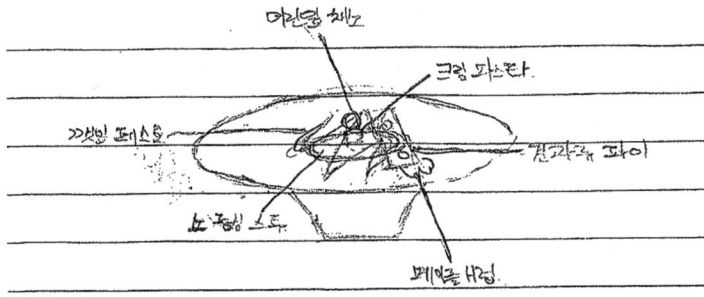

아메리칸 스타일 안심스테이크와 발사믹 소스 그리고 매시트포테이토와 콘슬로 & 버터 모닝빵

■■── 재료 ──■■

소고기 안심, 로즈메리, 메추리알, 감자, 생크림, 파슬리, 당근, 버터, 발사믹 식초, 꿀, 마카로니, 옥수수콘, 마요네즈, 설탕, 모닝빵, 어린잎 채소, 소금, 후추, 올리브오일, 레드 와인

■■■── 만드는 방법 ──■■■

① 발사믹 식초와 꿀을 넣어서 졸여 발사믹 소스를 만들어 준다.
② 당근은 올리베트를 쳐서 설탕에 조려 당근 올리베트를 만들어 준다.
③ 마카로니는 삶은 뒤 옥수수콘과 마요네즈, 설탕, 파슬리 가루를 넣고 소금, 후추 간을 약하게 하여 콘슬로를 만들어 준다.
④ 감자는 삶은 뒤 으깨어 생크림과 파슬리, 소금, 후추를 섞어 믹싱한 뒤 짤주머니에 넣어서 오븐 팬에 소프트아이스크림 모양으로 짠 뒤 오븐에 구워 준다.
⑤ 프라이팬에 올리브오일을 두르고 소금, 후추, 간을 약하게 하여 노른자가 살아 있게 메추리알을 구워 준다.
⑥ 소고기 안심을 로즈메리와 레드 와인으로 마리네이드한 뒤 소금, 후추로 약하게 간을 한 뒤 프라이팬에 올리브오일을 두르고 살짝 구운 뒤 180°C 오븐에서 6분 정도 더 구워 안심스테이크를 만들어 준다.
⑦ 모닝빵을 반을 잘라 버터를 바른 뒤 오븐에 굽고 콘슬로 샐러드를 올려 준다.
⑧ 안심스테이크와 여러 가니시를 올려 마무리해 준다.

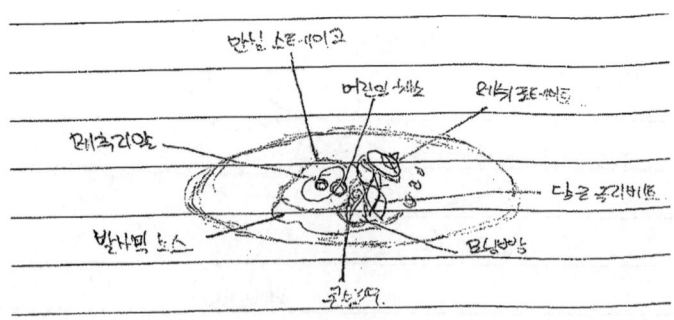

네 가지 맛 소스를 곁들인 소고기 양념 튀김과 찹스테이크 그리고 스티밍한 소고기 & 소고기 치즈롤

■■─── 재료 ───■■

소고기 등심, 마늘, 양파, 실파, 당면, 바질, 토마토홀, 스트링 치즈, 간장, 소금, 후추, 계피, 설탕, 대파, 라즈베리 퓨레, 망고 퓨레, 키위 퓨레, 슬라이스치즈, 로즈메리, 무순, 치커리, 어린잎 채소, 새싹, 오일

■■■─── 만드는 방법 ───■■■

① 물 또는 다시 물에 간장, 설탕, 마늘, 양파, 대파, 계피를 넣어 끓여 데리야끼 소스를 만들고, 라즈베리, 망고, 키위 퓨레를 냄비에 졸여서 각각의 소스를 만들어 준다.
② 당면은 불리고 소고기, 마늘, 양파, 실파, 당면을 다져서 간장, 설탕, 후추를 넣어 섞은 뒤 180°C 기름에 튀겨 소고기 양념 튀김을 만들어 준다.
③ 등심을 주사위 모양으로 잘라서 소금, 후추, 로즈메리를 뿌려서 소테잉하여 찹스테이크를 만들어 준다.
④ 등심을 주사위 모양으로 잘라서 소금, 후추 간을 약하게 하여 토마토홀, 바질을 다져서 마리네이드하여 토마토홀을 으깨어 스티밍한 소고기를 만들어 준다.
⑤ 소고기를 얇게 저며서 소금, 후추 간을 약하게 하여 바질을 뿌리고 슬라이스 치즈, 스트링 치즈를 넣어 말아서 180°C 오븐에 6~8분간 구워 소고기 치즈롤을 만들어 준다.

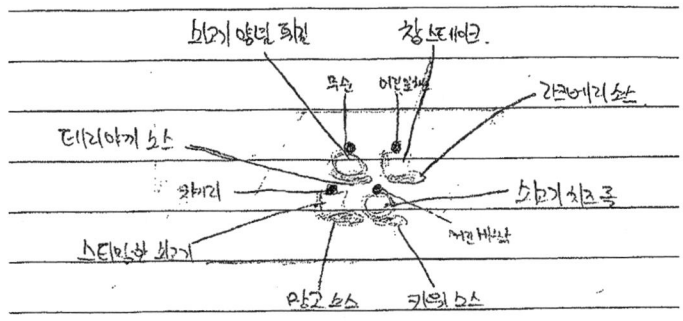

채끝 치즈롤과 월남쌈 야채 샐러드
그리고 과일 크림 케이크

■■── 재료 ──■■

소고기 채끝살, 리코타 치즈, 양파, 당근, 샐러리, 가지, 월남쌈 페이퍼, 양상추, 라디치오,
방울토마토, 바질, 레몬주스, 설탕, 식초, 버터, 밀가루, 우유, 계란, B.P, 건포도, 호두,
체리, 크랜베리, 바닐라빈, 휘핑크림, 소금, 후추, 어린잎 채소, 어린잎 새싹

■■■── 만드는 방법 ──■■■

① 양상추, 라디치오, 방울토마토, 바질을 한입 크기로 뜯어 레몬주스, 설탕, 식초를 넣어서 샐러드를 만든 뒤, 월남쌈 페이퍼에 물을 묻혀 롤로 말아서 월남쌈 야채 샐러드를 만들어 준다.
② 휘핑크림을 볼에다가 거품기로 쳐서 크림을 만들어 준다.
③ 건포도와 호두는 180°C 오븐에서 5분 정도 구워주고, 버터는 녹여서 계란 노른자와 우유를 넣고 믹싱한 뒤 마지막으로 밀가루, 소금, 설탕, B.P를 넣고 건포도, 호두, 체리, 크랜베리, 계란 흰자를 넣어서 살짝 저어 준 뒤 몰드에 담아 180°C 오븐에 10분간 구워 준다.
④ 채끝살을 얇게 포 뜬 뒤 소금, 후추 간을 하고 리코타 치즈와 양파, 당근, 샐러리, 가지를 다져서 펼친 채끝살에 올려서 말아 채끝 치즈롤을 만들어 180°C 오븐에 10분간 구워 준다.
⑤ 사이드에 채끝 치즈롤과 월남쌈 샐러드를 중앙에 케이크를 올려 마무리해 준다.

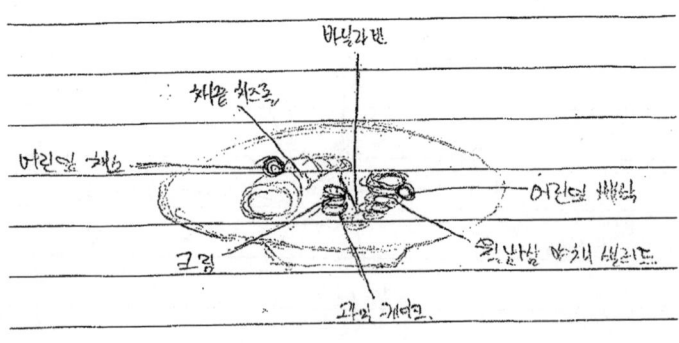

오늘의 양식

등심스테이크와 감자 마카로니
그리고 아스파라거스구이 & 바질 페스토

■■── 재료 ──■■

소고기 등심, 바질, 잣, 올리브오일. 감자. 마카로니, 양파, 마요네즈, 설탕, 파슬리 가루,
방울토마토, 아스파라거스, 버터, 레드 와인, 소금, 후추

■■■── 만드는 방법 ──■■■

① 마카로니는 삶아주고 감자는 쪄서 으깨어 마요네즈와 설탕, 파슬리 가루, 다진 양파를 넣어서 감자 마카로니를 만들어 준다.
② 믹서에 바질, 잣, 올리브오일, 소금, 후추 약간씩을 넣어서 믹싱하여 바질 페스토를 만들어 준다.
③ 방울토마토에 (+) 모양으로 칼집을 낸 뒤 데친 다음에 껍질을 살짝 구워서 복주머니 형태가 되게 만든다.
④ 프라이팬에 버터를 넣고 아스파라거스에 소금, 후추를 약간씩 하여 아스파라거스구이를 만들어 준다.
⑤ 프라이팬에 올리브오일을 약간 두르고 양파와 소금, 후추 간을 약하게 하여 어니언 볶음을 만들어 준다.
⑥ 프라이팬에 올리브오일을 두르고 등심을 넣고 소금, 후추를 뿌린 뒤 레드 와인으로 파이어를 한 뒤 뒤집어 한 번 더 익힌 뒤 플레이팅해준다.

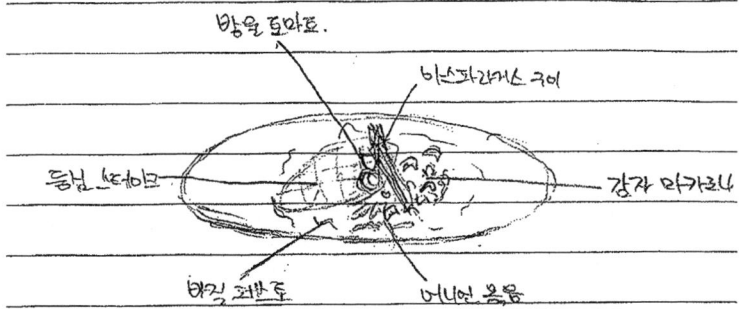

소고기

망고 레몬 소스를 곁들인 카프레제롤과 소고기 버섯 도리아롤 그리고 감자 과일 살사롤

■■—— 재료 ——■■

소고기 안심, 양송이버섯, 마늘, 양파, 애호박, 당근, 가지, 쌀, 라이스 페이퍼, 토마토, 모차렐라 치즈, 감자, 산딸기, 바나나, 비타민, 망고 퓨레, 레몬주스, 설탕, 슈가파우더, 굴소스, 소금, 후추, 올리브오일

■■■—— 만드는 방법 ——■■■

① 프라이팬이나 냄비에 망고 퓨레와 레몬주스, 설탕을 넣고 조려서 망고 레몬 소스를 만들어 준다.
② 라이스페이퍼에 물을 살짝 묻힌 뒤, 토마토와 모차렐라 치즈를 얇게 편 썰어서 라이스페이퍼에 넣어 말아서 카프레제롤을 만들어 준다.
③ 감자는 삶아서 으깨어 준 뒤 랩을 씌운 김발 위에 올려서 펼쳐주고 산딸기와 바나나를 안에 넣어 말아서 감자 과일살사롤을 만들어주고 밥을 짓는다.
④ 프라이팬에 올리브오일을 두르고 소고기 안심을 주사위 모양으로 썰어서 볶다가 마늘, 양파, 애호박, 당근, 가지, 양송이버섯을 썰어서 넣고 볶다가 밥과 굴소스를 넣어서 소고기 버섯도리아를 만들어서 나머지 소고기 안심을 얇게 편 썰어서 도리아를 넣고 말아서 180°C 오븐에서 8~10분간 구워 소고기 버섯 도리아롤을 만들어 주고 세 가지 롤을 세팅한 뒤 소스와 가니시를 플레이팅한다.

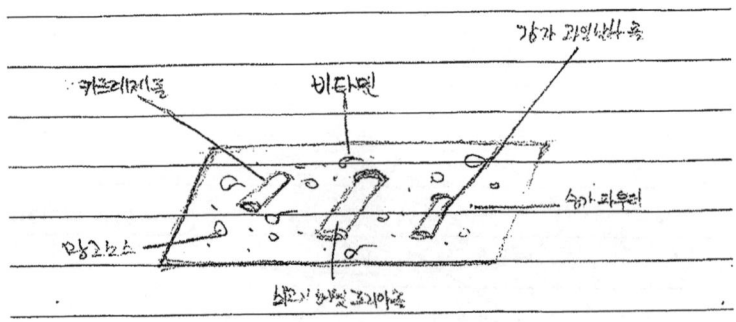

카망베르 소고기 버섯 리소토와 감자튀김 & 고구마 마카로니 샐러드롤 그리고 깻잎 페스토

■■ —— 재료 —— ■■

소고기 등심, 카망베르 치즈, 양송이버섯, 마늘, 양파, 애호박, 당근, 가지, 쌀, 토마토홀, 월계수잎, 통후추, 정향, 설탕, 샐러리, 깻잎, 잣, 올리브오일, 감자, 고구마, 마카로니, 마요네즈, 어린잎 채소, 레몬주스, 라디치오, 방울토마토, 소금, 후추

■■■ —— 만드는 방법 —— ■■■

① 믹서에 깻잎과 잣, 올리브오일, 소금, 후추, 약간씩을 넣어서 간 뒤 깻잎 페스토를 만들어 준다.
② 고구마를 쪄서 으깬 뒤 랩을 씌운 김발 위에 펼쳐서 삶은 마카로니와 라디치오, 샐러리를 마요네즈와 설탕을 넣어 섞은 것을 위로 얹어서 말아서 고구마 마카로니 샐러드롤을 만들어 준다.
③ 감자를 직사각형 형태로 길게 썰어서 180°C 기름에 튀겨서 감자튀김을 만들어주고 밥을 짓는다.
④ 마늘, 양파, 당근, 샐러리를 다져서 프라이팬에 볶다가 냄비에 넣어 토마토홀 으깬 것과 물 또는 야채스톡과 월계수잎, 정향, 통후추, 설탕을 넣어서 토마토소스를 만들어 준다.
⑤ 프라이팬에 올리브오일을 두르고 소고기 등심을 주사위 모양으로 썰어서 볶다가 마늘, 양파, 애호박, 당근, 가지, 양송이버섯을 썰어서 넣고 볶다가 물 또는 야채스톡과 토마토소스를 넣고 카망베르 치즈와 소금, 후추 간을 하여 카망베르 소고기 버섯 리소토를 만들어 준다.

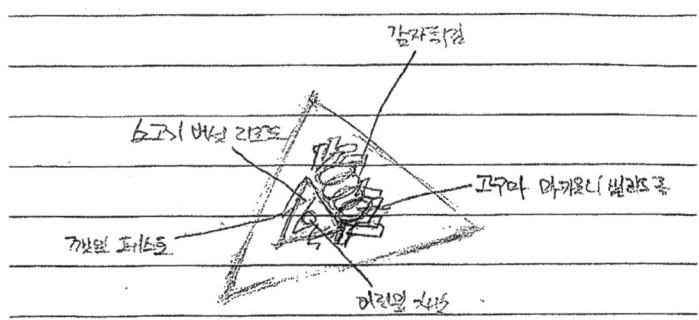

로즈메리 페스토와 야채 쿠스쿠스를 곁들인 데리야끼 목심구이와 생강 빠찌엔느 그리고 토마토 처트니

■■──── 재료 ────■■

소고기 목심, 간장, 설탕, 가쓰오부시, 마늘, 양파, 당근, 애호박, 가지, 쿠스쿠스, 굴소스, 로즈메리, 잣, 올리브오일, 토마토, 올리브, 피망, 생강, 어린잎 채소, 레몬주스, 파르메산 치즈, 소금, 후추

■■■──── 만드는 방법 ────■■■

① 믹서에 로즈메리, 잣, 올리브오일, 소금, 후추를 약간씩 넣어서 간 뒤 로즈메리 페스토를 만들어 준다.
② 생강은 얇게 채 썰어서 180°C 기름에 튀겨 생강 빠찌엔느를 만들어 준다.
③ 토마토는 (+) 모양으로 칼집을 낸 뒤 끓는 물에 살짝 그을려 찬물에서 껍질을 벗겨 속을 파내고 양파, 피망, 올리브를 함께 다져서 레몬주스, 파르메산 치즈, 소금, 후추 간을 약하게 하여 섞어서 토마토 처트니를 만들어 준다.
④ 쿠스쿠스는 찜기에서 10~15분간 찌고 마늘, 양파, 당근, 가지, 애호박을 다져서 프라이팬에 올리브오일을 두르고, 쿠스쿠스와 다진 야채, 굴소스를 넣어 볶아서 야채 쿠스쿠스를 만들어 준다.
⑤ 프라이팬에 올리브오일을 두르고 목심을 살짝 구운 뒤 물, 가쓰오부시, 간장, 설탕을 넣어 끓인 데리야끼 소스에 목심을 조려 데리야끼 목심구이를 만들고 가니시들을 올려 마무리해 준다.

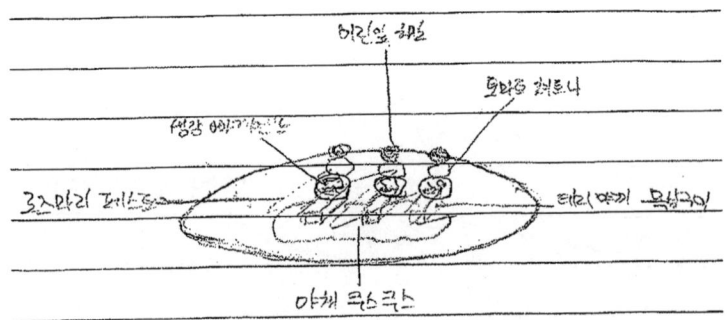

바질 토마토 모차렐라 치즈 등심볶음에 어우러진
버섯 크림 리소토볼과 고구마 빠찌엔느

■■── **재료** ──■■

소고기 등심, 바질, 토마토홀, 마늘, 양파, 당근, 애호박, 가지, 모차렐라 치즈, 새송이버섯, 양송이버섯, 우유, 휘핑크림, 쌀, 밀가루, 계란, 빵가루, 고구마, 어린잎 채소, 소금, 후추

■■■── **만드는 방법** ──■■■

① 고구마를 얇게 채 썰어서 180℃ 기름에 튀겨 고구마 빠찌엔느를 만들어 준다.
② 프라이팬에 올리브오일을 두르고 마늘, 양파, 당근, 애호박, 가지 다진 것과 새송이버섯, 양송이버섯 편 썬 것을 볶다가 우유와 휘핑크림, 그리고 갓 지은 밥을 넣어 졸여서 소금, 후추 간을 하여서 버섯 크림 리소토를 만들고 둥근 원을 만든 뒤 밀가루, 계란, 빵가루를 묻혀서 180℃ 기름에 튀겨서 리소토볼을 만들어 준다.
③ 프라이팬에 올리브오일을 두르고 소고기 등심을 주사위 모양으로 썬 것을 토마토홀과 바질, 소금, 후추 간을 약하게 하여 볶아서 마지막으로 모차렐라 치즈를 넣어서 바질 토마토 모차렐라 치즈 등심 볶음을 만들어 준다.
④ 중앙에 바질 토마토 모차렐라 치즈 등심 볶음을 깔아주고 버섯 크림 리소토볼과 고구마 빠찌엔느를 올려 마무리해 준다.

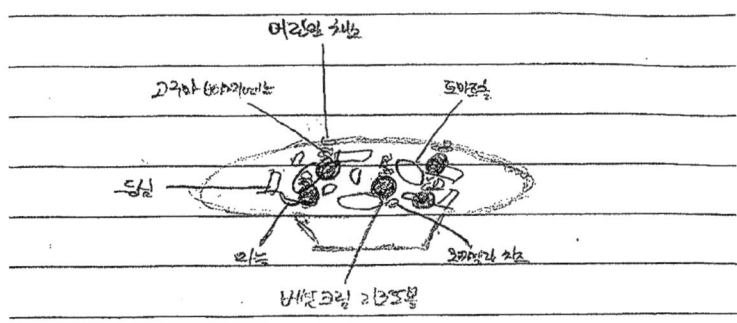

감자 또르띠노에 어우러진 안심 찹스테이크와 바질 토마토 그리고 그라나파다노 치즈와 단호박 퓨레

■■──── 재료 ────■■

소고기 안심, 감자, 베이컨, 올리브, 피자 치즈, 바질, 토마토홀, 그라나파다노 치즈, 단호박, 꿀, 발사믹 식초, 어린잎 채소, 소금, 후추, 올리브오일

■■■──── 만드는 방법 ────■■■

① 단호박은 쪄서 으깬 다음에 꿀과 섞어서 단호박 퓨레를 만들어 준다.
② 프라이팬에 올리브오일을 두르고 토마토홀과 바질을 넣어 볶다가 발사믹 식초를 넣어 한 번 더 볶아서 바질 토마토를 만들어 준다.
③ 감자는 삶아서 으깨어 베이컨과 피자치즈를 넣고 소금, 후추 간을 약하게 하여 피자 팬에 올리브오일을 두르고 빵가루를 뿌린 뒤 감자 또르띠노를 올리고 180℃ 오븐에서 10분 간 구워 감자 또르띠노를 완성한다.
④ 프라이팬에 올리브오일을 두르고 소고기 안심을 주사위 모양으로 썬 뒤 소금, 후추 간을 약하게 하여 안심 찹스테이크를 만들어 준다.
⑤ 맨밑에 감자 또르띠노를 깔고, 안심 찹스테이크, 단호박 퓨레, 바질 토마토, 그라나파다노 치즈를 올려 마무리해 준다.

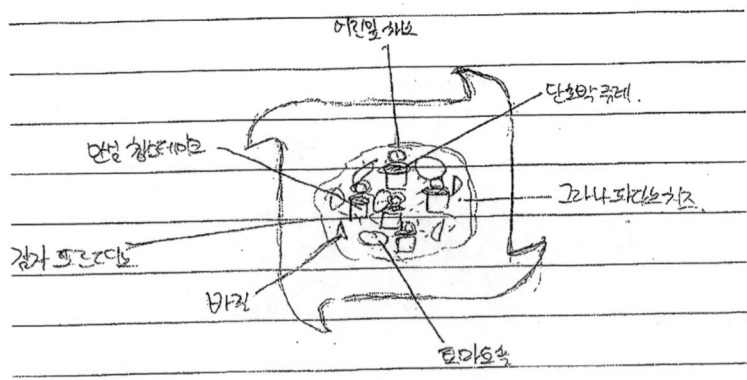

오늘의 양식

새우 새송이버섯 크림소스를 곁들인 등심스테이크와 누룽지 야채볶음 그리고 라디치오로 감싼 단호박 샐러드 & 산딸기

■■── 재료 ──■■

소고기 등심, 새우, 새송이버섯, 굴소스, 우유, 휘핑크림, 버터, 누룽지, 마늘, 양파, 피망, 가지, 애호박, 당근, 발사믹 식초, 라디치오, 단호박, 건포도, 호두, 산딸기, 어린잎 채소, 실파, 소금, 후추, 올리브오일

■■■── 만드는 방법 ──■■■

① 단호박을 쪄서 으깬 다음에 휘핑크림과 건포도, 호두, 소금, 후추 간을 약하게 하여 단호박 샐러드를 만들어 주고 라디치오도 쪄서 단호박 샐러드를 감싸 라디치오 단호박 샐러드를 만들어서 산딸기와 실파를 올려 준다.
② 프라이팬에 올리브오일을 두르고 마늘, 양파, 피망, 가지, 애호박을 넣어서 볶다가 누룽지와 발사믹 식초를 넣어서 볶아 누룽지 야채볶음을 만들어 준다.
③ 프라이팬에 버터를 넣고 녹여서 새우와 새송이버섯 편 썬 것을 넣어 볶다가 우유와 휘핑크림, 굴소스로 간을 하여 조려서 새우 새송이버섯 크림소스를 만들어 준다.
④ 프라이팬에 올리브오일을 두르고 센불에서 등심을 1분씩 위, 아래로 익히고 오븐에서 소금, 후추 간을 하여 2분 더 익혀서 등심스테이크를 만들어 준다.
⑤ 야채볶음을 맨 밑에 깐 뒤, 스테이크, 소스, 어린잎 채소로 마무리해 준다.

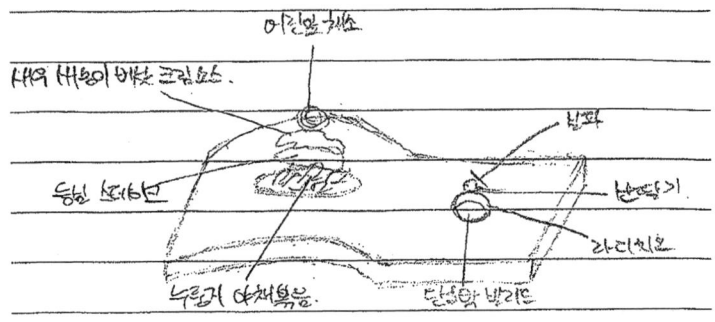

마늘 & 오레가노 토스트에 속을 채운 봄 야채 파스타 샐러드와 소고기 필렛 그리고 그라나파다노 치즈

■■──── 재료 ────■■

소고기 등심, 마늘, 오레가노, 버터, 설탕, 계핏가루, 식빵, 양파, 파프리카, 비타민, 숏파스타, 레몬주스, 설탕, 식초, 올리브오일, 바질, 방울토마토, 그라나파다노 치즈, 실파, 소금, 후추

■■■──── 만드는 방법 ────■■■

① 토스트 속을 파내어서 겉에는 버터, 마늘, 오레가노 다진 것과 계핏가루를 섞어서 바르고 180°C 오븐에서 5분간 구워 준다.

② 숏파스타는 삶아주고 양파, 파프리카는 채 썰어서 비타민과 레몬주스, 설탕, 식초, 바질, 방울토마토, 올리브오일을 섞어서 봄 야채 파스타 샐러드를 만들어 준다.

③ 프라이팬에 올리브오일을 두르고 소고기와 소금, 후추를 간하여 구워서 소고기 필렛을 만들어 준다.

④ 중앙에 마늘 & 오레가노 토스트를 놓고 안에 봄 야채 파스타 샐러드를 넣은 뒤 위에 소고기 필렛을 올려주고 사이드에 그라나파다노 치즈를 올리고 위는 실파로 마무리해 준다.

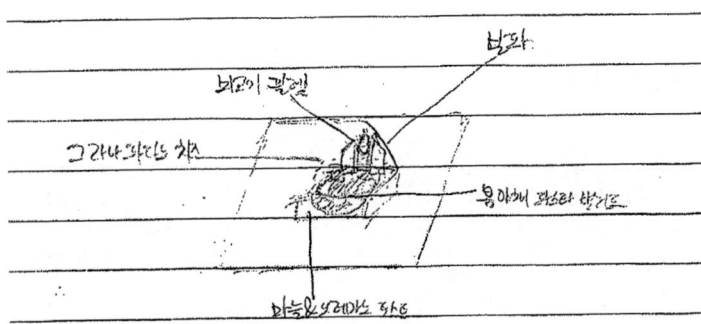

오늘의 양식

소고기 안심 토마토 리소토를 넣은 코티지 파이와 바질 페스토 그리고 가지 라자냐와 가든 샐러드

■■—— 재료 ——■■

소고기 안심, 토마토홀, 마늘, 양파, 당근, 샐러리, 월계수잎, 정향, 통후추, 쌀, 애호박, 가지, 표고버섯, 바질, 잣, 올리브오일, 피자치즈, 감자, 버터, 방울토마토, 사과, 오렌지, 플레인 요구르트, 어린잎 채소, 새싹, 소금, 후추, 올리브오일

■■■—— 만드는 방법 ——■■■

① 믹서에 바질, 잣, 올리브오일, 소금, 후추 약간씩을 넣어 믹싱하여 바질 페스토를 만들어 준다.
② 방울토마토, 사과, 오렌지를 한입 크기로 썰어서 플레인 요구르트와 소금, 후추 약간씩을 넣어 섞어서 가든 샐러드를 만들어 준다.
③ 마늘, 양파, 당근, 샐러리를 다져서 프라이팬에 볶다가 냄비에 토마토홀 으깬 것과 물 또는 야채 스톡과 월계수잎, 정향, 통후추, 설탕, 소금을 넣어서 토마토소스를 만들어주고 밥을 짓는다.
④ 가지를 편 썰어서 소금, 후추 간을 약하게 하고 프라이팬에 버터를 넣어 살짝 구워서 토마토소스와 피자치즈를 부려 180°C 오븐에서 5분 정도 구워 준다.
⑤ 프라이팬에 올리브오일을 두르고 소고기 안심 썬 것과 야채 다진 것을 볶다가 물 또는 야채스톡과 토마토소스, 소금, 후추를 넣어 리소토를 만들고 감자 편 썬 것을 올려 오븐에 구워 코티지 파이를 만들어 준다.

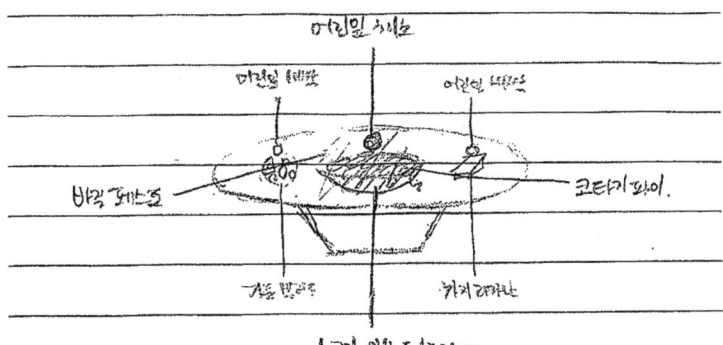

소고기

누룽지에 어우러진 소고기 장조림구이와 야채 쿠스쿠스 그리고 안티파스토와 아스파라거스 & 마늘구이

■■── 재료 ──■■

소고기 치마살, 마늘, 파, 양파, 고추, 간장, 설탕, 참기름, 쌀, 다시마, 당근, 애호박, 가지, 쿠스쿠스, 굴소스, 메추리알, 새송이버섯, 양송이버섯, 피망, 올리브, 발사믹 식초, 아스파라거스, 소금, 후추

■■■── 만드는 방법 ──■■■

① 밥을 지은 다음에 지은 밥을 얇게 깔아서 뚜껑을 덮고 중불에서 10분, 약불에서 20분 구워 누룽지를 만들어 준다.
② 새송이, 양송이버섯, 양파, 피망, 올리브를 먹기 좋은 크기로 썰어서 프라이팬에 올리브오일을 두르고 볶은 뒤 식혀서 발사믹 식초에 재워서 안티파스토를 만들어 준다.
③ 프라이팬에 올리브오일을 두르고 마늘과 아스파라거스를 넣은 뒤 소금, 후추 간을 약하게 하여 아스파라거스 & 마늘 구이를 만들어 준다.
④ 메추리알은 삶아주고 쿠스쿠스는 데친 뒤 프라이팬에 올리브오일을 두르고 마늘, 양파, 당근, 가지, 애호박을 볶음용으로 썰어서 볶다가 쿠스쿠스와 굴소스, 참기름을 넣어서 볶아 야채 쿠스쿠스를 만들어 준다.
⑤ 냄비에 치마살과 물, 다시마, 마늘, 파, 양파, 고추, 간장, 설탕을 넣어 끓인 뒤 참기름으로 마무리하고 프라이팬에 버터를 넣고 장조림구이를 만들어 준다.

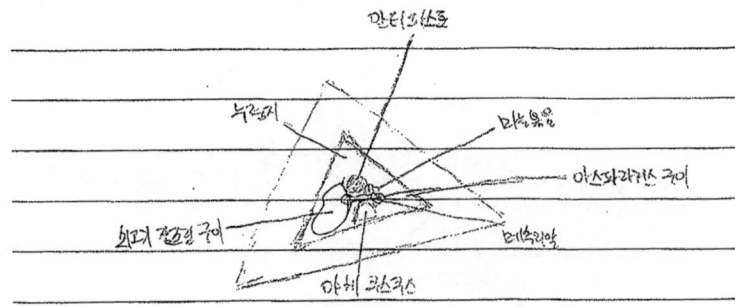

오늘의 양식

견과류 떡갈비와 그린빈 샐러드 &
단호박 라비올리 그리고 곶감 소스

■■── **재료** ──■■

소고기 등심, 삼겹살, 마늘, 파, 양파, 간장, 설탕, 참기름, 후추, 곶감, 레몬주스, 꿀, 그린빈, 마요네즈, 단호박, 밀가루, 계란, 우유, 리코타 치즈, 샐러리, 로즈메리, 파슬리 가루, 베이컨, 호두, 건포도, 아몬드, 잣, 소금, 올리브오일

■■■── **만드는 방법** ──■■■

① 믹서에 곶감과 레몬주스, 꿀을 넣어 갈아 준 뒤, 프라이팬이나 냄비에 데워서 곶감 소스를 만들어 준다.
② 그린빈을 데친 뒤, 마요네즈와 설탕, 소금, 후추 약간, 파슬리 가루를 넣어 섞어서 그린빈 샐러드를 만들어 준다.
③ 단호박은 쪄준 뒤 으깨어서 밀가루, 계란, 우유, 소금으로 반죽하여 30분간 냉장 휴지를 시킨 뒤 마늘, 양파, 샐러리, 베이컨, 리코타 치즈를 다져서 소금, 후추로 간을 하여 반죽을 얇게 펴서 원형 몰더로 찍어낸 뒤 속을 채워 반죽을 덮은 뒤 냄비에서 10분간 삶아 준다.
④ 소고기 등심, 삼겹살, 마늘, 파, 양파, 호두, 건포도, 아몬드, 잣을 다져서 간장, 설탕, 참기름, 소금, 후추 간을 하여 프라이팬에 올리브오일을 두르고 겉만 구운 뒤 180°C 오븐에서 속살까지 익혀 견과류 떡갈비를 만들어 주고 곶감 소스를 깐 뒤 단호박 라비올리, 그린빈 샐러드, 로즈메리를 곁들여 마무리해 준다.

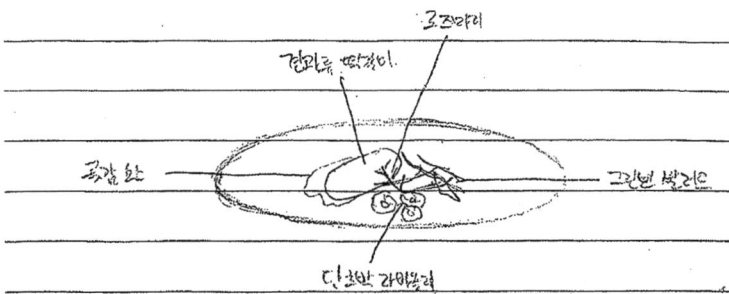

소고기

찹스테이크와 버섯 크림 리소토
그리고 라즈베리 퓌레 & 마카로니 샐러드

■■── 재료 ──■■

소고기 등심, 라즈베리 퓌레, 마카로니, 감자, 마요네즈, 파슬리가루, 새송이버섯,
양송이버섯, 표고버섯, 버섯 크림, 우유, 휘핑크림, 마늘, 양파, 쌀, 어린잎 채소,
어린잎 새싹, 소금, 후추, 올리브오일

■■■── 만드는 방법 ──■■■

① 프라이팬이나 냄비에 라즈베리 퓌레를 넣어서 졸여 라즈베리 퓌레를 만들어 준다.
② 마카로니와 감자는 삶은 뒤 감자는 으깨어서 마카로니와 마요네즈, 파슬리가루, 소금, 후추를 넣어 섞어서 마카로니 샐러드를 만들어주고 밥을 짓는다.
③ 프라이팬에 올리브오일을 두르고 새송이, 양송이, 표고버섯 썬 것을 넣어 볶다가 우유와 휘핑크림, 밥을 넣고 소금, 후추 간을 하여 버섯 크림 리소토를 만들어 준다.
④ 소고기 등심을 주사위 모양으로 썰어 달군 프라이팬에 넣어 소금, 후추 간을 하고 소테잉하여 찹스테이크를 만들어 준다.
⑤ 왼쪽에는 라즈베리 퓌레를 깔고 찹스테이크, 마카로니 샐러드, 어린잎 새싹을 올리고 오른쪽에는 버섯 크림 리소토에 어린잎 채소로 올려 마무리해 준다.

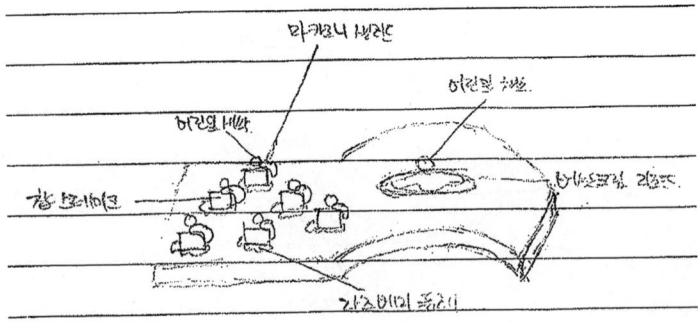

오늘의 양식

오렌지 발사믹 소스를 곁들인 소 안심구이와 감자 고르곤졸라 그리고 과일 샐러드 & 홀그레인 마요네즈 소스와 감자 치즈볼

■■── 재료 ──■■

소고기 안심, 오렌지, 발사믹 식초, 꿀, 감자, 고르곤졸라 치즈, 땅콩, 피자치즈, 파슬리가루, 사과, 감, 키위, 플레인 요구르트, 어린잎 채소, 홀그레인 머스터드, 마요네즈, 슬라이스치즈, 어린잎 새싹, 소금, 후추, 올리브오일

■■■── 만드는 방법 ──■■■

① 프라이팬이나 냄비에 발사믹 식초, 오렌지, 꿀을 넣어서 졸여 오렌지 발사믹 소스를 만들어 준다.
② 사과, 감, 키위를 편 썰어서 둥근 원형 몰드로 찍어낸 뒤, 플레인 요구르트와 어린잎 채소를 섞어서 과일 사이로 끼워서 과일 샐러드 탑을 만들고 어린잎 새싹을 올려 준다.
③ 감자는 얇게 편 썰어서 피자치즈와 고르곤졸라 치즈 그리고 땅콩 다진 것과 파슬리가루를 올린 뒤 180°C 오븐에서 5분간 구워 감자 고르곤졸라를 만들어 어린잎 새싹을 올려 준다.
④ 홀그레인 머스터드와 마요네즈, 소금, 후추를 넣어서 홀그레인 마요네즈 소스를 만들고 감자는 쪄서 으깨어 슬라이스 치즈를 조금 넣고 밀가루, 계란, 빵가루, 파슬리 가루를 넣어서 감자 치즈볼을 만들고 소스를 깐 뒤 어린잎 채소를 올려 준다.
⑤ 소 안심은 프라이팬이나 그릴에서 소금, 후추 간을 하여 미디엄으로 굽고 소스를 깐 뒤 어린잎 채소를 올려 마무리해 준다.

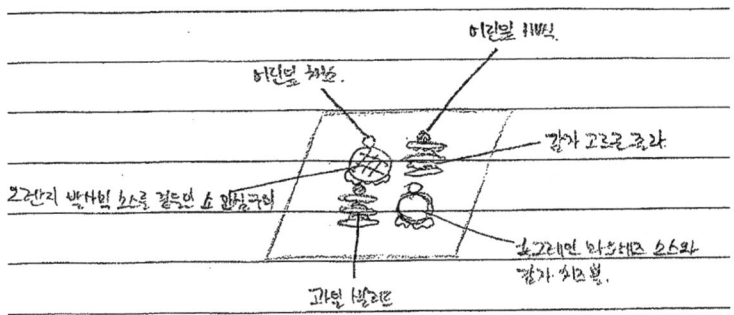

소고기

고르곤졸라 치즈와 데리야끼 소스에 어우러진 안심스테이크와 새송이볶음 그리고 아메리칸 볶음밥과 감자튀김

■■── 재료 ──■■

소고기 안심, 고르곤졸라 치즈, 휘핑크림, 간장, 설탕, 다시마, 마늘, 양파, 계피,
새송이버섯, 우유, 쌀, 메추리알, 마늘, 양파, 당근, 마늘종, 굴소스, 감자, 어린잎 채소,
감자전분, 소금, 후추, 올리브오일, 버터

■■■── 만드는 방법 ──■■■

① 감자는 직육면체로 썬 뒤 소금, 후추로 약하게 간을 하여 180°C 기름에 튀겨 감자튀김을 만들어 준다.
② 고르곤졸라 치즈는 으깨어서 180°C 오븐에 2분 정도 구워서 스테이크와 같이 먹을 수 있도록 곁들여 준다.
③ 프라이팬이나 냄비에 물, 간장, 설탕, 다시마, 마늘, 양파, 계피를 넣고 은근히 끓여서 감자 전분으로 농도를 맞추어서 데리야끼 소스를 만들어 준다.
④ 프라이팬에 버터를 넣고 새송이버섯을 볶다가 우유, 휘핑크림, 굴소스를 넣어 끓여서 새송이버섯볶음을 만들어 준다.
⑤ 밥을 짓고, 프라이팬에 올리브오일을 두르고 메추리알을 구운 뒤 프라이팬에 올리브오일을 두르고 마늘, 양파, 당근, 마늘종을 다져서 볶다가 밥과 굴소스를 넣어 볶은 뒤 메추리알을 올려 아메리칸 볶음밥을 만들어 준다.
⑥ 프라이팬에 오일을 두르고 안심을 센 불에서 구운 뒤 오븐에서 더 구워 준다.

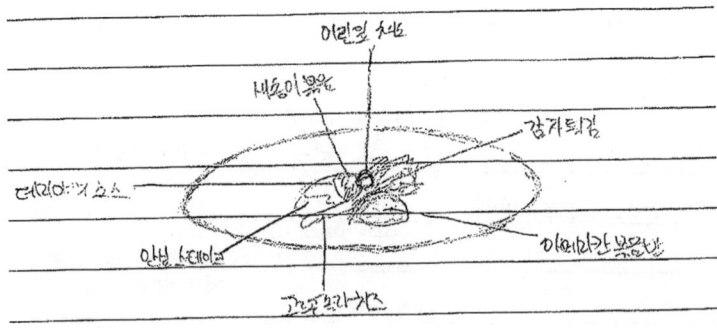

자몽 샐러드에 어우러진 햄버그스테이크와 새우 버섯 크림소스 그리고 야채 필라프와 카망베르 치즈를 곁들인 고구마 튀김

■■── 재료 ──■■

소고기 등심, 마늘, 양파, 당근, 샐러리, 간장, 설탕, 자몽, 라디치오, 양상추, 치커리, 레몬주스, 설탕, 식초, 건포도, 새우, 새송이버섯, 우유, 휘핑크림, 굴소스, 쌀, 마늘종, 가지, 카망베르 치즈, 파슬리 가루, 고구마, 어린잎 채소, 소금, 후추 올리브오일, 버터

■■■── 만드는 방법 ──■■■

① 고구마는 직육면체로 썬 뒤, 소금, 후추로 약하게 간을 하여 180°C 기름에 튀겨 감자튀김을 만들어 준다.
② 카망베르 치즈는 살짝 으깨서 180°C 오븐에 2분 정도 구워서 고구마튀김과 같이 먹을 수 있도록 곁들여 준다.
③ 자몽은 껍질을 까서 한 알 한 알 떼주고, 라디치오, 양상추, 치커리는 한입 크기로 자른 뒤, 레몬주스, 설탕, 식초, 건포도를 넣어서 자몽 샐러드를 만들어 준다.
④ 프라이팬에 버터를 넣고 새우와 새송이버섯을 넣고 볶다가 우유, 휘핑크림, 굴소스를 넣어서 졸여서 새우 버섯 크림소스를 만들어 준다.
⑤ 밥을 지은 다음에 프라이팬에 올리브오일을 두르고, 마늘, 양파, 당근, 가지, 마늘쫑을 넣어 볶다가 밥과 굴소스를 넣어서 한 번 더 볶아 야채 필라프를 만들어 주고, 등심, 마늘, 양파, 당근, 샐러리를 다져서 간장, 설탕, 소금, 후추로 반죽해 뭉쳐서 구워 준다.

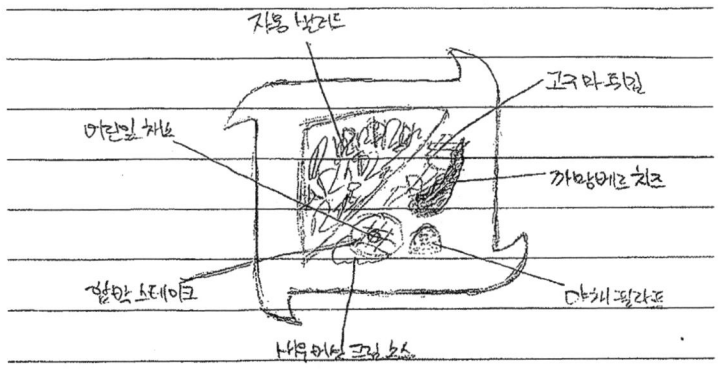

소고기

옥수수콘 치즈를 곁들인 안심 과일 치즈 가지롤과 단감 빠찌엔느 그리고 플레인 드레싱에 어우러진 과일 살사

■■── 재료 ──■■

소고기 안심, 과일 치즈, 가지, 옥수수콘, 피자치즈, 양파, 단감, 파슬리 가루, 플레인 요구르트, 사과, 배, 비트, 소금, 후추, 올리브오일

■■■── 만드는 방법 ──■■■

① 단감을 얇게 채 썰어서 180°C 기름에 튀겨 단감 빠찌엔느를 만들어 준다.
② 사과, 배, 비트를 얇게 편 썰어서 둥근 원형 몰더에 찍어 플레인 요구르트를 묻혀서 플레인 드레싱에 어우러진 과일 살사를 만들어 준다.
③ 옥수수콘과 피자치즈, 파슬리 가루를 섞어 180°C 오븐에 3~5분간 구워 옥수수콘 치즈를 만들어 준다.
④ 안심을 얇게 저며서 소금, 후추로 간을 한 뒤 가지 속을 도려내 펼치고 안에 과일 치즈를 넣고 말아서 180°C 오븐에 10분간 구워 안심 과일 치즈 가지롤을 만들어 준다.
⑤ 옥수수콘 치즈를 중앙에 깔고 안심 과일 치즈 가지롤을 올린 뒤, 단감 빠찌엔느와 플레인 드레싱에 어우러진 과일 살사를 올려 마무리해 준다.

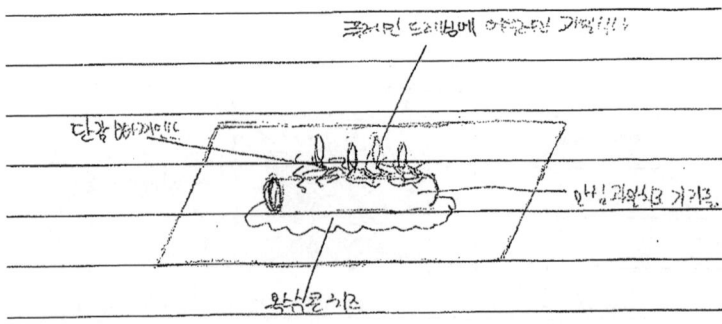

등심 찹스테이크와 단호박 리소또 & 가든 샐러드

■■ ── **재료** ── ■■

소고기 등심, 감자, 파인애플, 올리브, 양파, 레몬주스, 소금, 후추, 생크림, 마늘, 쌀,
단호박, 우유, 휘핑크림, 밤, 잣, 호두, 건포도, 사과, 키위, 오렌지, 방울토마토,
플레인 요구르트, 어린잎 채소, 파슬리가루, 단호박 퓌레, 굴소스, 올리브오일

■■■ ── **만드는 방법** ── ■■■

① 감자는 쪄서 으깬 다음에 소금, 후추, 생크림, 파슬리 가루를 넣어서 섞어서 감자 퓌레를 만들어 준다.
② 파인애플, 올리브, 양파는 다져서 레몬주스, 소금, 후추를 넣어 섞어서 과일 살사를 만들어 준다.
③ 사과, 키위, 방울 토마토, 오렌지를 한입 크기로 썰은 뒤, 플레인 요구르트와 섞어서 가든 샐러드를 만들어 준다.
④ 단호박은 반을 잘라 속을 도려내어 호일에 싼 뒤 180℃ 오븐에서 20분간 구워주고, 밥을 지은 다음에 프라이팬에 올리브오일을 두르고 마늘, 양파 다진 것과 밤, 잣, 호두, 건포도를 넣어서 볶다가 우유, 휘핑크림, 밥, 단호박 퓌레, 굴소스를 넣고 졸여서 오븐에 구운 단호박에 리소토를 넣어 단호박 리소토를 만들어 준다.
⑤ 등심을 스테이크 모양에서 주사위 모양으로 자른 뒤, 소금 후추를 간하여 프라이팬에 오일을 두르고 소테잉하여 준다.

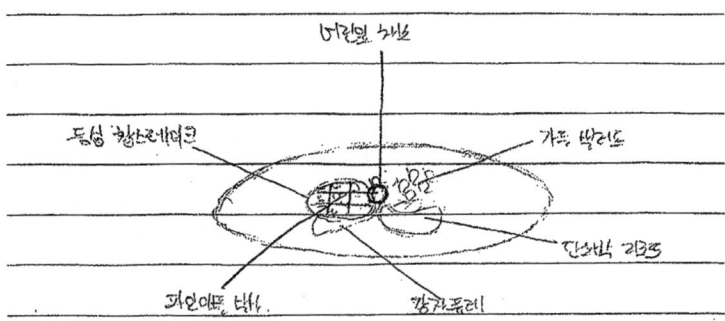

소고기

카르파초 샐러드에 어우러진 알리오 올리오와 바질 페스토 그리고 아글리오 피자 카나페

■■── 재료 ──■■

소고기 안심, 느타리버섯, 발사믹 식초, 올리브오일, 참깨, 방울토마토, 라디치오, 양상추, 치커리, 마늘, 토르티야, 감자, 페페론치노, 양파, 피자치즈, 피망, 토마토홀, 당근, 샐러리, 월계수잎, 통후추, 정향, 바질, 잣, 스파게티면, 올리브, 어린잎 채소, 소금, 후추

■■■── 만드는 방법 ──■■■

① 믹서에 바질, 잣, 올리브오일, 마늘, 소금, 후추를 넣어서 믹싱하여 바질 페스토를 만들어 주고 스파게티면을 삶는다.
② 프라이팬에 올리브오일을 두르고 소고기 안심 채 썬 것과 느타리버섯 그리고 마늘 다진 것을 넣고 소금, 후추 간하여 볶아서 식힌 뒤 방울토마토, 라디치오, 양상추, 치커리를 한 입 크기로 썰어서 발사믹 식초와 올리브오일, 참깨를 섞어 오리엔탈 드레싱을 만들어 볶은 고기와 야채에 섞어서 카르파초 샐러드를 만들어주고 감자는 얇게 채 썰어 180℃ 기름에 튀겨 준다.
③ 마늘, 양파, 샐러리, 당근을 다져서 프라이팬에 볶다가 냄비에 토마토홀 으깬 것과 물 또는 야채 스톡과 월계수잎, 정향, 통후추, 설탕, 소금을 넣어서 끓여 토마토소스를 만든다.
④ 토르티야에 토마토소스를 바른 뒤 피자치즈와 양파, 피망, 페페론치노를 올린 뒤 오븐에 굽고 몰더로 찍은 뒤 감자를 올려 아글리오 카나페를 만들어 준다.
⑤ 프라이팬에 오일과 마늘, 올리브를 넣고 면을 넣어 볶아 간하여 준다.

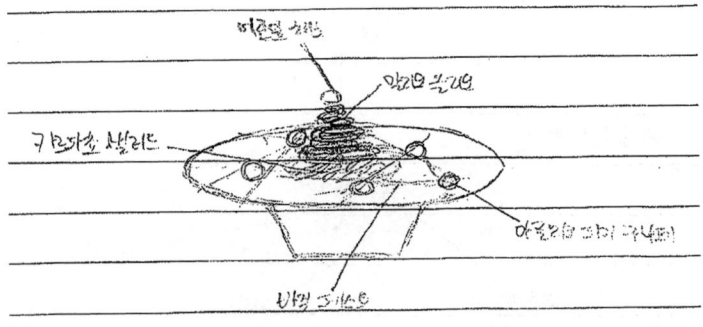

머시룸 소스를 곁들인 안심스테이크와 새우구이 그리고 야채 필라프와 어니언 튀김 & 로즈메리 페스토

■■── 재료 ──■■

소고기 안심, 새우, 버터, 마늘, 양파, 양송이버섯, 버섯 크림 퓌레, 우유, 휘핑크림, 쌀, 당근, 가지, 마늘종, 굴소스, 로즈메리, 잣, 밀가루, 계란, 어린잎 채소, 소금, 후추, 올리브오일

■■■── 만드는 방법 ──■■■

① 믹서에 로즈메리, 잣, 올리브오일, 마늘, 소금, 후추를 넣고 믹싱하여 로즈메리 페스토를 만들어 준다.
② 양파는 소금, 후추 간을 하여 밀가루와 계란 노른자를 묻혀서 180°C 기름에 튀겨 어니언 튀김을 만들어 준다.
③ 새우는 내장을 제거하고 껍질을 벗긴 뒤 소금, 후추를 뿌린 뒤 프라이팬에 버터를 넣고 새우를 넣어서 구워 새우구이를 만들어 준다.
④ 프라이팬에 올리브오일을 두르고 마늘, 양파 다진 것과 양송이버섯 편 썬 것을 볶다가 우유와 휘핑크림, 버섯 크림 퓌레를 넣어서 졸여 소금, 후추 간을 한 뒤, 머시룸 소스를 만들어 준다.
⑤ 밥을 지은 다음에 프라이팬에 올리브오일을 두르고 마늘, 양파, 당근, 가지, 마늘쫑 다진 것을 볶다가 밥과 굴소스를 넣어서 볶아서 야채 필라프를 만들어 준다.
⑥ 프라이팬에 올리브오일을 두르고 안심에 소금, 후추 간을 하여 겉만 구운 뒤 180°C 오븐에서 5분 정도 더 익혀 안심스테이크를 만들어 준다.

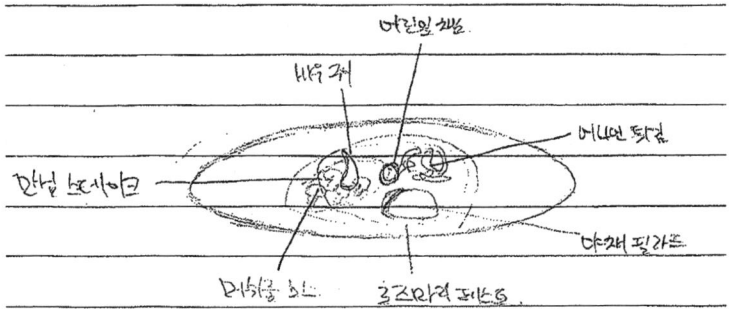

소고기

유자 소스를 곁들인 등심 찹스테이크와 가든 샐러드 & 감자 치즈볼 그리고 토마토 브루스케타

■■── 재료 ──■■

소고기 등심, 유자청, 사과, 방울토마토, 키위, 오렌지, 플레인 요구르트, 감자, 리코타 치즈, 밀가루, 계란, 빵가루, 마늘, 양파, 피망, 올리브, 비타민, 어린잎 채소, 세이지, 어린잎 새싹, 버터, 바게트, 소금, 후추, 올리브오일

■■── 만드는 방법 ──■■

① 프라이팬이나 냄비에 물과 유자청을 넣어 졸여서 유자 소스를 만들어 준다.
② 사과, 방울토마토, 키위, 오렌지를 얇게 편 썰어서 원형 몰더에 찍어서 사이에 플레인 요구르트를 넣어 가든 샐러드를 만들어 준다.
③ 방울토마토, 양파, 피망, 올리브를 다져서 소금, 후추 간을 하고 바게트는 얇게 정육면체로 썰어서 마늘, 버터를 바른 뒤 180°C 오븐에서 1분간 구워서 손질한 방울토마토 처트니를 얹어 토마토 브루스케타를 만들어 준다.
④ 감자는 쪄서 으깨어 리코타 치즈 다진 것을 넣고 소금, 후추 간을 하여 공 모양으로 만든 뒤 밀가루, 계란, 빵가루를 묻혀서 180°C 기름에 튀겨 감자 치즈볼을 만들어 준다.
⑤ 등심을 주사위 모양으로 썰어서 소금, 후추 간을 약하게 하여 프라이팬에 오일을 두르고 구워 등심 찹스테이크를 만들어 준다.

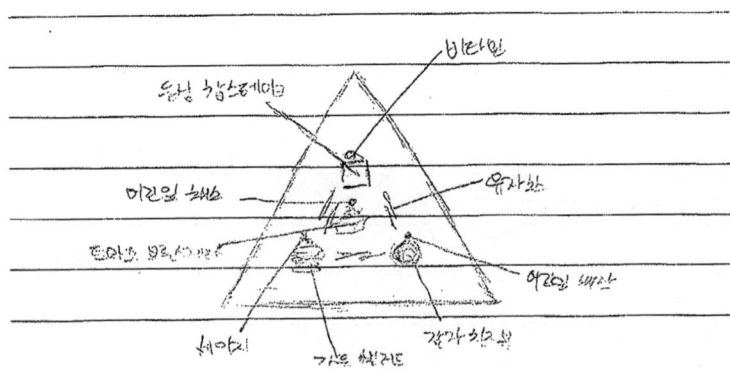

오늘의 양식

미트볼 소스에 어우러진 가지 라자냐와 버섯구이 그리고 세 가지 맛 미니 파이

■■── 재료 ──■■

소고기 등심, 토마토홀, 마늘, 양파, 당근, 샐러리, 월계수잎, 정향, 통후추, 우유, 가지, 버터, 피자치즈, 양송이버섯, 밀가루, 계란, 호두, 피넛, 크랜베리, 설탕, 어린잎 채소, 소금, 후추, 올리브오일

■■■── 만드는 방법 ──■■■

① 버터를 녹여서 설탕, 소금을 넣어 믹싱한 뒤 계란을 넣고 믹싱하고 마지막으로 밀가루를 넣어 섞어 단단한 반죽이 되게 하여 원형 몰더에 담고, 피넛, 호두, 크랜베리를 설탕으로 캐러멜화하여 180°C 오븐에서 10분간 구워 세 가지 맛 미니 파이를 만들어 준다.
② 양송이버섯을 얇게 편썰어서 소금, 후추 간을 하여 프라이팬에 버터를 넣고 버섯구이를 만들어 준다.
③ 마늘, 양파, 당근, 샐러리는 다져서 프라이팬에 볶다가 냄비에 토마토홀 으깬 것과 물 또는 야채 스톡과 월계수잎, 정향, 통후추, 설탕, 소금을 넣어서 끓여 토마토소스를 만들어 준다.
④ 가지를 편 썰어서 소금, 후추 간을 약하게 하고 프라이팬에 버터를 넣어 살짝 구워서 토마 토소스와 피자치즈를 부려 180°C 오븐에서 5분 정도 구워 준다.
⑤ 프라이팬에 오일을 두르고 등심 다진 것을 볶다가 토마토소스와 우유를 넣고 끓여준다.

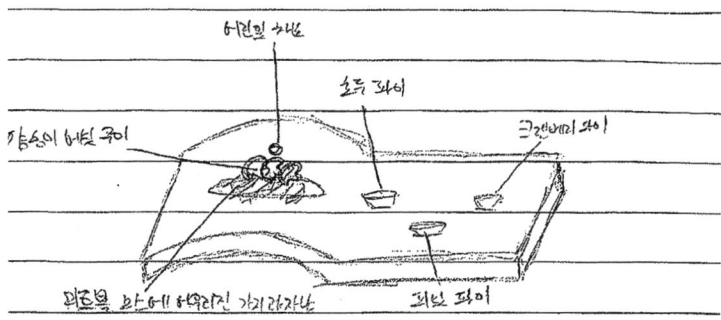

소고기

등심구이와 버섯 팀발 그리고 레몬 제스트와 석류 소스를 곁들인 쿠스쿠스볼

■■── 재료 ──■■

소고기 등심, 새송이버섯, 양송이버섯, 마늘, 양파, 샐러리, 레몬, 설탕, 석류, 레몬주스, 쿠스쿠스, 당근, 애호박, 가지, 피망, 밀가루, 계란, 빵가루, 베이비 비트잎, 굴소스, 소금, 후추, 올리브오일

■■■── 만드는 방법 ──■■■

① 레몬은 껍질만 사용하여 얇게 채 썰어서 데친 다음 프라이팬에 설탕을 넣어 볶아서 레몬 제스트를 만들어 준다.
② 석류는 속만 도려내어서 냄비나 프라이팬에 레몬주스를 넣어 졸여서 석류 소스를 만들어 준다.
③ 쿠스쿠스는 썰어서 프라이팬에 올리브오일을 두르고 볶다가 쿠스쿠스와 굴소스를 넣어서 볶아 쿠스쿠스를 만들어서 둥근 공 모양으로 만들어 밀가루, 계란, 빵가루를 묻혀서 180°C 기름에 튀겨 준다.
④ 마늘은 다지고, 새송이버섯, 양송이버섯, 양파, 샐러리를 스몰 다이스하여 프라이팬에 올리브오일을 두르고 소금, 후추로 간하여 볶아서 원형 몰더에 담아 버섯 팀발을 만들어 준다.
⑤ 등심은 모양 그대로 두고 3cm 두께로 잘라 소금, 후추 간을 하여서 프라이팬에 오일을 두르고 구워서 등심구이를 만들어 준다.

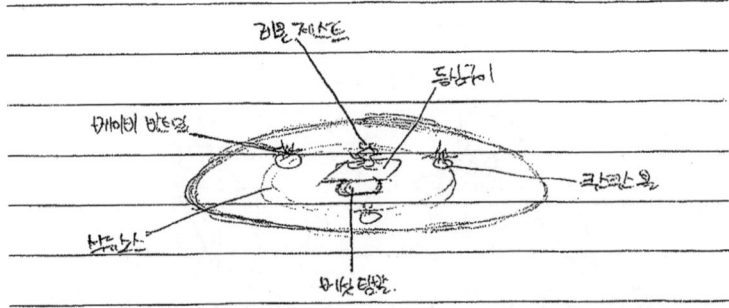

오늘의 양식

감자를 넣은 안심롤과 튀긴 아스파라거스
그리고 당근 올리베트 & 양송이구이와 블랙베리 소스

■■── 재료 ──■■

소고기 안심, 감자, 아스파라거스, 계란, 춘권피, 당근, 설탕, 양송이버섯, 양파, 버터,
레드 와인, 월계수잎, 정향, 통후추, 로즈메리, 소금, 후추, 올리브오일

■■── 만드는 방법 ──■■

① 당근은 올리베트를 쳐서 끓는 물에 데친 뒤 설탕 시럽에 글레이징하여 준다.
② 양송이버섯을 빗살무늬를 내어서 프라이팬에 오일을 두르고 살짝 구워 준다.
③ 아스파라거스는 계란을 묻혀서 춘권피로 말아 180°C 기름에 튀겨서 튀긴 아스파라거스를 만들어 준다.
④ 프라이팬이나 냄비에 버터, 양파, 양송이를 볶다가 블루베리를 넣고 계속 볶아주다가 물과 레드 와인, 월계수잎, 정향, 통후추를 넣고 은근히 끓여서 블랙베리 소스를 만들어 준다.
⑤ 감자는 삶아서 으깨어 주고 안심은 얇게 펼쳐서 소금, 후추, 로즈메리를 뿌린 뒤 감자 으깬 것을 넣고 돌돌 말아서 180°C 오븐에서 7~10분간 구워서 감자를 넣은 안심롤을 만들고 아스파라거스, 당근, 양송이, 로즈메리를 올리고 소스를 부려서 마무리해 준다.

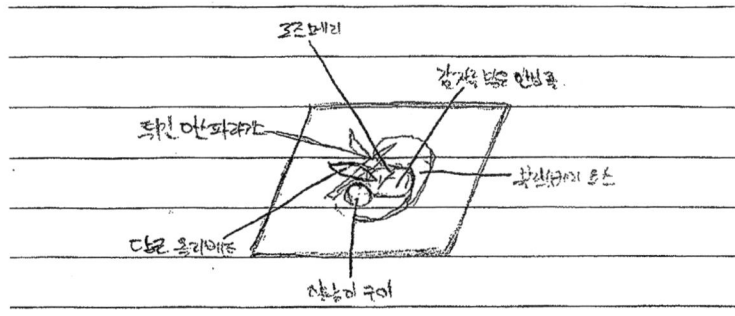

수비드로 익힌 안심과 래디시
그리고 쿠스쿠스와 데리야끼 소스로 조린 올리브 & 유자 제스트

■■── 재료 ──■■

소고기 안심, 래디시, 쿠스쿠스, 마늘, 양파, 당근, 애호박, 가지, 간장, 설탕, 계피, 다시마,
올리브, 유자, 대파, 굴소스, 소금, 후추, 올리브오일

■■■── 만드는 방법 ──■■■

① 유자는 껍질만을 사용하여 얇게 채썰어서 데친 다음 프라이팬에 설탕을 넣어 볶아서 유자 제스트를 만들어 준다.
② 냄비에 물, 다시마, 간장, 설탕, 계피, 마늘, 양파, 대파를 넣고 데리야끼 소스를 만들어 준다.
③ 끓인 데리야끼 소스에 올리브를 넣어서 데리야끼 소스로 조린 올리브를 만들어 준다.
④ 래디시는 얇게 편 썰어주고 쿠스쿠스는 끓는 물에 데친 뒤 프라이팬에 올리브오일을 두르고, 마늘, 양파, 당근, 애호박, 가지 볶음용으로 썬 것을 넣어 볶다가 쿠스쿠스와 굴소스를 넣어서 볶아 준다.
⑤ 소고기 안심은 소금, 후추로 간을 하여서 진공 포장을 해서 수비드 방식으로 60도에서 3시간 정도 익혀 준다.
⑥ 쿠스쿠스를 중앙에 깔고 수비드로 익힌 안심을 올린 다음에 데리야끼 소스로 조린 올리브와 유자 제스트를 올려 마무리해 준다.

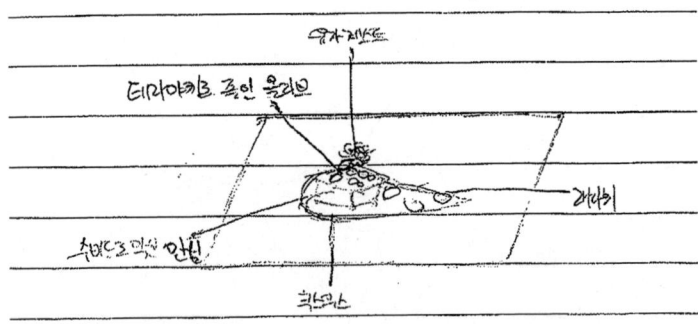

오늘의 양식

라이스페이퍼에 담은 상하이식 등심 볶음과 병아리콩 그리고 샐러리 제스트

■■—— 재료 ——■■

소고기 등심, 마늘, 양파, 당근, 애호박, 숙주나물, 고추기름, 라이스페이퍼, 병아리콩, 샐러리, 설탕, 굴소스, 민트, 잣, 소금, 후추, 올리브오일

■■■—— 만드는 방법 ——■■■

① 샐러리는 얇게 채 썰어서 데친 다음에 프라이팬에 설탕을 넣어 볶아서 샐러리 제스트를 만들어 준다.
② 병아리콩은 삶거나 통조림 병아리콩을 이용하여 준다.
③ 라이스페이퍼 5장 정도를 합쳐서 래들과 함께 180°C 기름에 넣어서 속이 움푹 파이게 튀겨 준다.
④ 믹서에 민트, 잣, 마늘, 소금, 후추를 넣어서 믹싱하여 민트 페스토를 만들어 준다.
⑤ 프라이팬에 고추기름을 넣고 소고기 등심과 마늘 다진 것을 굴소스를 넣어서 볶다가 양파, 당근, 애호박 채 썬 것과 숙주 나물, 굴소스를 넣어서 볶아 상하이식 등심 볶음을 만들어서 튀긴 라이스페이퍼 안에 넣어 준다.
⑥ 중앙에 라이스페이퍼에 담은 상하이식 등심 볶음과 병아리콩을 올리고, 샐러리 제스트를 올린 뒤 민트 페스토를 뿌려서 마무리해 준다.

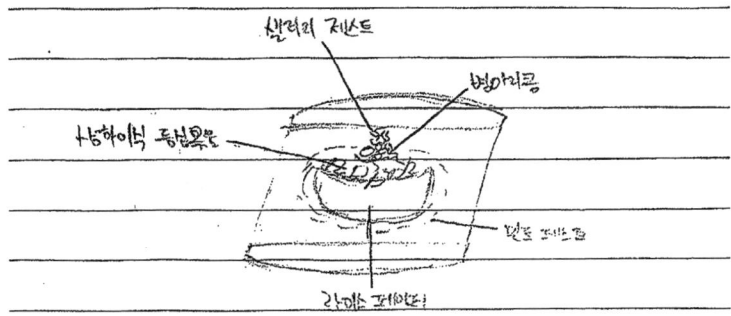

소고기

파프리카와 감자퓌레로 속을 채운 안심 룰라드와 블루베리 소스 그리고 쿠스쿠스와 샐러드 & 타임 페스토

■■── 재료 ──■■

소고기 안심, 파프리카, 감자, 생크림, 버터, 블루베리, 레몬주스, 쿠스쿠스, 마늘, 양파, 당근, 애호박, 가지, 굴소스 비타민, 발사믹 식초, 타임, 크레농, 어린잎 채소, 베이비 비트 잎, 소금, 후추, 올리브오일

■■■── 만드는 방법 ──■■■

① 감자는 쪄서 으깨어 버터와 생크림을 넣어서 믹싱하여 감자 퓌레를 만들어 준다.
② 믹서에 타임, 잣, 마늘, 올리브오일, 소금, 후추를 넣어서 믹싱하여 타임 페스토를 만들어 준다.
③ 비타민에 발사믹 소스와 올리브오일을 곁들여서 섞어 샐러드를 만들어 준다.
④ 프라이팬이나 냄비에 블루베리와 레몬주스를 넣어서 졸여 블루베리 소스를 만들어 준다.
⑤ 쿠스쿠스는 끓는 물에 데친 뒤, 프라이팬에 오일을 두르고 마늘, 양파, 당근, 애호박, 가지 볶음용으로 썬 것을 볶다가 쿠스쿠스와 굴소스를 넣어 볶아 쿠스쿠스를 만들어 준다.
⑥ 안심을 얇게 펴서 소금, 후추 간을 한 뒤 감자 퓌레와 파프리카 볶음용으로 썬 것을 넣어서 말아 180°C 오븐에 구운 뒤 잘라서 파프리카와 감자 퓌레로 속을 채워 만들어 준다.

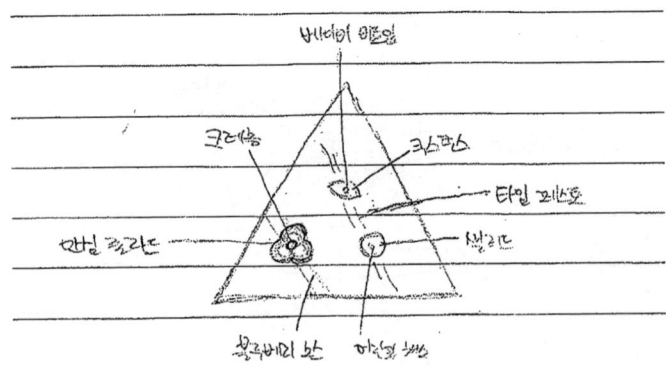

오늘의 양식

핑크 페퍼콘 소스를 곁들인 페투치네 누들과 안심스테이크 그리고 쿠스쿠스 & 크레송

■■─ 재료 ─■■

소고기 안심, 화이트 와인, 핑크 페퍼콘, 페투치네 누들, 굴소스, 파인애플 슬라이스, 쿠스쿠스, 마늘, 양파, 당근, 애호박, 가지, 크레송, 소금, 후추, 올리브오일

■■■─ 만드는 방법 ─■■■

① 파인애플 슬라이스는 얇게 편 썰어 준다.
② 끓는 물에서 소금을 넣고 페투치네 누들을 삶은 뒤, 프라이팬에 올리브오일을 두르고 마늘, 양파 다진 것을 넣어 볶다가 페투치네 누들과 굴소스를 넣어서 볶아 준다.
③ 프라이팬에 화이트 와인을 넣고 졸이다가 핑크 페퍼콘을 넣고 졸여서 소스를 만들어 준다.
④ 쿠스쿠스는 끓는 물에 데친 뒤, 프라이팬에 오일을 두르고, 마늘, 양파, 당근, 애호박, 가지 볶음용으로 썬 것을 볶다가 쿠스쿠스와 굴소스를 넣어 볶아 쿠스쿠스를 만들어 준다.
⑤ 프라이팬에 오일을 두르고 안심을 소금, 후추 간하여 센 불에 1분 30초씩 구운 뒤, 180°C 오븐에서 5분간 더 익혀서 안심스테이크를 만들어 준다.

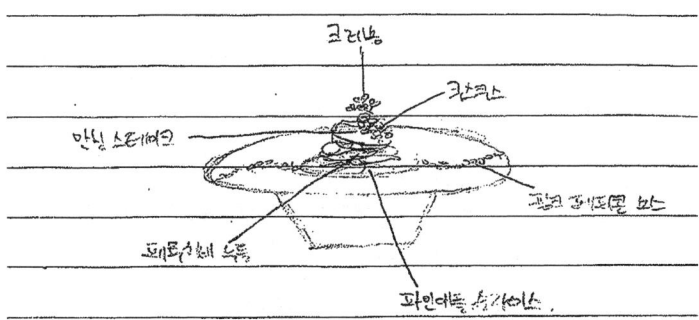

소고기

채끝 스테이크와 푸실리 샐러드 & 매시트 스위트포테이토 그리고 석류 소스와 와인 젤리 & 자몽

■■── 재료 ──■■

소고기 채끝살, 푸실리, 양파, 피망, 마요네즈, 설탕, 고구마, 버터, 생크림, 석류, 레몬식초, 레드 와인, 젤라틴, 자몽, 마늘, 차이브, 소금, 후추, 올리브오일

■■■── 만드는 방법 ──■■■

① 고구마는 삶아서 으깬 뒤, 버터와 생크림을 넣어 섞어서 매시트 스위트포테이토를 만들어 준다.
② 마늘, 양파, 피망을 슬라이스로 썰어두고, 푸실리는 끓는 물에 삶아서 야채와 푸실리 샐러드를 만들어 준다.
③ 석류는 알맹이만을 건져 레몬주스와 함께 프라이팬이나 냄비에서 졸여 석류 소스를 만들어 준다.
④ 자몽을 먹기 좋은 크기로 썰고, 레드 와인과 젤라틴을 넣어서 몰더에 담아 냉장을 한 뒤, 스몰 다이스로 잘라서 와인 젤리로 만들어 준다.
⑤ 채끝살은 모양 그대로 살려서 소금, 후추 간을 하여서 프라이팬에 오일을 두르고 센 불에서 1분 30초씩 구운 뒤 180°C 오븐에서 5분간 더 익혀 채끝 스테이크를 만들어 준다.

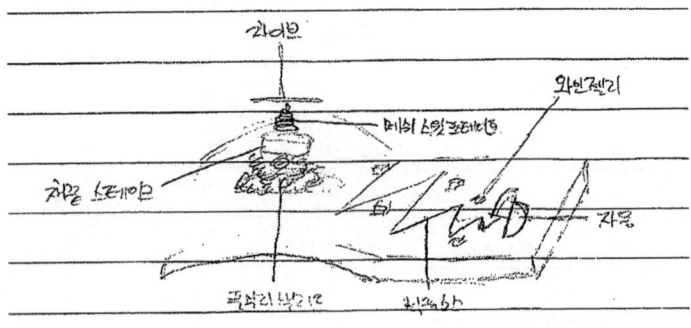

오늘의 양식

안심스테이크와 페페로니 라자냐 & 샐러리 제스트
그리고 발사믹 소스와 안티파스토

■■── 재료 ──■■

소고기 안심, 페페로니, 피자치즈, 파슬리가루, 샐러리, 설탕, 발사믹 식초, 꿀, 양송이버섯, 양파, 피망, 마늘, 새송이버섯, 토마토, 애호박, 가지, 크레송, 소금, 후추, 올리브, 올리브오일

■■■── 만드는 방법 ──■■■

① 샐러리는 얇게 채 썰어서 데친 다음에 프라이팬에 설탕을 넣고 볶아서 샐러리 제스트를 만들어 준다.
② 프라이팬에 양송이 버섯, 양파, 피망, 올리브 썬 것을 볶다가 올리브오일을 두르고 한 번 더 볶은 뒤 발사믹 식초를 부려 잠기도록 통 안에 담아 재워서 안티파스토를 만들어 준다.
③ 마늘을 다지고, 양파, 피망, 토마토, 애호박, 가지를 작은 주사위 모양으로 썰어서 프라이팬에 올리브오일을 두르고, 소금, 후추 간을 하여 볶아서 야채 볶음을 만들어 준다.
④ 페페로니를 얇게 편 썰어서 피자치즈와 파슬리 가루를 페페로니 사이사이에 뿌려서 180℃ 오븐에서 6분간 구워 페페로니 라자냐를 만들어 준다.
⑤ 소고기 안심은 모양 그대로 살려 두께가 2cm 정도 되게 한 뒤, 소금, 후추 간을 하여서 프라이팬에 올리브오일을 두르고 센 불에서 1분 30초씩 구운 뒤, 180℃ 오븐에서 5분 간 더 구워 준다.

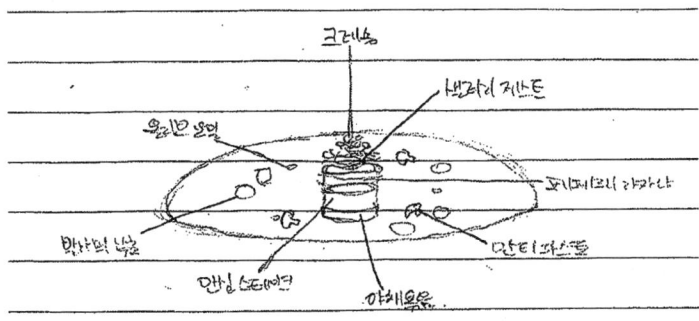

채끝 스테이크와 망고 퓌레& 과일 샐러드
그리고 라즈베리 소스와 오렌지 거품을 얹은 망고 젤리

■■── 재료 ──■■

소고기 채끝살, 망고 퓌레, 사과, 비트, 배, 당근, 라즈베리 퓌레, 오렌지주스, 저지방 우유, 망고주스, 젤라틴, 소금, 후추, 올리브오일

■■■── 만드는 방법 ──■■■

① 라즈베리 퓌레는 프라이팬이나 냄비에 넣어서 졸여 라즈베리 소스를 만들어 준다.
② 망고주스에 젤라틴을 첨가해서 몰더에 담은 뒤, 냉장시켜서 꺼내어 잘라 망고 젤리를 만들어 준다.
③ 사과, 비트, 배, 당근은 얇게 편썰어서 원형 몰더로 찍어 준다.
④ 오렌지주스를 졸여서 믹서에 저지방우유와 함께 넣어 믹싱하여 오렌지 거품을 만들어 준다.
⑤ 채끝살은 직육면체로 길게 썰어서 소금, 후추로 간을 하여 프라이팬에 오일을 두르고 1분 30초씩 구운 뒤, 180°C 오븐에서 5분간 더 구워서 채끝 스테이크를 만들어 준다.
⑥ 라즈베리 소스를 중앙에 가르면서 뿌린 뒤 채끝 스테이크를 올리고 망고 퓌레와 과일 손질한 것을 올린 뒤, 소스 쪽에는 망고 젤리와 오렌지 거품을 올려 마무리해 준다.

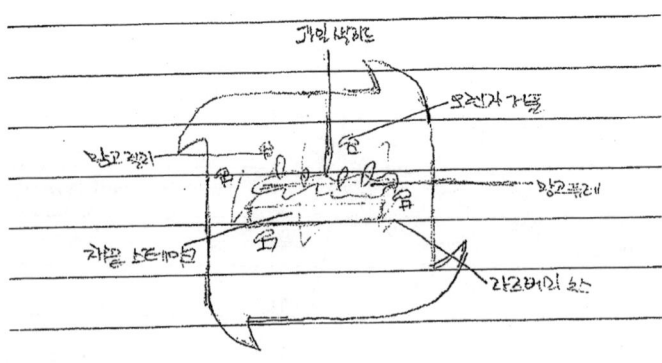

견과류와 고르곤졸라 치즈를 얹은 등심구이와 레몬 샐러드 그리고 유자 비네그레트 & 유자 제스트

■■── 재료 ──■■

소고기 등심, 호두, 아몬드, 건포도, 고르곤졸라 치즈, 레몬, 비타민, 베이비 비트잎, 레몬주스, 유자, 식초, 화이트와인, 소금, 후추, 올리브오일

■■■── 만드는 방법 ──■■■

① 유자는 껍질만을 사용하여 얇게 채 썰어서 데친 다음 프라이팬에 설탕을 넣어 볶아서 유자 제스트를 만들어 준다.
② 유자 속은 다져서 레몬주스, 식초, 화이트 와인, 소금, 후추, 올리브오일을 넣어서 유자 비네그레트를 만들어 준다.
③ 레몬은 웨지형으로 잘라서 비타민, 베이비 비트잎과 레몬주스를 넣어서 레몬 샐러드를 만들어 준다.
④ 호두, 아몬드, 건포도는 180˚C 오븐에서 5분간 구워주고 고르곤졸라 치즈는 1분 정도 구워 부드럽게 만들어 준다.
⑤ 등심을 관자 형태로 잘라서 소금, 후추 간을 한 뒤 프라이팬에 오일을 두르고 2분 30초씩 구워서 등심구이를 만들어 준다.
⑥ 등심구이를 군데군데 놓아서 고르곤졸라 치즈와 견과류를 올린 뒤 사이드에 유자 비네그레트, 제스트 그리고 레몬 샐러드를 곁들여서 마무리해 준다.

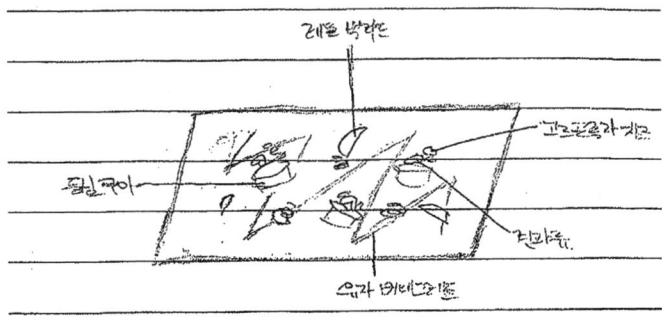

안심스테이크와 토마토 파르팔레
그리고 매시트포테이토 & 바질 페스토

■■── 재료 ──■■

소고기 안심, 토마토홀, 마늘, 양파, 당근, 샐러리, 바질, 월계수잎, 정향, 통후추, 설탕,
파프리카, 양송이 버섯, 옥수수콘, 파르팔레, 감자, 생크림, 버터, 파슬리 가루, 잣,
로즈메리, 소금, 후추, 올리브오일

■■■── 만드는 방법 ──■■■

① 믹서에 바질, 잣, 올리브오일, 소금, 후추를 넣어서 믹싱하여 바질 페스토를 만들어 준다.
② 감자를 쪄서 으깬 다음에 생크림, 버터, 파슬리 가루, 소금을 넣어서 섞어 짤주머니에 넣은 뒤, 오븐 팬에 짜내어서 180℃ 오븐에 5분간 구워 매시트포테이토를 만들어 준다.
③ 마늘, 양파, 당근, 샐러리를 다져서 프라이팬에 볶다가 냄비에 넣어 토마토홀 으깬 것과 물 또는 야채스톡과 월계수잎, 정향, 통후추, 설탕, 소금, 후추 약간을 넣어서 토마토소스를 만들어 준다.
④ 마늘, 양파, 파프리카, 양송이버섯을 슬라이스하고 프라이팬에 오일을 두르고 슬라이스한 채소와 옥수수콘을 넣어 볶다가 파르팔레와 물 또는 야채 스톡 그리고 토마토소스를 넣고 소금, 후추 간을 하여서 볶아 토마토 파르팔레를 만들어 준다.
⑤ 프라이팬에 오일을 두르고 안심에 소금, 후추 간을 하여 1분씩 구운 뒤 200℃ 오븐에서 3~5분 정도 더 구워 준다.

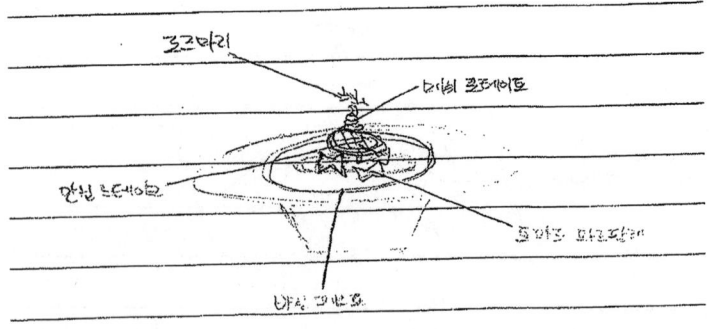

오늘의 양식

발사믹 소스로 글레이징한 등심구이와 감자 뇨끼
그리고 아스파라거스구이와 단호박 퓨레 & 말린 토마토

■■── 재료 ──■■

소고기 등심, 발사믹 소스, 꿀, 감자, 밀가루, 아스파라거스, 버터, 단호박, 생크림, 방울토마토, 설탕, 로즈메리, 소금, 후추, 올리브오일

■■■── 만드는 방법 ──■■■

① 방울토마토를 반으로 썰어서 소금을 조금 뿌려 물기를 뺀 뒤, 시간이 지나 설탕을 뿌려서 180°C 오븐에서 5분간 구워 준다.
② 단호박을 쪄서 으깬 다음에 버터와 생크림을 넣어 섞어서 단호박 퓨레를 만들어 준다.
③ 프라이팬에 버터를 넣고 아스파라거스를 구워서 아스파라거스구이를 만들어 준다.
④ 감자는 쪄서 으깨어 밀가루와 소금을 넣어 반죽하여 끓는 물에 데쳐서 감자 뇨끼를 만들어 준다.
⑤ 프라이팬에 오일을 두르고 등심과 소금, 후추로 간하여서 살짝 구운 뒤, 발사믹 식초와 꿀을 넣어 졸여서 발사믹 소스로 글레이징한 등심구이를 만들어 준다.
⑥ 접시 중앙에 아스파라거스구이를 깔고 감자 뇨끼를 올린 뒤, 발사믹 소스로 글레이징한 등심구이를 올리고 단호박 퓨레와 말린 토마토 그리고 로즈메리로 마무리해 준다.

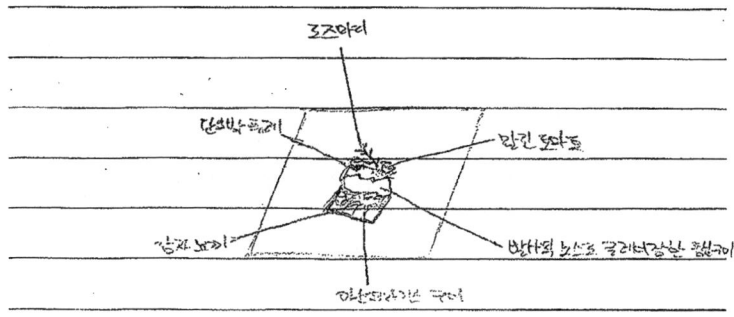

소고기

카르파초 샐러드와 라비올리
그리고 레몬 제스트와 모차렐라 치즈 & 와인 젤리

■■── 재료 ──■■

소고기 등심, 포르치니 버섯, 발사믹 식초, 밀가루, 계란, 물, 버터, 마늘, 양파, 파프리카,
리코타 치즈, 레몬, 설탕, 모차렐라 치즈, 레드 와인, 젤라틴, 비타민, 베이비 비트잎,
소금, 후추, 올리브오일

■■■── 만드는 방법 ──■■■

① 레몬을 껍질만 사용하여 얇게 채 썰어서 데친 다음 프라이팬에 버터와 설탕을 넣어서 볶아서 레몬 제스트를 만들어 준다.
② 레드 와인에 젤라틴을 넣어 섞어서 몰더에 담아 냉장보관한 뒤, 꺼내어 확인을 하고 스몰 다이스하여 와인 젤리를 만들어 준다.
③ 밀가루, 계란 노른자, 물, 소금 간을 하여 반죽을 한 뒤, 30분간 냉장 휴지를 시켜서 꺼내어 얇게 펼쳐서 원형 몰더로 찍은 뒤, 등심, 마늘, 양파, 파프리카, 리코타 치즈를 찹하여 반죽 안에 넣고 덮어서 끓는 물에 10분간 삶아서 라비올리를 만들어 준다.
④ 프라이팬에 오일을 두르고 등심을 직육면체로 썬 것과 마늘, 포르치니 버섯, 양파 슬라이스한 것을 볶다가 발사믹 식초와 후추를 뿌려서 볶아 카르파초 샐러드를 완성해 준다.
⑤ 카르파초와 라비올리를 듬성듬성 놓은 뒤, 사이드에 레몬 제스트, 모차렐라 치즈, 와인 젤리, 비타민, 베이비 비트잎으로 마무리해 준다.

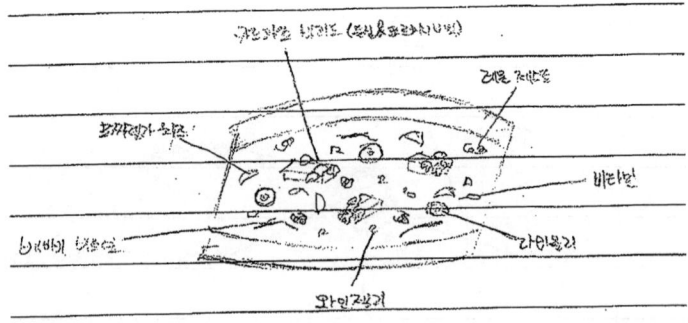

복분자 소스를 곁들인 채끝 스테이크와 야채 팀발 & 아스파라거스구이 그리고 토마토 루오테

■■ ── 재료 ── ■■

소고기 채끝살, 복분자, 레몬주스, 꿀, 마늘, 양파, 당근, 애호박, 가지, 새송이버섯, 아스파라거스, 버터, 토마토홀, 샐러리, 월계수잎, 정향, 통후추, 파프리카, 루오테, 레몬, 설탕, 크레송, 소금, 후추, 올리브오일

■■■ ── 만드는 방법 ── ■■■

① 프라이팬이나 냄비에 복분자와 레몬주스, 꿀을 넣어서 끓여 복분자 소스를 만들어 준다.
② 마늘, 양파, 당근, 애호박, 가지, 새송이버섯을 스몰 다이스하여 프라이팬에 오일을 두르고, 손질한 재료와 소금, 후추 간을 하여서 볶아 야채 팀발을 만들어 준다.
③ 프라이팬에 버터를 넣고 아스파라거스와 레몬주스, 소금, 후추를 넣고 구워서 아스파라거스구이를 만들어 준다.
④ 마늘, 양파, 당근, 샐러리를 다져서 프라이팬에 볶다가 냄비에 넣어 토마토홀 으깬 것과 물 또는 야채 스톡과 월계수잎, 정향, 통후추, 설탕, 소금, 후추 약간을 넣어서 토마토소스를 만들어 준다.
⑤ 프라이팬에 오일을 두르고 마늘, 양파, 파프리카 슬라이스한 것을 볶다가 물 또는 야채 스톡을 넣고 루오테와 토마토소스를 넣어서 볶아 토마토 루오테를 만들어 준다.
⑥ 프라이팬에 오일을 두르고 2분 30초씩 채끝 양면을 간을 하여 구워 준다.

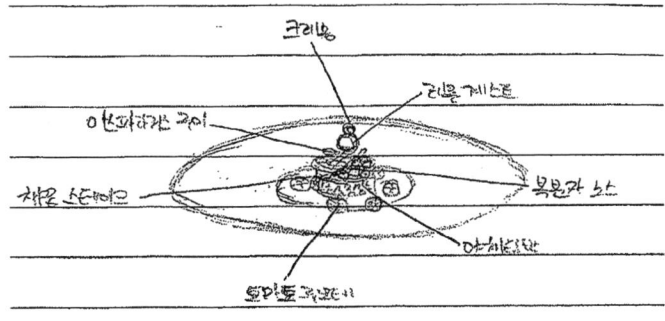

안심 페투치네 누들과 가지 라자냐
그리고 시금치 라비올리와 사과 빠찌엔느

■■── 재료 ──■■

소고기 안심, 페투치네, 마늘, 양파, 당근, 청경채, 페페론치노, 굴소스, 가지, 토마토홀,
샐러리, 월계수잎, 정향, 통후추, 피자치즈, 시금치, 밀가루, 계란, 리코타치즈, 파프리카,
사과, 어린잎 새싹, 소금, 후추, 올리브오일

■■■── 만드는 방법 ──■■■

① 사과를 얇게 줄리엔하여 180℃ 기름에 튀겨서 사과 빠찌엔느를 만들어 준다.
② 시금치는 끓는 물에 데쳐서 믹서로 믹싱하여, 밀가루, 계란, 시금치, 소금, 후추 간을 입혀 라비올리 반죽을 한 뒤, 30분간 냉장 휴지시킨 라비올리에 정사각형 몰더로 찍어서 중간에 노를 채우고 반죽을 덮어서 삶아 준다.
③ 마늘, 양파, 당근, 샐러리를 찹하여 프라이팬에 오일을 두르고 볶다가 냄비에 토마토홀 으깬 것과 물 또는 야채 스톡과 월계수잎, 정향, 통후추, 설탕, 소금, 후추를 넣고서 끓여 토마토소스를 만들어 준다.
④ 가지를 필러기 또는 칼로 슬라이스한 뒤, 버터로 구워서 토마토소스와 피자치즈를 바르며 층층이 쌓아 180℃ 오븐에 구워서 가지 라자냐를 만든다.
⑤ 페투치네를 삶은 뒤, 프라이팬에 마늘 찹과 안심 찹스테이크를 넣고 볶다가 야채와 향신료, 페투치네, 굴소스를 넣고 볶아 준다.

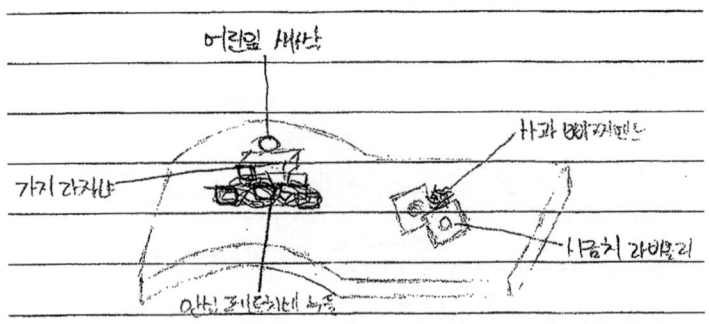

페페론치노를 넣어 소테잉한 찹스테이크와 단호박 퓌레
그리고 야채 처트니와 아스파라거스구이와 양송이구이

■■── 재료 ──■■

소고기 등심, 마늘, 페페론치노, 단호박, 생크림, 버터, 양파, 굴소스, 당근, 애호박, 가지,
토마토 페이스트, 아스파라거스, 양송이, 레몬주스, 크레송, 소금, 후추, 올리브오일

■■■── 만드는 방법 ──■■■

① 단호박을 쪄서 으깬 뒤, 생크림, 버터, 소금, 후추를 넣고 섞어서 단호박 퓌레를 만들어 준다.
② 프라이팬이나 오븐에 버터를 넣고 양송이버섯 슬라이스한 것을 소금, 후추 간하여 볶은 뒤, 아스파라거스도 소금, 후추 간을 해서 레몬주스를 넣고 구워 준다.
③ 마늘, 양파, 당근, 애호박, 가지를 스몰 다이스하여 프라이팬에 오일을 두르고 볶다가 페이스트를 넣어 함께 볶은 후 소금, 후추 간을 하여 야채 처트니를 만든다.
④ 프라이팬에 오일을 두르고, 마늘 찹과 페페론치노 찹을 넣고 살짝 익힌 다음에, 소고기 안심과 소금, 후추 간을 하여서 볶다가 굴소스를 넣어서 한 번 더 볶아 찹스테이크를 만들어 준다.
⑤ 접시 중앙에 양송이를 깔고, 아스파라거스, 찹스테이크, 단호박 퓌레, 야채 처트니, 크레송 순으로 장식하여 마무리해 준다.

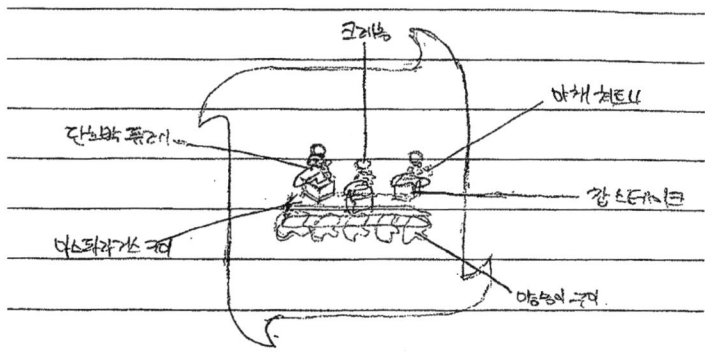

소고기

과일 치즈를 넣은 등심롤과 감자 퓌레를 넣은 등심롤 그리고 브로콜리 퓌레와 오렌지 제스트

■■──── 재료 ────■■

소고기 등심, 과일 치즈, 감자, 생크림, 버터, 파슬리 가루, 로즈메리, 바질, 브로콜리, 오렌지, 설탕, 방울토마토, 크레송, 소금, 후추, 올리브오일

■■■──── 만드는 방법 ────■■■

① 오렌지는 껍질 부분만을 사용하여 얇게 줄리엔한 뒤, 프라이팬에 버터와 설탕, 오렌지를 넣어서 볶아 오렌지 제스트를 만들어 준다.
② 브로콜리는 데쳐서 믹서에 브로콜리, 생크림, 버터, 소금, 후추를 넣어 믹싱하여 브로콜리 퓌레를 만들어 준다.
③ 방울토마토는 (+) 모양의 칼집을 내서 살짝 데쳐 껍질이 벗겨지면 프라이팬에 오일을 두르고 껍질을 올려서 설탕을 뿌려 구워 준다.
④ 감자는 쪄서 으깬 다음에 생크림, 버터, 소금, 후추, 파슬리 가루를 넣고 믹싱하여 감자 퓌레를 만들어 준다.
⑤ 등심을 얇게 펼쳐서 소금, 후추 간을 한 뒤 바질 가루를 뿌리고 과일 치즈를 넣어 말아주고, 또 다른 등심을 펼쳐서 간을 한 뒤, 로즈메리 가루를 뿌리고 감자 퓌레를 넣어서 말아주고 180°C 오븐에서 8~10분간 구워 과일 치즈를 넣은 등심롤과 감자 퓌레를 넣은 등심롤을 만들어 준다.

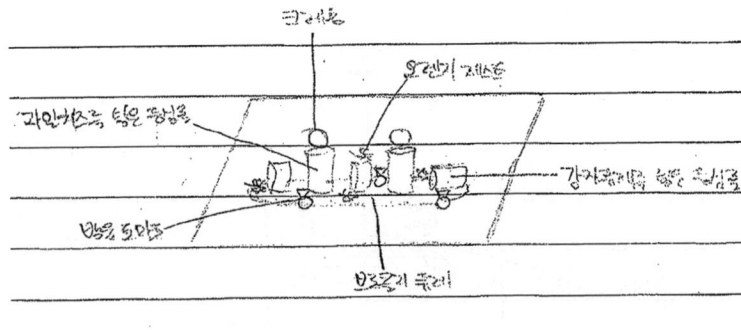

소고기 필렛과 감자 퓌레 & 쿠스쿠스
그리고 브라운소스와 고구마 빠찌엔느

■■── 재료 ──■■

소고기 채끝살, 소고기 뼈, 감자, 생크림, 버터, 마늘, 양파, 당근, 애호박, 가지, 굴소스, 쿠스쿠스, 샐러리, 레드 와인, 토마토 페이스트, 월계수잎, 정향, 통후추, 고구마, 소금, 후추, 올리브오일

■■■── 만드는 방법 ──■■■

① 고구마는 얇게 줄리엔하여 180°C 기름에 튀겨서 고구마 빠찌엔느를 만들어 준다.
② 감자는 삶아서 으깬 뒤, 생크림, 버터, 소금, 후추 간을 하여서 믹싱하여 감자 퓌레를 만들어 준다.
③ 냄비에 오일을 두르고 소고기 뼈를 볶다가 물과 월계수잎, 정향, 통후추를 넣어서 비프스톡을 만들어 준다.
④ 마늘은 찹하고, 양파, 당근, 샐러리를 줄리엔하여 프라이팬에 오일을 두르고 볶다가 레드 와인과 페이스트를 넣어 다시 볶은 뒤, 끓인 스톡과 소금, 후추를 넣어서 뭉근하게 끓여서 브라운소스를 만들어 준다.
⑤ 쿠스쿠스는 끓는 물에서 데친 뒤, 마늘을 찹하고 양파, 당근, 애호박, 가지는 스몰 다이스하여 프라이팬에 오일을 두르고 볶다가 쿠스쿠스와 굴소스를 넣고 볶아서 야채 쿠스쿠스를 만들어 준다.
⑥ 소고기 채끝살은 원기둥 또는 직육면체로 썰어서 소금, 후추 간을 하여서 프라이팬에서 2분, 오븐에서 3분 구워 소고기 필렛을 만들어 준다.

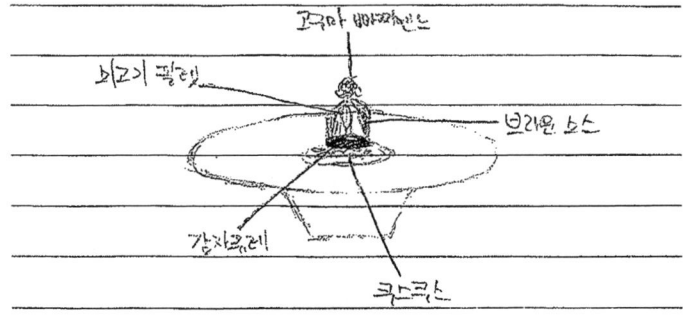

소고기

블랙베리 소스에 어우러진 햄버그스테이크와 쿠스쿠스 & 야채 그리고 메이플 시럽 생크림

■■── 재료 ──■■

소고기 등심, 삼겹살, 마늘, 양파, 당근, 샐러리, 간장, 배, 쿠스쿠스, 애호박, 가지, 굴소스, 파인애플, 메추리알, 블랙베리, 레몬주스, 설탕, 생크림, 메이플 시럽, 방울토마토, 밀가루, 소금, 후추, 올리브오일, 크레송

■■■── 만드는 방법 ──■■■

① 볼에다가 생크림과 메이플 시럽을 믹싱하여 메이플 시럽 생크림을 만들어 준다.
② 프라이팬에 냄비에 블랙베리와 레몬주스, 설탕을 넣고 졸여서 블랙베리 소스를 만들어 준다.
③ 프라이팬에 오일을 두르고 양파에 소금, 후추 간하여 구운 뒤, 파인애플을 구워 준다.
④ 방울토마토는 (+) 모양으로 칼집을 내어서 데친 다음에 껍질 부분만을 살짝 구워서 복주머니 형태로 만들어 준다.
⑤ 쿠스쿠스를 먼저 데친 다음, 마늘은 다지고, 양파, 당근, 애호박, 가지는 스몰 다이스로 손질하여 프라이팬에 오일을 두르고, 야채를 볶다가 쿠스쿠스를 넣고 굴소스를 뿌려준다.
⑥ 프라이팬에 오일을 두르고 메추리알을 소금 간하여 구워 준다.
⑦ 소고기 등심과 삼겹살, 마늘, 양파, 당근, 샐러리, 배를 다져서 간장, 후추 간하여 치대서 프라이팬에 오일을 두르고 구워 준다.

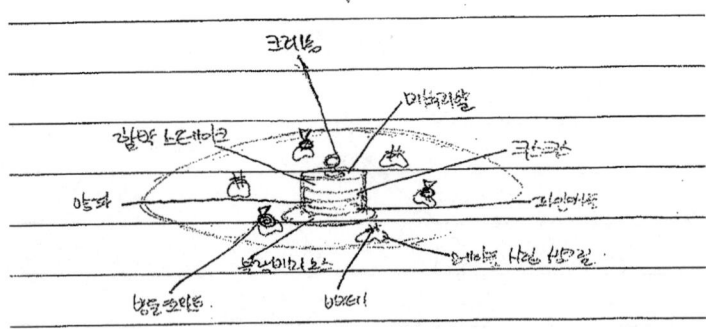

오늘의 양식

찹스테이크와 단호박 퓌레 & 황도구이
그리고 바질 페스토와 토마토

■■──── 재료 ────■■

소고기 안심, 단호박, 생크림, 황도, 버터, 바질, 잣, 마늘, 토마토홀, 비타민, 로즈메리,
레드 와인, 소금, 후추, 올리브오일

■■■──── 만드는 방법 ────■■■

① 믹서에 바질, 잣, 마늘, 올리브오일, 소금, 후추를 넣고 믹싱하여 바질 페스토를 만들어 준다.
② 단호박을 쪄서 으깬 다음에 생크림과 믹싱하여 단호박 퓌레를 만들어 준다.
③ 프라이팬에 버터를 넣고 녹인 다음 통조림 황도를 넣어서 구워 황도구이를 만들어 준다.
④ 프라이팬에 오일을 두르고 토마토홀, 바질, 마늘 다진 것을 넣고 함께 볶다가 소금, 후추 간을 해준다.
⑤ 안심을 3x3x3cm의 정육면체로 썰어 소금, 후추 간을 하여서 로즈메리로 마리네이드한 뒤, 프라이팬에 오일을 두르고 마리네이드한 안심을 넣고 레드 와인으로 플럼베하여 볶아서 안심 찹 스테이크를 만들어 준다.
⑥ 찹스테이크 위에 단호박 퓌레를 얹고 사이드에 토마토홀, 황도, 로즈메리, 페스토를 뿌려 마무리한다.

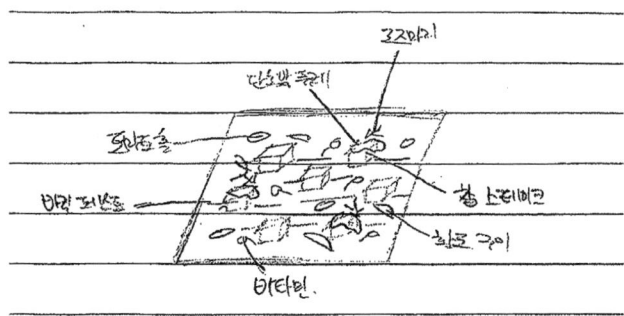

소고기

토마토 페투치네 누들을 넣은 등심롤과 쿠스쿠스볼 그리고 오렌지 제스트와 토마토홀

■■── 재료 ──■■

소고기 등심, 로즈메리, 페투치네, 토마토홀, 마늘, 양파, 당근, 바질, 샐러리, 월계수잎, 정향, 통후추, 쿠스쿠스, 애호박, 가지, 굴소스, 밀가루, 계란, 빵가루, 파슬리 가루, 오렌지, 설탕, 차이브, 소금, 후추, 버터, 올리브오일

■■■── 만드는 방법 ──■■■

① 오렌지는 껍질만을 얇게 줄리엔하여 프라이팬에 버터와 오렌지 껍질, 설탕을 넣어서 볶아 오렌지 제스트를 만들어 준다.
② 프라이팬에 오일을 두르고 마늘, 바질 찹한 것과 토마토홀, 소금, 후추로 간을 하여서 볶아주고 페투치네를 삶아 준다.
③ 프라이팬에 다진 마늘, 양파, 당근, 샐러리를 볶다가 냄비로 옮겨 물과 토마토홀, 월계수잎, 정향, 통후추, 설탕, 소금, 후추를 넣고 끓여 토마토소스를 만들어 페투치네를 넣고 볶아 준다.
④ 쿠스쿠스는 데치고 마늘은 다진 뒤, 양파, 당근, 애호박, 가지는 스몰 다이스하여 프라이팬에 오일을 두르고 야채를 볶다가 쿠스쿠스와 굴소스를 넣고 볶아 둥근 작은 공 형태로 만들어 밀가루, 계란, 빵가루, 파슬리가루를 묻혀서 180°C 기름에 튀겨 쿠스쿠스볼을 만들어 준다.
⑤ 등심을 얇게 펼쳐서 소금, 후추, 로즈메리, 마늘 찹으로 마리네이드하여 토마토 페투치네를 넣고 말아서 180°C 오븐에 8~10분간 구워 준다.

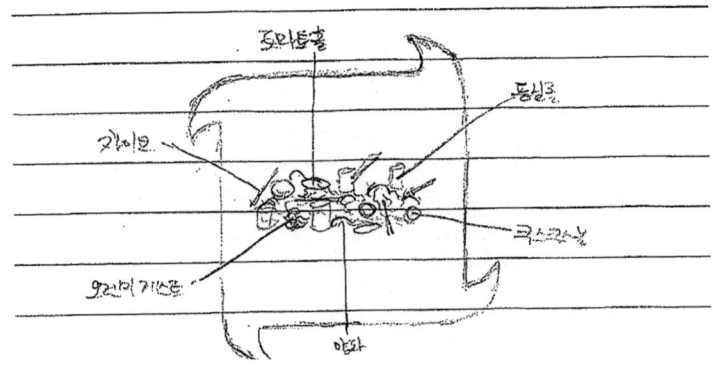

오늘의 양식

민트 페스토를 곁들인 안심 & 아스파라거스 필라프와 고르곤졸라볼과 감자 빠찌엔느

■■ ── 재료 ── ■■

소고기 안심, 민트, 잣, 아스파라거스, 마늘, 양파, 당근, 마늘종, 쌀, 굴소스, 고르곤졸라 치즈, 밀가루, 계란, 빵가루, 파슬리가루, 감자, 소금, 후추, 올리브오일

■■■ ── 만드는 방법 ── ■■■

① 믹서에 민트, 잣, 마늘, 올리브오일, 소금, 후추를 넣어 믹싱하여 민트 페스토를 만들어 준다.
② 감자는 얇게 줄리엔하여 180℃ 기름에 튀겨서 감자 줄리엔을 만들어 준다.
③ 고르곤졸라 치즈를 밀가루, 계란, 빵가루, 파슬리가루를 묻혀서 180℃ 기름에 튀겨주고 밥을 짓는다.
④ 마늘, 양파, 당근, 마늘쫑은 스몰 다이스하고, 아스파라거스는 길이 5cm가 되게 자르고, 안심은 3x3x3cm 정육면체로 잘라준다.
⑤ 프라이팬에 오일을 두르고 마늘을 넣고 볶다가 안심과 양파, 당근, 마늘종 순으로 볶다가 밥과 굴소스를 넣고 볶아서 안심 & 아스파라거스 필라프를 만들어 준다.
⑥ 안심 & 아스파라거스 필라프를 중앙에 놓은 뒤, 민트 페스토를 뿌리고 감자 빠찌엔느와 고르곤졸라볼을 가니시로 장식하고 어린잎으로 마무리해 준다.

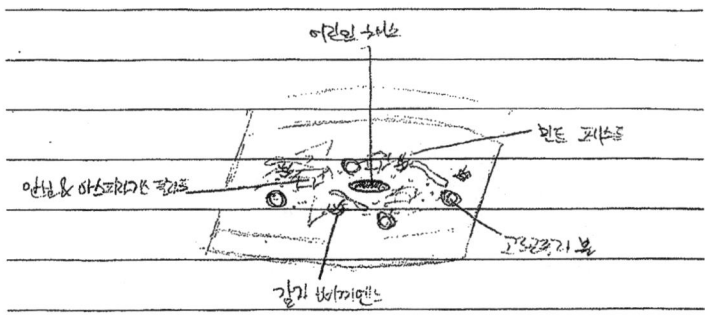

단호박 소스에 어우러진 등심 필렛과 토마토 샐러드 그리고 라즈베리 소스를 곁들인 치즈케이크

■■── 재료 ──■■

소고기 등심, 레드 와인, 로즈메리, 단호박, 단호박 퓌레, 휘핑크림, 방울토마토, 크레송, 바질 가루, 마늘, 발사믹 소스, 라즈베리 퓌레, 딸기, 바닐라빈, 버터, 계란, 밀가루, 우유, B.P, 마스카르포네 치즈, 바닐라향, 소금, 후추, 올리브오일

■■■── 만드는 방법 ──■■■

① 프라이팬이나 냄비에 라즈베리 퓌레를 넣어서 끓여 라즈베리 소스를 만들어 준다.
② 볼에다가 버터를 녹이고 설탕과 소금을 믹싱한 뒤, 계란 노른자와 밀가루, 우유, B.P, 바닐라향, 마스카르포네 치즈를 넣고 믹싱한 뒤, 계란 흰자를 거품내어 섞어서 둥근 몰더에 담아 180°C 오븐에서 10~12분간 구워 치즈케이크를 만들어 생크림을 묻혀 층을 쌓는다.
③ 방울토마토를 (+) 모양으로 칼집 내어서 데친 다음에 껍질을 살짝 구워서 복주머니 형태가 되게 만들어서 크레송과 마늘 찹, 바질 가루, 발사믹 식초, 올리브오일을 섞어서 토마토 샐러드를 만들어 준다.
④ 단호박은 주사위 모양으로 썰어서 냄비에 단호박 퓌레와 우유, 휘핑크림, 손질한 단호박, 소금, 후추를 넣어서 단호박 소스를 만들어 준다.
⑤ 등심을 직육면체로 썰어서 소금, 후추, 로즈메리로 마리네이드한 뒤, 프라이팬에 오일을 두르고 등심에 레드 와인을 넣어 플람베한 후 소테잉하여 소고기 필렛을 만들어 준다.

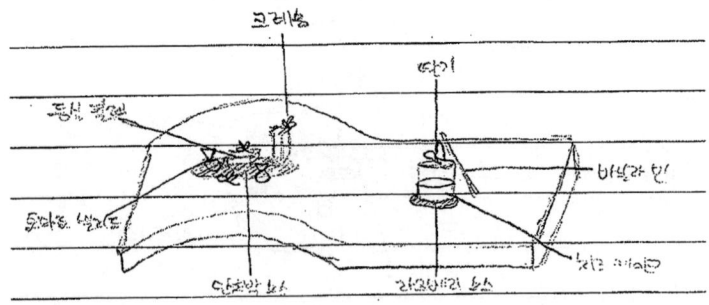

오늘의 양식

찹스테이크와 망고 젤리 퓌레
그리고 만다린 샐러드와 감자 빠찌엔느 & 브라운소스

■■—— 재료 ——■■

소고기 안심, 마늘, 민트, 레드 와인, 망고 퓌레, 젤라틴, 감귤, 레몬주스, 식초, 설탕, 비타민, 베이비 비트잎, 감자, 생크림, 양파, 피망, 당근, 샐러리, 토마토 페이스트, 소금, 후추, 올리브오일

■■■—— 만드는 방법 ——■■■

① 망고 퓌레에 젤라틴을 넣어 녹여서 정사각형 몰더에 담아 30분간 냉장 휴지시켜 굳으면 스몰 다이스로 썰어 준 뒤, 망고 퓌레를 끓여서 망고 젤리와 섞어 망고 젤리 퓌레를 만들어 준다.
② 감자는 얇게 줄리엔하여 180°C 기름에 튀겨 감자 빠찌엔느를 만들어 준다.
③ 감귤을 웨지형으로 썰어서 비타민, 베이비 비트잎, 레몬주스, 식초, 설탕을 넣어 섞어서 만다린 샐러드를 만들어 준다.
④ 냄비에 오일을 두르고 안심을 볶다가 물을 넣어 육수를 낸 뒤, 양파, 당근, 샐러리를 줄리엔하여 프라이팬에 오일을 두르고 볶다가 레드 와인과 페이스트를 넣어 다시 볶은 뒤, 끓인 육수와 소금, 후추간을 하여 은근히 끓여서 브라운소스를 만들어 준다.
⑤ 양파, 피망, 당근을 줄리엔하여 프라이팬에 오일을 두르고, 소금, 후추 간을 하여 야채 볶음을 만들어 주고, 안심을 주사위 모양으로 썰어서 마늘, 민트 찹하여 소금, 후추 간을 한 뒤, 와인으로 소테잉해 준다.

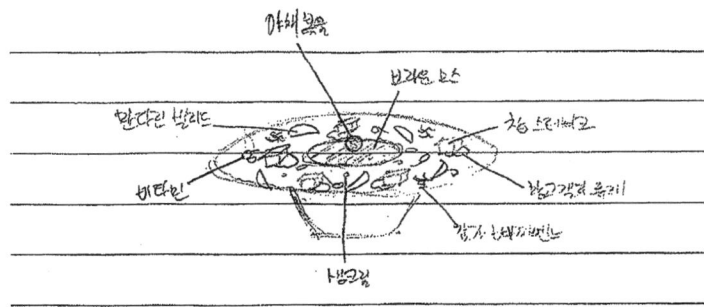

소고기

등심스테이크에 라즈베리 소스와 갈릭 포테이토 그리고 과일 살사 & 쿠스쿠스

■■── 재료 ──■■

소고기 등심, 타임, 라즈베리 퓌레, 마늘, 포테이토, 시즈닝 가루, 플레인 요구르트, 요플레, 사과, 키위, 딸기, 쿠스쿠스, 양파, 레몬주스, 당근, 애호박, 가지, 굴소스, 바질, 잣, 크레송, 소금, 후추, 올리브오일

■■■── 만드는 방법 ──■■■

① 믹서에 바질, 잣, 마늘, 소금, 후추, 올리브오일을 넣고 믹싱하여 바질 페스토를 만들어 준다.
② 플레인 요구르트와 요플레를 혼합하여 플레인 드레싱을 만들어 주고, 사과, 키위, 딸기는 웨지형 모양으로 썰어서 레몬주스를 섞어 과일 살사를 만들어 준다.
③ 쿠스쿠스는 데치고, 마늘을 찹한 뒤, 양파, 당근, 애호박, 가지를 스몰 다이스하여 프라이팬에 오일을 두르고 야채를 볶다가 쿠스쿠스와 굴소스를 넣고 볶아서 쿠스쿠스를 만들어 준다.
④ 프라이팬이나 냄비에 라즈베리 퓌레를 넣고 끓여서 라즈베리 소스를 만들어 준다.
⑤ 마늘은 찹하고, 냉동 포테이토는 180°C 기름에 튀겨서 볼에 담아 마늘 찹과 시즈닝 가루, 파슬리 가루, 통후추, 소금으로 섞어 준다.
⑥ 프라이팬에 오일을 두르고 등심에 소금, 후추, 타임으로 마리네이드하여 센 불에서 1분 30초씩 구운 뒤, 오븐에서 5분간 더 구워 준다.

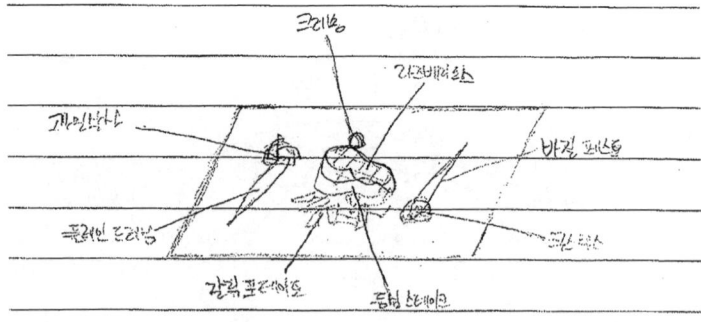

가지 라자냐로 속을 채운 안심롤과 홀그레인 머스터드 크림소스 그리고 고구마 감자 퓌레와 푸실리 야채 샐러드

■■ —— 재료 —— ■■

소고기 안심, 가지, 토마토홀, 마늘, 양파, 당근, 샐러리, 월계수잎, 정향, 통후추, 설탕, 홀그레인 머스터드, 우유, 휘핑크림, 고구마, 감자, 생크림, 푸실리, 피망, 방울토마토, 레몬주스, 설탕, 식초, 버터, 어린잎 채소, 소금, 후추, 올리브오일

■■■ —— 만드는 방법 —— ■■■

① 푸실리는 삶고, 양파, 피망은 얇게 줄리엔한 뒤, 방울토마토와 레몬주스, 설탕, 식초를 섞어서 푸실리 야채 샐러드를 만들어 준다.
② 고구마와 감자는 삶아서 고구마는 스몰 다이스하고, 감자는 으깨어 생크림, 소금, 후추를 넣어 믹싱하여 고구마 감자 퓌레를 만들어 준다.
③ 마늘, 양파, 당근, 샐러리는 찹하여 프라이팬에 오일을 두르고 볶다가 냄비로 옮겨 으깬 토마토홀과 물, 월계수잎, 정향, 통후추, 설탕, 소금, 후추를 넣고 끓여서 토마토소스를 만들어 준다.
④ 프라이팬이나 냄비에 홀그레인 머스터드, 우유, 휘핑크림, 월계수잎, 통후추를 넣고 끓여서 홀그레인 머스터드 크림소스를 만들어 준다.
⑤ 프라이팬에 버터를 넣고 속을 파낸 가지를 구운 뒤, 안심을 얇게 펼친 뒤, 소금, 후추 간을 하여서 구운 가지 , 토마토소스, 피자치즈를 넣고 말아서 180°C 오븐에서 10분간 구워서 가지 라자냐로 속을 채운 안심롤을 만들어 준다.

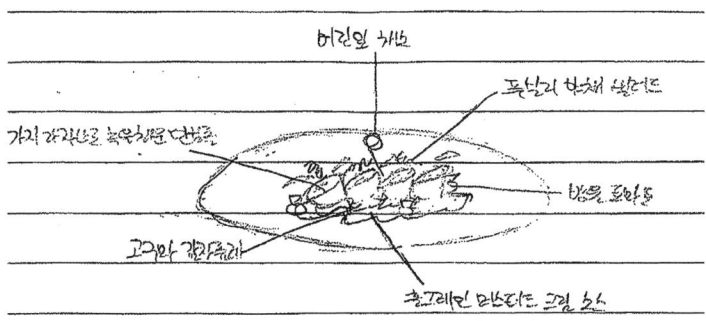

소고기

소고기 양념 튀김을 넣은 단호박 라자냐와 야채 줄리엔 그리고 민트 페스토와 카프레제 샐러드

■■── 재료 ──■■

소고기 등심, 마늘, 양파, 새송이버섯, 간장, 설탕, 단호박, 토마토홀, 당근, 샐러리, 월계수잎, 정향, 통후추, 파프리카, 차이브, 식초, 레몬주스, 민트, 잣, 방울토마토, 모차렐라 치즈, 발사믹 식초, 꿀, 베이비 비트잎, 바질 가루, 피자치즈, 소금, 후추, 올리브오일

■■■── 만드는 방법 ──■■■

① 믹서에 민트, 잣, 마늘, 소금, 후추, 올리브오일을 넣고 믹싱하여 민트 페스토를 만들어 준다.
② 방울토마토는 (+) 모양으로 칼집을 내어서 데친 뒤, 껍질 부분을 위로 올려서 프라이팬에 구워서 복주머니 형태로 만들어 준다.
③ 모차렐라 치즈는 한입 크기로 썰고 손질한 방울토마토와 발사믹 식초, 꿀을 프라이팬이나 냄비에 조려서 발사믹 소스를 만든 뒤, 바질 가루와 함께 섞어 카프레제 샐러드를 만들어 준다.
④ 양파, 샐러드, 파프리카, 차이브는 줄리엔하여 식초, 설탕, 레몬주스를 넣고 섞어 야채 줄리엔을 만들어 준다.
⑤ 단호박은 직육면체로 잘라 오븐에서 굽고, 등심, 마늘, 양파, 새송이버섯은 찹하여 간장, 설탕, 소금, 후추로 간해서 180°C 기름에 튀겨 준다.
⑥ 마늘, 양파, 당근, 샐러리는 찹하여 프라이팬에서 볶은 뒤, 냄비로 옮겨 물 또는 야채 스톡, 으깬 토마토홀, 월계수잎, 정향, 통후추, 설탕, 소금을 넣고 끓여 소스를 만든 뒤, 단호박 사이에 소고기 튀김, 으깬 단호박, 소스, 치즈를 넣어 굽는다.

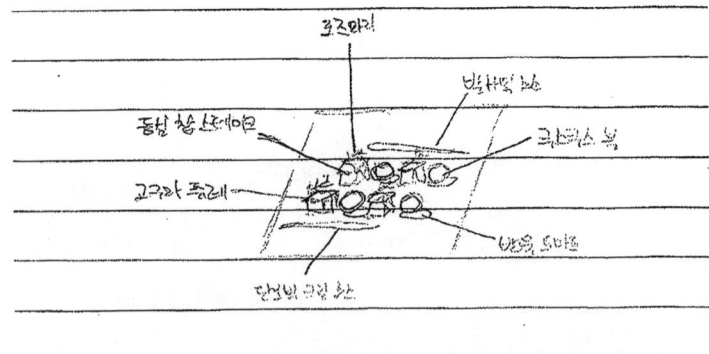

오늘의 양식

레드 와인 소스를 곁들인 안심스테이크와 감자구이 & 당근 조림 그리고 쿠스쿠스와 아스파라거스 샐러드

■■ —— 재료 —— ■■

소고기 안심, 로즈메리, 레드 와인, 레몬, 설탕, 감자, 당근, 쿠스쿠스, 마늘, 양파, 당근, 애호박, 가지, 굴소스, 아스파라거스, 레몬주스, 식초, 오렌지, 크레송, 소금, 후추, 올리브오일

■■■ —— 만드는 방법 —— ■■■

① 아스파라거스는 얇게 줄리엔하여 레몬주스, 식초, 설탕을 넣고 섞어서 아스파라거스 샐러드를 만들어 준다.
② 오렌지는 껍질째로 얇게 슬라이스하여주고 감자와 당근을 직육면체 모양으로 썰어서 감자는 소금 간하여 180°C 오븐에서 5분간 굽고 당근은 데쳐서 설탕물에 글레이징하여 준다.
③ 쿠스쿠스는 데치고, 마늘은 찹하여, 양파, 당근, 애호박, 가지는 스몰 다이스하여 프라이팬에 오일을 두르고 야채를 볶다가 쿠스쿠스와 굴소스를 넣고 볶아서 올리베트 형태로 만들어 준다.
④ 안심을 직육면체로 썬 뒤, 레드 와인, 로즈메리, 소금, 후추로 마리네이드하여 프라이팬에 오일을 두르고 구워서 안심스테이크를 만들어 준다.
⑤ 프라이팬에 남은 육즙에 레드 와인, 레몬즙, 설탕, 소금, 후추를 넣어 졸여서 레드 와인 소스를 만들어 준다.

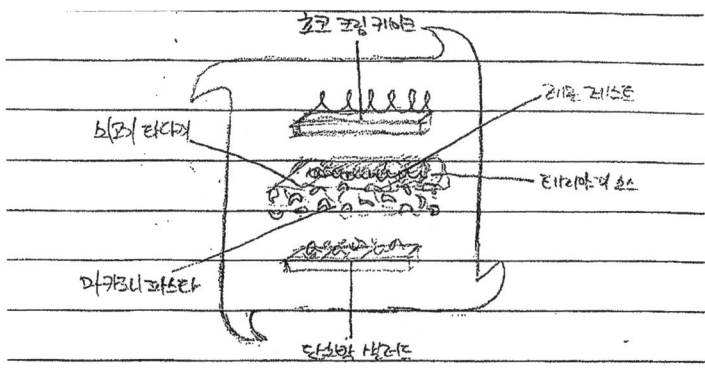

소고기

토마토 펜네와 감자 퓌레로 속을 채운 등심롤과 망고 페스토 그리고 안티파스토와 어린잎 샐러드

■■──── 재료 ────■■

소고기 등심, 마늘, 양파, 당근, 샐러리, 월계수잎, 정향, 통후추, 설탕, 펜네, 감자, 생크림, 망고, 망고 퓌레, 피망, 양송이버섯, 올리브, 케이퍼, 발사믹 식초, 어린잎 채소, 레몬주스, 라임주스, 설탕, 차이브, 소금, 후추, 올리브오일

■■■──── 만드는 방법 ────■■■

① 믹서에 망고, 망고 퓌레, 피망, 소금, 후추, 올리브오일을 넣고 믹싱하여 망고 페스토를 만들어 준다.
② 양송이버섯, 양파, 피망, 올리브를 먹기 좋은 크기로 썰어서 프라이팬에 올리브오일을 두르고 볶은 뒤, 식혀서 발사믹 식초에 재워서 안티파스토를 만들어 준다.
③ 감자는 쪄서 으깬 다음에 생크림, 소금, 후추를 넣고 믹싱하여 감자 퓌레를 만들어 준다.
④ 어린잎 채소에 레몬주스, 라임주스, 설탕을 넣어 섞어서 어린잎 샐러드를 만들어 준다.
⑤ 마늘, 양파, 당근, 샐러리는 프라이팬에 오일을 두르고 볶다가 냄비로 옮겨 물 또는 스톡, 으깬 토마토홀, 월계수잎, 정향, 통후추, 설탕, 소금, 후추를 넣고 끓여서 토마토소스를 만들어 준다.
⑥ 펜네를 삶은 뒤, 프라이팬에 야채와 펜네를 볶다가 스톡 또는 물, 소스를 넣고 볶아서 토마토 펜네를 만들어 등심 속을 채워 등심롤을 만들어 준다.

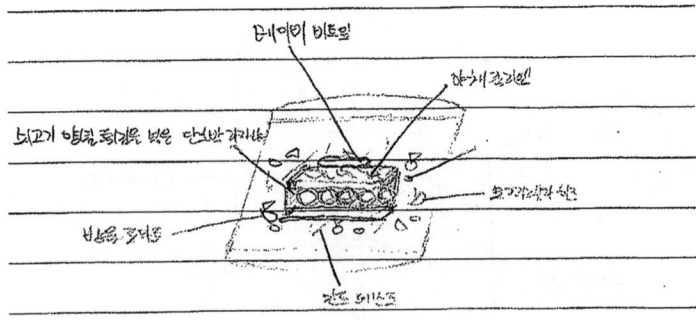

오늘의 양식

소 안심 리소토와 오렌지 제스트
그리고 카르파초 샐러드와 겨자 비네그레트 & 깻잎 페스토

■■ ── **재료** ── ■■

소고기 안심, 마늘, 양파, 당근, 애호박, 가지, 샐러리, 월계수잎, 정향, 통후추, 오렌지, 설탕, 느타리버섯, 방울토마토, 올리브, 양상추, 발사믹 식초, 머스터드소스, 화이트 와인, 레몬주스, 깻잎, 잣, 어린잎 채소, 소금, 후추, 버터, 올리브오일

■■■ ── **만드는 방법** ── ■■■

① 믹서에 깻잎, 잣, 마늘, 소금, 후추, 올리브오일을 넣고 믹싱하여 깻잎 페스토를 만들어 준다.
② 오렌지는 껍질 부분만을 사용하여 얇게 줄리엔한 뒤, 프라이팬에 버터와 줄리엔한 오렌지, 설탕을 넣고 볶아 오렌지 제스트를 만들어 준다.
③ 머스터드소스, 화이트 와인, 레몬주스를 넣고 믹싱하여 겨자 비네그레트를 만들어 준다.
④ 프라이팬에 오일을 두르고 마늘 찹과 소고기 안심, 느타리 버섯을 소금, 후추로 간하여 볶은 뒤, 방울토마토, 올리브, 양상추를 한입 크기로 썰어서 발사믹 식초, 올리브오일로 혼합하여 카르파초 샐러드를 만들어 주고, 밥을 짓는다.
⑤ 마늘, 양파, 당근, 샐러리는 프라이팬에 오일을 두르고 볶다가 냄비로 옮겨 물 또는 스톡, 으깬 토마토홀, 월계수잎, 정향, 통후추, 설탕, 소금, 후추를 넣고 끓여서 토마토소스를 만들어 준다.
⑥ 프라이팬에 오일을 두르고 안심과 야채를 볶다가 물 또는 스톡, 소스를 넣어서 볶아 준다.

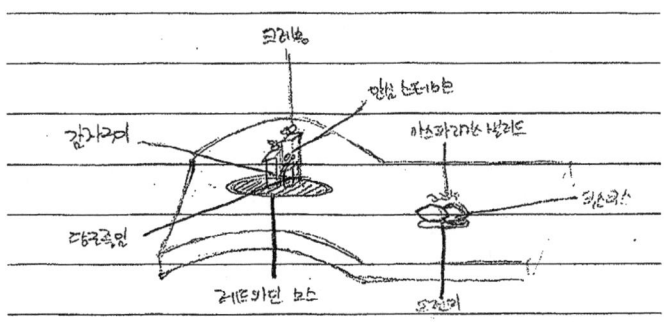

소고기

마스카르포네 치즈와 포르치니 버섯을 넣은 안심롤과 브라운소스 그리고 단호박 퓌레와 고구마 빠찌엔느 & 라즈베리

■■── 재료 ──■■

소고기 안심, 소고기 등심 뼈, 마스카르포네 치즈, 포르치니 버섯, 마늘, 양파, 당근, 샐러리, 월계수잎, 정향, 통후추, 레드 와인, 토마토 페이스트, 단호박, 생크림, 고구마, 라즈베리, 비타민, 소금, 후추, 올리브오일

■■■── 만드는 방법 ──■■■

① 고구마는 얇게 줄리엔하여 180°C 기름에 튀겨 고구마 빠찌엔느를 만들어 준다.
② 단호박은 쪄서 으깨어 생크림을 넣고 믹싱하여 단호박 퓌레를 만들어 준다.
③ 마늘, 양파, 당근, 샐러리, 등심 뼈, 토마토 페이스트, 레드 와인을 넣고 냄비에서 볶다가 물, 월계수잎, 정향, 통후추를 넣고 은근히 끓여서 소금, 후추로 간하여 브라운소스를 만들어 준다.
④ 프라이팬에 오일을 두르고 마늘 찹, 양파, 당근, 샐러리, 포르치니 버섯을 얇게 줄리엔하여 볶아서 마스카르포네 치즈와 포르치니 버섯을 넣어 말아서 180°C 오븐에서 10분간 구워서 안심롤을 만들어 준다.
⑤ 중앙에 브라운소스를 길게 깔고 마스카르포네 치즈와 포르치니 버섯을 넣은 안심롤을 올린 뒤, 고구마 빠찌엔느를 올리고 라즈베리, 비타민, 단호박 퓌레를 가니시로 장식하여 마무리 해 준다.

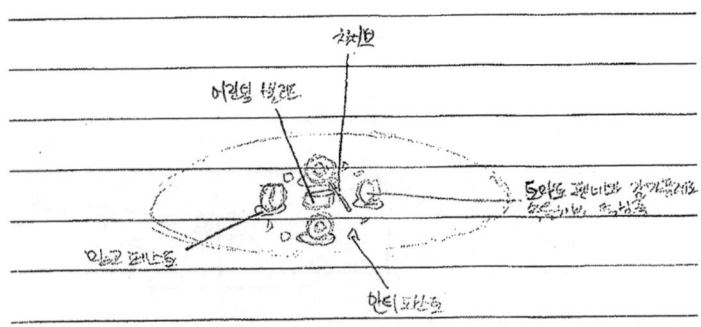

블랙베리 소스에 어우러진 채끝 스테이크와 갈릭 퓌레 그리고 단호박 샐러드와 쿠스쿠스볼 & 민트 페스토

■■── 재료 ──■■

소고기 채끝살, 블랙베리 퓌레, 라임주스, 마늘, 버터, 생크림, 단호박, 어린잎 채소, 마요네즈, 레몬주스, 설탕, 파슬리 가루, 양파, 당근, 애호박, 가지, 굴소스, 쿠스쿠스, 밀가루, 계란, 빵가루, 민트, 잣, 크레송, 어린잎 새싹, 소금, 후추, 올리브오일

■■■── 만드는 방법 ──■■■

① 믹서에 민트, 잣, 마늘, 소금, 후추, 올리브오일을 넣고 믹싱하여 민트 페스토를 만들어 준다.
② 단호박은 쪄서 한입 크기로 썬 뒤, 어린잎 채소와 마요네즈, 레몬주스, 설탕, 파슬리 가루를 넣고 섞어서 단호박 샐러드를 만들어 준다.
③ 쿠스쿠스는 데치고, 마늘은 찹하고 양파, 당근, 애호박, 가지는 스몰 다이스하여 프라이팬에 오일을 두르고 야채를 볶다가 쿠스쿠스와 굴소스를 넣어 볶은 뒤, 작은 공 모양으로 만들어서 밀가루, 계란, 빵가루를 묻힌 뒤, 180°C 기름에 튀겨 쿠스쿠스볼을 만들어 준다.
④ 프라이팬이나 냄비에 블랙베리 퓌레와 블랙베리를 넣어 끓여서 블랙베리 소스를 만들어 준다.
⑤ 프라이팬에 오일을 두르고 채끝살에 소금, 후추로 간하여서 양면을 2분씩 구운 뒤, 180°C 오븐에서 2분 더 구워 준다.

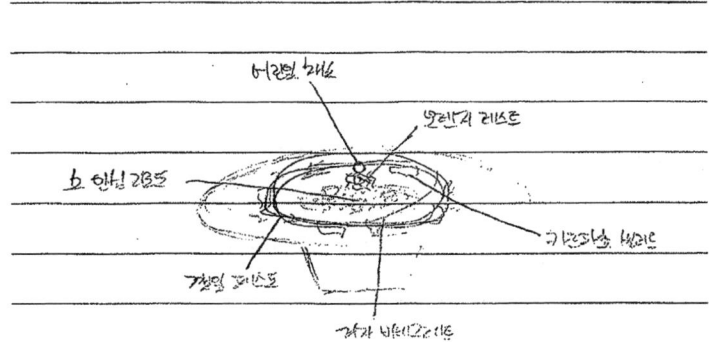

소고기

크랜베리 소스를 곁들인 등심 필렛과 드라이징한 야채 그리고 쿠스쿠스와 시즈닝 포테이토 & 시저 샐러드

■■── 재료 ──■■

소고기 등심, 크랜베리, 크랜베리 퓌레, 라임주스, 감자, 당근, 애호박, 마늘, 양파, 가지,
쿠스쿠스, 굴소스, 포테이포, 시즈닝 가루, 파슬리 가루, 로메인상추, 베이컨, 식빵,
파르마산 치즈, 계란, 앤초비, 레드 와인 비니거, 겨자, 비타민, 소금, 후추, 올리브오일

■■■── 만드는 방법 ──■■■

① 로메인상추는 한입 크기로 자르고, 양파와 파프리카는 줄리엔하고, 베이컨도 한입 크기로 썰어서 구워 준다.
② 둥근 볼에 달걀노른자, 레몬주스, 레드 와인 비니거, 다진 앤초비, 마늘, 양파, 겨자를 넣고 저은 뒤, 오일에 넣어 휘핑하여 손질한 재료와 크루통을 넣고 파르마산 치즈를 뿌려 시저 샐러드를 만들어 준다.
③ 포테이토를 180℃ 기름에 튀겨서 볼에 담아 시즈닝 가루, 소금, 후추, 파슬리 가루를 넣어서 섞어 시즈닝 포테이토를 만들어 준다.
④ 쿠스쿠스를 데친 뒤, 마늘은 찹하고 양파, 당근, 애호박, 가지는 스몰 다이스하여 프라이팬에 오일을 두르고 야채를 볶다가 쿠스쿠스와 굴소스를 넣고 볶아 준다.
⑤ 프라이팬이나 냄비에 크랜베리, 크랜베리 퓌레, 라임주스를 넣고 끓여서 크랜베리 소스를 만들어 준다.
⑥ 감자, 당근, 애호박은 작은 둥근 몰더로 찍어서 다듬어 소금, 후추 간하여 볶아 준다.
⑦ 등심은 소금, 후추 간하여 프라이팬에 오일을 두르고 구워 준다.

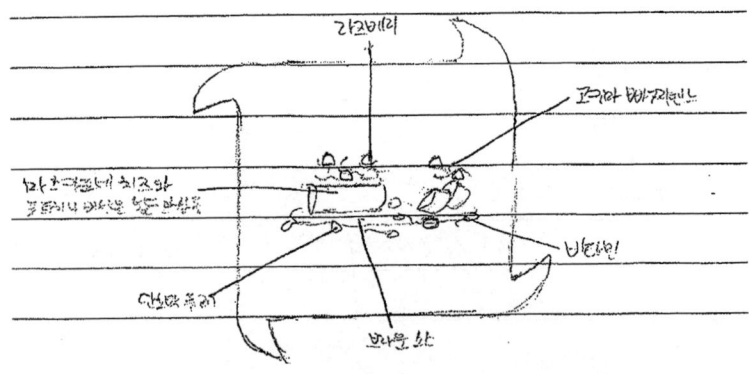

안심 찹스테이크와 라즈베리 소스 & 사과 빠찌엔느 그리고 두 가지 맛 퓌레와 크림 루오테 & 토마토 파르팔레

■■—— 재료 ——■■

소고기 안심, 라즈베리 퓌레, 사과, 단호박, 브로콜리, 생크림, 마늘, 양파, 양송이버섯, 피망, 루오테, 우유, 휘핑크림, 표고버섯, 당근, 샐러리, 월계수잎, 정향, 통후추, 설탕, 파르팔레, 베이비 비트잎, 소금, 후추, 올리브오일

■■■—— 만드는 방법 ——■■■

① 사과는 얇게 줄리엔하여 180°C 기름에서 튀겨 사과 빠찌엔느를 만들어 준다.
② 단호박과 브로콜리는 각각 쪄서 생크림, 소금, 후추를 넣어서 믹싱하여 단호박 퓌레, 브로콜리 퓌레를 만들어 준다.
③ 마늘, 양파, 당근, 샐러리를 찹하여 프라이팬에 오일을 두르고 볶다가 냄비로 옮겨서 물 또는 스톡, 으깬 토마토홀, 월계수잎, 정향, 통후추, 설탕, 소금, 후추를 넣고 끓여서 토마토소스를 만들어 준다.
④ 파르팔레는 삶은 뒤 프라이팬에 마늘 찹, 표고 버섯, 피망 슬라이스를 넣고 볶아 토마토 파르팔레를 만들어 준다.
⑤ 루오테는 삶은 뒤, 프라이팬에 마늘 칩, 양파, 양송이 버섯, 피망 슬라이스를 볶다가 우유, 휘핑크림, 소금, 후추를 넣고 볶아서 크림 루오테를 만들어 준다.
⑥ 안심은 주사위 모양으로 썰어서 소금, 후추 간을 하여 소테잉하여 준다.

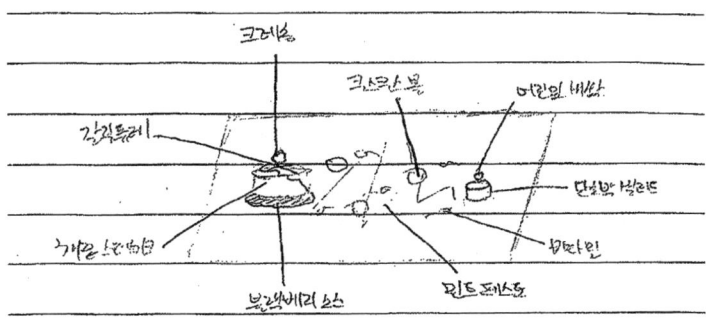

쿠스쿠스를 채운 등심롤과 브라운소스 & 포테이토
그리고 그린 샐러드와 발사믹 소스

■■── 재료 ──■■

소고기 등심, 마늘, 양파, 당근, 애호박, 가지, 쿠스쿠스, 굴소스, 토마토 페이스트, 레드 와인, 월계수잎, 정향, 통후추, 샐러리, 그린빈, 비타민, 방울토마토, 레몬주스, 라임주스, 포테이토, 발사믹 식초, 꿀, 어린잎 채소, 소금, 후추, 올리브오일

■■■── 만드는 방법 ──■■■

① 프라이팬이나 냄비에 발사믹 식초와 꿀을 넣고 졸여서 발사믹 소스를 만들어 준다.
② 그린빈은 삶은 뒤, 비타민, 방울토마토, 레몬주스, 라임주스를 섞어서 그린빈 샐러드를 만들어 준다.
③ 감자는 스몰 정육면체로 썰어서 소금 간을 하여 180°C 오븐에서 2분간 구워 준다.
④ 냄비에 등심을 볶다가 마늘 찹, 양파, 당근, 샐러리를 볶다가 레드 와인과 페이스트를 다시 볶은 뒤, 스톡, 월계수잎, 정향, 통후추, 소금, 후추를 넣고 은근히 끓여서 브라운소스를 만들어 준다.
⑤ 그린빈을 데친 뒤 비타민, 방울토마토, 레몬주스, 소금, 후추를 약간씩 넣어 혼합하여 그린 샐러드를 만들어 준다.
⑥ 쿠스쿠스를 데친 뒤, 마늘, 양파, 당근, 애호박, 가지는 프라이팬에 볶다가 밥과 굴소스를 넣어 볶은 뒤, 펼친 등심에 소금, 후추 간하여 쿠스쿠스를 넣고 말아 오븐에서 구워 준다.

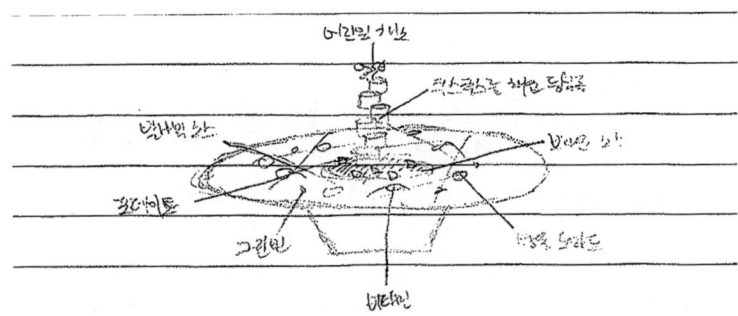

오늘의 양식

등심 치즈볼과 아스파라거스 샐러드
그리고 레몬 제스트와 오렌지 소스 & 바질 페스토

■■── **재료** ──■■

소고기 등심, 모차렐라 치즈, 마늘, 양파, 샐러리, 크림치즈, 밀가루, 계란, 빵가루,
아스파라거스, 레몬주스, 버터, 설탕, 레몬, 오렌지, 레몬주스, 꿀, 전분, 바질, 잣, 식빵,
방울토마토, 어린잎 채소, 소금, 후추, 올리브오일

■■■── **만드는 방법** ──■■■

① 믹서에 바질, 잣, 마늘, 소금, 후추, 올리브오일을 넣고 믹싱하여 바질 페스토를 만들어 준다.
② 레몬은 껍질 부분만을 얇게 줄리엔하여 프라이팬에 줄리엔한 레몬과 설탕을 넣고 볶아서 레몬 제스트를 만들어 준다.
③ 믹서에 오렌지, 레몬주스, 꿀을 넣어서 믹싱하여 오렌지 소스를 만들어 준다,
④ 프라이팬에 버터를 넣고 아스파라거스, 방울 토마토, 레몬주스, 설탕을 넣고 볶아서 아스파라거스 샐러드를 만들어 준다.
⑤ 식빵은 정육면체로 작게 썰어서 마늘 찹과 버터, 설탕을 혼합하여 묻혀서 180°C 오븐에서 1~2분간 구워서 갈릭 크루통을 만들어 준다.
⑥ 등심, 모차렐라 치즈, 마늘, 양파, 샐러리, 크림치즈를 믹싱하여 혼합한 뒤, 밀가루, 계란, 빵가루를 묻혀서 180°C 기름에 튀겨 준다.

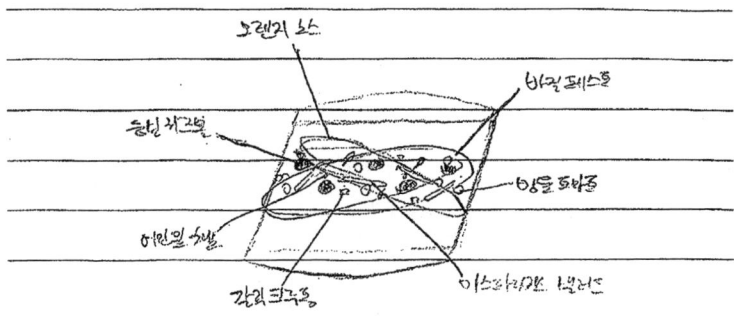

소고기 필렛과 스트로베리 소스 & 단호박 라자냐
그리고 쿠스쿠스와 타임 페스토 & 마카로니 샐러드

■■ ── 재료 ── ■■

소고기 안심, 스트로베리 퓌레, 딸기, 라임주스, 단호박, 마늘, 양파, 당근, 샐러리, 월계수잎, 정향, 통후추, 피자치즈, 쿠스쿠스, 애호박, 가지, 굴소스, 타임, 잣, 마카로니, 옥수수콘, 마요네즈, 파슬리 가루, 생크림, 방울토마토, 크레송, 어린잎 채소, 어린잎 새싹, 소금, 후추, 올리브오일

■■■ ── 만드는 방법 ── ■■■

① 믹서에 타임, 마늘, 잣, 소금, 후추, 올리브오일을 넣고 믹싱하여 타임 페스토를 만들어 준다.
② 마카로니는 삶아서 양파 찹, 옥수수콘, 마요네즈, 파슬리 가루를 넣어서 섞어 마카로니 샐러드를 만들고, 스트로베리 퓌레, 딸기로 소스를 만들어 준다.
③ 방울토마토는 (+) 모양으로 칼집을 내어서 데친 뒤, 껍질 부분을 위로 올려서 프라이팬에 구워서 복주머니 형태로 만들어 준다.
④ 마늘, 양파, 당근, 샐러리는 찹하여 프라이팬에 오일을 두르고 볶다가 냄비로 옮겨 물 또는 스톡, 으깬 토마토홀, 월계수잎, 정향, 통후추, 설탕, 소금, 후추를 넣고 끓여서 토마토소스를 만들어 준다.
⑤ 단호박은 슬라이스하여 오븐 팬에 넣어 180°C 오븐에서 5분간 구워준 뒤 꺼내어서 사이사이에 토마토소스, 피자치즈를 넣어서 180°C 오븐에서 5분간 구워 준다.
⑥ 쿠스쿠스는 데친 뒤, 마늘은 찹하고 야채는 스몰 다이스하여 프라이팬에서 굴소스를 넣고 볶아 주고, 안심은 소금, 후추 간을 하여 구워 준다.

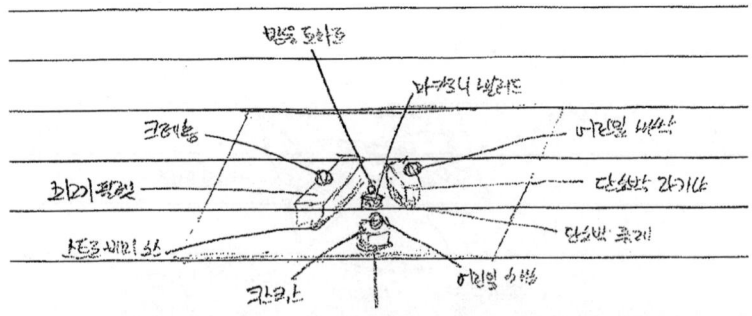

오늘의 양식

등심스테이크와 레드 와인 소스 & 감자 퓌레
그리고 야채 필라프 & 레몬 제스트와 두 가지 맛 퓌레

■■ ── **재료** ── ■■

소고기 등심, 레드 와인, 레몬, 설탕, 감자, 생크림, 파슬리 가루, 가지, 마늘, 양파, 당근, 마늘종, 굴소스, 쌀, 레몬, 설탕, 버터, 단호박, 브로콜리, 크레송, 로즈메리, 소금, 후추, 올리브오일

■■■ ── **만드는 방법** ── ■■■

① 레몬은 껍질 부분만을 얇게 줄리엔하여 프라이팬에 버터를 넣고 줄리엔한 레몬과 설탕을 넣어 볶아서 레몬 제스트를 만들어 준다.

② 브로콜리는 데치고, 단호박은 쪄서 각각 생크림과 소금, 후추를 넣어서 믹싱하여 브로콜리 퓌레, 단호박 퓌레를 만들어 준다.

③ 감자는 쪄서 으깨어 생크림, 소금, 후추, 파슬리 가루를 넣어서 섞어 감자 퓌레를 만들어 준다.

④ 밥을 지은 다음에 마늘은 찹하고 양파, 당근, 가지, 마늘종을 스몰 다이스하여 프라이팬에 오일을 두르고 야채를 볶다가 밥과 굴소스를 넣어서 볶아 야채 필라프를 만들어 준다.

⑤ 등심은 레드 와인, 로즈메리로 마리네이드하고 소금, 후추로 간하여 프라이팬에 오일을 두르고 센 불에서 1분씩 구운 뒤, 180℃ 오븐에서 2~3분 더 익혀 등심스테이크를 만들어 준다.

⑥ 프라이팬에 남은 육즙과 레드 와인, 레몬즙, 설탕, 소금, 후추를 넣고 졸여서 레드 와인 소스를 만들어 준다.

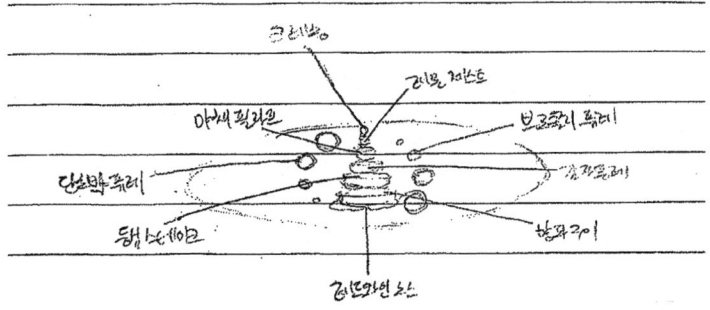

소고기

데리야끼 소스로 조린 등심 필렛과 고구마 빠찌엔느 그리고 망고 소스와 단호박 퓌레

■■── 재료 ──■■

소고기 등심, 마늘, 양파, 대파, 간장, 계피, 페페론치노, 설탕, 전분, 고구마, 망고 퓌레, 레몬주스, 방울토마토, 처빌, 비타민, 어린잎 채소, 단호박, 생크림, 소금, 후추, 올리브오일

■■■── 만드는 방법 ──■■■

① 고구마는 얇게 줄리엔하여 180°C 기름에서 튀겨 고구마 빠찌엔느를 만들어 준다.
② 프라이팬이나 냄비에 망고 퓌레와 레몬주스를 넣고 졸여서 망고 소스를 만들어 준다.
③ 단호박은 쪄서 으깨어 생크림, 소금, 후추를 넣어 믹싱하여 단호박 퓌레를 만들어 준다.
④ 방울토마토는 (+) 모양으로 칼집을 내어서 데친 뒤, 껍질 부분을 위로 올려서 프라이팬에 구워서 복주머니 형태로 만들어 준다.
⑤ 냄비에 물, 간장, 설탕, 마늘, 양파, 대파, 계피, 페페론치노를 넣고 끓여서 전분물로 농도를 맞추어서 데리야끼 소스를 만들어 준다.
⑥ 프라이팬에 오일을 두르고 직육면체로 썬 등심을 소금, 후추 간을 한 뒤, 데리야끼 소스를 넣어 글레이징하여 데리야끼 소스로 조린 등심 필렛을 만들어 준다.

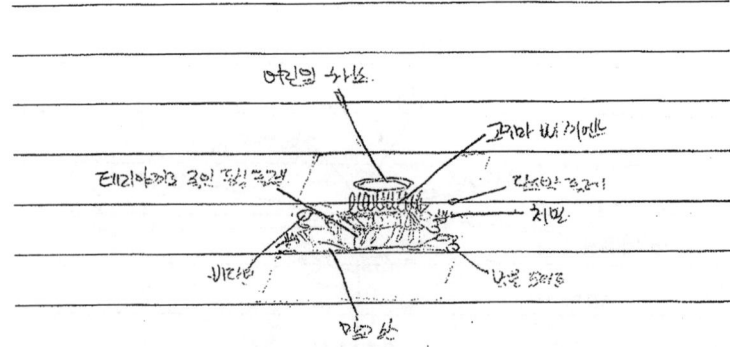

안심 속을 채운 견과류 치즈롤과 메이플 소스
그리고 야채 라자냐와 버섯 도리아

■■── **재료** ──■■

소고기 안심, 아몬드, 호두, 건포도, 리코타 치즈, 체다치즈, 버터, 오일, 메이플 시럽, 마늘, 양파, 당근, 샐러리, 월계수잎, 정향, 통후추, 설탕, 감자, 토마토, 애호박, 가지, 피자치즈, 양송이버섯, 표고버섯, 쌀, 굴소스, 단호박, 생크림, 크레송, 비타민, 베이비 비트잎, 소금, 후추

■■■── **만드는 방법** ──■■■

① 프라이팬이나 냄비에 메이플 시럽을 졸여서 메이플 소스를 만들어 준다.
② 단호박은 쪄서 으깨어 생크림, 소금, 후추를 넣고 믹싱하여 단호박 퓌레를 만들어 준다.
③ 마늘, 양파, 당근, 샐러리를 찹하여 프라이팬에 오일을 두르고 볶다가 냄비로 옮겨서 물 또는 스톡, 으깬 토마토홀, 월계수잎, 정향, 통후추, 설탕, 소금, 후추를 넣고 끓여서 토마토소스를 만들어 준다.
④ 프라이팬에 버터를 넣고 감자, 당근, 애호박, 가지, 토마토는 소금, 후추로 간하여 사이사이에 토마토소스와 피자치즈를 넣고 180°C 오븐에서 5분간 구워서 야채 라자냐를 만들어 준다.
⑤ 밥을 짓고 프라이팬에 오일을 두른 뒤 마늘을 찹하고 양파, 당근, 가지, 애호박은 스몰 다이스하고 양송이와 표고는 한입 크기로 썰어서 볶다가 밥과 굴소스를 넣고 볶아 도리아를 만들어 준다.
⑥ 안심은 얇게 펼쳐 견과류와 치즈를 넣고 말아서 180°C 오븐에서 구워 준다.

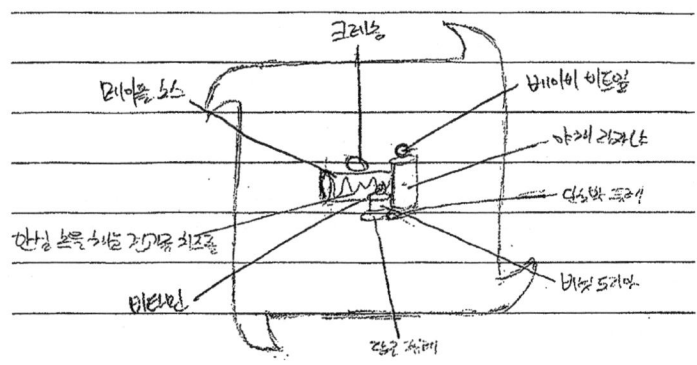

소고기

바나나 소스와 라즈베리 소스에 어우러진 등심 찹스테이크 그리고 쿠스쿠스와 어린잎 샐러드 & 아스파라거스구이

■■── 재료 ──■■

소고기 등심, 바나나 퓌레, 라즈베리 퓌레, 민트, 쿠스쿠스, 마늘, 양파, 당근, 애호박, 가지, 굴소스, 어린잎 채소, 레몬주스, 라임주스, 설탕, 아스파라거스, 버터, 소금, 후추, 올리브오일

■■■── 만드는 방법 ──■■■

① 볼에 어린잎 채소, 레몬주스, 라임주스, 설탕을 넣고 섞어서 어린잎 샐러드를 만들어 준다.
② 프라이팬이나 냄비에 라즈베리 퓌레를 넣고 끓여서 라즈베리 소스를 만들어 준다.
③ 프라이팬이나 냄비에 바나나 퓌레를 넣고 끓여서 바나나 소스를 만들어 준다.
④ 프라이팬에 버터를 녹인 후 아스파라거스, 레몬주스, 소금, 후추를 넣고 구워서 아스파라거스구이를 만들어 준다.
⑤ 쿠스쿠스는 데치고 마늘은 찹하고 양파, 당근, 애호박, 가지는 스몰 다이스하여 프라이팬에 오일을 두르고 야채를 볶다가 쿠스쿠스와 굴소스를 넣고 볶아 준다.
⑥ 등심은 주사위 모양으로 썰어서 민트, 소금, 후추로 마리네이드하여 프라이팬에 오일을 두르고 마늘 찹과 등심을 넣고 소테잉하여 등심 찹스테이크를 만들어 준다.

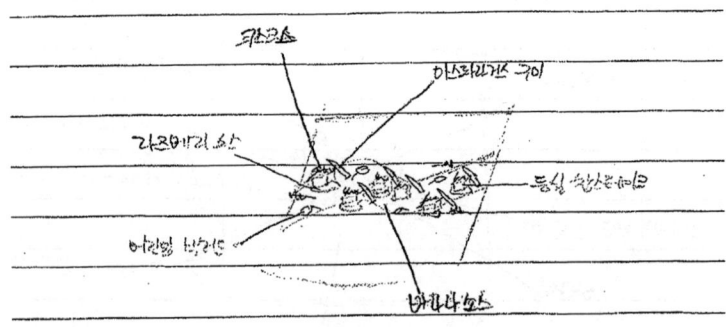

오늘의 양식

토마토 안심 페투치네 누들과 어린잎 샐러드
그리고 크림치즈롤과 과일 살사

■■─── 재료 ───■■

소고기 안심, 마늘, 양파, 당근, 샐러리, 토마토홀, 월계수잎, 정향, 통후추, 설탕, 피망, 브로콜리, 표고버섯, 페투치네 누들, 어린잎 채소, 라임주스, 춘권피, 크림치즈, 사과, 딸기, 키위, 베이비 비트잎, 소금, 후추, 올리브오일

■■■─── 만드는 방법 ───■■■

① 사과, 딸기, 키위는 웨지형으로 얇게 슬라이스하여 레몬주스, 설탕을 넣고 혼합하여 과일 살사를 만들어 준다.
② 볼에다가 어린잎 채소, 라임주스, 식초, 설탕을 넣고 섞어서 어린잎 샐러드를 만들어 준다.
③ 춘권피에 마늘, 양파, 당근, 샐러리를 넣어서 돌돌 말아서 180°C 기름에 튀겨 크림치즈롤을 만들어 준다.
④ 마늘, 양파, 당근, 샐러리를 찹하여 프라이팬에 오일을 두르고 볶다가 냄비로 옮겨서 설탕, 소금, 후추를 넣고 토마토소스를 만들어 준다.
⑤ 페투치네 누들을 삶은 뒤, 프라이팬에 오일을 두르고 마늘 찹과 안심을 볶다가 손질한 피망, 브로콜리, 표고버섯을 볶다가 페투치네 누들과 물 또는 스톡, 토마토소스를 넣고 소금, 후추 간을 하여서 토마토 안심 페투치네 누들을 만들어 준다.

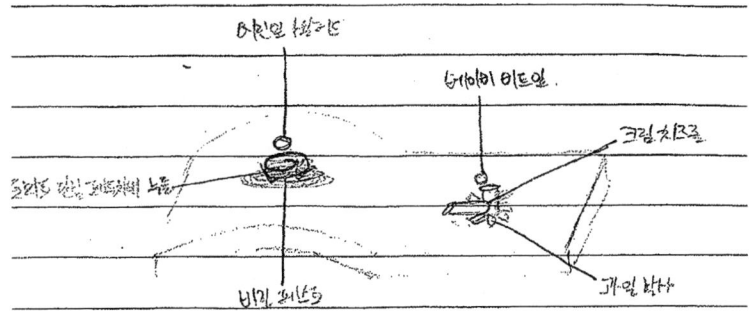

소고기

마스카르포네 감자 크림치즈를 넣은 안심롤과 크랜베리 소스 그리고 견과류 단호박 파이와 과일 살사

■■── 재료 ──■■

소고기 안심, 마스카르포네 치즈, 감자, 생크림, 크림 치즈, 바질 가루, 레몬주스, 파슬리 가루, 크랜베리 퓌레, 크랜베리, 단호박, 버터, 밀가루, 계란, 설탕, 아몬드, 호두, 건포도, 사과, 배, 감, 래디시, 어린잎 채소, 소금, 후추, 메이플 시럽, 올리브오일

■■■── 만드는 방법 ──■■■

① 사과, 배, 감, 래디시는 원형 몰더로 찍은 뒤 레몬주스, 설탕을 넣고 섞어서 과일 살사를 만들어 준다.
② 단호박은 껍질째 직육면체로 썰어주고 볼에다가 버터를 넣고 계란, 설탕, 소금을 넣고 믹싱한 뒤 밀가루를 넣고 믹싱하여 파이 반죽을 만들어서 단호박 위에 반죽을 올리고 메이플 시럽으로 볶은 아몬드, 호두, 건포도를 올려서 180°C 오븐에서 10분간 구워 견과류 단호박 파이를 만들어 준다.
③ 프라이팬이나 냄비에 크랜베리 퓌레, 크랜베리를 넣고 끓여서 크랜베리 소스를 만들어 준다.
④ 감자는 쪄서 으깨어 생크림, 크림치즈, 마스카르포네 치즈, 소금, 후추, 파슬리 가루를 넣고 믹싱하고, 안심을 얇게 펼친 뒤 믹싱한 마스카르포네 감자 크림치즈를 넣어서 롤 형태로 말아서 180°C 오븐에서 10분간 구워 준다.

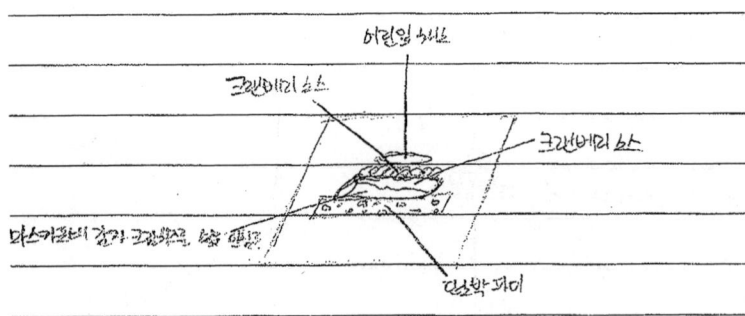

베샤멜소스를 곁들인 등심 필렛과 매시트포테이토 그리고 크림치즈롤과 민트 페스토

■■── **재료** ──■■

소고기 등심, 밀가루, 버터, 우유, 휘핑크림, 월계수잎, 정향, 통후추, 감자, 생크림, 파슬리 가루, 크림치즈, 마늘, 양파, 당근, 샐러리, 춘권피, 민트, 잣, 크레송, 소금, 후추, 올리브오일

■■■── **만드는 방법** ──■■■

① 믹서에 민트, 잣, 마늘, 소금, 후추, 올리브오일을 넣고 믹싱하여 민트 페스토를 만들어 준다.
② 마늘, 양파, 당근, 샐러리를 찹하여 크림치즈와 소금, 후추로 믹싱하여 춘권피에 넣어 말아서 180°C 기름에 튀겨서 크림치즈롤을 만들어 준다.
③ 감자는 쪄서 으깨어 생크림, 소금, 후추, 파슬리 가루를 넣고 믹싱하여 짤주머니에 담은 뒤 오븐 팬에 소프트아이스크림 모양으로 짜서 180°C 오븐에서 구워 매시트포테이토를 만들어 준다.
④ 프라이팬에 버터를 넣고 밀가루를 넣어서 볶아 화이트 루를 만든 뒤 냄비에서 우유, 휘핑크림, 화이트 루, 월계수잎, 정향, 통후추를 넣고 믹싱하면서 끓여 베샤멜소스를 만들어 준다.
⑤ 등심을 직육면체로 썰어서 소금, 후추 간을 하여 프라이팬에 오일을 두르고 구워서 등심 필렛을 만들어 준다.

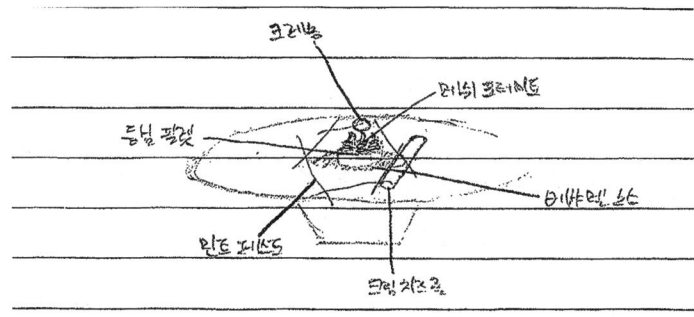

소고기

등심 햄버그스테이크와 버섯 크림소스 & 데리야끼 소스 그리고 야채구이와 고구마 다이스

■■── 재료 ──■■

소고기 등심, 마늘, 양파, 당근, 샐러리, 새송이버섯, 간장, 파인애플, 양송이 버섯, 버섯 크림, 우유, 휘핑크림, 설탕, 파, 페페론치노, 계피, 전분, 토마토, 고구마, 크레송, 소금, 후추, 올리브오일

■■■── 만드는 방법 ──■■■

① 고구마는 정다이스로 잘라서 180°C 오븐에서 5분간 구워 고구마 다이스를 만들어 준다.
② 양파는 슬라이스하여 프라이팬에 오일을 두르고 소금, 후추 간하여 양파구이를 만들어 준다.
③ 냄비에 물, 간장, 설탕, 마늘, 양파, 파, 페페론치노, 계피를 넣고 은근히 끓이다가 전분물로 농도를 맞춰서 데리야끼 소스를 만들어 준다.
④ 프라이팬에 오일을 두르고 마늘 찹, 양파, 새송이버섯, 양송이버섯을 슬라이스하여 볶다가 우유, 휘핑크림, 버섯 크림, 소금, 후추를 넣고 끓여서 버섯 크림소스를 만들어 준다.
⑤ 소고기 등심, 마늘, 양파, 당근, 샐러리, 새송이버섯을 찹하여 간장과 파인애플을 갈아서 소금, 후추를 넣고 섞어서 원 모양으로 만들어서 프라이팬에 오일을 두르고 구워서 등심 햄버그스테이크를 만들어 준다.

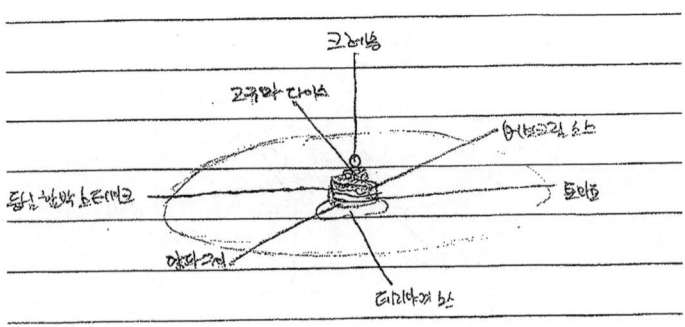

안심 토마토 파스타와 가지 라자냐
그리고 민트 페스토와 오렌지 제스트

■■── 재료 ──■■

소고기 안심, 마늘, 양파, 당근, 샐러리, 토마토홀, 월계수잎, 스파게티면, 통후추, 설탕,
가지, 애호박, 표고버섯, 피자치즈, 파슬리 가루, 정향, 버터, 민트, 잣, 오렌지,
베이비 비트잎, 소금, 후추, 올리브오일

■■■── 만드는 방법 ──■■■

① 믹서에 민트, 잣, 마늘, 소금, 후추, 올리브오일을 넣고 믹싱하여 민트 페스토를 만들어 준다.
② 오렌지는 껍질 부분만을 얇게 줄리엔하여 프라이팬에 버터를 넣고 줄리엔한 오렌지와 설탕을 넣고 볶아서 오렌지 제스트를 만들어 준다.
③ 마늘, 양파, 당근, 샐러리를 찹하여 프라이팬에 오일을 두르고 볶다가 냄비로 옮겨서 물 또는 스톡, 으깬 토마토홀, 월계수잎, 정향, 통후추, 설탕, 소금, 후추를 넣고 끓여서 토마토 소스를 만들어 준다.
④ 가지는 슬라이스하여 소금, 후추 간을 한 뒤, 프라이팬에 버터를 넣고 슬라이스한 가지를 구운 뒤, 토마토소스와 피자치즈를 층층이 쌓을 때 넣어서 180°C 오븐에서 5분간 구워 가지 라자냐를 만들어 준다.
⑤ 스파게티면은 삶은 뒤 프라이팬에 오일을 두르고 야채를 볶다가 스파게티면, 물 또는 스톡, 소스를 넣어 볶아서 안심 토마토 파스타를 만들어 준다.

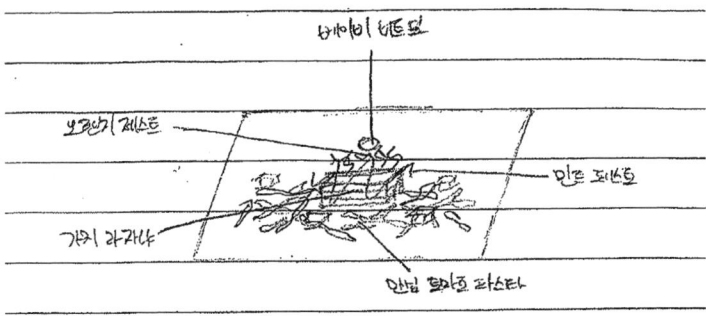

안심스테이크와 라즈베리 소스 그리고 버섯 팀발과 쿠스쿠스 & 안티파스토와 애플 샐러드

■■─── 재료 ───■■

소고기 안심, 로즈메리, 레드 와인, 라즈베리 퓌레, 발사믹 식초, 꿀, 파슬리, 새송이버섯, 양송이 버섯, 마늘, 양파, 당근, 애호박, 가지, 쿠스쿠스, 굴소스, 피망, 올리브, 사과, 어린잎 채소, 레몬주스, 설탕, 크레송, 소금 후추, 올리브오일

■■■─── 만드는 방법 ───■■■

① 믹서에 파슬리, 마늘 소금, 후추, 올리브오일을 넣고 믹싱하여 파슬리 페스토를 만들어 준다.
② 프라이팬이나 냄비에 발사믹 식초와 꿀을 넣어 졸여서 발사믹 소스를 만들어 준다.
③ 양송이버섯, 양파, 피망을 먹기 좋은 크기로 썰어서 프라이팬에 오일을 두르고 볶은 뒤, 식혀서 발사믹 식초에 재워서 안티파스토를 만들어 주고, 라즈베리 퓌레를 끓여서 라즈베리 소스를 만들어 준다.
④ 사과는 얇게 줄리엔하여 어린잎 채소와 레몬주스, 설탕을 넣고 섞어서 애플 샐러드를 만들어 준다.
⑤ 마늘을 찹하고 새송이버섯, 양송이버섯은 스몰 다이스하여 프라이팬에 오일을 두르고 소금, 후추, 간하여서 볶아 원형 몰더에 담아 버섯 팀발을 만들어 준다.
⑥ 쿠스쿠스는 데치고 프라이팬에 야채를 볶다가 쿠스쿠스와 굴소스를 넣어 볶고 안심은 마리네이드하여 프라이팬에서 구워 준다.

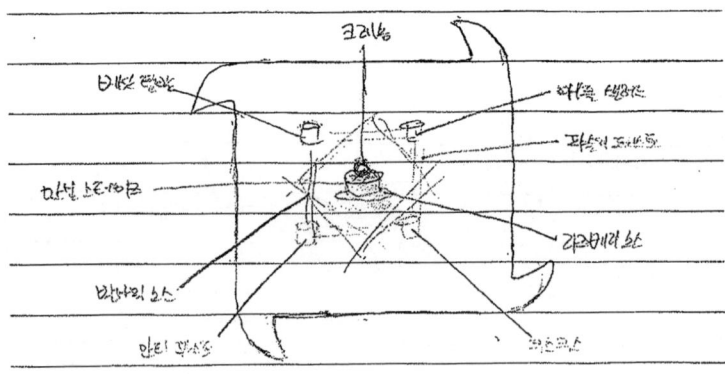

오늘의 양식

브라운소스에 글레이징한 매시트포테이토 치즈 등심롤과 고구마 빠찌엔느 그리고 양송이버섯구이

■■──── 재료 ────■■

소고기 등심, 등심 뼈, 양파, 당근, 샐러리, 레드 와인, 페이스트, 감자, 생크림, 파슬리 가루, 리코타 치즈, 고구마, 양송이버섯, 어린잎 채소, 소금, 후추, 올리브오일

■■■──── 만드는 방법 ────■■■

① 고구마는 얇게 줄리엔하여 180℃ 기름에 튀겨서 고구마 빠찌엔느를 만들어 준다.
② 냄비에 오일을 두르고 소뼈를 볶다가 마늘, 양파, 당근, 샐러리를 줄리엔하여 볶다가 레드 와인과 페이스트를 넣어 볶아서 소금, 후추로 간하여 은근히 끓여서 브라운소스를 만들어 준다.
③ 감자는 쪄서 으깨어 생크림, 파슬리 가루, 소금, 후추로 간하여 섞어서 매시트포테이토를 만든 뒤 리코타 치즈와 섞어주고 등심을 얇게 펼쳐서 소금, 후추 간을 하여서 매시트포테이토를 넣어 말아서 180℃ 오븐에서 8~10분간 구워서 브라운소스에 글레이징한 매시트포테이토 치즈 등심롤을 만들어 준다.
④ 양송이버섯을 슬라이스하여 프라이팬에 오일을 두르고 소금, 후추 간을 하여서 양송이버섯구이를 만들어 준다.

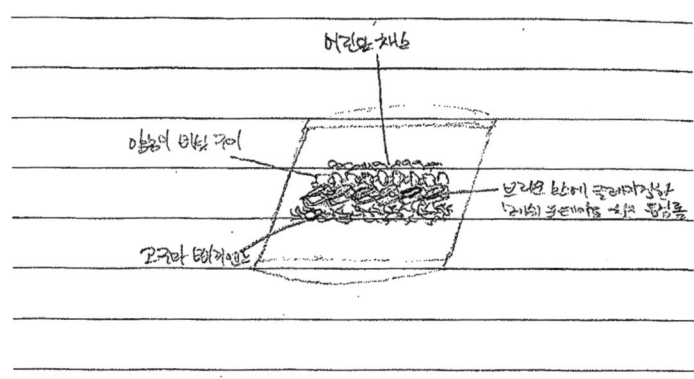

두 가지 맛 소스에 어우러진 감자 치즈 등심롤과 고구마 치즈 등심롤 그리고 크레페 샐러드 & 단호박 퓌레

■■── 재료 ──■■

소고기 등심, 감자, 생크림, 리코타 치즈, 키위 퓌레, 바나나 퓌레, 설탕, 고구마,
파슬리가루, 버터, 밀가루, 계란, 우유, 양상추, 파프리카, 양파, 플레인 요구르트, 요플레,
단호박, 크레송, 소금, 후추, 올리브오일

■■■── 만드는 방법 ──■■■

① 프라이팬에 버터를 넣고 녹여서 밀가루, 계란, 우유, 설탕, 소금을 섞어 반죽을 한 뒤 프라이팬에 펼쳐서 구워 크레페를 만들어 준다.
② 양상추는 한입 크기로 찢고 파프리카는 줄리엔하고 양파는 슬라이스하여 플레인 요구르트, 요플레를 섞어서 크레페 안에 샐러드를 넣어 말아서 크레페 샐러드를 만들어 준다.
③ 단호박은 쪄서 으깨어 생크림과 소금, 후추를 넣어 믹싱하여 단호박 퓌레를 만들어 준다.
④ 프라이팬이나 냄비에 각각 키위 퓌레와 바나나 퓌레를 넣고 끓여서 키위 소스, 바나나 소스를 만들어 준다.
⑤ 감자와 고구마는 쪄서 으깨어 각각 생크림, 리코타 치즈, 파슬리 가루, 소금, 후추를 넣고 믹싱하여 감자 치즈, 고구마 치즈를 만들고 등심을 얇게 펼쳐서 소금, 후추 간을 하여서 각각 감자 치즈, 고구마 치즈를 넣고 말아서 180°C 오븐에서 10분간 구워 준다.

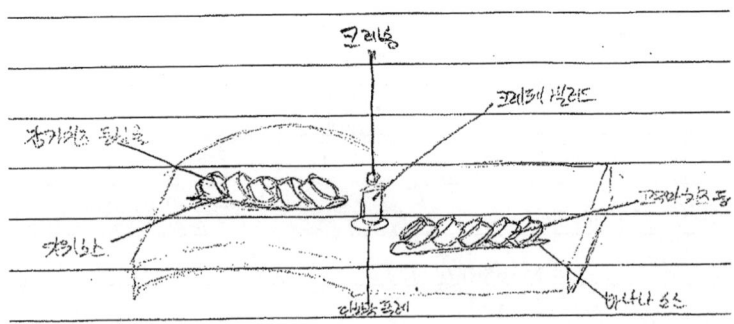

발사믹 소스로 글레이징한 안심 찹스테이크와
감자 퓌레 & 바질 페스토 그리고 드라이징한 야채

■■── 재료 ──■■

소고기 안심, 발사믹 식초, 꿀, 로즈메리, 감자, 생크림, 바질, 잣, 당근, 비트, 애호박, 가지,
버터, 고구마, 소금, 후추, 올리브오일

■■■── 만드는 방법 ──■■■

① 믹서에 바지, 잣, 마늘, 소금, 후추, 올리브오일을 넣고 믹싱하여 바질 페스토를 만들어 준다.
② 고구마는 얇게 줄리엔하여 180°C 기름에 튀겨서 고구마 빠찌엔느를 만들어 준다.
③ 당근, 감자, 비트, 애호박, 가지는 직육면체로 썰어서 소금, 후추 간을 하여서 오븐 팬에 버터를 넣고 180°C 오븐에서 5분간 구워서 드라이징한 야채를 만들어 준다.
④ 감자는 쪄서 으깨어 생크림, 소금, 후추를 넣고 믹싱하여 감자 퓌레를 만들어 준다.
⑤ 프라이팬이나 냄비에 발사믹 식초, 꿀을 넣고 졸여서 발사믹 소스를 만들어 준다.
⑥ 안심은 주사위 모양으로 썰고, 마늘을 찹한 뒤 프라이팬에 오일을 두르고 마늘 찹과 안심, 소금, 후추 간을 하여서 굽다가 발사믹 소스를 글레이징하여 안심 찹스테이크를 만들어 준다.

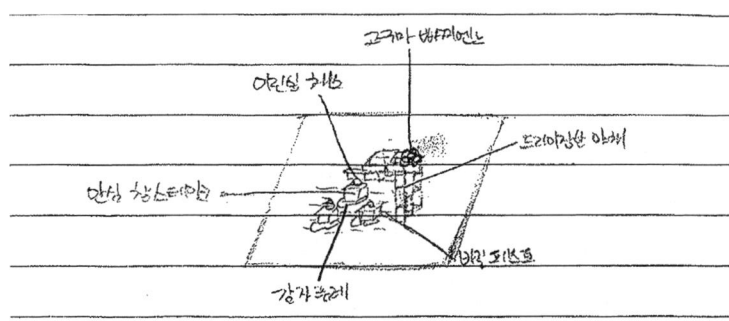

소고기

베샤멜소스에 어우러진 소고기 필렛과 단호박 퓌레 그리고 파프리카 처트니와 어린잎 샐러드

■■─── 재료 ───■■

소고기 등심, 로즈메리, 우유, 휘핑크림, 밀가루, 버터, 월계수잎, 양파, 정향, 통후추, 단호박, 생크림, 파프리카(빨강, 노랑, 초록), 레몬주스, 라임주스, 어린잎 채소, 설탕, 식초, 소금, 후추, 올리브오일

■■■─── 만드는 방법 ───■■■

① 볼에다가 어린잎 채소, 레몬주스, 라임주스, 설탕을 넣고 섞어서 어린잎 샐러드를 만들어 준다.
② 삼색 파프리카, 양파는 스몰 다이스하여 식초와 설탕을 넣고 섞어서 파프리카 처트니를 만들어 준다.
③ 단호박은 쪄서 으깨서 생크림과 소금, 후추를 넣고 믹싱하여 단호박 퓌레를 만들어 준다.
④ 프라이팬에 버터를 넣고 녹여서 밀가루를 넣어서 볶아 화이트 루를 만든 뒤, 냄비에 우유, 휘핑크림, 월계수잎, 정향, 통후추, 화이트 루, 소금, 후추를 넣고 끓여서 베샤멜소스를 만들어 준다.
⑤ 등심은 직육면체로 썰어서 소금, 후추, 로즈메리를 마리네이드하여 프라이팬에 오일을 두르고 소테잉하여 준다.
⑥ 중앙에 베샤멜소스를 놓고 단호박 퓌레와 소고기 필렛을 깔고 파프리카 처트니와 어린잎 채소로 마무리하여준다.

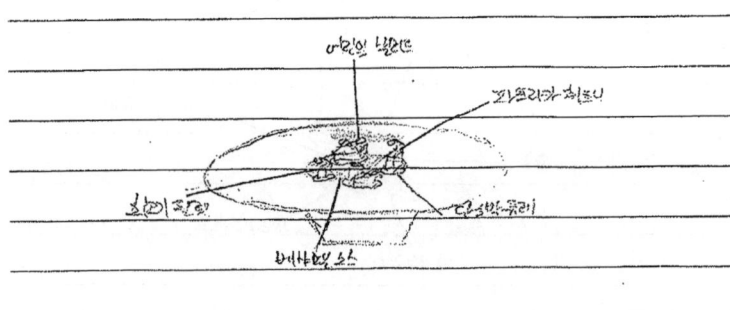

안심스테이크와 스트로베리 소스 그리고 크림치즈롤과 단호박 라비올리 & 드라이징한 야채

■■── 재료 ──■■

소고기 안심, 레드 와인, 로즈메리, 스트로베리 퓌레, 딸기, 춘권피, 크림치즈, 마늘, 양파, 당근, 샐러리, 단호박, 밀가루, 계란, 리코타 치즈, 양송이버섯, 바질, 잣, 소금, 후추, 올리브오일

■■■── 만드는 방법 ──■■■

① 믹서에 바질, 잣, 마늘, 소금, 후추, 올리브오일을 넣고 믹싱하여 바질 페스토를 만들어 준다.
② 당근은 올리베트 쳐서 데친 다음에 설탕물에 글레이징한다..
③ 양송이버섯은 칼집을 내어서 구워 준다.
④ 단호박은 쪄서 으깨고, 밀가루, 계란 노른자, 물, 소금을 넣어 반죽을 한 뒤, 30분간 냉장 휴지를 시키고 꺼내어 얇게 펼쳐서 정사각형 몰드로 찍은 뒤, 단호박, 마늘, 양파, 파프리카, 리코타 치즈 다진 것과 소금, 후추로 간을 하여서 반죽 안에 넣고 덮어서 끓는 물에 10분간 삶아서 단호박 라비올리를 만들어 준다.
⑤ 마늘, 양파, 당근, 샐러리를 찹하여 크림치즈를 섞어서 춘권피에 넣어 말아서 180°C 기름에 튀겨 준다.
⑥ 프라이팬이나 냄비에 스트로베리 퓌레, 딸기를 넣어 끓여서 스트로베리 소스를 만들어 준다.
⑦ 안심은 소금, 후추, 로즈메리, 레드 와인으로 마리네이드하여 구워 준다.

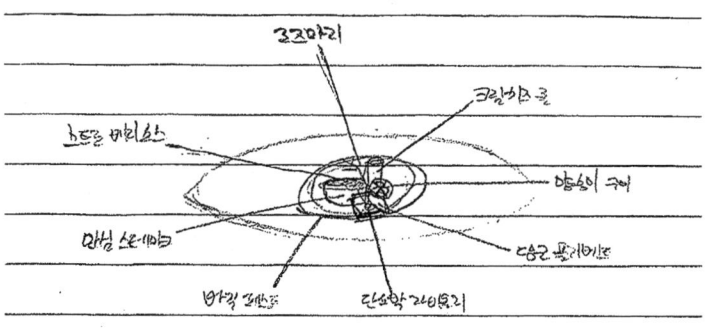

단호박 망고 소스를 곁들인 구운 등심 필렛과 야채 처트니 그리고 드라이징한 야채와 쿠스쿠스

■■── 재료 ──■■

소고기 등심, 단호박, 망고 퓌레, 마늘, 양파, 당근, 애호박, 가지, 감자, 쿠스쿠스, 굴소스, 어린잎 채소, 어린잎 새싹, 로즈메리, 레드 와인, 소금, 후추, 올리브오일

■■■── 만드는 방법 ──■■■

① 감자와 당근은 올리베트 친 뒤, 끓는 물에 데쳐서 감자는 소금 간을 하여서 180°C 오븐에 살짝 구워주고 당근은 설탕물에 글레이징하여 드라이징한 야채를 만들어 준다.
② 쿠스쿠스는 데치고, 마늘은 찹하고, 양파, 당근, 애호박, 가지는 스몰 다이스하여 프라이팬에 오일을 두르고 야채를 볶다가 쿠스쿠스와 굴소스를 넣고 볶아 준다.
③ 단호박을 쪄서 으깬 뒤 망고 퓌레와 소금, 후추, 간을 하여 끓여서 단호박, 망고소스를 만들어 준다.
④ 마늘은 찹하고, 양파, 당근, 애호박, 가지는 스몰 다이스하여 프라이팬에 오일을 두르고 소금, 후추로 간을 하여서 볶아 야채 처트니를 만들어 준다.
⑤ 등심은 정육면체로 썰어서 레드 와인과 로즈메리, 마늘 찹으로 마리네이드한 뒤, 소금, 후추 간을 하여서 프라이팬에 오일을 두르고 소테잉한 뒤 180°C 오븐에 구워서 등심 필렛을 만들어 준다.

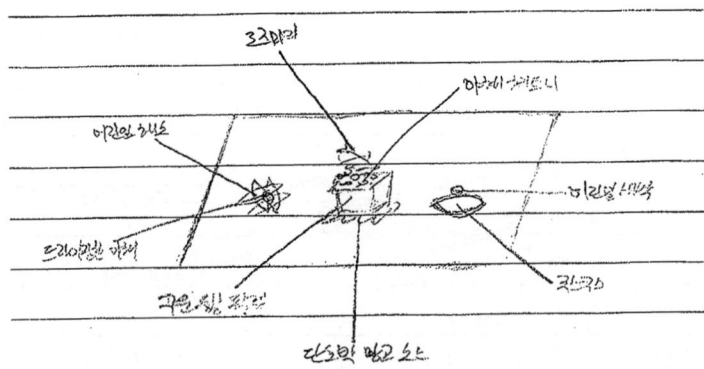

오늘의 양식

브라운소스에 조화를 이룬 채끝 햄버그스테이크와
갈릭 퓌레 그리고 카프레제 샐러드와 크림 마카로니

■■── **재료** ──■■

소고기 채끝살, 등심 뼈, 마늘, 양파, 당근, 샐러리, 레드 와인, 토마토 페이스트, 버터, 땅콩 크림, 토마토홀, 모차렐라 치즈, 바질, 양상추, 발사믹 식초, 꿀, 마카로니, 우유, 휘핑크림, 파슬리 가루, 크레송, 소금, 후추, 올리브오일

■■■── **만드는 방법** ──■■■

① 마늘은 찹하고, 버터, 땅콩크림, 꿀을 넣고 믹싱하여 갈릭 퓌레를 만들어 준다.
② 프라이팬이나 냄비에 발사믹 식초와 꿀을 넣고 끓여서 졸여 발사믹 소스를 만들어 준다.
③ 양상추는 한입 크기로 찢고, 모차렐라 치즈는 슬라이스한 뒤, 토마토홀과 바질, 발사믹 식초를 뿌려서 카프레제 샐러드를 만들어 준다.
④ 마카로니를 넣고, 마늘과 양파는 찹하여서 프라이팬에 오일을 두르고 마늘과 양파 찹을 볶다가 마카로니와 우유, 휘핑크림, 파슬리 가루, 소금, 후추로 간하여서 크림 마카로니를 만들어 준다.
⑤ 냄비에 오일을 두르고 등심 뼈를 먼저 볶고, 양파, 당근, 샐러리 줄리엔한 것을 같이 볶다가 레드 와인과 페이스트를 볶아 물 또는 스톡과 소금, 후추로 간하여서 은근히 끓여 브라운소스를 만들어 준다.
⑥ 채끝살과 마늘, 양파, 당근, 샐러리 찹과 소금, 후추 간을 해 넣어 프라이팬에 구워 준다.

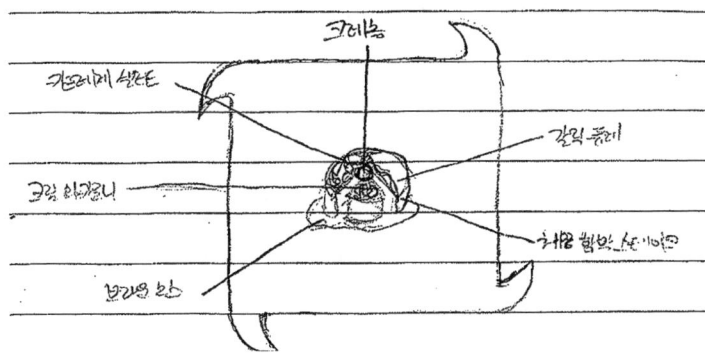

소고기

단호박 & 토마토 등심 라자냐와 크림소스
그리고 드라이징한 방울토마토 & 페페론치노 페스토

■■── 재료 ──■■

소고기 등심, 단호박, 마늘, 양파, 당근, 샐러리, 토마토홀, 월계수잎, 정향, 통후추, 설탕, 피자치즈, 우유, 휘핑크림, 방울 토마토, 바질 가루, 페페론치노, 카망베르 치즈, 베이비 비트잎, 소금, 후추, 올리브오일

■■■── 만드는 방법 ──■■■

① 믹서에 페페론치노, 마늘, 소금, 후추, 올리브오일을 넣고 믹싱하여 페페론치노 페스토를 만들어 준다.
② 방울토마토는 반을 잘라서 설탕과 바질가루를 뿌려서 180°C 오븐에 넣고 구워서 드라이한 방울 토마토를 만들어 준다.
③ 프라이팬에 오일을 두르고 마늘 찹과 양파 칩을 볶다가 우유, 휘핑크림, 월계수잎, 정향, 통후추, 소금, 후추로 간해 끓여서 크림소스를 만들어 준다.
④ 마늘, 양파, 당근, 샐러리를 찹하여서 프라이팬에 오일을 두르고 볶다가 냄비로 옮겨서 물 또는 스톡, 으깬 토마토홀, 월계수잎, 정향, 통후추, 설탕을 넣고 끓여서 토마토소스를 만들어 준다.
⑤ 단호박의 절반은 쪄서 으깨어 소금, 후추, 간을 하고, 나머지 반은 슬라이스해준다. 등심, 마늘, 양파, 당근, 샐러리는 찹하여 소금, 후추로 간을 한 뒤 프라이팬에 오일을 두르고 소테잉하여 으깬 단호박과 섞은 후 슬라이스한 단호박 사이에 등심, 단호박 퓌레와 소스, 피자치즈를 넣고 구워 준다.

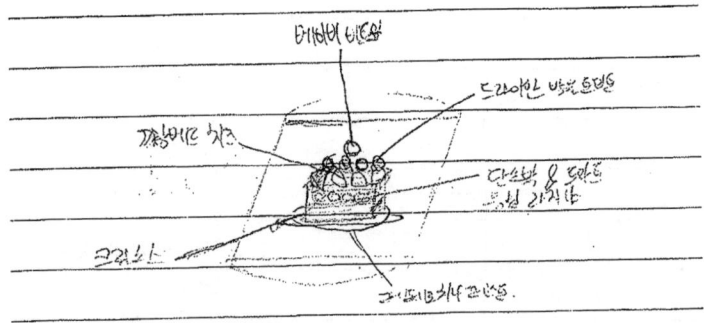

돼지고기

베샤멜소스와 데리야끼 소스를 곁들인 콩피 목심구이와 와인으로 조린 래디시에 곁들여낸 아스파라거스구이

■■── 재료 ──■■

돼지고기 목심, 월계수잎, 정향, 팔각, 소금, 후추, 방울토마토, 감자, 아스파라거스, 버터, 래디시, 설탕, 레드 와인, 밀가루, 휘핑크림, 우유, 물(다시물), 간장, 설탕

■■■── 만드는 방법 ──■■■

① 방울토마토에 (+) 모양으로 칼집을 낸 뒤 데친 다음에 껍질을 살짝 구워서 복주머니 형태가 되게 만든다.
② 감자를 줄리엔하여 튀겨 준다.
③ 래디시를 편 썬 다음 설탕과 레드 와인을 넣어서 조려 준다.
④ 아스파라거스의 절반은 곱게 간 다음 소금, 후추 간하여 버터로 굽는다.
⑤ 버터와 밀가루를 넣어 화이트 루를 볶은 뒤 끓인 우유와 휘핑크림에 볶다가 월계수잎과 정향을 넣고 소금, 후추 간을 약하게 한 다음 끓인다.
⑥ 물 또는 다시물과 간장, 설탕, 가쓰오부시를 넣고 졸여준다.
⑦ 돼지고기 목심을 직사각형 형태로 썬 뒤 100도가 안 되는 기름에 월계수잎, 팔각, 정향을 넣고 10~15분 정도 익힌 뒤 또다시 오븐에 넣고 재가열해 콩피 목심구이를 만든다.
⑧ 완성된 베샤멜소스와 데리야끼 소스를 티스푼으로 사이드에 놓은 뒤 중앙에 아스파라거스, 래디시, 콩피 목심, 감자튀김, 방울토마토를 올려 완성한다.

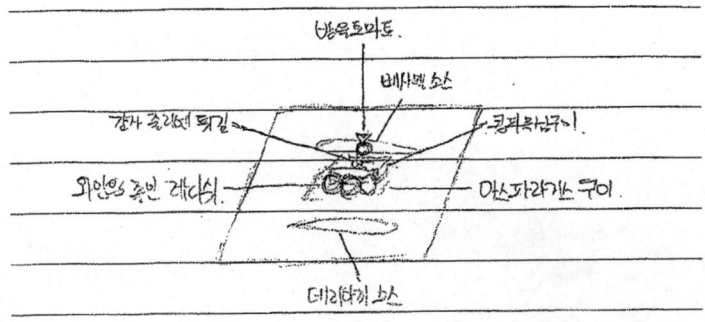

발사믹 소스를 곁들인 삼겹살구이와 단호박 라비올리
그리고 카프레제 샐러드

■■── 재료 ──■■

삼겹살, 로즈메리, 레드 와인, 방울토마토, 모차렐라 치즈, 바질, 밀가루, 계란, 단호박, 양파, 샐러리, 에멘탈 치즈, 버터, 발사믹 식초, 꿀, 청포도 캔, 어린잎 채소, 소금, 후추

■■■── 만드는 방법 ──■■■

① 밀가루와 계란, 소금 간을 하여 라비올리 반죽을 한다.
② 단호박은 씨를 빼내고 정다이스 한 다음에 프라이팬에 버터를 넣고 단호박, 양파, 샐러리를 넣고 볶다가 소금 간 및 에멘탈 치즈를 넣어 준다.
③ 라비올리 반죽에 단호박 속을 넣고 원 형태로 만든 다음에 삶아 준다.
④ 방울토마토는 반달 모양으로 썰고, 모차렐라 치즈는 정사각형으로 자른 뒤에 바질 다진 것과 소금 간으로 카프레제 샐러드를 만들어 준다.
⑤ 프라이팬이나 냄비에 발사믹 식초, 꿀, 청포도를 넣고 끓여 발사믹 소스를 만들어 준다.
⑥ 삼겹살을 레드 와인과 로즈메리로 마리네이드해 놓은 뒤 호일을 싸서 오븐에서 사방면으로 10분씩 구워 준다.
⑦ 삼겹살을 살룸을 한 뒤 중앙에 놓고 발사믹 소스를 위에 끼얹은 뒤 어린잎 채소를 올리고 사이드에 카프레제 샐러드와 단호박 라비올리를 각각 접시 위에 올려 완성시킨다.

돼지고기

브라운소스에 글레이징한 항정살과 야채볶음, 그리고 버섯 크림소스

■■—— 재료 ——■■

항정살, 소고기 뼈, 감자, 당근, 애호박, 느타리버섯, 양송이버섯, 새송이버섯, 우유, 휘핑크림, 로즈메리, 양파, 샐러리, 월계수잎, 통후추, 정향, 페이스트, 레드 와인, 소금, 후추, 올리브오일

■■■—— 만드는 방법 ——■■■

① 감자, 당근, 애호박을 원 모양으로 다듬은 뒤 감자, 당근은 살짝 데치고, 프라이팬에 버터를 두른 뒤, 손질된 감자, 당근, 애호박을 넣고 소금 간을 하여 볶아 준다.
② 냄비에 오일을 두르고, 소뼈를 볶다가 물을 넣어 육수를 내 준다.
③ 항정살을 레드 와인과 로즈메리로 마리네이드를 한 뒤 양파, 당근, 샐러리를 줄리엔하여 프라이팬에 오일을 두르고 볶다가 레드 와인과 페이스트를 넣어 다시 볶은 뒤 끓인 육수와 소금, 후추를 넣고 브라운소스를 끓여 마리네이드한 항정살을 넣어 은근히 익혀 준다.
④ 느타리버섯, 새송이버섯, 양송이버섯을 적당한 크기로 썬 뒤 프라이팬에 오일을 두르고 볶다가 우유, 휘핑크림, 소금, 후추 간을 하여 버섯 크림소스를 완성해 준다.
⑤ 중앙에 브라운소스에 글레이징한 항정살을 놓고 로즈메리를 얹은 뒤 사이드에 야채볶음과 버섯 크림소스를 볼에 담아 완성시켜 준다.

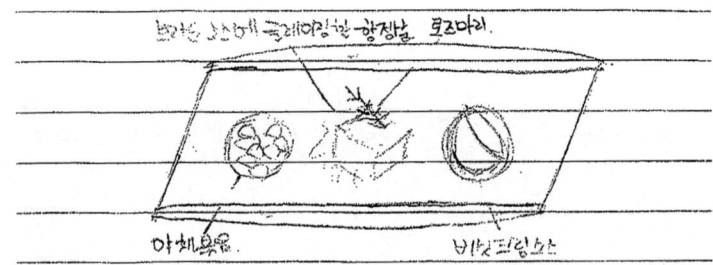

고르곤졸라 돈가스와 야채 필라프 & 가든 샐러드 그리고 사과폰당

■■── **재료** ──■■

돼지고기 등심, 밀가루, 계란, 빵가루, 피자치즈, 고르곤졸라 치즈, 호두, 땅콩, 사과, 꿀, 마늘종, 양파, 마늘, 당근, 피망, 설익은 밥, 굴소스, 양상추, 사과, 오렌지, 방울토마토, 플레인 요구르트, 요플레, 소금, 후추, 올리브오일, 식용유

■■── **만드는 방법** ──■■

① 사과로 정육면체로 썰어서 믹서에 꿀과 혼합하여 사과폰당을 만들어 준다.
② 사과, 오렌지, 방울토마토는 작게 정육면체로 썰고, 양상추는 적당한 크기로 찢어서 플레인 요구르트와 요플레를 같이 혼합하여 가든 샐러드를 만든다.
③ 마늘과 양파는 찹하고, 당근, 피망은 정다이스하며 마늘종은 송송 썰어서 중식 팬에 올리브오일을 두르고 마늘 찹을 넣고 향을 내준 뒤 손질된 야채를 넣고 볶다가 밥과 굴소스를 넣어 다시 볶아서 필라프를 완성해 준다.
④ 돼지고기 등심을 포 떠서 소금, 후추, 간을 한 뒤 밀가루, 계란, 빵가루를 묻혀 옅은 황색이 되게 튀겨 준다.
⑤ 튀긴 돈가스 위에 피자치즈와 고르곤졸라 치즈, 호두, 땅콩을 올려서 오븐에 넣어 옅은 황색이 되게 구워 준다.
⑥ 고르곤졸라 돈가스를 놓고 사이드에 폰당, 필라프, 샐러드를 놓아 완성한다.

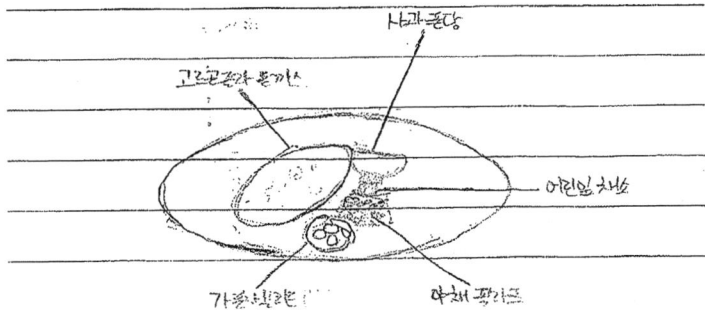

돼지고기

라즈베리 소스를 곁들인 안심스테이크와 구운 마늘 & 매시트포테이토 그리고 만다린 샐러드와 구운 방울토마토

■■── 재료 ──■■

돼지고기 안심, 라즈베리 퓌레, 방울토마토, 바질, 발사믹 식초, 굴, 새우, 양상추, 감자, 생크림, 파슬리 가루, 어린잎 채소, 소금, 후추, 올리브오일

■■■── 만드는 방법 ──■■■

① 새우를 머리와 냉장을 제거한 뒤 소금, 후추 간하여 튀겨 준다.
② 양상추는 먹기 좋은 크기로 뜯고 굴은 믹서로 갈아서 튀긴 새우와 함께 만다린 샐러드를 만든다.
③ 방울토마토는 반으로 잘라 프라이팬에 오일을 두르고, 바질과 발사믹 식초를 넣어 볶아 준다.
④ 통마늘을 껍질째 반으로 잘라서 오븐에 구워주고 감자는 삶아서 으깬 뒤 생크림, 파슬리 가루, 소금, 후추 간을 하여 오븐 팬에 소프트아이스크림 모양으로 짠 뒤 오븐에 구워 준다.
⑤ 라즈베리 퓌레를 냄비에 졸여서 라즈베리 소스를 완성한다.
⑥ 돼지고기 안심에 칼집을 굵게 낸 뒤 소금, 후추 간을 하여 그릴에 구워 준다.
⑦ 중앙에 안심스테이크를 놓고 밑에 라즈베리 소스를 깔아 준 뒤 사이드에 구운 마늘 & 매시트포테이토, 만다린 샐러드, 방울토마토를 놓고 마지막으로 스테이크 위에 어린잎 채소를 올려 완성한다.

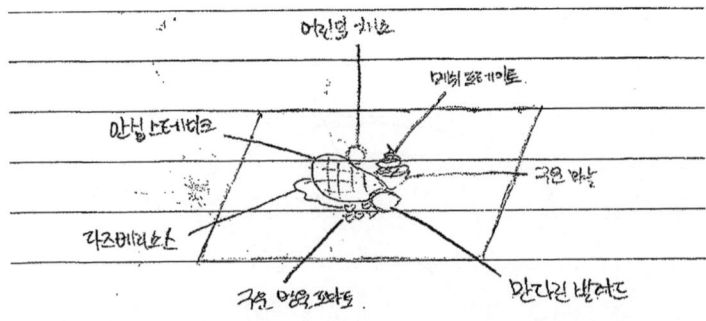

오늘의 양식

단호박 크림 퓌레를 곁들이고 카타이피면으로 감싼 돼지고기 고르곤졸라롤과 발사믹 소스가 들어간 어린잎 샐러드

■■── 재료 ──■■

돼지고기 안심, 감자, 호두, 땅콩, 고르곤졸라 치즈, 카타이피면, 단호박, 휘핑크림, 어린잎 채소, 방울토마토, 발사믹 식초, 로즈메리, 소금, 후추, 꿀, 식용유

■■■── 만드는 방법 ──■■■

① 어린잎 채소와 방울토마토 그리고 귤을 미장 플레스해준다.
② 냄비에 발사믹 식초와 꿀을 넣어 졸여준다.
③ 감자와 단호박은 쪄서 으깨어 준다.
④ 으깬 단호박과 휘핑크림, 소금, 후추를 넣어 믹싱하여 단호박 크림 퓌레를 만들어 준다.
⑤ 돼지고기 안심을 펼쳐서 소금, 후추를 한 뒤 으깬 감자와 호두, 땅콩, 고르곤졸라 치즈를 섞어서 돼지고기 안에 넣은 뒤 롤로 말아서 카타이피면으로 한 번 더 감싸 준 뒤 180°C 기름에서 튀겨 준다.
⑥ 중앙에 단호박 크림 퓌레를 깔아 준 뒤 튀긴 카타이피면으로 감싼 돼지고기 고르곤졸라롤을 올리고 사이드에 어린잎 채소, 방울토마토, 귤, 발사믹 식초를 가니시로 장식하여 마무리해 준다.

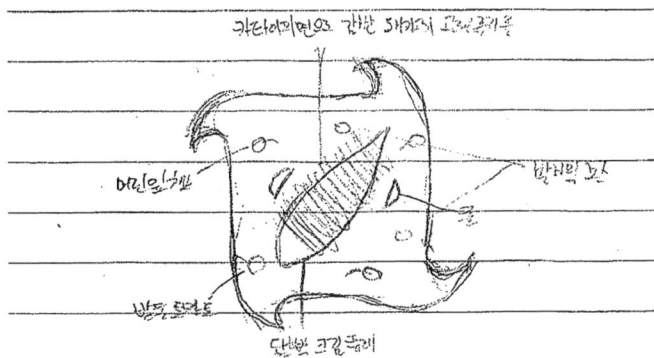

돼지고기

상하이식 갈비찜 리소토와 갈비구이
그리고 사프란 페스토를 곁들인 사과 빠찌엔느 & 마늘 바게트

■■── 재료 ──■■

돼지갈비, 감자, 당근, 애호박, 청경채, 페페론치노, 굴소스, 마늘, 양파, 숙주, 바게트, 버터, 파슬리 가루, 사과, 사프란, 잣, 올리브유, 고추기름, 쌀, 어린잎 채소, 소금, 통후추

■■■── 만드는 방법 ──■■■

① 냄비에 쌀과 물을 넣어 6~8분 정도 끓여 꼬들하게 해준다.
② 사프란과 잣, 올리브유를 믹서에 갈아서 올리브유를 조금 더 섞어 사프란 페스토를 만들어 준다.
③ 사과는 채 썰어서 180°C 온도의 튀김솥에서 둥근 공처럼 만들어서 튀겨 사과 빠찌엔느를 만들어 준다.
④ 마늘을 찹하여 버터와 파슬리를 섞어 바게트에 묻혀서 마늘 바게트를 만든 뒤 180°C 온도의 오븐에서 2~3분가량 구워 준다.
⑤ 감자와 당근, 애호박은 편을 썰고 마늘과 양파는 찹을 하고 갈비 부분을 손질하여 하나는 뼈를 자르고 또 하나는 뼈를 살려준다.
⑥ 프라이팬에 고추기름과 손질한 야채들 및 갈비와 페페론치노를 넣어 볶다가 꼬들한 밥과 굴소스 그리고 야채스톡을 놓고 간을 하여 상하이식 갈비찜을 완성하고 뼈 있는 갈비는 마늘과 양파, 굴소스를 넣어 석쇠에서 구워 준다.
⑦ 중앙에 리소토와 갈비구이 그리고 어린잎 채소를 올리고 사이드에 사프란 페스토와 바게트 그리고 사과 빠찌엔느를 얹어 완성해 준다.

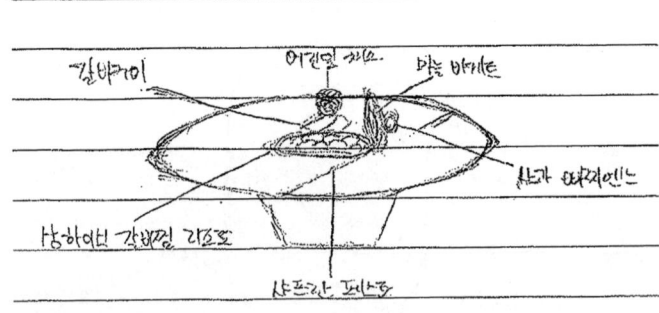

오늘의 양식

블루베리 소스에 어우러진 포크 등심스테이크와 마카로니 샐러드 그리고 레드 와인으로 조린 당근 올리베트

■■── 재료 ──■■

돼지고기 등심, 레몬, 파슬리, 블루베리, 마늘, 꿀, 레몬주스, 당근, 브로콜리, 마카로니, 감자, 로즈메리, 마요네즈, 설탕, 식초, 레드 와인, 소금, 후추, 올리브오일

■■■── 만드는 방법 ──■■■

① 감자는 작은 주사위 모양으로 썰고, 당근은 올리베트를 친 뒤, 익을 정도로 살짝씩 데치고, 마카로니와 브로콜리는 삶아 준다.
② 데친 감자와 삶은 마카로니는 마요네즈와 설탕, 식초를 넣고 소금, 후추로 간을 하여 마카로니 샐러드를 만들어 준다.
③ 블루베리는 레몬주스를 첨가해 블루베리 소스를 만들어 준다.
④ 데친 당근 올리베트는 레드 와인, 꿀, 식초를 냄비에 넣은 후 조려준다.
⑤ 돼지고기 등심은 소금, 후추 간을 하여 프라이팬에 올리브오일을 두르고 익혀준 뒤 마늘, 꿀, 파슬리, 레몬 다진 것을 넣어 섞은 뒤 돼지고기 등심 한 면만을 얇게 발라준다.
⑥ 중앙에 등심스테이크를 놓고 블루베리 소스를 반만 뿌린 뒤 사이드에 마카로니 샐러드, 브로콜리, 당근 올리베트를 놓고 로즈메리로 마무리해 준다.

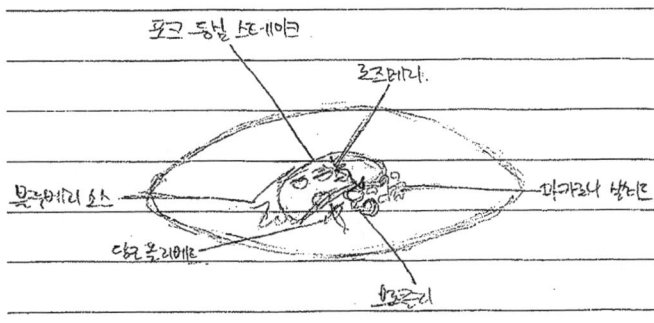

돼지고기

페페론치노 칠리소스를 곁들인 단호박 삼겹살 라자냐와 플레인 드레싱을 곁들인 바게트 과일 샐러드

■■──── 재료 ────■■

삼겹살, 단호박, 로즈메리, 레드 와인, 피자치즈, 가지, 페페론치노, 청포도 캔, 칠리소스, 케첩, 설탕, 마늘, 바게트, 사과, 배, 감, 비트, 당근, 파슬리, 호두, 건포도, 버터, 어린잎 채소, 플레인 요구르트, 전분, 소금, 후추, 올리브오일

■■■──── 만드는 방법 ────■■■

① 볼에 마늘과 버터를 섞고, 바게트는 주사위 모양으로 자른 뒤 마늘, 버터를 묻혀서 프라이팬에 올리브오일을 두르고 튀겨 준다.
② 가지는 길쭉하게 편으로 썰어 소금 간을 약하게 한 뒤 프라이팬에 올리브오일을 두르고 튀겨 준다.
③ 사과, 배, 감, 비트, 당근은 얇게 편 썰어 원형 몰더에 찍고 호두와 건포도는 180°C 오븐에 살짝 구워 쓴맛을 빼고 단맛을 증진시켜 준다. 준비가 끝나면 플레인 요구르트와 청포도 캔을 넣어 플레인 드레싱을 만들어 바게트와 과일을 섞어 바게트 과일 샐러드를 만들어 준다.
④ 프라이팬에 올리브오일을 두르고 마늘과 페페론치노를 볶은 뒤 칠리소스와 케첩 그리고 설탕을 넣어 페페론치노 칠리소스를 만들어 준다.
⑤ 단호박은 삶아서 으깨고 삼겹살은 소금, 후추, 레드 와인, 로즈메리로 마리네이드하여서 프라이팬에 살짝 익힌 뒤 층층이 단호박과 피자치즈를 넣어 단호박 삼겹살 라자냐를 만든다.
⑥ 소스를 중앙에 깔고 단호박 삼겹살 라자냐를 올린 뒤 옆쪽 라인에 바게트 과일 샐러드를 놓고 가지튀각을 올린 뒤 어린잎 채소로 마무리한다.

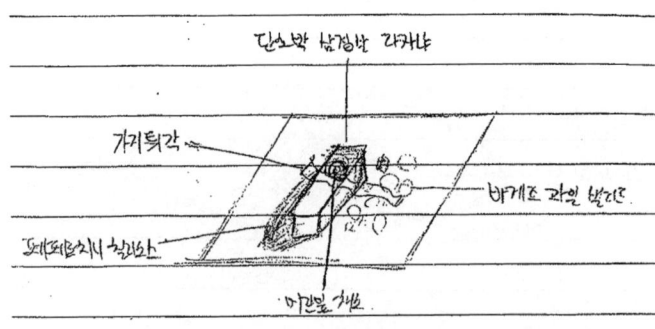

오늘의 양식

커리 소스에 어우러진 목심구이와 토르티야에 담긴 리소토 그라탱 그리고 오리엔탈 드레싱 & 릭 샐러드

■■── 재료 ──■■

돼지고기 목심, 커리 가루, 커민씨, 마늘, 양파, 당근, 샐러리, 토르티야, 토마토홀, 월계수잎, 정향, 쌀, 버터, 파프리카, 표고버섯, 릭, 레몬주스, 올리브, 설탕, 발사믹 식초, 참깨, 피자치즈, 어린잎 채소, 소금, 후추, 올리브오일

■■■── 만드는 방법 ──■■■

① 발사믹 식초, 참깨, 올리브오일을 섞어서 오리엔탈 드레싱을 만든다.
② 릭을 채 썰어서 레몬주스와 설탕을 넣어 버무려 릭 샐러드를 만들어 준다.
③ 쌀은 냄비나 밥솥으로 꼬들한 밥을 짓고 양파, 당근, 샐러리는 다져서 프라이팬에 볶다가 냄비에 넣어 토마토홀 으깬 것과 물 또는 야채스톡과 월계수잎, 정향, 통후추, 설탕을 넣어서 토마토소스를 만들어 준다.
④ 토르티야는 튀김솥에서 국자를 넣어 눌러주고 마늘, 양파는 찹을 하고 파프리카와 표고버섯은 채썰어서 프라이팬에 올리브오일을 두르고 볶은 뒤 꼬들한 밥과 물 또는 야채스톡, 토마토소스를 넣고 소금, 후추 간을 하여 리소토를 만들어 토르티야 그릇에 담아 피자치즈와 올리브를 위에 곁들여 180°C 오븐에서 5분 30초간 구워 준다.
⑤ 마늘, 양파, 당근, 샐러리는 채를 쳐서 목심에 소금, 후추 간을 하여 야채와 커리 가루, 커민씨를 부려서 호일에 싼 뒤 180°C 온도에서 40분간 구워서 토르티야 그라탕 옆에 두고 샐러드, 드레싱, 어린잎으로 마무리한다.

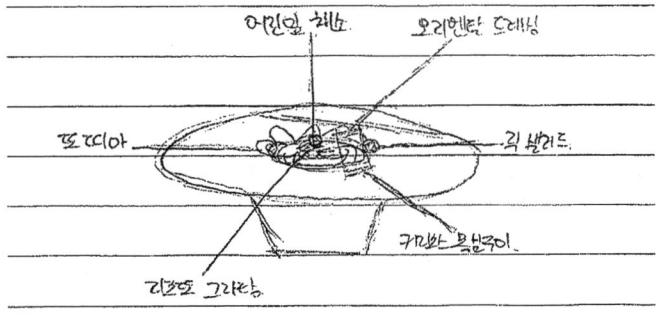

돼지고기

단호박 치즈 등심롤과 고구마 크림소스, 감자 뇨끼 그리고 사과 샐러드

■■─── **재료** ───■■

돼지고기 등심, 단호박, 스트링 치즈, 로즈메리, 고구마, 우유, 휘핑크림, 가지, 감자, 밀가루, 계란, 사과, 호두, 건포도, 마요네즈, 설탕, 레몬주스, 전분, 빵가루, 파슬리 가루, 어린잎 채소, 소금, 후추, 올리브오일

■■■─── **만드는 방법** ───■■■

① 사과는 작은 주사위 모양으로 썰고 호두와 건포도는 오븐에 살짝 구웠다 식혀서 설탕과 레몬주스에 버무려 사과 샐러드를 만들어 준다.
② 감자는 쪄서 껍질을 벗긴 뒤 으깨어서 밀가루, 계란을 넣어 반죽을 한 뒤 소금, 후추 간을 하고 원하는 모양으로 빚어서 끓는 물에 삶아서 식힌 뒤 마요네즈, 소금, 후추, 파슬리 가루를 넣어서 감자 뇨끼를 만들어 준다.
③ 가지는 길쭉하게 편을 썰어서 소금, 후추 간을 한 뒤 전분 가루를 묻혀서 튀겨 준다.
④ 고구마는 우유를 넣고 믹서에 갈아서 냄비에 넣은 뒤 휘핑크림으로 농도를 맞춰서 끓인 뒤 체에 한 번 걸러서 고구마 크림소스를 만들어 준다.
⑤ 단호박은 쪄서 껍질을 벗긴 후 으깨고 등심은 펼쳐서 소금, 후추, 로즈메리 간을 하여 단호박을 깔고 스트링 치즈를 넣어서 만 뒤 밀가루, 계란, 빵가루를 묻혀서 튀겨 준다.
⑥ 중앙에 뇨끼를 깔고 등심롤, 소스, 샐러드, 튀김, 어린잎 채소로 마무리해 준다.

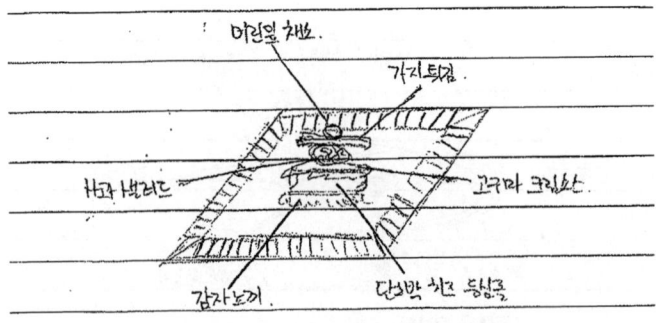

로즈메리 브라운 소스로 글레이징한 삼겹살구이와 고구마 마스카르포네 퓨레 그리고 토마토 파스타 & 오렌지 제스트

■■── 재료 ──■■

삼겹살, 로즈메리, 레드 와인, 양파, 당근, 샐러리, 월계수잎, 통후추, 정향, 페이스트, 토마토홀, 마늘, 펜네, 오렌지, 설탕, 고구마, 마스카르포네 치즈, 어린잎 채소, 가지, 애호박, 파프리카, 소금, 후추, 올리브오일

■■■── 만드는 방법 ──■■■

① 오렌지는 껍질만 얇게 포를 떠 채를 썬 후 프라이팬에 설탕을 묻혀서 오렌지 제스트를 만들어 준다.
② 고구마는 쪄서 마스카르포네 치즈와 같이 섞어서 소금, 후추 간을 하여 고구마 마스카르포네 퓨레를 만들어 준다.
③ 양파, 당근, 샐러리는 다져서 프라이팬에 볶다가 냄비에 넣어 토마토홀 으깬 것과 물 또는 야채스톡과 월계수잎, 정향, 통후추, 설탕을 넣어서 토마토소스를 만들어 준다.
④ 프라이팬에 올리브오일을 두르고 마늘, 양파, 파프리카, 애호박, 가지를 넣고 볶다가 삶은 펜네와 물 또는 스톡 그리고 토마토소스를 넣고 소금 후추 간을 하여 토마토 파스타를 만들어 준다.
⑤ 삼겹살을 레드 와인과 로즈메리로 마리네이드한 뒤 페이스트를 볶다가 마늘, 양파, 당근, 샐러리를 넣고 브라운 스톡과 월계수잎, 정향, 통후추를 넣고 글레이징해 180°C 오븐에 살짝 구워 준다.
⑥ 삼겹살 구이, 퓨레, 파스타, 제스트를 올리고 어린잎 채소로 장식해 마무리한다.

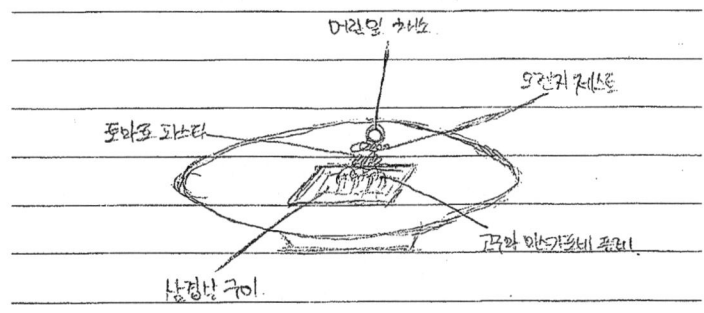

돼지고기

사프란 페스토와 커리향을 입힌 목심과 매운 목심 토마토 리소토 그리고 마 & 치즈 생크림과 연근 튀김

■■── 재료 ──■■

돼지고기 목심, 페페론치노, 마늘, 양파, 당근, 샐러리, 토마토홀, 로즈메리, 월계수잎, 정향, 통후추, 쌀, 양송이버섯, 파프리카, 사프란, 잣, 연근, 마, 고다 치즈, 생크림, 커리 가루, 소금, 후추, 올리브오일

■■■── 만드는 방법 ──■■■

① 마와 고다 치즈를 믹서에 갈아서 생크림과 함께 섞어서 마 & 치즈 생크림을 만들어 준다.
② 사프란과 잣, 올리브오일, 소금, 후추 약간을 믹서에 믹싱하여 사프란 제스트를 만든다.
③ 연근은 껍질을 벗긴 뒤 표면이 나오게 잘라서 180℃의 기름솥에서 살짝 튀겨 준다.
④ 쌀은 냄비나 밥솥으로 꼬들한 밥을 짓고, 마늘, 양파, 당근, 샐러리는 다져서 프라이팬에 볶다가 냄비에 넣어 토마토홀 으깬 것과 물 또는 야채스톡과 월계수잎, 정향, 통후추, 설탕을 넣어서 토마토소스를 만들어 준다.
⑤ 목심을 두 가지 종류로 손질하여서 로즈메리, 커리 가루로 마리네이드한 뒤 프라이팬에 올리브오일을 두르고 페페론치노를 넣어 두 종류를 볶아 소금, 후추 간을 하여 큰 덩어리는 건지고, 나머지는 양송이, 파프리카와 토마토소스, 스톡, 밥을 넣고 리소토를 만들어 마무리해 준다.

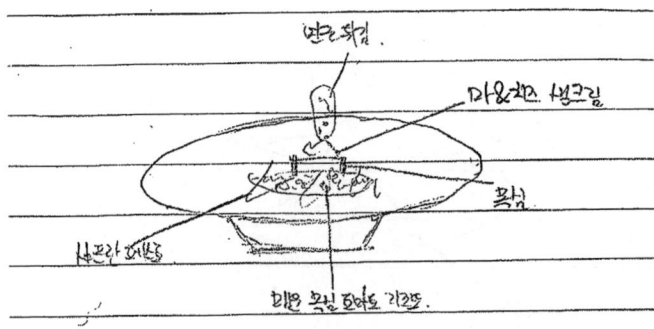

오늘의 양식

고구마 치즈를 곁들여낸 데리야끼 목심구이와
발사믹 드레싱을 이용한 비타민 샐러드 그리고 마르게리따롤

■■── 재료 ──■■

돼지고기 목심, 로즈메리, 고구마, 피자치즈, 간장, 설탕, 다시마, 새싹, 계피, 비타민, 치커리, 발사믹 식초, 올리브오일, 토르티야, 토마토홀, 바질, 마늘, 양파, 당근, 샐러리, 월계수잎, 통후추, 정향, 토마토, 모차렐라, 소금, 후추

■■■── 만드는 방법 ──■■■

① 비타민과 치커리를 볼에 담아 발사믹 식초, 올리브오일, 소금, 후추 약간씩을 넣어 비타민 샐러드를 만들어 준다.
② 마늘, 양파, 당근, 샐러리는 다져서 프라이팬에 볶다가 냄비에 넣어 토마토홀 으깬 것과 물 또는 야채스톡과 월계수잎, 정향, 통후추, 설탕, 소금을 넣어서 토마토소스를 만들어 준다.
③ 또띠아에 토마토소스를 바른 뒤 바질, 토마토, 모차렐라 치즈, 피자치즈를 넣어서 둥글게 말아 180°C 온도의 오븐에서 6분간 구워 준다.
④ 물, 간장, 설탕, 다시마, 계피를 넣어서 걸쭉할 때까지 끓여서 데리야끼 소스를 만들어 준다.
⑤ 고구마는 쪄낸 다음 으깨어 주고 목심은 두껍게 편 썰어 소금, 후추, 목심을 익히고 고구마와 피자치즈를 덮어 180°C 오븐에 5분 정도 구워 준다.
⑥ 중앙에 목심을 담고 사이드에 샐러드와 피자를 놓아 마무리해 준다.

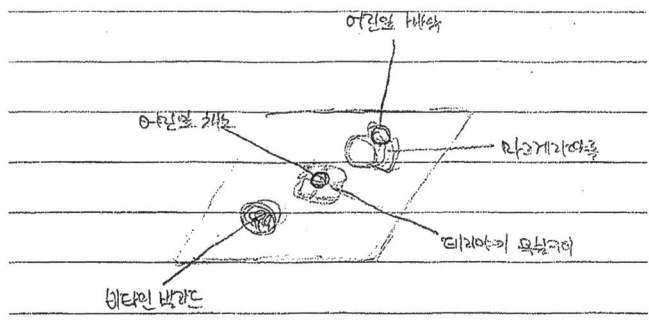

돼지고기

등심 타코야끼 크림 스파게티를 곁들인
베이컨 감자 스테이크와 토마토 처트니

■■── 재료 ──■■

돼지고기 등심, 마요네즈, 가쓰오부시, 마늘, 우유, 휘핑크림, 양파, 가지, 애호박, 팽이버섯, 베이컨, 감자, 밀가루, 계란, 빵가루, 오일, 방울토마토, 바질, 레몬주스, 설탕, 스파게티면, 어린잎 채소, 소금, 후추

■■■── 만드는 방법 ──■■■

① 방울토마토를 ½ 또는 ¼ 로 잘라서 바질, 레몬주스, 설탕을 넣어서 섞은 뒤 토마토 처트니를 만들어 준다.
② 감자는 삶아서 으깨어 주고, 베이컨은 프라이팬에 살짝 볶아 기름을 빼주어 으깬 감자와 마요네즈, 소금, 후추 약간을 넣어 스테이크 형태로 만든 뒤 밀가루, 계란, 빵가루를 묻혀서 180°C 기름에 튀겨 베이컨 감자 스테이크를 만들어 준다.
③ 돼지고기 등심과 마늘을 다져서 마요네즈와 가쓰오부시를 넣어 소금, 후추 간을 약하게 하여 등심 타코야끼를 만들어 준다.
④ 냄비에 스파게티면은 6분간 삶아주고 프라이팬에 올리브오일을 두른 뒤 등심 타코야끼와 양파, 가지, 애호박 채썬 것과 팽이버섯을 같이 넣어서 볶다가 스파게티면과 우유, 휘핑크림, 소금, 후추 간을 약하게 하여 등심 타코야끼 소스를 만들어 준다.
⑤ 스파게티면을 깐 뒤 스테이크와 토마토 처트니를 올리고 마지막으로 어린잎 채소로 마무리해 준다.

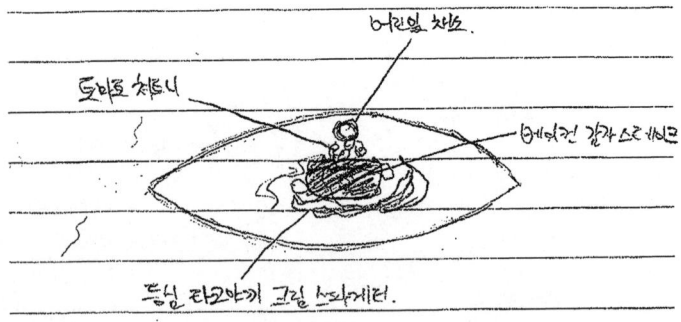

오늘의 양식

토마토 크림소스로 글레이징한 삼겹살 로쏘와 감자 빠찌엔느 그리고 단호박 파이 & 바질 토마토

■■ ── 재료 ── ■■

삼겹살, 마늘, 양파, 당근, 샐러리, 토마토홀, 월계수잎, 정향, 통후추, 페페론치노, 우유, 휘핑크림, 파슬리 가루, 감자, 바질, 방울토마토, 단호박, 밀가루, 소금, 버터, 발사믹 식초, 어린잎 채소, 소금, 후추

■■■ ── 만드는 방법 ── ■■■

① 마늘, 양파, 당근, 샐러리는 다져서 프라이팬에 볶다가 냄비에 넣어 토마토홀 으깬 것과 물 또는 야채스톡, 월계수잎, 정향, 통후추, 설탕, 소금을 넣어서 은근히 끓여 토마토 소스를 만들어 우유와 휘핑크림을 섞어 한 번 더 끓여 토마토 크림소스를 만들어 준다.
② 감자는 얇게 채를 썰어 기름에 튀겨 감자 빠찌엔느를 만들어 준다.
③ 버터를 녹인 뒤 밀가루와 소금을 넣어 되직하게 반죽하여 파이를 만들어 냉장고에 1시간 휴지시켜주고 단호박은 얇게 편을 썰어 계피에 한 번 볶은 뒤 파이 반죽 위에 올려 180℃ 오븐에 10분간 구워 단호박 파이를 만들어 준다.
④ 프라이팬에 올리브오일을 두르고 바질을 넣은 뒤 발사믹 식초, 소금, 후추 약간씩을 넣어 바질 방울토마토를 만들어 준다.
⑤ 냄비에 페페론치노와 삼겹살을 넣어 겉만 익힌 뒤 토마토 소스와 바질을 넣고 15분간 글레이징하여준다.
⑥ 중앙에 소스, 삼겹살, 감자, 단호박, 방울토마토 순으로 마무리해 준다.

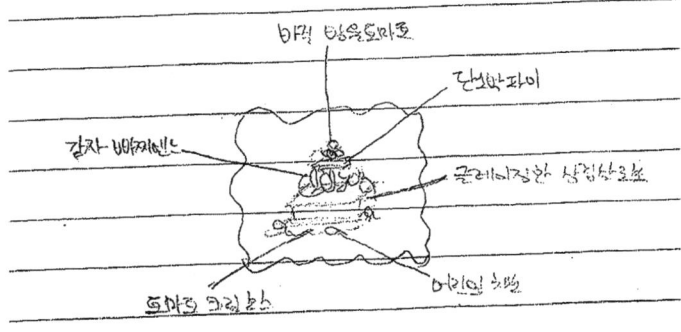

돼지고기

등심 햄버그스테이크와 플레인 마요네즈 소스
그리고 야채 처트니 & 연근 샐러드

■■—— 재료 ——■■

돼지고기 등심, 플레인 요구르트, 가쓰오부시, 간장, 설탕, 마요네즈, 마늘, 양파, 당근, 샐러리, 단호박, 가지, 애호박, 파프리카, 토마토 페이스트, 방울토마토, 비타민, 어린잎 채소, 연근, 레몬주스, 올리브오일, 소금, 후추

■■—— 만드는 방법 ——■■

① 방울토마토를 (+) 모양으로 칼집을 낸 뒤 데친 다음에 껍질을 살짝 구워서 복주머니 형태가 되게 만든다.
② 물과 간장, 설탕, 가쓰오부시를 넣고 걸쭉하게 끓인 뒤 마요네즈, 플레인 요구르트와 함께 섞어서 플레인 마요네즈 소스를 만들어 준다.
③ 연근을 길다란 면으로 썰어서 둥글게 만 뒤 180°C 기름에 튀겨 준다.
④ 어린잎 채소, 레몬주스, 설탕, 소금, 후추, 올리브오일 약간씩을 넣어 샐러드를 만든 뒤 연근을 넣어 연근 샐러드를 만들어 준다.
⑤ 마늘, 양파, 가지, 애호박, 파프리카를 볶음용으로 썰어서 냄비에 토마토 페이스트를 볶다가 갖은 야채를 넣고 소금, 후추 간을 약하게 하여 한 번 더 볶아 야채 처트니를 만들어 준다.
⑥ 등심과 마늘, 양파, 당근, 샐러리, 단호박을 다져서 간장, 설탕, 소금, 후추를 하여 믹싱한 뒤 프라이팬에 올리브오일을 두르고 살짝 표면만 구워준 뒤 180°C 오븐에서 5분간 더 구워 햄버그스테이크를 마무리해 준다.

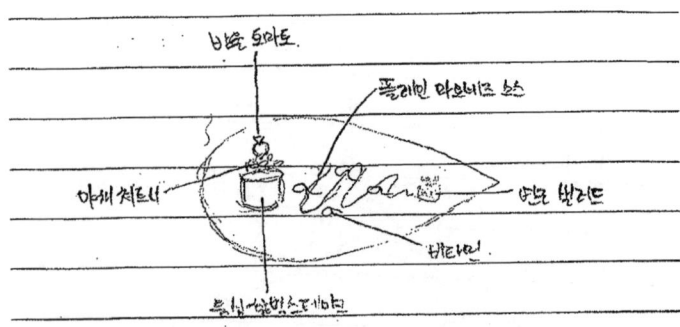

오늘의 양식

사프란 된장 소스에 어우러진 목심구이와 파프리카 볶음 그리고 야채 쿠스쿠스

■■ ── 재료 ── ■■

돼지고기 목심, 사프란, 된장, 레몬주스, 설탕, 마늘, 양파, 방울토마토, 바질,
빨강 파프리카, 초록 파프리카, 노랑 파프리카, 발사믹 식초, 쿠스쿠스, 양파, 당근, 가지,
실파, 어린잎 채소, 소금, 후추, 올리브오일

■■■ ── 만드는 방법 ── ■■■

① 믹서에 사프란, 된장, 레몬주스, 설탕, 마늘, 양파를 넣어 믹싱하여 사프란 된장소스를 만든다.
② 프라이팬에 방울토마토와 빨강·초록·노랑 파프리카 손질한 것과 발사믹 식초, 바질을 넣어서 볶아 파프리카 볶음을 만들어 준다.
③ 쿠스쿠스는 찜기에서 10~15분간 찌고 마늘, 양파, 당근, 가지, 실파는 다져서 프라이팬에 올리브오일을 두르고 쿠스쿠스와 손질한 볶음용 야채를 넣고 소금, 후추 간을 약하게 하여 볶아서 야채 쿠스쿠스를 만들어 준다.
④ 프라이팬에 올리브오일을 두르고 센 불에서 목심 전면을 다 구워준 뒤 소금, 후추 간을 약하게 하여 180℃ 오븐에서 15~20분간 더 구워 목심구이를 만들어 준다.
⑤ 사프란 된장소스를 깔고 목심구이를 올린 뒤 어린잎 채소를 올리고 사이드에 파프리카 볶음과 야채 쿠스쿠스를 놓아 마무리해 준다.

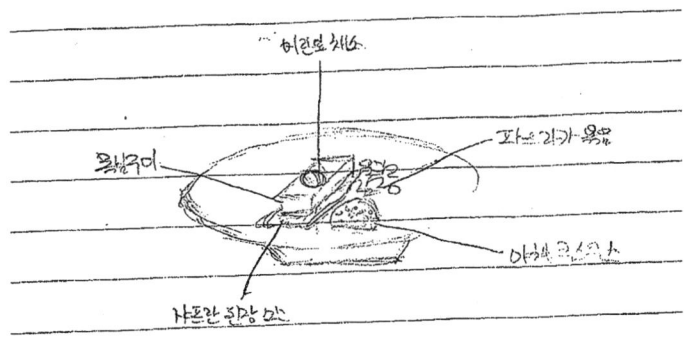

돼지고기

청포도 소스에 어우러진 등심구이와 그린빈 감귤 샐러드
그리고 레드 와인으로 조린 람부탄

■■── 재료 ──■■

돼지고기 등심, 청포도 캔, 레몬, 화이트 와인, 마늘, 양파, 그린빈, 감귤, 레몬주스, 마요네즈, 파슬리 가루, 레드 와인, 꿀, 람부탄, 어린잎 채소, 어린잎 새싹, 소금, 후추, 올리브오일

■■■── 만드는 방법 ──■■■

① 그린빈은 삶아서 마요네즈, 레몬주스, 감귤, 파슬리 가루를 넣어서 섞어 소금, 후추 간을 약하게 한 뒤 그린빈 감귤 샐러드를 만들어 준다.
② 람부탄은 껍질을 까서 프라이팬에 넣고 레드 와인과 꿀을 넣어 졸여서 레드 와인으로 졸인 람부탄을 만들어 준다.
③ 프라이팬에 올리브오일을 두르고, 마늘과, 양파에 소금, 후추 간을 약하게 하여 구워서 양파, 마늘 구이를 만들어 준다.
④ 프라이팬에 올리브오일을 두르고 센불에서 목심 전면을 다 구워준 뒤 소금, 후추 간을 약하게 하여 180°C 오븐에서 15~20분간 더 구워 등심구이를 만들어 준다.
⑤ 프라이팬에 남은 등심 육즙에 청포도 캔의 건더기와 국물, 레몬, 화이트 와인을 넣어서 청포도 소스를 만들어 준다.
⑥ 왼쪽에 양파, 마늘, 등심구이, 소스를 뿌리고 중앙에 샐러드 그리고 오른쪽에 람부탄 졸인 것을 놓아 마무리해 준다.

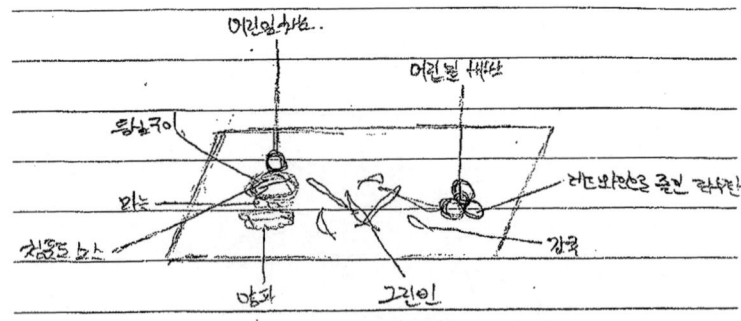

버섯 등심 도리아롤과 단호박 치즈 돈가스롤
그리고 카프레제 샐러드 & 커리 페스토

■■── **재료** ──■■

돼지고기 등심, 표고버섯, 양송이버섯, 마늘, 양파, 당근, 애호박, 가지, 쌀, 굴소스, 커리, 잣, 올리브오일, 단호박, 스트링 치즈, 밀가루, 계란, 빵가루, 토마토, 모차렐라 치즈, 발사믹 식초, 꿀, 어린잎 채소, 소금, 후추

■■■── **만드는 방법** ──■■■

① 믹서에 커리 가루와 잣, 올리브오일, 마늘, 소금, 후추 약간씩을 섞어 갈아서 커리 페스토를 만들어 준다.
② 모차렐라 치즈와 토마토를 얇게 편 썰어서 번갈아가면서 놓으며, 발사믹 식초와 꿀은 냄비나 프라이팬에 졸여서 발사믹 소스를 만들고, 치즈와 토마토는 얇게 뿌려주고 밥을 짓는다.
③ 단호박을 쪄서 으깬 다음에 돼지고기 등심을 얇게 펼쳐서 소금, 후추 간을 약하게 하고 단호박을 깐 뒤 스트링 치즈를 넣고 밀가루, 계란, 빵가루를 묻혀서 180°C 기름에서 튀겨 단호박 치즈 돈가스롤을 만들어 준다.
④ 프라이팬에 올리브오일을 두르고 등심을 주사위 모양으로 썬 것을 넣어 볶다가 마늘, 양파, 당근, 애호박, 가지, 양송이, 표고버섯을 넣어 같이 볶다가 밥과 굴소스를 넣어 한 번 더 볶아서 버섯 등심 도리아를 만들고 등심 펼친 곳에 도리아를 넣고 말아서 180°C 오븐에서 구워 버섯 등심 도리아롤을 만들어 준다.

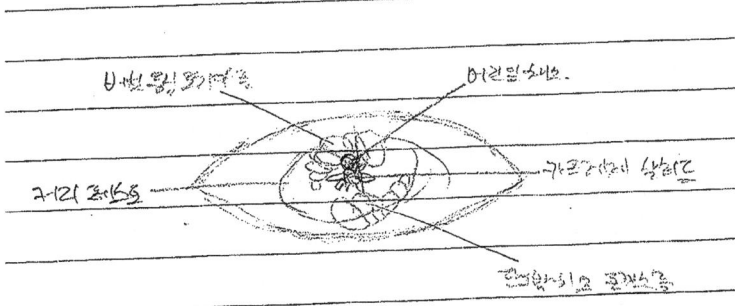

돼지고기

샐러드 파스타와 로즈메리 페스토를 곁들인 삼겹살구이와 데리야끼로 글레이징한 목심 그리고 미트볼

■■—— 재료 ——■■

삼겹살, 돼지고기 목심, 스파게티면, 마늘, 양파, 애호박, 피망, 가지, 라디치오, 비타민, 로즈메리, 잣, 올리브오일, 간장, 설탕, 가쓰오부시, 샐러리, 밀가루, 계란, 빵가루, 밤 다이스, 어린잎 채소, 소금, 후추, 레드 와인, 타임

■■■—— 만드는 방법 ——■■■

① 믹서에 로즈메리, 잣, 올리브오일, 소금, 후추 약간씩을 넣어 갈아서 로즈메리 페스토를 만들어 준다.
② 돼지고기 목심, 마늘, 양파, 샐러리를 다져서 간장과 후추를 조금 넣어 공 모양을 만들어서 밀가루, 계란, 빵가루를 묻혀서 180°C 기름에 튀겨서 미트볼을 만들어 준다.
③ 삼겹살은 레드 와인과 로즈메리를 부려서 호일로 감싼 뒤 180°C 오븐에서 한 면씩 8~10분간 구워 준다.
④ 손질한 돼지고기 목심은 소금 후추 간을 약하게 하고 물, 간장, 설탕, 가쓰오부시로 끓인 데리야끼 소스에 글레이징하여 데리야끼로 글레이징한 목심구이를 만들어 준다.
⑤ 끓는 물에 스파게티면을 삶은 뒤 프라이팬에 올리브오일을 두르고 마늘 다진 것과 애호박, 피망, 양파, 가지 채 썬 것을 넣고 볶다가 스파게티면과 라디치오, 비타민, 타임을 넣고 소금, 후추 간을 약하게 하여 샐러드 파스타를 만들어 준다.

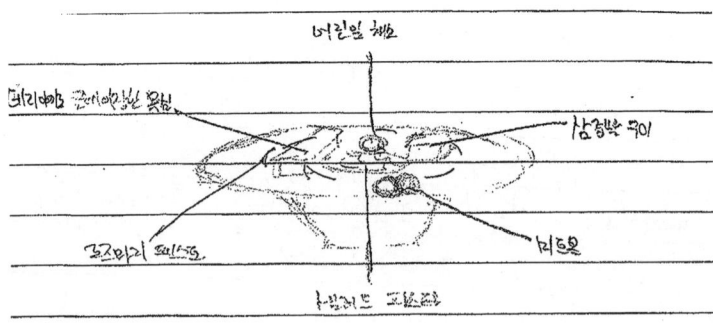

오늘의 양식

오렌지 소스를 곁들인 목심강정 청경채 볶음과 고구마 빠찌엔느 그리고 카망베르 과일 브루스케타

■■── 재료 ──■■

돼지고기 목심, 간장, 마늘, 양파, 호두, 땅콩, 건포도, 청경채, 굴소스, 밀가루, 계란, 빵가루, 고구마, 카망베르 치즈, 방울토마토, 바나나, 감귤, 바게트, 버터, 로즈메리, 어린잎 채소, 새싹, 소금, 후추, 오렌지, 설탕, 바닐라빈, 옥수수 전분, 레몬주스

■■■── 만드는 방법 ──■■■

① 프라이팬이나 냄비에 오렌지주스, 설탕, 바닐라빈, 옥수수 전분을 조금 넣어서 오렌지 소스를 만들어 준다.
② 고구마는 얇게 채 썰어서 180°C 기름에 튀겨서 고구마 빠찌엔느를 만들어 준다.
③ 바게트는 정육면체로 자른 다음에 윗면만 마늘, 버터, 로즈메리 섞은 것을 묻혀서 180°C 오븐에 2~3분간 구워 준다.
④ 방울토마토, 바나나, 감귤, 카망베르 치즈를 잘게 썬 다음 레몬주스와 소금, 후추 간을 약하게 하여 구운 바게트 위에 올려서 카망베르 과일 브루스케타를 만들어 준다.
⑤ 프라이팬에 올리브오일을 두르고 청경채와 굴소스를 넣어서 청경채 볶음을 만들어 준다.
⑥ 목심을 주사위 모양으로 썰어서 소금, 후추 간을 약하게 하고 간장, 마늘, 양파, 호두, 땅콩, 건포도를 반죽에 묻혀서 밀가루, 계란, 빵가루를 묻히고 180°C 기름에 튀겨 준다.

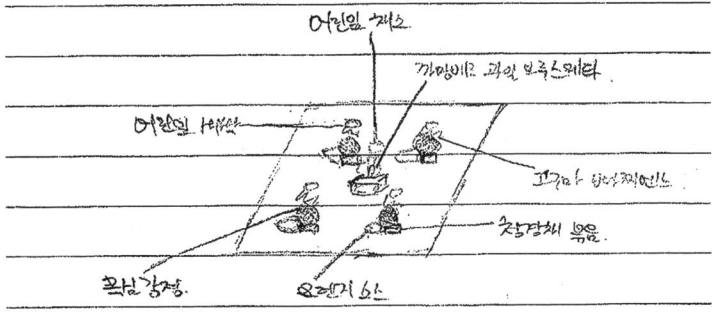

마르게리따 피자를 넣은 등심 돈가스와 초콜릿 소스 그리고 마카로니 샐러드 & 아스파라거스구이

■■── 재료 ──■■

돼지고기 등심, 피자 도우, 토마토홀, 마늘, 양파, 당근, 샐러리, 월계수잎, 정향, 통후추, 방울토마토, 바질, 스트링 치즈, 모차렐라 치즈, 오레가노, 브로콜리, 마카로니, 옥수수콘, 마요네즈, 아스파라거스

■■■── 만드는 방법 ──■■■

① 마카로니를 끓는 물에 삶은 뒤 옥수수콘, 양파, 마요네즈, 소금, 후추 간을 약하게 하여 마카로니 샐러드를 만들어 준다.
② 방울토마토를 (+) 모양으로 칼집을 낸 뒤 데친 다음에 껍질을 살짝 구워서 복주머니 형태가 되게 만들고, 브로콜리는 데쳐 준다.
③ 프라이팬에 버터를 넣고 아스파라거스와 소금, 후추 간을 약하게 하여 아스파라거스구이를 만들어 준다.
④ 냄비나 프라이팬에 초콜릿을 중탕하여 버터와 레몬주스를 넣어서 초콜릿 소스를 만들어 준다.
⑤ 마늘, 양파, 당근, 샐러리는 다져서 프라이팬에 볶다가 냄비에 넣어 토마토홀 으깬 것과 물 또는 야채스톡과 월계수잎, 정향, 통후추, 설탕, 소금을 넣어서 토마토소스를 만들어 준다.
⑥ 돼지고기 등심을 얇게 펼쳐서 소금, 후추 간을 하고 피자 도우와 토마토소스, 방울토마토, 모차렐라 치즈, 바질, 오레가노를 넣고 말아서 밀가루, 계란, 빵가루를 묻혀서 튀겨 마르게리따 피자롤을 만들어 준다.

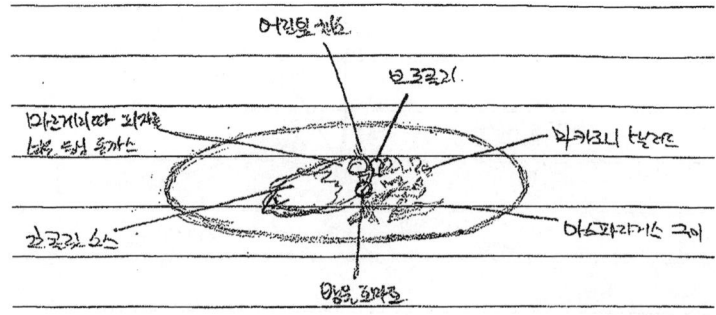

오늘의 양식

고구마 치즈 돈가스롤과 소시지 야채볶음밥 그리고 데리야끼 소스와 바질 페스토

■■── 재료 ──■■

돼지고기 등심, 고구마, 스트링 치즈, 밀가루, 계란, 빵가루, 키위, 설탕, 바질, 잣, 올리브오일, 간장, 마늘, 양파, 파, 계피, 감자 전분, 비엔나소시지, 당근, 애호박, 쌀, 파인애플, 옥수수콘, 굴소스, 어린잎 채소, 새싹, 소금, 후추

■■■── 만드는 방법 ──■■■

① 믹서에 바질, 잣, 올리브오일, 마늘, 소금, 후추 약간씩을 넣어서 바질 페스토를 만들어 준다.
② 키위는 얇게 편 썰어서 설탕을 뿌린 뒤 양지바른 곳에 말려두어서 키위칩이 되게 하고 밥을 짓고 고구마를 쪄준다.
③ 냄비나 프라이팬에 물과 간장, 설탕, 마늘, 양파, 계피, 파를 넣고 은근히 끓여준 뒤 감자 전분과 물을 섞어서 농도를 맞추어 데리야끼 소스를 만들어 준다.
④ 프라이팬에 올리브오일을 두르고 마늘, 양파 다진 것과 비엔나소시지, 당근, 애호박, 옥수수콘을 넣고 볶다가 밥과 굴소스를 넣고 볶은 뒤 마지막으로 파인애플을 넣어서 소시지 야채볶음밥을 만들어 준다.
⑤ 돼지고기 등심을 얇게 펼쳐서 소금, 후추 간을 약하게 하여 한 뒤 찐 고구마를 으깨어 펼치고 스트링 치즈를 넣고 말아서 밀가루, 계란, 빵가루를 묻혀서 180°C 기름에 튀겨 준다.

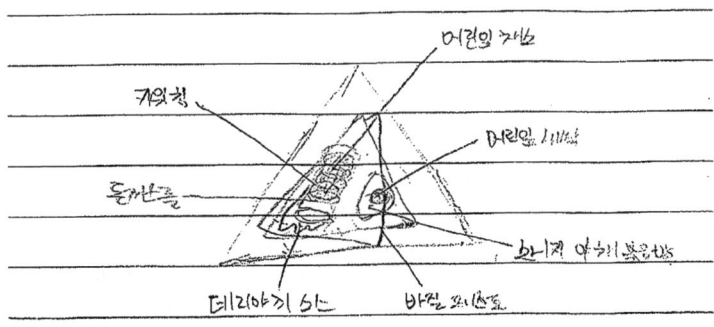

돼지고기

된장으로 글레이징한 매운 삼겹살과 단호박 사과 수프 그리고 토르티야로 감싼 봉골레

■■──── 재료 ────■■

삼겹살, 된장, 마늘, 양파, 당근, 샐러리, 페페론치노, 단호박, 사과, 우유, 휘핑크림, 월계수잎, 정향, 통후추, 토르티야, 모시조개, 스파게티면, 파슬리 가루, 바질가루, 어린잎 채소, 소금, 후추, 올리브오일, 로즈메리, 방울토마토

■■■──── 만드는 방법 ────■■■

① 단호박은 쪄주어서 으깨고, 사과는 믹서로 믹싱한 뒤, 냄비에 담고, 우유와 휘핑크림, 월계수잎, 정향, 통후추를 넣어서 끓여 단호박 사과 수프를 만들어 준다.
② 스파게티면을 삶은 뒤, 프라이팬에 올리브오일을 두르고 마늘 찹과 페페론치노, 모시조개를 넣고 조개의 입이 벌어지면 스파게티면과 바질 가루, 파슬리 가루를 넣고 소금, 후추 간을 약하게 하여 소스가 없게 졸여 준다.
③ 180°C 기름에서 토르티야를 복주머니 형태로 튀겨준 뒤, 방울토마토를 (+) 모양 칼집을 내서 살짝 삶아서 껍질을 올려 튀겨서 마찬가지로 복주머니 형태로 만들어 준다.
④ 토르티야 복주머니 안에 봉골레를 넣고 방울 토마토를 올려 준다.
⑤ 냄비에 삼겹살과 마늘, 양파, 당근, 샐러리, 페페론치노 다진 것과 물, 된장을 넣어서 된장으로 글레이징한 매운 삼겹살을 만들고 수프를 깔고 가니시를 한 뒤, 반대편에는 토르티야 봉골레로 마무리한다.

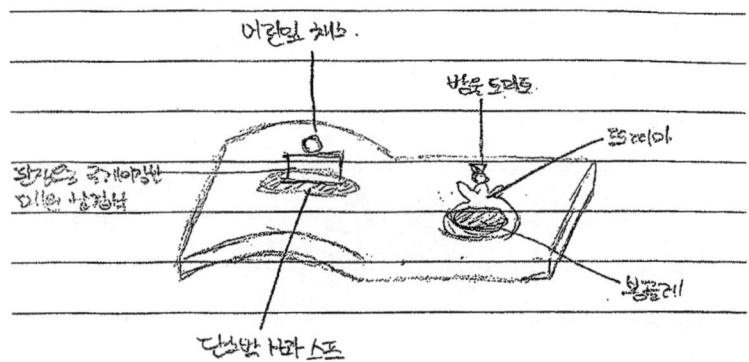

오늘의 양식

아스파라거스 볶음에 어우러진 브라운소스 & 목심구이와 사프란 페스토 그리고 카망베르 치즈와 버섯튀김

■■ ── **재료** ── ■■

돼지고기 목심, 아스파라거스, 마늘, 소뼈, 양파, 당근, 샐러리, 레드 와인, 페이스트, 사프란, 잣, 올리브오일, 카망베르 치즈, 버터, 표고버섯, 밀가루, 계란, 어린잎 채소, 소금, 후추

■■■ ── **만드는 방법** ── ■■■

① 믹서에 사프란, 잣, 올리브오일, 소금, 후추, 약간씩을 넣어서 믹싱하여 사프란 페스토를 만들어 준다.
② 냄비에 오일을 두르고 소뼈를 볶다가 물을 넣어 육수를 내준다.
③ 마늘, 양파, 당근, 샐러리를 줄리엔하여 프라이팬에 올리브오일을 두르고 볶다가 레드 와인과 페이스트를 넣고 다시 볶은 뒤, 끓인 육수와 소금, 후추 간을 하여 브라운소스를 만들어 준다.
④ 표고버섯 기둥과 카망베르 치즈를 소금, 후추 간을 약하게 하여 밀가루와 계란 노른자, 물을 섞어 반죽을 되직하게 반죽을 한 뒤 180°C 기름에 튀겨 카망베르 치즈와 버섯튀김을 만들어 준다.
⑤ 프라이팬에 버터를 넣고 아스파라거스와 마늘을 넣어 볶다가 소금, 후추 간을 약하게 하여 아스파라거스 볶음을 만들어 준다.
⑥ 프라이팬에 올리브오일을 두르고 목심과 소금, 후추 간을 하여 목심구이를 하고 맨 밑에 아스파라거스 볶음과 목심구이 그리고 카망베르 치즈와 버섯 튀김과 페스토, 어린잎으로 가니시해서 마무리해 준다.

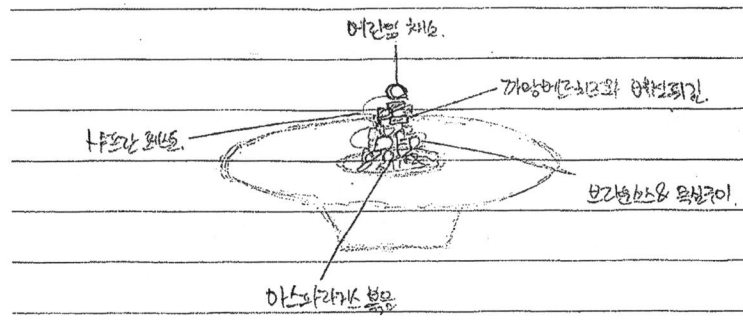

양배추에 어우러진 된장 삼겹구이와 멜론 빠찌엔느 그리고 안티파스토 & 새우 필라프

■■──── 재료 ────■■

삼겹살, 양배추, 마늘, 파, 참기름, 된장, 멜론, 새송이버섯, 양송이버섯, 피망, 올리브, 발사믹 식초, 큰새우, 작은 새우, 쌀, 양파, 당근, 가지, 마늘종, 굴소스, 어린잎 채소

■■■──── 만드는 방법 ────■■■

① 멜론을 얇게 줄리엔하여서 180°C 기름에 튀겨 멜론 빠찌엔느를 만들어 주고 밥을 짓는다.
② 새송이버섯, 양송이버섯, 피망, 양파, 올리브를 먹기 좋은 크기로 썰어서 프라이팬에 올리브오일을 두르고 볶아 준다.
③ 볶은 야채들은 온기가 다 빠질 때까지 식힌 뒤, 발사믹 식초를 뿌려 통에다가 며칠간 재워 두어 안티파스토를 만들어 준다.
④ 프라이팬에 올리브오일을 두르고 큰 새우와 작은 새우 그리고 마늘, 양파, 당근, 가지, 마늘종을 볶음용으로 썰어서 볶다가 밥과 굴소스, 참기름을 넣어서 한 번 더 볶아 새우 필라프를 만들어 준다.
⑤ 양배추는 쪄준 다음, 삼겹살은 된장, 물, 마늘, 파, 다진 것과 참기름을 넣어서 글레이징하여 양배추로 감싸 구워 준다.
⑥ 양배추에 어우러진 된장 삼겹구이를 좌측에 두고 위에는 멜론 빠찌엔느를 올리고 우측에는 안티파스토와 새우 필라프로 마무리해 준다.

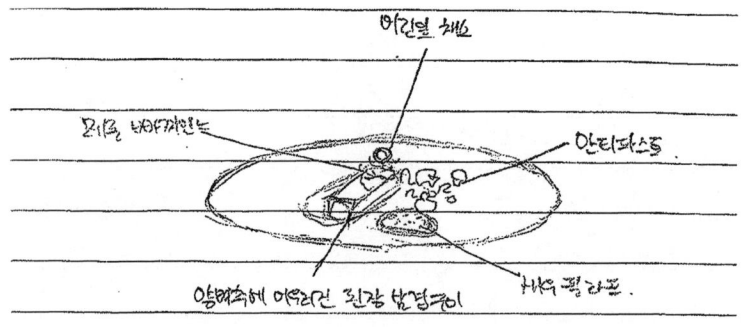

오늘의 양식

석류 소스와 레몬소스를 곁들인 등심으로 감싼 토마토 리소토롤과 감자 크랜베리 빠찌엔느 & 계피 도넛

■■——— **재료** ———■■

돼지고기 등심, 토마토홀, 마늘, 양파, 당근, 샐러리, 월계수잎, 정향, 통후추, 설탕, 가지, 애호박, 쌀, 석류, 그레나딘 시럽, 레몬주스, 치자, 감자, 크랜베리, 식빵, 계핏가루, 어린잎 채소, 소금, 후추, 올리브오일

■■■——— **만드는 방법** ———■■■

① 프라이팬이나 냄비로 석류, 그레나딘 시럽, 레몬주스, 설탕을 넣어 석류주스를 만들어 주고, 레몬주스, 치자, 설탕을 넣어 졸여서 레몬소스를 만들어 준다.
② 마늘, 양파, 당근, 샐러리는 다져서 프라이팬에 볶다가 냄비에 넣어 토마토를 으깬 것과 물 또는 야채스톡과 월계수잎, 정향, 통후추, 설탕, 소금을 넣어서 끓여 토마토소스를 만들어 준다.
③ 감자를 얇게 채 썰어서 180°C 기름에 튀겨 크랜베리와 혼합하여 감자 크랜베리 빠찌엔느를 만들어 준다.
④ 식빵을 직육면체로 썰어서 계핏가루를 묻힌 뒤 180°C 기름에 튀겨 계피 도넛을 만들어 주고 밥을 짓는다.
⑤ 프라이팬에 올리브오일을 두르고 마늘, 양파, 당근, 가지, 애호박, 다진 것을 볶다가 토마토 소스와 밥, 소금, 후추를 넣어서 토마토 리소토를 만든 뒤, 등심을 얇게 포떠서 소금, 후추 간을 약하게 하고 리소토를 넣어 말아서 밀가루, 계란, 빵가루를 묻혀 기름에 튀겨 준다.

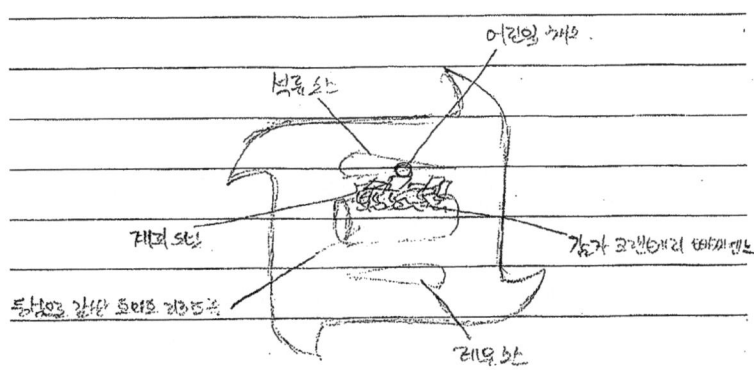

돼지고기

바질 페스토에 어우러진 과일 크림 치즈 등심롤과 단호박 돈가스롤 그리고 도쿄 샐러드 라이스볼 & 감자볼

■■──── 재료 ────■■

돼지고기 등심, 과일 치즈, 리코타 치즈, 단호박, 건포도, 호두, 밀가루, 계란, 빵가루, 쌀,
설탕, 식초, 소금, 라디치오, 양파, 오이, 게맛살, 검은깨, 참깨, 가쓰오부시, 휘핑크림,
로즈메리, 산딸기, 감자, 어린잎 채소, 마요네즈, 후추, 올리브오일

■■■──── 만드는 방법 ────■■■

① 믹서에 바질, 잣, 올리브오일, 마늘, 소금, 후추를 약간씩 넣어 믹싱하여 바질 페스토를 만들어 준다.
② 밥을 지은 다음에 설탕, 식초, 소금을 넣어 배합초를 만들어 주어 밥과 검은깨, 참깨를 넣고 섞은 뒤 안에는 라디치오, 양파, 오이, 게맛살 다진 것과 마요네즈, 소금, 후추를 섞어서 넣어 원형 볼을 만들고 위에 가쓰오부시를 올려 도쿄 샐러드볼을 만들어 준다.
③ 등심을 얇게 펼쳐서 소금, 후추 간을 한 뒤, 과일 치즈와 리코타 치즈를 넣어 말아서 180℃ 오븐에서 6~8분간 구워서 로즈메리로 가니시하여 과일 크림치즈 등심롤을 만들어 준다.
④ 등심을 얇게 펼쳐서 소금, 후추 간을 한 뒤, 단호박을 삶아서 으깨어 건포도, 호두를 넣어 말아서 밀가루, 계란, 빵가루를 묻혀서 180℃ 오븐에 튀겨서 잘라 산딸기로 가니시하여 단호박 돈가스롤을 만들어 준다.
⑤ 감자는 쪄서 으깨어 소금, 후추 간을 하고 밀가루, 계란, 빵가루를 묻혀 감자볼을 만든다.

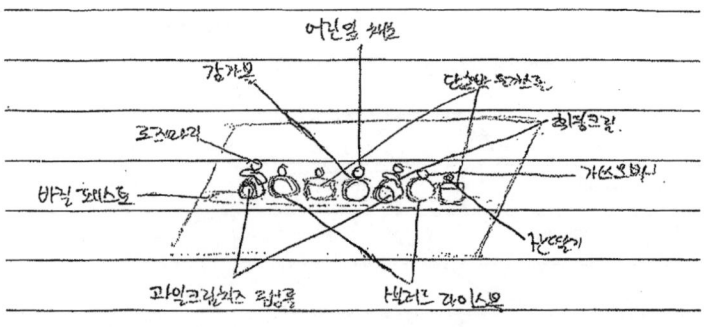

세사미 드레싱을 곁들인 모차렐라 돈가스 샐러드와
토르티야에 어우러진 알리오 올리오
그리고 구운 방울토마토 & 바질

■■── **재료** ──■■

돼지고기 등심, 밀가루, 계란, 빵가루, 바질, 오레가노, 모차렐라 치즈, 양상추, 라디치오, 방울토마토, 참깨, 검은깨, 마요네즈, 설탕, 식초, 참기름, 토르티야, 마늘, 올리브, 마늘, 페페론치노, 스파게티면, 소금, 후추, 파슬리 가루, 올리브오일

■■■── **만드는 방법** ──■■■

① 믹서에 마요네즈, 설탕, 식초, 참기름, 참깨, 검은깨를 믹싱하여 세사미 드레싱을 만들어 준다.
② 토르티야는 180°C 기름에 국자를 사용하여 토르티야를 눌러서 속은 파인 형태로 튀겨 준다.
③ 방울토마토는 설탕을 뿌려서 180°C 오븐에 3분간 구워서 구운 방울토마토를 만들어 준다.
④ 등심은 얇게 포를 떠서 소금, 후추 간을 한 뒤, 밀가루, 계란, 빵가루, 바질, 오레가노를 묻혀서 180°C 기름에 튀겨 돈가스를 만들어 한입 고기로 썬 뒤, 양상추, 라디치오, 방울토마토, 모차렐라 치즈를 섞어 모차렐라 돈가스 샐러드를 만들어 준다.
⑤ 스파게티면을 삶은 뒤, 프라이팬에 올리브오일을 두르고 마늘 찹한 것과 마늘 편 썬 것, 올리브, 페페로니니를 넣고 볶다가 스파게티면을 넣고 볶은 다음 야채스톡 또는 물을 넣고 파슬리 가루와 소금, 후추 간을 약하게 하여 알리오 올리오를 만들어 준다.

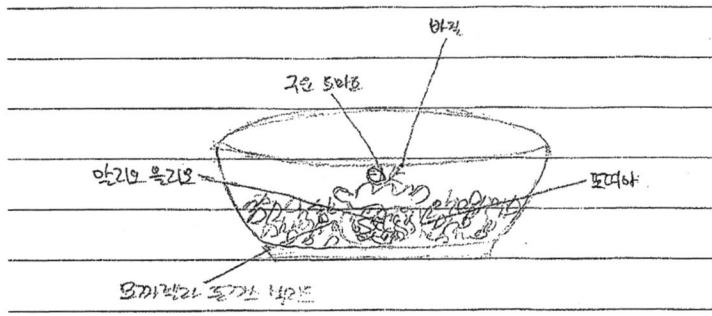

돼지고기

양배추로 감싼 목심구이와 토마토 처트니
그리고 카망베르 치즈 크림과 쿠스쿠스 & 바질 페스토

■■── 재료 ──■■

돼지고기 목심, 양배추, 토마토홀, 양파, 피망, 올리브, 소금, 후추, 우유, 휘핑크림,
카망베르 치즈, 쿠스쿠스, 당근, 애호박, 가지, 굴소스, 잣, 마늘, 전분 가루, 어린잎, 채소,
올리브오일

■■■── 만드는 방법 ──■■■

① 믹서에 바질, 잣, 올리브오일, 마늘, 소금, 후추 약간씩을 넣어서 믹싱하여 바질 페스토를 만들어 준다.
② 쿠스쿠스는 데친 뒤, 프라이팬에 올리브오일을 두르고, 마늘, 당근, 양파, 애호박, 가지 다진 것을 볶다가 쿠스쿠스와 굴소스를 넣고 볶아 준다.
③ 토마토홀을 굵게 썰고 마늘, 양파, 피망, 올리브를 다져서 소금, 후추를 하여 프라이팬에 살짝 볶아 준다.
④ 프라이팬이나 냄비에 카망베르 치즈와 우유, 휘핑크림을 넣어서 소금, 후추 간을 한 뒤, 되직하게 끓여 카망베르 치즈 크림을 만들어 주고 양배추를 데쳐준다.
⑤ 목심을 얇게 펼친 뒤 소금, 후추 간을 약하게 한 뒤, 토마토 처트니를 넣고 전분 가루를 뿌려서 둥글게 감싼 뒤 180°C 오븐에서 10분간 구워주고 데친 양배추를 감싸주고 카망베르 치즈 크림과 쿠스쿠스를 올리고 어린잎 새싹과 바질 페스토를 만들어 준다.

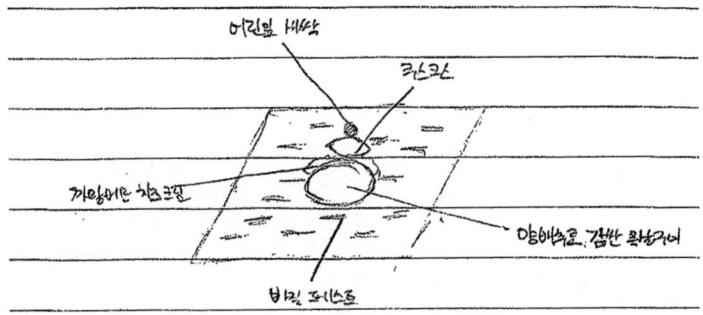

삼겹살 토마토 스튜를 곁들인 알리오 올리오와
가지 라자냐 그리고 바질 페스토

■■── **재료** ──■■

삼겹살, 토마토홀, 마늘, 양파, 당근, 샐러리, 월계수잎, 정향, 통후추, 감자, 스파게티면, 파슬리 가루, 파르메산 치즈, 가지, 피자치즈, 페페론치노, 바질, 잣, 어린잎 채소, 새싹, 소금, 후추, 올리브오일, 버터

■■■── **만드는 방법** ──■■■

① 믹서에 바질, 잣, 올리브오일, 마늘, 소금, 후추를 넣어서 믹싱하여 바질 페스토를 만든다.
② 마늘, 양파, 당근, 샐러리는 다져서 프라이팬에 볶다가 냄비에 넣어 토마토홀 으깬 것과 물 또는 야채스톡과 월계수잎, 정향, 통후추, 설탕, 소금을 넣어서 끓여서 토마토소스를 만들어 준다.
③ 스파게티면을 삶은 뒤, 프라이팬에 올리브오일을 두르고 마늘 다진 것과 편 썬 것을 약불로 향을 은은히 퍼뜨린 다음 스파게티면과 물 또는 야채스톡 그리고 페페론치노, 파슬리 가루, 소금, 후추로 간하여 파르메산 치즈를 넣어 마지막으로 볶아서 알리오 올리오를 만들어 준다.
④ 프라이팬에 버터를 넣고 가지 편 썬 것을 소금, 후추로 간하여 굽다가 토마토소스와 피자치즈를 한 겹 한 겹 쌓아 라자냐를 만들어 준다.
⑤ 프라이팬에 오일을 두르고 삼겹살을 주사위 모양으로 썬 것을 볶다가 물 또는 야채스톡 그리고 토마토소스와 감자, 당근, 샐러리를 넣어 스튜를 만들어 준다.

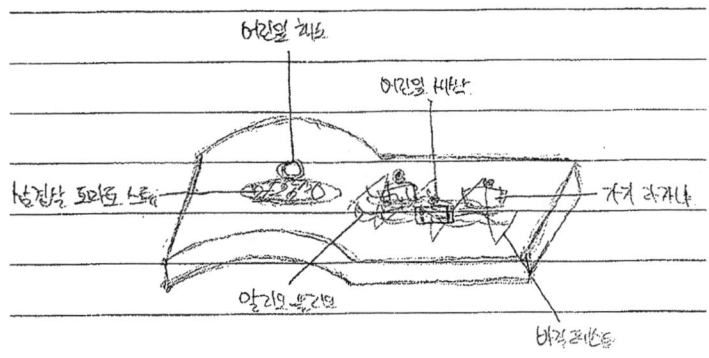

돼지고기

목심 야채 라자냐와 버섯 크림 마카로니
그리고 포테이토칩 & 과일 살사

■■── 재료 ──■■

돼지고기 목심, 가지, 애호박, 새송이버섯, 양송이버섯, 마카로니, 우유, 휘핑크림,
토마토홀, 마늘, 양파, 당근, 샐러리, 월계수잎, 정향, 통후추, 피자치즈, 감자, 딸기, 키위,
바나나, 레몬주스, 설탕, 버터, 어린잎 채소, 소금, 후추, 올리브오일

■■■── 만드는 방법 ──■■■

① 딸기, 키위, 바나나를 잘게 썰어서 레몬주스와 설탕을 넣어 섞어 과일 살사를 만들어 준다.
② 감자는 얇게 편 썰어서 소금 간을 살짝 한 뒤 180°C 기름에 튀겨서 포테이토 칩을 만들어 준다.
③ 마늘, 양파, 당근, 샐러리는 다져서 프라이팬에 볶다가 냄비에 넣어 토마토홀 으깬 것과 물 또는 야채스톡과 월계수잎, 정향, 통후추, 설탕, 소금을 넣어서 끓여 토마토소스를 만들어 준다.
④ 마카로니를 삶은 뒤, 프라이팬에 올리브오일을 두르고 마늘, 양파 찹한 것과 새송이버섯, 양송이버섯을 볶다가 마카로니, 우유, 휘핑크림, 소금, 후추로 간하여서 버섯 크림 마카로니를 만들어 준다.
⑤ 목심, 가지, 애호박, 새송이버섯을 얇게 편 썰어서 프라이팬에 버터를 넣고 소금, 후추로 간하여 굽다가 층층이 토마토소스와 피자치즈를 넣어서 쌓아 180°C 오븐에 5분 정도 구워 라자냐를 만들어 준다.

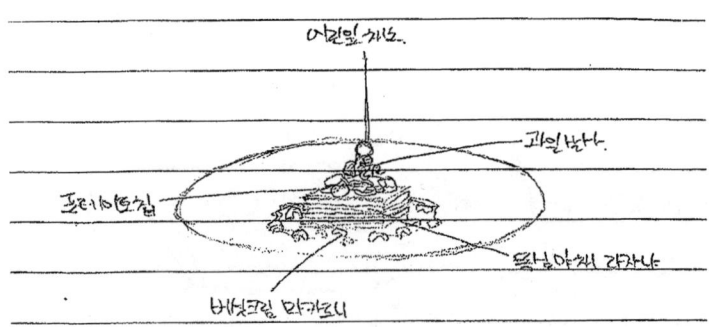

오늘의 양식

로즈메리 페스토와 과일 살사에 어우러진 감자 돈가스롤과 리코타 치즈로 감싸안은 목심구이 그리고 카프레제롤

■■── 재료 ──■■

돼지고기 등심, 목심, 밀가루, 계란, 빵가루, 로즈메리, 잣, 감자, 생크림, 올리브오일, 오렌지, 방울토마토, 레몬주스, 리코타 치즈, 간장, 설탕, 마늘, 토마토, 모차렐라 치즈, 판 젤라틴, 어린잎 채소, 새싹, 소금, 후추

■■■── 만드는 방법 ──■■■

① 믹서에 로즈메리, 잣, 올리브오일, 마늘, 소금, 후추를 넣어 믹싱하여 로즈메리 페스토를 만들어 준다.
② 오렌지, 방울토마토를 다져서 레몬주스, 소금, 후추를 넣어 섞어서 과일 살사를 만들어 준다.
③ 큰 볼에 뜨거운 물을 받고 작은 볼에 판 젤라틴을 넣고 큰 볼 위에 작은 볼을 올려 젤라틴을 녹여주고, 모차렐라 치즈와 토마토는 얇게 썰어서 돌돌 말아 젤라틴을 붙여 카프레제롤을 만들어 준다.
④ 감자는 쪄서 으깨어 생크림과 소금, 후추를 넣어 섞고 등심을 얇게 저며서 소금, 후추 간을 한 뒤 으깬 감자를 넣고 말아서 밀가루, 계란, 빵가루를 묻혀서 180°C 기름에 튀겨 감자 돈가스롤을 만들어 준다.
⑤ 목심을 직육면체로 썰어서 소금, 후추를 간한 뒤, 마늘 다진 것과 물, 간장, 설탕을 섞어서 프라이팬에 올리브오일을 두르고 목심구이를 완성한 뒤, 리코타 치즈를 뿌려 180°C 오븐에 구워 준다.

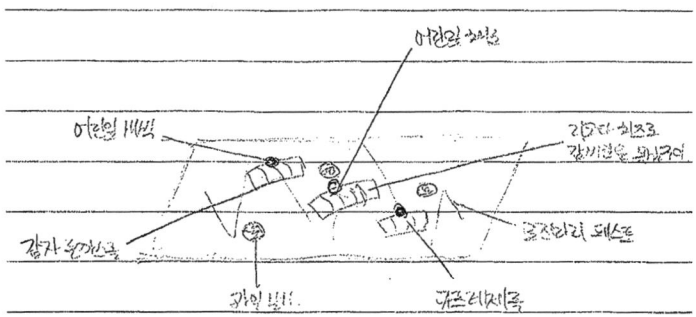

돼지고기

등심 스튜에 어우러진 크림치즈볼과 레몬 제스트 그리고 바질 페스토와 발사믹 소스 그리고 체리

■■── 재료 ──■■

돼지고기 등심, 마늘, 양파, 당근, 샐러리, 월계수잎, 정향, 통후추, 고구마, 춘권피, 크림치즈, 레몬, 설탕, 바질, 잣, 올리브오일, 발사믹 식초, 꿀, 체리, 소금, 후추

■■■── 만드는 방법 ──■■■

① 믹서에 바질, 잣, 올리브오일, 마늘, 소금, 후추를 넣어 믹싱하여 바질 페스토를 만들어 준다.
② 프라이팬이나 냄비에 발사믹 식초와 꿀을 넣고 졸여서 발사믹 소스를 만들어 준다.
③ 레몬은 껍질만 얇게 채썰어서 프라이팬에서 올리브오일을 두르고 볶다가 설탕을 넣고 볶아서 레몬 제스트를 만들어 준다.
④ 마늘, 양파, 당근, 샐러리를 다져서 프라이팬에 볶다가 냄비에 넣어 토마토를 으깬 것과 물 또는 야채스톡과 월계수잎, 정향, 통후추, 설탕, 소금을 넣어서 끓여 토마토소스를 만들어 준다.
⑤ 프라이팬에 올리브오일을 두르고 등심과 마늘, 양파 찹, 감자, 당근, 샐러리는 한입 크기로 썰어 볶다가 물 또는 브라운 스톡 그리고 토마토소스를 넣어 끓여서 등심 스튜를 만들어 준다.
⑥ 춘권피 안에 크림치즈, 양파, 샐러리를 다져서 넣어 봉합하여 180℃ 기름에 튀겨 크림치즈볼을 만들어 준다.

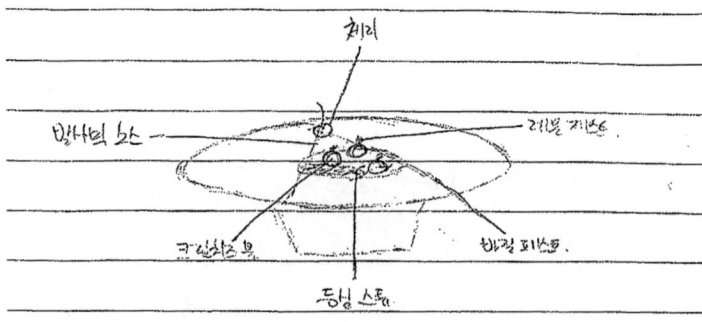

레드 와인으로 글레이징한 목심구이와 된장 소스
그리고 새우볶음밥과 아스파라거스구이

■■── 재료 ──■■

돼지고기 목심, 레드 와인, 꿀, 레몬주스, 발사믹 식초, 로즈메리, 된장, 마늘, 새우, 쌀, 양파, 당근, 애호박, 가지, 굴소스, 버터, 아스파라거스, 어린잎 채소, 소금, 후추, 올리브오일

■■■── 만드는 방법 ──■■■

① 프라이팬이나 냄비에 된장과 마늘 다진 것, 레몬주스를 넣고 졸여서 된장 소스를 만들어 준다.
② 프라이팬에 버터를 넣고 아스파라거스를 넣은 뒤 소금, 후추 간을 하여 구워서 아스파라거스구이를 만들어 준다.
③ 밥을 지은 다음에, 프라이팬에 올리브오일을 두르고 새우를 먼저 넣고 볶다가 마늘, 양파, 당근, 애호박, 가지 다진 것을 넣고 밥과 굴소스를 넣어서 볶아 새우볶음밥을 만들어 준다.
④ 냄비에 레드 와인과 꿀, 레몬주스, 발사믹 식초, 로즈메리를 넣고 졸인 뒤 돼지고기 목심을 넣은 뒤 소금, 후추 간을 하여서 은근히 졸여서 레드 와인으로 글레이징한 목심구이를 만들어 준다.
⑤ 좌측에 레드 와인으로 글레이징한 목심구이를 놓고 어린잎 채소를 올린 뒤 우측에는 된장 소스와 아스파라거스구이, 새우볶음밥, 어린잎 새싹으로 가니시하여 마무리해 준다.

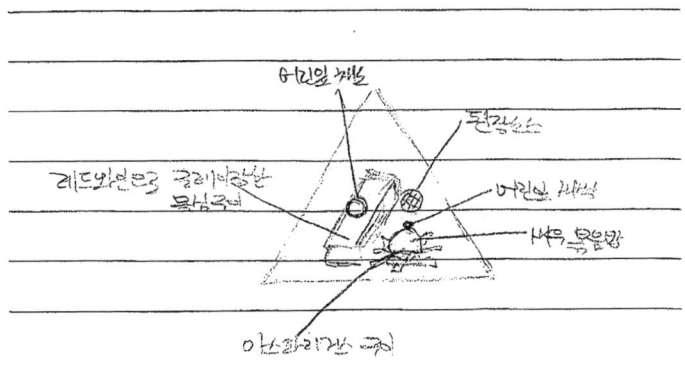

돼지고기

토마토 파스타에 어우러진 삼겹살과 하드롤 그리고 카망베르 치즈볼과 사과 빠찌엔느

■■── 재료 ──■■

삼겹살, 토마토홀, 마늘, 양파, 당근, 샐러리, 월계수잎, 정향, 통후추, 피망, 양송이버섯, 스파게티면, 하드롤, 카망베르 치즈, 밀가루, 계란, 빵가루, 사과, 어린잎 채소, 새싹, 소금, 후추, 올리브오일

■■■── 만드는 방법 ──■■■

① 사과를 얇게 채썰어서 180°C 기름에 튀겨 사과 빠찌엔느를 만들어 준다.
② 카망베르 치즈는 소금, 후추 간을 약하게 한 뒤 밀가루, 계란, 빵가루를 묻혀서 180°C 기름에 튀겨 카망베르 치즈볼을 만들어 준다.
③ 하드롤은 윗부분을 자른 뒤 속을 도려 내어서 180°C 오븐에서 5분간 구워주고 스파게티면을 삶아 준다.
④ 마늘, 양파, 당근, 샐러리는 다져서 프라이팬에 볶다가 냄비에 넣어 토마토홀 으깬 것과 물 또는 야채스톡과 월계수잎, 정향, 통후추, 설탕, 소금을 넣어서 끓여 토마토소스를 만들어 준다.
⑤ 프라이팬에 올리브오일을 두르고 삼겹살을 굽다가 마늘, 양파, 피망, 양송이버섯을 썰어서 볶다가 스파게티면을 볶고 물 또는 야채스톡 그리고 토마토소스를 넣은 뒤 소금, 후추 간을 하여 토마토 파스타에 어우러진 삼겹살을 만들어 하드롤에 넣어 마무리해 준다.

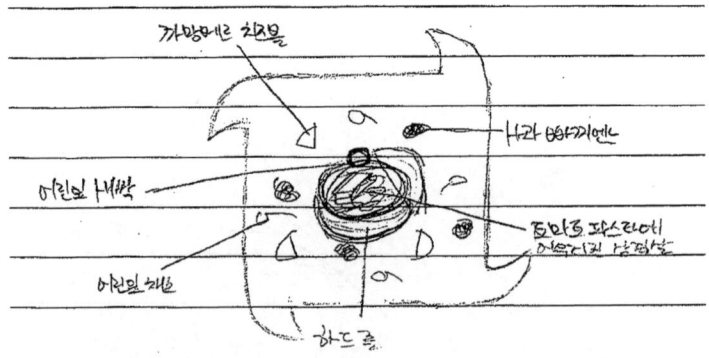

오늘의 양식

마카로니 단호박 샐러드에 어우러진 누룽지를 넣은 포크롤과 고구마 스틱 & 매시트포테이토 그리고 빠네

■■── 재료 ──■■

돼지고기 안심, 쌀, 마카로니, 단호박, 마요네즈, 설탕, 소금, 후추, 파슬리 가루, 건포도, 호두, 고구마, 감자, 생크림, 밀가루, 옥수수콘, 로즈메리, 올리브오일

■■■── 만드는 방법 ──■■■

① 프라이팬에 밀가루, 물, 올리브오일을 넣어 구워서 빠네를 만들어 준다.
② 고구마를 얇게 채썰어서 180°C 기름에 튀겨 고구마 스틱을 만들어 준다.
③ 감자는 으깨어서 생크림과 파슬리, 소금, 후추를 넣어 믹싱한 뒤 짤주머니에 넣어서 오븐 팬에 소프트아이스크림 모양으로 짠 뒤 오븐에서 구워 준다.
④ 마카로니는 삶고 단호박은 쪄서 으깨어 마요네즈, 설탕, 파슬리 가루, 건포도, 호두를 넣고 섞어서 마카로니 단호박 샐러드를 만들어 준다.
⑤ 밥을 지은 다음에 솥이나 국통에 밥을 얇게 펼쳐서 뚜껑을 덮고 중불에서 약불로 10~20분간 구워 누룽지를 만들어 준다.
⑥ 돼지고기 안심을 얇게 펼쳐서 소금, 후추 간을 한 뒤 누룽지를 넣어 말아서 오븐에 구워 누룽지 포크롤을 만들어 준다.

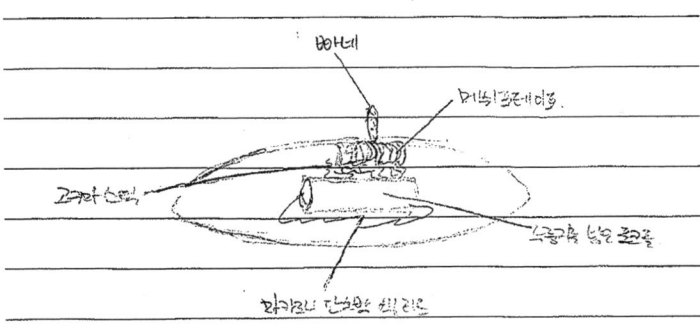

돼지고기

버섯 크림으로 속을 채운 안심 돈가스와 미트볼 소스 그리고 봉골레와 고구마 샐러드 & 양송이구이

■■── **재료** ──■■

돼지고기 안심, 밀가루, 계란, 빵가루, 새송이버섯, 양송이버섯, 우유, 휘핑크림, 굴소스, 모시조개, 펜네, 토마토홀, 마늘, 양파, 당근, 샐러리, 월계수잎, 정향, 통후추, 고구마, 마요네즈, 파슬리 가루, 설탕, 소금, 피망, 할라피뇨, 소금, 후추, 올리브오일

■■■── **만드는 방법** ──■■■

① 고구마를 쪄서 으깬 다음에 피망과 할라피뇨를 다져서 넣고 마요네즈와 파슬리 가루, 설탕, 소금을 섞어 고구마 샐러드를 만들어 준다.
② 양송이는 기둥을 뗀 다음에 칼집을 내서 소금, 후추를 간하여 180°C 오븐에 구워 양송이 구이를 만들어 준다.
③ 펜네를 삶은 뒤 프라이팬에 올리브오일을 두르고 마늘 찹과 마늘 편을 넣어서 볶다가 봉골레를 넣고 입이 벌어질 때까지 물 또는 야채스톡을 약간 넣은 뒤 펜네와 페페론치노, 파슬리 가루, 소금, 후추를 넣어 볶아서 봉골레를 만들어 주고, 버섯과 우유, 휘핑크림, 굴소스로 버섯 크림을 만들어 준다.
④ 프라이팬에 안심 다진 것과 마늘, 양파, 당근, 샐러리를 다져서 볶다가 물 또는 토마토홀, 월계수잎, 정향, 통후추, 우유를 넣어 미트볼 소스를 만들고 안심을 넓게 저며서 소금, 후추 간을 해 버섯 크림을 넣고 덮어서 180°C 기름에 튀겨 소스와 가니시로 마무리해 준다.

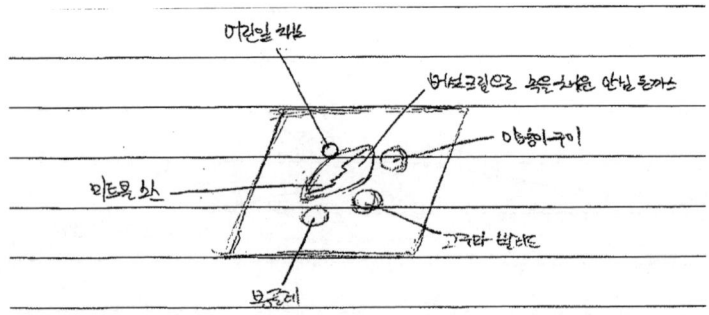

오늘의 양식

데리야끼 소스를 얹은 목심구이와 쿠스쿠스
그리고 시저 샐러드와 민트 페스토

■■── 재료 ──■■

돼지고기 목심, 간장, 설탕, 계피, 대파, 마늘, 양파, 쿠스쿠스, 당근, 애호박, 가지, 굴소스, 로메인상추, 베이컨, 파프리카, 식빵, 계란, 레몬주스, 레드 와인 비니거, 앤초비, 겨자, 파르메산 치즈, 어린잎 채소, 민트, 잣, 소금, 후추, 올리브오일

■■■── 만드는 방법 ──■■■

① 믹서에 민트, 잣, 마늘, 소금, 후추, 올리브오일을 넣어서 믹싱하여 민트 페스토를 만들어 준다.
② 팬에 올리브오일을 두르고 마늘 편 썬 것을 볶다가 스몰 다이스한 식빵을 넣어서 팬프라잉하여 마늘 크루통을 만들어 준다.
③ 로메인상추는 한입 크기로 자르고 양파와 파프리카는 줄리엔하고 베이컨도 한입 크기로 썰어서 프라이팬에 구워 준다.
④ 둥근 볼에 달걀 노른자, 레몬주스, 레드 와인 비니거, 다진 앤초비, 마늘, 양파, 겨자를 넣고 저은 뒤 오일을 조금씩 넣어 잘 휘퍼한 뒤 손질한 재료와 크루통을 넣고 파르메산 치즈를 뿌려 시저 샐러드를 만들어 준다.
⑤ 쿠스쿠스는 데친 뒤 마늘, 양파, 당근, 애호박, 가지를 프라이팬에 볶다가 쿠스쿠스와 굴소스로 간해 준다.
⑥ 물, 간장, 설탕, 계피, 마늘, 양파를 섞고 은근히 끓여서 데리야끼 소스를 만들고, 목심은 프라이팬에 구워 마무리해 준다.

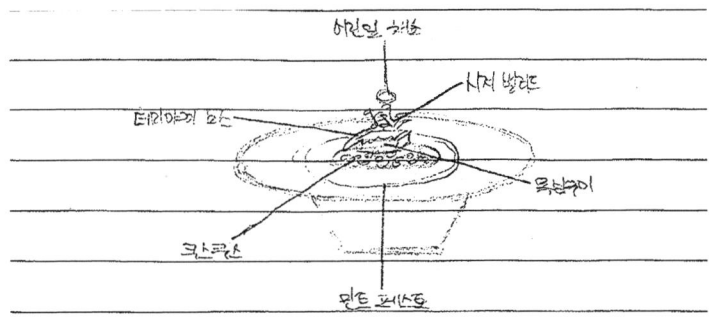

돼지고기

갈릭 소스로 글레이징한 등심구이와 감자 빠찌엔느
& 크레송 수프 그리고 타임 페스토 & 단호박 샐러드

■■── 재료 ──■■

돼지고기 등심, 마늘, 설탕, 버터, 감자, 크레송, 양파, 감자, 생크림, 우유, 월계수잎, 정향, 통후추, 타임, 잣, 단호박, 호두, 건포도, 아몬드, 양배추, 어린잎 채소, 소금, 후추, 올리브오일

■■■── 만드는 방법 ──■■■

① 감자는 얇게 채 썰어서 180°C 기름에 튀겨 감자 빠찌엔느를 만들어 준다.
② 믹서에 타임, 잣, 마늘, 올리브오일, 소금, 후추를 넣어서 믹싱하여 타임 페스토를 만들어 준다.
③ 단호박은 쪄서 으깨고 양배추는 잘게 스몰 다이스한 뒤 호두, 아몬드, 건포도, 마요네즈, 소금, 후추를 넣어서 섞어 단호박 샐러드를 만들어 준다.
④ 감자, 마늘, 양파를 슬라이스하여 팬에 버터를 넣고 볶다가 물, 월계수잎, 정향, 통후추를 넣고 살짝 끓인 뒤 향신료를 빼고 믹서에 생크림, 우유, 소금, 후추, 크레송을 넣고 믹싱하여 크레송 스프를 만들어 준다.
⑤ 프라이팬에 버터와 마늘 다진 것을 볶다가 설탕을 넣고 등심을 썰어서 은근히 구워서 갈릭소스로 글레이징한 등심구이를 만들어 준다.

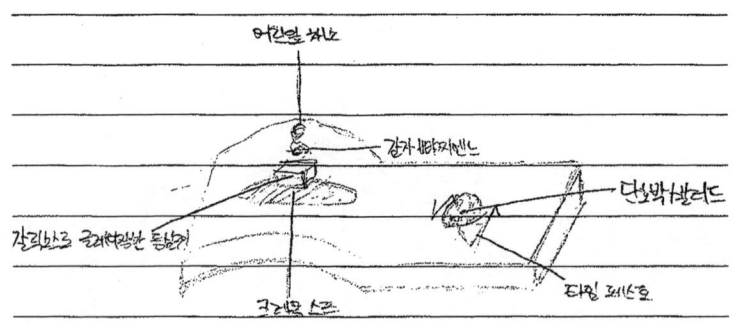

단호박을 넣은 등심 돈가스와 고르곤졸라 치즈
그리고 라디치오 샐러드와 레몬 비네그레트

■■── 재료 ──■■

돼지고기 등심, 밀가루, 계란, 빵가루, 단호박, 고르곤졸라 치즈, 라디치오, 발사믹 식초, 레몬주스, 방울토마토, 레몬, 식초, 화이트 와인, 크레송, 생크림, 버터, 소금, 후추, 올리브오일

■■■── 만드는 방법 ──■■■

① 라디치오는 한입 크기로 잘게 썰어서 발사믹 식초, 레몬주스, 방울토마토를 넣어서 라디치오 샐러드를 만들어 준다.
② 레몬은 속을 도려내어 올리브오일, 식초, 레몬주스, 화이트 와인, 소금, 후추를 잘 저으면서 레몬 비네그레트를 만들어 준다.
③ 단호박은 삶아서 으깨어 생크림, 버터를 넣어서 잘 저은 뒤 돼지고기 등심을 얇게 편 썰어서 소금, 후추 간을 한 뒤 단호박 퓌레를 넣고, 밀가루, 계란, 빵가루를 묻혀서 180°C 기름에 튀겨 단호박을 넣은 등심 돈가스를 만들어 준다.
④ 등심 돈가스를 잘라서 군데군데 놓은 뒤 밑에는 라디치오 샐러드를 깔고 위에는 고르곤졸라 치즈와 크레송을 올리고 사이드에 레몬과 레몬 비네그레트를 곁들여준다.

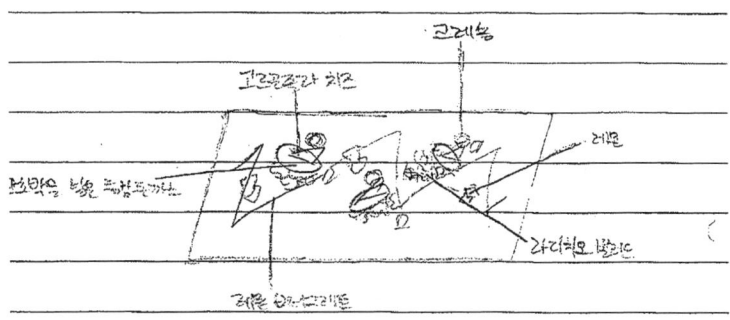

구운 삼겹살과 파프리카 팀발 & 오렌지 제스트
그리고 발사믹 식초와 오렌지

■■──── 재료 ────■■

삼겹살, 마늘, 파프리카, 양파, 토마토, 새송이버섯, 오렌지, 설탕, 발사믹 식초, 올리브,
로즈메리, 레드 와인, 소금, 후추, 올리브오일

■■■──── 만드는 방법 ────■■■

① 오렌지는 껍질만을 이용해 줄리엔하여 데친 뒤 프라이팬에 설탕을 넣고 볶아서 오렌지 제스토를 만들어 준다.
② 마늘은 다지고 파프리카, 양파, 토마토, 새송이버섯은 스몰 다이스하여 프라이팬에 올리브오일을 두르고 소금, 후추 간을 하여 볶아서 버섯 팀발을 만들어 준다.
③ 삼겹살은 로즈메리와 레드 와인으로 마리네이드하여서 호일로 싼 뒤 180°C 오븐에서 30~40분 정도 구워 준다.
④ 중앙에 파프리카 팀발을 깔고 삼겹살을 올린 뒤 오렌지 제스트로 가니시하여 올리고, 발사믹 소스와 올리브, 올리브오일은 소스를 간결하게 하여 마무리해 준다.

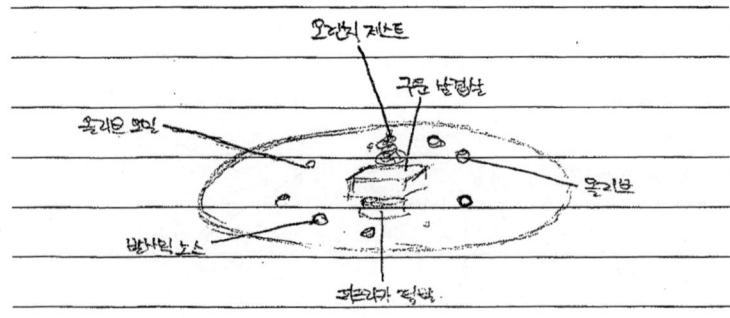

된장 소스에 어우러진 스티밍한 삼겹살과 오렌지 거품 그리고 빠네 & 건포도

■■── 재료 ──■■

삼겹살, 마늘, 양파, 대파, 된장, 레몬주스, 오렌지주스, 저지방 우유, 밀가루, 건포도, 타임, 소금, 후추, 올리브오일

■■■── 만드는 방법 ──■■■

① 밀가루, 올리브오일, 물을 섞어서 프라이팬에 넣어서 구워 빠네를 만들어 준다.
② 삼겹살에 소금, 후추 간을 하고 타임으로 마리네이드하여 찜기에서 쪄 준다.
③ 마늘, 양파, 대파는 찹을 하여서 된장과 레몬주스를 섞어서 된장 소스를 만들어 준다.
④ 오렌지주스를 졸인 다음에 저지방 우유와 함께 믹서에 넣어 믹싱하여 오렌지 거품을 만들어 준다.
⑤ 중앙에 된장 소스를 깐 뒤 스티밍한 삼겹살을 올리고 오렌지 거품과 빠네, 건포도를 올려서 마무리해 준다.

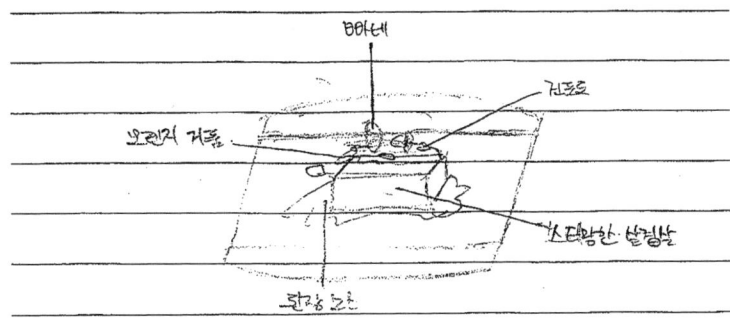

돼지고기

고구마와 파프리카로 속을 채운 안심 필라프와 체리 소스 그리고 쿠스쿠스볼과 타임 페스토

■■── 재료 ──■■

돼지고기 안심, 고구마, 생크림, 버터, 파프리카, 체리, 체리 주스, 레몬주스, 쿠스쿠스, 마늘, 양파, 당근, 애호박, 가지, 크레송, 굴소스, 밀가루, 계란, 빵가루, 타임, 잣, 소금, 후추, 올리브오일

■■■── 만드는 방법 ──■■■

① 믹서에 타임, 잣, 마늘, 올리브오일, 소금, 후추를 넣어서 믹싱하여 타임 페스토를 만들어 준다.
② 체리와 체리 주스, 레몬주스를 믹서에 갈아서 프라이팬이나 냄비에 졸여서 체리 소스를 만들어 준다.
③ 고구마는 쪄서 으깬 다음에 생크림과 버터를 넣어 섞고, 파프리카를 스몰 다이스하여 준다.
④ 쿠스쿠스는 끓는 물에서 데친 다음에 프라이팬에 올리브오일을 두르고, 마늘, 양파, 당근, 애호박, 가지, 스몰 다이스한 것을 볶다가 쿠스쿠스와 굴소스로 간을 하여 쿠스쿠스를 만든 뒤 작은 볼 형태로 만들어서 밀가루, 계란, 빵가루를 묻혀서 180°C 기름에 튀겨 쿠스쿠스볼을 만들어 준다.
⑤ 안심은 얇게 저며서 펼쳐 소금, 후추 간을 한 뒤 고구마와 파프리카를 넣고 말아서 180°C 오븐에서 구워 준다.

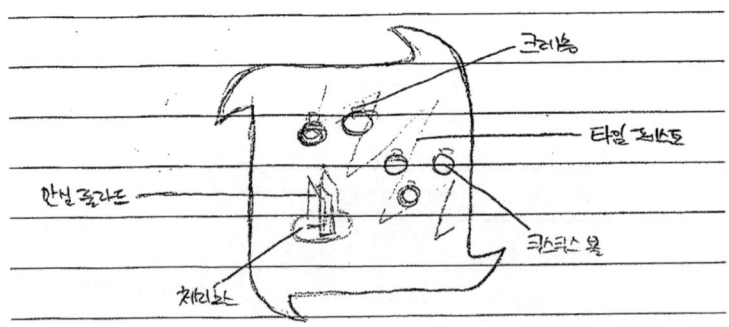

안심스테이크와 야채 팀발 & 오렌지 제스트 그리고 스트로베리 소스와 체리 토마토 젤리

■■── 재료 ──■■

돼지고기 안심, 마늘, 양파, 당근, 애호박, 피망, 새송이버섯, 오렌지, 설탕, 스트로베리 퓌레, 체리 토마토, 젤라틴, 민트, 잣, 크레송, 소금, 후추, 올리브오일

■■■■── 만드는 방법 ──■■■■

① 오렌지는 껍질만을 이용해 줄리엔하여 데친 뒤 프라이팬에 설탕을 넣고 볶아서 오렌지 제스트를 만들어 준다.
② 스트로베리 퓌레는 냄비나 프라이팬에 넣어 졸여서 스트로베리 소스를 만들어 준다.
③ 체리 토마토는 믹서에 갈아서 젤라틴을 투입하여 몰더에 담아서 1시간 정도 냉장 보관을 하여 굳으면 스몰 다이스로 잘라준다.
④ 마늘은 다지고 양파, 당근, 애호박, 피망, 새송이버섯은 스몰 다이스하여 프라이팬에 올리브오일을 두르고 소금, 후추 간을 하여서 볶아 원형 몰더에 담아 야채 팀발을 만들어 준다.
⑤ 믹서에 민트, 잣, 마늘, 올리브오일, 소금, 후추를 넣어서 믹싱하여 민트 페스토를 만들어 준다.
⑥ 안심은 모양 그대로 썰어서 소금, 후추, 민트, 마늘, 다진 것을 마리네이드하여 프라이팬에 오일을 두르고 구워 준다.

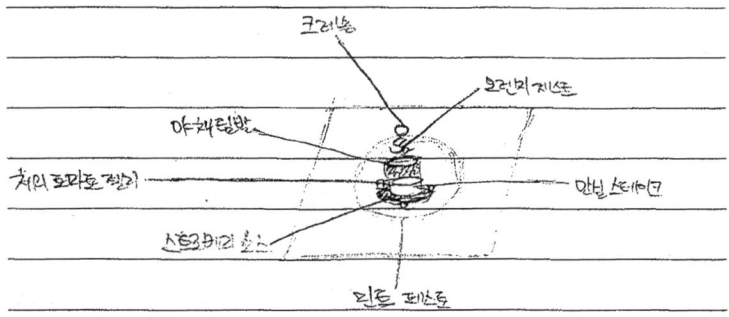

청포도 소스를 곁들인 삼겹살구이와 알리오 올리오 그리고 매시트 스위트포테이토

■■── 재료 ──■■

삼겹살, 청포도 캔, 레몬주스, 마늘, 스파게티면, 바질, 고구마, 생크림, 버터, 차이브, 파슬리 가루, 방울토마토, 레드 와인, 로즈메리, 소금, 후추, 올리브오일

■■■── 만드는 방법 ──■■■

① 고구마는 삶아서 으깨어 생크림, 버터, 파슬리 가루, 소금, 후추를 넣어 섞어서 짤주머니에 담아 오븐 팬에 짜내어서 180°C 오븐에서 5분간 구워 매시트 스위트포테이토를 만들어 준다.

② 스파게티면을 끓는 물에서 소금, 올리브오일을 넣고 5분 30초 정도 삶은 뒤 마늘은 편 썰고 바질은 다져서 프라이팬에 올리브오일을 두르고 편 썬 마늘을 굽다가 스파게티면과 바질 다진 것 그리고 물 또는 야채스톡을 넣고 방울토마토와 파슬리 가루, 소금, 후추로 간하여 볶아서 알리오 올리오를 만들어 준다.

③ 삼겹살에 레드 와인과 로즈메리로 마리네이드하여 호일로 싸서 180°C 오븐에서 40분간 구워 준다.

④ 구운 삼겹살에 나온 기름을 프라이팬에 넣어 마늘 다진 것, 청포도, 레몬주스, 소금, 후추를 넣고 졸여준다.

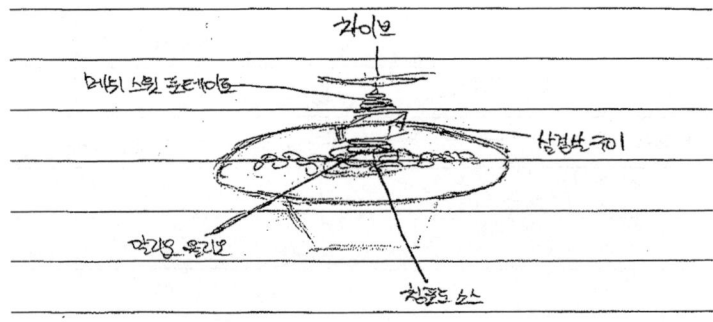

삼겹살 구이와 등심 치즈볼 & 아스파라거스 샐러드
그리고 발사믹 소스와 바질 페스토

■■ ── 재료 ── ■■

삼겹살, 돼지고기 등심, 스트링 치즈, 아스파라거스, 비타민, 베이비 비트잎, 비트, 단호박, 발사믹 식초, 꿀, 바질, 잣, 민트, 밀가루, 계란, 빵가루, 소금, 후추, 올리브오일

■■■ ── 만드는 방법 ── ■■■

① 냄비에 발사믹 식초와 꿀을 넣어서 졸여 발사믹 소스를 만들어 준다.
② 믹서에 바질, 잣, 마늘, 올리브오일, 소금, 후추를 넣어서 믹싱하여 바질 페스토를 만들어 준다.
③ 비트, 단호박은 스몰 다이스하고 아스파라거스는 섬유질을 제거하여 필러로 얇게 밀어서 데쳐 준다.
④ 등심을 다져서 소금, 후추 간을 하여 안에는 스트링 치즈를 넣어서 밀가루, 계란, 빵가루를 묻혀서 180°C 기름에 튀겨 등심 치즈볼을 만들어 준다.
⑤ 삼겹살을 민트와 후추를 부려서 호일로 감싸서 180°C 오븐에 40분간 구워 준다.
⑥ 삼겹살을 중앙에 놓고 사이드에 등심 치즈볼을 놓은 다음에 아스파라거스, 베이비 비트잎, 비트, 단호박, 비타민을 가니시로 하고 바질 페스토와 발사믹 소스를 곁들여 마무리해 준다.

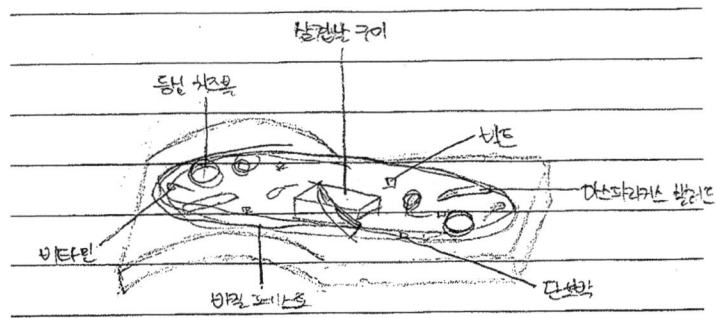

목심구이와 페페로니 & 자몽
그리고 레몬 제스트와 오렌지 소스

■■── 재료 ──■■

돼지고기 목심, 페페로니, 파슬리 가루, 피자치즈, 레몬, 설탕, 오렌지주스, 마늘, 민트,
베이비 비트잎, 소금 , 후추, 버터, 올리브오일

■■■── 만드는 방법 ──■■■

① 레몬은 껍질만 이용해 줄리엔하여 데친 뒤 프라이팬에 버터와 설탕을 넣고 볶아서 레몬 제스트를 만들어 준다.
② 자몽은 웨지 형태로 썰어주고 오렌지주스는 농도가 걸쭉해지도록 ½ 이상 졸여 오렌지 소스를 만든다.
③ 페페로니는 얇게 편썰어서 피자치즈와 파슬리 가루를 뿌려 페페로니로 덮은 것을 5개 정도 만들어 180°C 오븐에서 5분간 구워 준다.
④ 목심은 소금, 후추 간을 하여서 민트, 마늘, 다진 것을 뿌려서 목심구이를 만들어 준다.
⑤ 중앙에 오렌지 소스를 깔고 목심구이와 페페로니, 자몽을 서로 다르게 겹겹이 놓고 레몬 제스트와 베이비 비트잎을 올려서 마무리해 준다.

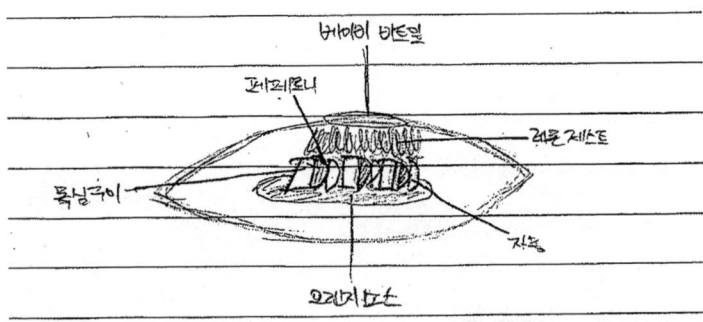

오늘의 양식

데리야끼 소스로 글레이징한 등심구이와 바질 파스타 그리고 감자 퓌레와 견과류 크러스트볼 & 과일 줄리엔

■■── 재료 ──■■

돼지고기 등심, 간장, 설탕, 다시마, 계피, 마늘, 대파, 양파, 바질, 잣, 스파게티면, 감자, 버터, 생크림, 호두, 건포도, 아몬드, 밀가루, 계란, 빵가루, 사과, 배, 감, 비타민, 소금, 후추, 파슬리 가루, 올리브오일

■■■── 만드는 방법 ──■■■

① 사과, 배, 감은 얇게 줄리엔하여 설탕물에 담구어 과일 줄리엔을 만들어 준다.
② 감자는 삶아서 으깬 뒤 버터와 생크림에 소금 간을 하여 감자 퓌레를 만들어 준다.
③ 으깬 감자에 호두, 건포도, 아몬드, 소금, 후추 간을 하여서 섞어서 작은 볼 형태로 만들어서 밀가루, 계란, 빵가루, 파슬리를 묻혀서 180°C 기름에 튀겨 견과류 크러스트 볼을 만들어 준다.
④ 믹서에 바질, 잣, 올리브오일을 넣어서 바질 페스토를 만들어 준다.
⑤ 끓는 물에 스파게티면을 삶은 뒤 마늘, 양파를 다져서 프라이팬에 오일을 두르고 야채를 볶다가 스파게티면과 바질 페스토, 소금, 후추를 만들어서 바질 파스타를 만들어 준다.
⑥ 물, 간장, 설탕, 다시마, 계피, 마늘, 대파, 양파를 넣고 끓여 데리야끼 소스를 만든 뒤 등심을 넣어서 글레이징하여 준다.

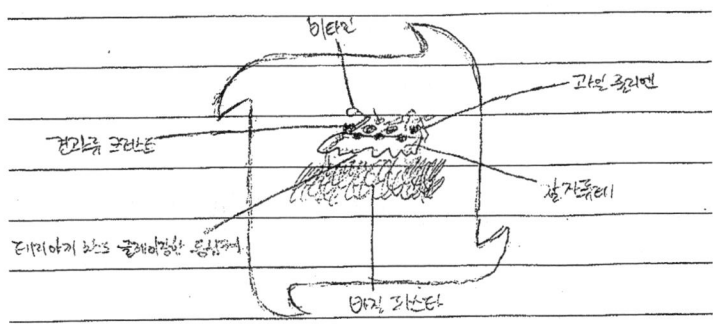

카망베르 안심 돈가스와 애플 샐러드
그리고 야채 필라프와 고구마 퓌레 & 레몬 제스트

■■── 재료 ──■■

돼지고기 안심, 카망베르 치즈, 밀가루, 계란, 빵가루, 사과, 양상추, 레몬주스, 식초, 설탕, 쌀, 마늘, 양파, 당근, 마늘종, 가지, 굴소스, 고구마, 버터, 생크림, 레몬, 방울토마토, 씨머스터드, 크레송, 베이비 비트잎, 소금, 후추, 올리브오일

■■■── 만드는 방법 ──■■■

① 레몬은 껍질만 이용해 줄리엔하여 데친 뒤 프라이팬에 버터와 설탕을 넣고 볶아서 레몬 제스트를 만들어 준다.
② 고구마는 쪄서 으깬 다음에 버터, 생크림, 소금 간을 하여서 섞어 고구마 퓌레를 만들어 준다.
③ 사과는 얇게 줄리엔하여서 한입 크기로 썬 양상추와 레몬 주스, 식초, 설탕을 넣어 섞어서 애플 샐러드를 만들어 준다.
④ 밥을 짓고, 마늘, 양파, 당근, 마늘종, 가지를 스몰 다이스하여 프라이팬에 오일을 두르고 야채를 볶다가 밥과 굴소스를 같이 넣어서 볶아 야채 필라프를 만들어 준다.
⑤ 돼지고기 안심을 얇게 포를 떠서 소금, 후추 간을 한 뒤 속에 카망베르 치즈를 넣고 다시 포 뜬 돼지고기를 덮은 뒤 밀가루, 계란, 빵가루를 묻혀서 튀겨 준다.
⑥ 프라이팬에 오일을 두르고 야채를 넣어서 볶다가 밥과 굴소스를 넣어서 볶아 야채 필라프를 만들어 준다.

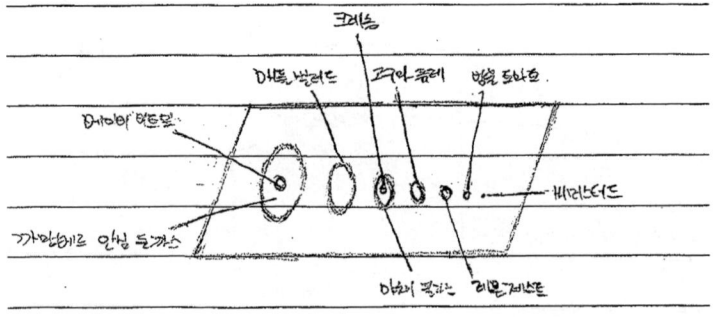

오늘의 양식

감자 퓌레를 곁들인 삼겹살구이와 블랜칭한 야채 그리고 레몬 제스트 & 방울토마토

■■ —— 재료 —— ■■

돼지고기 삼겹살, 감자, 생크림, 버터, 로즈메리, 레드 와인, 당근, 애호박, 레몬, 설탕,
방울토마토, 비타민, 베이비 비트잎, 소금, 후추, 올리브오일

■■■ —— 만드는 방법 —— ■■■

① 레몬은 껍질만 사용해 얇게 줄리엔하여 프라이팬에 버터와 설탕을 넣고 볶아서 레몬 제스트를 만들어 준다.
② 방울토마토는 (+) 모양으로 칼집을 내서 끓는 물에 살짝 데친 뒤 프라이팬에 오일을 두르고 껍질 부분만 구워서 복주머니 형태로 만들어 준다.
③ 당근과 애호박을 반 볼 형태로 만들어서 끓는 물에 데쳐서 블랜칭한 야채를 만들어 준다.
④ 감자는 삶아서 으깬 뒤 버터와 생크림, 소금 간을 하여서 섞어 감자 퓌레를 만들어 준다.
⑤ 삼겹살에 레드 와인과 로즈메리로 마리네이드하고 소금, 후추 간을 하여서 호일로 싼 뒤 180°C 오븐에서 30분간 구워 준다.
⑥ 움푹 파인 접시에서 감자 퓌레를 깔고 삼겹살구이와 블랜칭한 야채 그리고 레몬 제스트와 방울토마토를 놓아서 마무리해 준다.

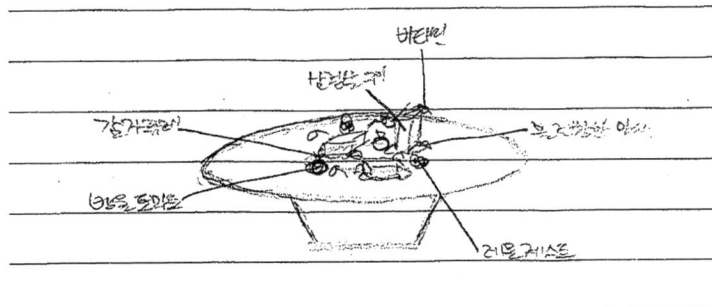

허브 크러스트를 입힌 치즈 등심볼과 크림 마카로니 그리고 과일 샐러드 & 고구마 빠찌엔느

■■── 재료 ──■■

돼지고기 등심, 리코타 치즈, 밀가루, 계란, 빵가루, 바질, 파슬리 가루, 마카로니, 마늘, 양파, 우유, 휘핑크림, 사과, 오렌지, 키위, 플레인 요구르트, 딸기 요플레, 고구마, 크레송, 소금, 후추, 올리브오일

■■■── 만드는 방법 ──■■■

① 고구마를 얇게 줄리엔하여 180℃ 기름에 튀겨서 고구마 빠찌엔느를 만들어 준다.
② 사과, 오렌지, 키위를 직육면체 형태로 잘라서 플레인 요구르트와 딸기 요플레를 곁들여서 과일 샐러드를 만들어 준다.
③ 마카로니를 삶은 뒤 마늘, 양파를 슬라이스하고 프라이팬에 오일을 두르고, 야채를 볶다가 마카로니와 우유, 휘핑크림, 소금, 후추 간을 하여서 볶아 크림 마카로니를 만들어 준다.
④ 등심을 얇게 펼쳐서 소금, 후추 간을 하여서 리코타 치즈를 넣고 작은 볼 형태로 만들어서 밀가루, 계란, 빵가루, 바질, 파슬리 가루를 묻혀서 180℃ 기름에 튀겨 준다.
⑤ 아래쪽에 플레인 요구르트와 딸기 요플레를 곁들인 과일 샐러드를 놓고 중앙에는 크림 마카로니를 깔고 허브크러스트를 입힌 치즈 등심볼을 올린 뒤 고구마 빠찌엔느와 크레송으로 마무리해 준다.

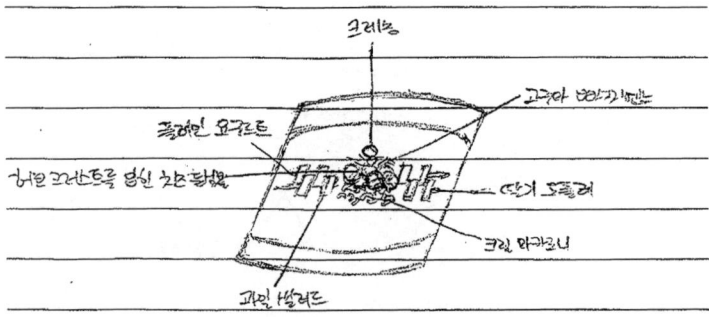

토마토 루오테를 곁들인 로즈메리 삼겹살구이와 크림 가지 라자냐 그리고 과일 살사 & 연근튀김

■■── 재료 ──■■

삼겹살, 루오테, 토마토홀, 마늘, 양파, 당근, 샐러리, 설탕, 피자치즈, 월계수잎, 정향, 통후추, 로즈메리, 가지, 고르곤졸라 치즈, 휘핑크림, 사과, 오렌지, 키위, 레몬주스, 식초, 연근, 크레송, 소금, 후추, 레드 와인, 올리브오일

■■■── 만드는 방법 ──■■■

① 연근을 얇게 슬라이스하여 180°C 기름에 튀겨 연근튀김을 만들어 준다.
② 사과, 오렌지, 키위는 작게 정육면체로 썰어서 레몬주스, 설탕, 식초를 넣고 섞어서 과일 살사를 만들어 준다.
③ 프라이팬에 휘핑크림, 고르곤졸라 치즈를 넣고 끓여서 크림소스를 만들어 준다.
④ 가지는 필러나 칼로 슬라이스하여 프라이팬에 버터를 넣고 가지에 소금, 후추 간을 하여 구운 뒤 크림소스와 피자치즈를 층층이 바르고 부려서 180°C 오븐에 5분간 구워 크림 가지 라자냐를 만들어주고 루오테는 삶아 준다.
⑤ 마늘은 찹하고 양파, 당근, 샐러리는 줄리엔하여 프라이팬에서 볶다가 냄비에 토마토홀과 물 또는 야채스톡 그리고 손질한 야채와 향신료, 소금, 후추를 넣어 토마토소스를 만들어 루오테와 볶아 준다.
⑥ 삼겹살에 로즈메리, 레드 와인, 소금, 후추로 간을 해 180°C 오븐에 구워 준다.

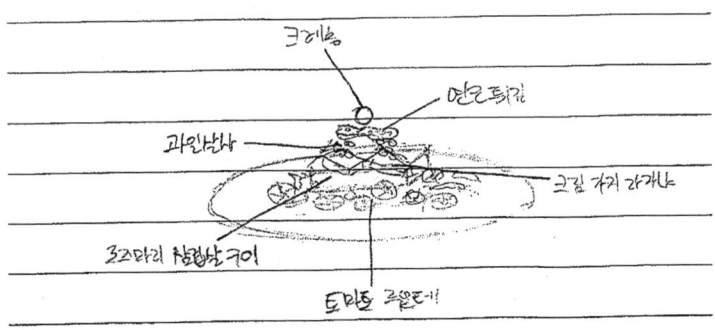

돼지고기

리코타 치즈를 넣은 등심볼과 야채 처트니
그리고 미역국 페투치네 누들과 두부 젤리

■■── 재료 ──■■

돼지고기 등심, 리코타 치즈, 밀가루, 계란, 빵가루, 마늘, 참기름, 양파, 당근, 애호박, 가지, 토마토 페이스트, 페투치네, 미역, 페페론치노, 조갯살, 국간장, 두부, 젤라틴, 어린잎 새싹, 소금, 후추, 올리브오일

■■■── 만드는 방법 ──■■■

① 두부는 으깨어서 젤라틴과 섞어서 몰더에 담아 냉장 휴지시킨 뒤 굳으면 잘라서 두부 젤리를 만들어 준다.
② 마늘은 찹하고 양파, 당근, 애호박, 가지를 스몰 다이스하여 프라이팬에 오일을 두르고 야채를 볶다가 페이스트와 소금, 후추 간을 하여서 볶다가 야채 처트니를 만들어 준다.
③ 페투치네는 삶고, 미역은 불린 뒤 프라이팬에 오일을 두르고 마늘 찹한 것과 페페론치노, 조갯살, 미역, 페투치네를 넣고 볶다가 물 또는 야채스톡, 국간장, 참기름, 후추로 간을 하여서 볶아 미역국 페투치네 누들을 만들어 준다.
④ 등심을 얇게 펼쳐서 소금, 후추 간을 한 뒤 리코타 치즈를 넣고 볼 형태로 만들어서 밀가루, 계란, 빵가루를 묻혀서 180°C 기름에 튀겨 리코타 치즈를 넣은 등심볼을 만들어 준다.
⑤ 접시 중앙에 미역국 페투치네 누들을 깔고 리코타 치즈를 넣은 등심볼과 야채 처트니를 올리고 크레송과 두부 젤리로 마무리해 준다.

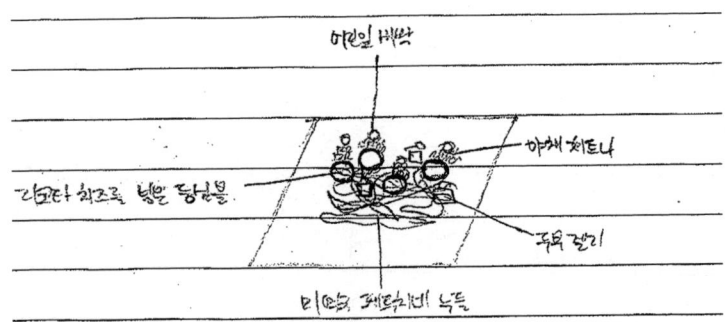

오늘의 양식

블랙베리 소스를 곁들인 포크 스테이크와 단호박 라비올리 그리고 바질 페스토와 감자 퓌레 & 버섯 팀발

■■── 재료 ──■■

돼지고기 등심, 블랙베리, 레몬주스, 설탕, 레몬, 바질, 단호박, 밀가루, 계란, 리코타 치즈, 마늘, 양파, 파프리카, 잣, 감자, 생크림, 버터, 새송이버섯, 양송이버섯, 어린잎 채소, 소금, 후추, 올리브오일

■■■── 만드는 방법 ──■■■

① 믹서에 바질, 잣, 마늘, 소금, 후추, 올리브오일을 넣어 믹싱하여 바질 페스토를 만들어 준다.
② 감자는 삶아서 으깬 다음에 생크림, 버터, 소금 간을 하여서 섞어 감자 퓌레를 만들어 준다.
③ 블랙베리와 레몬주스, 설탕을 냄비에 넣어 졸여서 블랙베리 소스를 만들어 준다.
④ 단호박은 쪄서 으깬 다음에 밀가루, 계란, 단호박, 소금, 후추를 넣고 반죽하여 30분간 냉장 휴지시킨 뒤 정사각형 몰더로 찍어서 중앙에 등심, 리코타 치즈, 마늘, 양파, 파프리카 찹한 것과 소금, 후추로 간하여 섞어서 속을 채워 덮은 뒤 라비올리를 삶아 준다.
⑤ 새송이버섯, 양송이버섯을 스몰 다이스하여 마늘, 양파 찹한 것과 프라이팬에 오일을 넣고 볶다가 간을 하여 몰더에 담아 준다.
⑥ 레몬, 바질을 찹하여 등심에 발라 소금, 후추 간을 하여서 180°C 오븐에 10분간 구워 포크 스테이크를 만들어 준다.

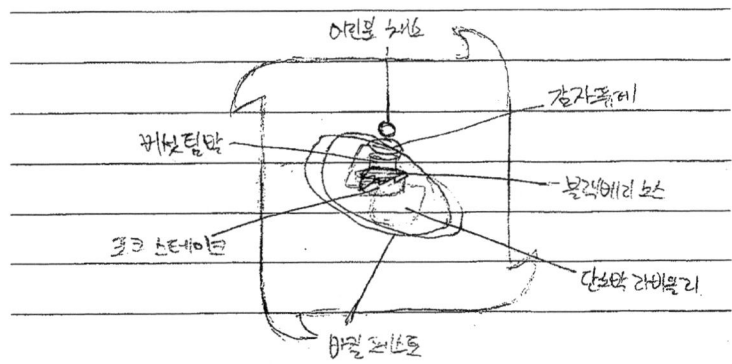

돼지고기

등심 쿠스쿠스와 토마토 브루스케타 그리고 토마토 파르팔레와 매시트 스위트포테이토

■■── 재료 ──■■

돼지고기 등심, 쿠스쿠스, 마늘, 양파, 당근, 애호박, 가지, 굴소스, 토마토, 파프리카, 올리브, 그라나파다노 치즈, 버터, 설탕, 파슬리 가루, 바게트, 토마토홀, 샐러리, 월계수잎, 정향, 통후추, 고구마, 생크림, 차이브, 크레송, 소금, 후추, 올리브오일

■■■── 만드는 방법 ──■■■

① 고구마는 삶아서 으깬 다음에 버터, 생크림, 파슬리 가루, 소금으로 간을 해서 매시트 스위트포테이토를 만들어 준다.
② 바게트는 얇게 슬라이스하여 마늘 찹과 버터, 설탕, 파슬리 가루를 묻혀서 180°C 오븐에서 2~3분간 구워 준다.
③ 양파, 토마토, 파프리카, 올리브는 스몰 다이스하여 소금, 후추, 그라나파다노 치즈를 섞어서 바게트 위에 올려서 토마토 브루스케타를 만들어 주고 파르팔레를 삶아 준다.
④ 마늘은 찹하고 양파, 당근, 샐러리는 줄리엔하여 프라이팬에서 볶다가 냄비에 토마토홀과 물 또는 야채스톡 그리고 손질한 야채와 향신료, 소금, 후추를 넣어 끓여 토마토소스를 만들어서 파르팔레와 소스를 넣고 볶아 토마토 파르팔레를 만들어 준다.
⑤ 마늘은 찹하고 양파, 당근, 애호박, 가지는 스몰 다이스하여 프라이팬에 오일을 두르고 등심 찹스테이크와 야채를 볶다가 쿠스쿠스와 굴소스, 후추를 넣어 볶아서 등심 쿠스쿠스를 만들어 준다.

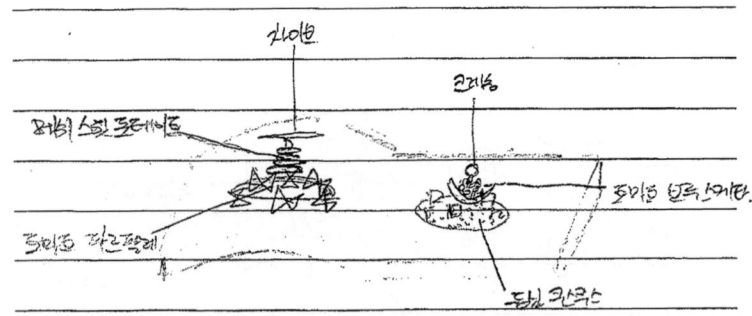

치즈 등심볼과 모차렐라 고구마구이 & 생크림
그리고 토마토 퓌레와 레몬 제스트

■■──── 재료 ────■■

돼지고기 등심, 리코타 치즈, 밀가루, 계란, 빵가루, 고구마, 피자치즈, 모차렐라 치즈, 오레가노, 파슬리 가루, 생크림, 토마토홀, 레몬, 설탕, 바질, 소금, 후추, 올리브오일

■■■──── 만드는 방법 ────■■■

① 레몬은 껍질만을 사용하여 얇게 줄리엔한 뒤 프라이팬에 버터와 레몬 껍질, 설탕을 넣고 볶아서 레몬 제스트를 만들어 준다.
② 믹서에 토마토홀, 마늘, 바질, 소금, 후추를 넣고 믹싱하여 토마토 퓌레를 만들어 준다.
③ 고구마를 한입 크기로 잘라서 피자치즈와 모차렐라 치즈, 오레가노, 파슬리 가루를 올려서 180°C 오븐에 5분간 구워서 모차렐라 고구마구이를 만들어 준다.
④ 등심을 다져서 안에 리코타 치즈를 넣고 소금, 후추 간을 하여 밀가루, 계란, 빵가루, 파슬리 가루를 묻혀서 둥근 볼 모양으로 만들어서 180°C 기름에 튀겨 준다.
⑤ 토마토 퓌레를 티스푼으로 긋고, 치즈 등심볼, 레몬 제스트, 모차렐라 고구마구이에 생크림을 얹고 바질로 마무리 가니시하여 준다.

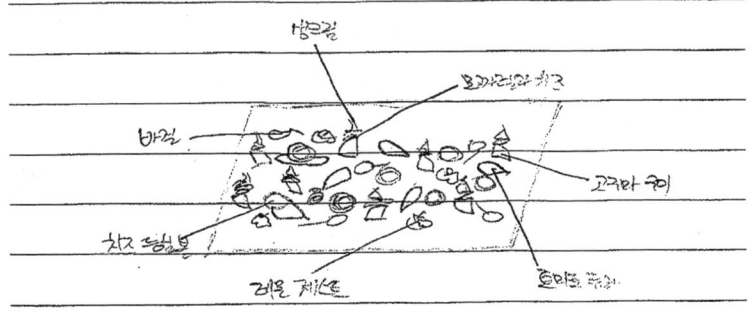

돼지고기

하드롤에 어우러진 칠리 바비큐 폭찹과 땅콩크림 갈릭구이와 안티파스토 & 타임 페스토

■■─── 재료 ───■■

돼지갈비, 마늘, 양파, 당근, 샐러리, 굴소스, 칠리소스, 핫소스, 설탕, 우스터소스, 하드롤, 땅콩크림, 피망, 올리브, 양송이버섯, 올리브, 타임, 잣, 페페론치노, 버터, 소금, 후추, 올리브오일

■■■─── 만드는 방법 ───■■■

① 믹서에 타임, 잣, 마늘, 소금, 후추, 올리브오일을 넣고 믹싱하여 타임 페스토를 만들어 준다.
② 프라이팬에 양송이버섯, 양파, 피망, 올리브 썬 것을 볶다가 올리브오일을 두르고 한 번 더 볶은 뒤 발사믹 식초를 뿌려 잠기도록 통 안에 담아 재워서 안티파스토를 만들어 준다.
③ 하드롤은 위를 자른 뒤 속을 파내어 180°C 오븐에서 5분간 구워 준다.
④ 오븐 팬에 버터를 바르고 마늘 위에 땅콩크림을 얹어 180°C 오븐에서 5~7분간 구워 준다.
⑤ 프라이팬에 버터를 넣고 마늘, 양파 찹한 것을 볶다가 돼지갈비를 얇게 펼쳐서 소금, 후추 간을 하여서 볶다가 당근, 샐러리 줄리엔한 것과 굴소스, 칠리소스, 핫소스, 페페론치노, 설탕, 우스터소스를 넣어 글레이징하여 칠리 바비큐 폭찹을 만들어 준다.

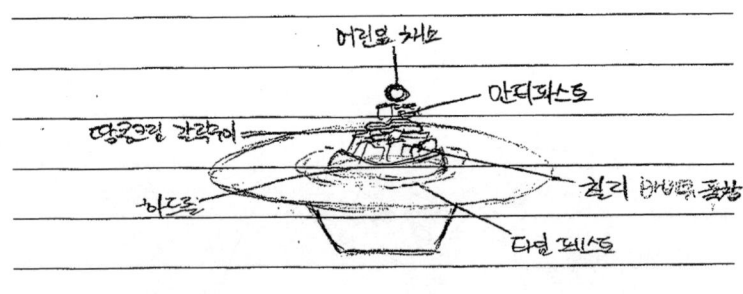

귀리 리소토에 어우러진 데리야끼 등심 찹스테이크와 사프란 페스토 그리고 페페론치노와 바질 토마토

■■—— 재료 ——■■

돼지고기 등심, 간장, 설탕, 계피, 다시마, 마늘, 양파, 대파, 감자, 전분, 커리가루, 당근, 애호박, 가지, 쌀, 굴소스, 사프란, 잣, 페페론치노, 바질, 방울토마토, 어린잎 새싹, 소금, 후추, 올리브오일

■■■—— 만드는 방법 ——■■■

① 믹서에 사프란, 마늘, 잣, 올리브오일, 소금, 후추를 넣고 믹싱하여 사프란 페스토를 만들어 준다.
② 방울토마토는 반을 잘라서 설탕을 조금 묻힌 뒤 180°C 오븐에서 3분간 구워준 뒤 밥을 짓는다.
③ 마늘은 찹하고 양파, 당근, 애호박, 가지는 주사위 모양으로 썰어서 프라이팬에 오일을 두르고 마늘과 페페론치노를 넣어서 향을 낸 뒤 양파, 당근, 애호박, 가지, 감자를 볶다가 물 또는 야채스톡을 커리 가루에 풀어서 넣어서 밥과 굴소스를 넣어 볶아 커리 리소토를 만들어 준다.
④ 냄비에 물, 간장, 설탕, 계피, 다시마, 마늘, 양파, 대파를 넣고 끓여서 전분 물로 농도를 맞춰서 데리야끼 소스를 만들어 준다.
⑤ 프라이팬에 오일을 두르고 마늘 찹한 것을 볶다가 등심 찹스테이크와 데리야끼 소스로 글레이징하여 데리야끼 등심 찹스테이크를 만들어 준다.

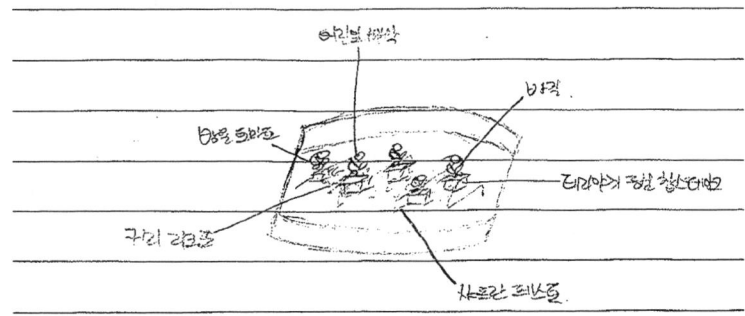

돼지고기

로즈메리를 입힌 삼겹살 스테이크와 토마토 파르팔레 그리고 매시트 펌킨 & 레몬 젤리와 민트 페스토

■■── 재료 ──■■

삼겹살, 레드 와인, 로즈메리, 토마토홀, 마늘, 양파, 당근, 샐러리, 월계수잎, 정향, 통후추, 파르팔레, 단호박, 생크림, 파슬리 가루, 레몬주스, 설탕, 젤라틴, 민트, 잣, 소금, 후추, 올리브오일

■■■── 만드는 방법 ──■■■

① 믹서에 민트, 잣, 마늘, 올리브오일, 소금, 후추를 넣고 믹싱하여 민트 페스토를 만들어 준다.
② 레몬주스와 설탕, 젤라틴을 섞어서 정사각형 몰더에 담아 30분간 냉장 휴지시켜 굳으면 잘라서 레몬젤리를 만들어 준다.
③ 단호박을 쪄서 으깬 다음에 생크림과 파슬리 가루를 넣어 믹싱하여 짤주머니에 담아 오븐 팬에 소프트아이스크림 모양으로 짜서 180°C 오븐에 5분간 구워서 매시트 펌킨을 만들어 준다.
④ 마늘, 양파, 당근, 샐러리는 찹하여 프라이팬에 볶다가 냄비에 담아 물 또는 야채스톡, 으깬 토마토홀, 월계수잎, 정향, 통후추, 설탕, 소금, 후추를 넣고 끓여 토마토소스를 만들어 준다.
⑤ 파르팔레를 삶아서 토마토소스에 볶아 준다.
⑥ 삼겹살을 레드 와인, 로즈메리, 소금, 후추를 넣고 호일로 감싼 180°C 오븐에서 40분간 구워 삼겹살 스테이크를 만들어 준다.

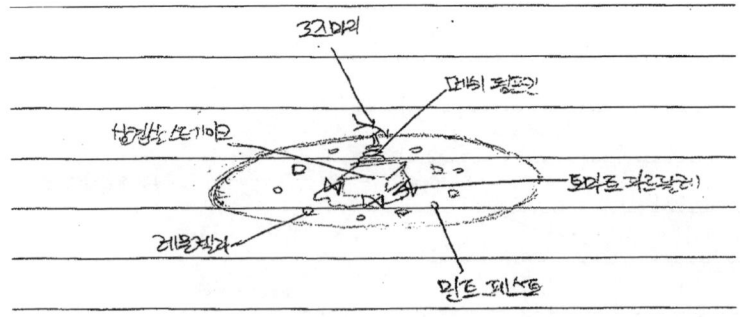

페페론치노 삼겹살 찹스테이크와 망고 퓌레 & 버섯 크림소스 그리고 매시트포테이토와 바질 페스토

■■── 재료 ──■■

삼겹살, 마늘, 페페론치노, 로즈메리, 레드 와인, 망고 퓌레, 레몬주스, 새송이버섯, 양송이버섯, 우유, 휘핑크림, 버섯 크림, 감자, 생크림, 파슬리 가루, 바질, 잣, 로즈메리, 방울토마토, 비타민, 소금, 후추, 올리브오일

■■■── 만드는 방법 ──■■■

① 믹서에 바질, 잣, 마늘, 소금, 후추, 올리브오일을 넣고 믹싱하여 바질 페스토를 만들어 준다.
② 감자는 쪄서 으깬 다음에 생크림, 파슬리 가루, 소금, 후추를 넣고 믹싱하여 짤주머니에 넣은 뒤 짜서 180°C 오븐에 5분간 구워 매시트포테이토를 만들어 준다.
③ 프라이팬이나 냄비에 망고 퓌레, 레몬주스를 넣고 끓여서 망고 퓌레를 만들어 준다.
④ 새송이버섯, 양송이버섯은 한입 크기로 썬 뒤 프라이팬에 오일을 두르고 마늘 찹과 버섯을 볶다가 우유, 휘핑크림, 소금, 후추, 버섯 크림을 넣어 끓여서 버섯 크림소스를 만들어 준다.
⑤ 삼겹살을 정육면체로 썰어서 소금, 후추, 로즈메리, 레드 와인으로 마리네이드하여 프라이팬에 마늘, 페페론치노 찹과 손질한 삼겹살을 넣어 소테잉하여 페페론치노 삼겹살 찹스테이크를 만들어 준다.

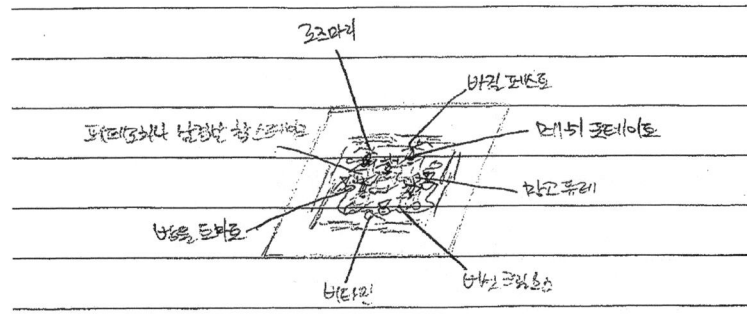

돼지고기

토르티야 속을 채운 서양식 갈비찜과
바질 페스토 펜네와 오렌지 제스트

■■──── 재료 ────■■

돼지갈비, 마늘, 양파, 당근, 샐러리, 토마토홀, 월계수잎, 정향, 통후추, 피자치즈, 바질 가루, 파슬리 가루, 또띠아, 잣, 펜네, 감자, 오렌지, 버터, 설탕, 크레송, 방울토마토, 소금, 후추, 올리브오일

■■■──── 만드는 방법 ────■■■

① 오렌지는 껍질 부분만을 얇게 줄리엔하여 프라이팬에 버터와 줄리엔한 오렌지와 설탕을 넣고 볶아서 오렌지 제스트를 만들어 준다.
② 또띠아는 래들로 중앙을 누르며 180°C 기름에 튀겨 속이 파인 또띠아를 만들어 준다.
③ 믹서에 바질, 잣, 마늘, 소금, 후추, 올리브오일을 넣고 믹싱하여 바질 페스토를 만들어 준다.
④ 펜네를 삶아서 프라이팬에 오일을 두르고 마늘, 양파 찹한 것을 넣어서 바질 페스토 펜네를 만들어 준다.
⑤ 마늘, 양파, 당근, 샐러리는 찹하여 프라이팬에 오일을 두르고 볶다가 냄비로 옮겨 물, 으깬 토마토홀, 월계수잎, 정향, 통후추, 설탕, 소금, 후추를 넣고 끓여서 토마토소스를 만들어 준다.
⑥ 마늘은 찹하고 양파, 감자, 당근은 주사위 모양으로 썬 뒤 냄비에 갈비를 볶다가 야채를 볶고 소스를 넣고 끓여 서양식 갈비찜을 만들어 준다.

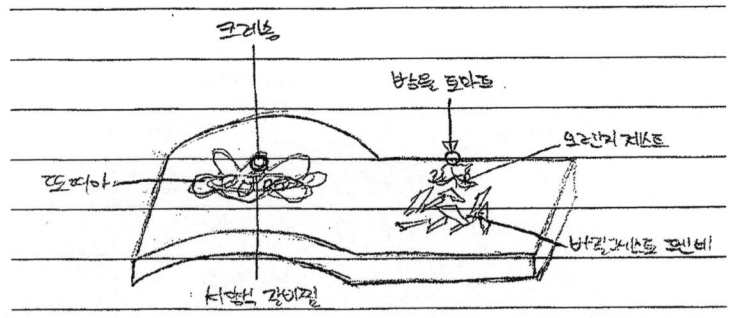

오늘의 양식

치즈 등심볼과 모차렐라 토마토소스 그리고 단호박 라비올리 & 호두 파이

■■── 재료 ──■■

돼지고기 등심, 리코타 치즈, 마늘, 바질 가루, 파슬리 가루, 새송이버섯, 밀가루, 계란, 빵가루, 모차렐라 치즈, 토마토홀, 양파, 당근, 샐러리, 월계수잎, 정향, 통후추, 우유, 휘핑크림, 단호박, 파프리카, 메이플 시럽, 호두, 설탕, 버터, 슈가파우더, 크레송, 어린잎 새싹, 소금, 후추, 올리브오일

■■■── 만드는 방법 ──■■■

① 단호박은 쪄서 으깬 다음에 밀가루, 계란, 단호박, 소금, 후추를 넣고 반죽하여 30분간 냉장 휴지를 시킨 뒤, 라비올리를 삶아 준다.
② 프라이팬에 버터를 넣고 호두를 볶다가 설탕을 넣어 글레이징한 뒤, 볼에다가 버터를 녹여 설탕, 소금을 넣고 믹싱하고 계란, 밀가루, 우유, 슈가파우더를 넣고 반죽하여 30분간 냉장 휴지시킨 뒤 몰더에 담고 글레이징한 호두를 올려 180°C 오븐에서 10분간 구워 호두 파이를 만들어 준다.
③ 마늘, 양파, 당근, 샐러리를 찹하여 프라이팬에 볶다가 냄비로 옮겨서 물, 으깬 토마토홀, 월계수잎, 정향, 통후추, 설탕, 소금, 후추를 넣고 끓여서 토마토소스를 만들어 모차렐라 치즈를 넣어 준다.
④ 등심, 리코타 치즈, 마늘, 바질, 파슬리, 새송이를 찹하여 소금, 후추 간을 하여 밀가루, 계란, 빵가루를 묻혀 180°C 기름에 튀겨 준다.

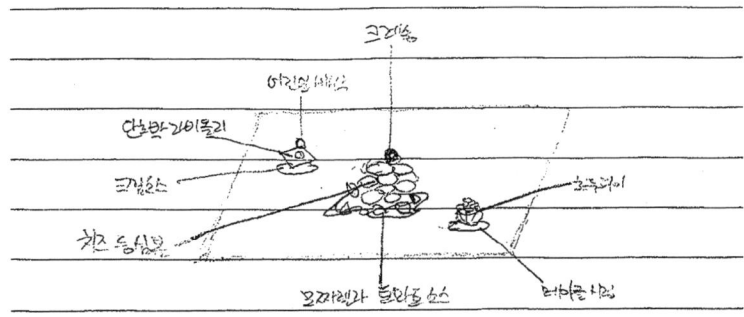

데리야끼로 글레이징한 등심과 가지 라자냐
그리고 쿠스쿠스와 과일 샐러드 & 어린잎 안티파스토

■■── 재료 ──■■

돼지고기 등심, 간장, 설탕, 대파, 마늘, 양파, 계피, 전분 가루, 가지, 토마토홀, 당근, 샐러리, 월계수잎, 정향, 통후추, 쿠스쿠스, 애호박, 굴소스, 사과, 배, 감, 비트, 플레인 요구르트, 요플레, 어린잎 채소, 양송이버섯, 피망, 올리브, 발사믹 식초, 올리브오일, 방울토마토, 소금, 후추

■■■── 만드는 방법 ──■■■

① 사과, 배, 감, 비트는 얇게 슬라이스하여 정육면체 몰더로 찍어서 플레인 요구르트와 요플레를 섞은 드레싱을 과일 층층이 넣어서 탑을 쌓아 과일 샐러드를 만들어 준다.
② 프라이팬에 양송이버섯, 양파, 피망, 올리브 썬 것을 볶다가 오일을 두르고 한번 더 볶은 뒤, 발사믹 식초를 부려 잠기도록 통 안에 담아 재워서 안티파스토를 만든 뒤, 어린잎 채소와 섞어 준다.
③ 가지는 슬라이스하여 프라이팬에 버터를 넣고 구운 뒤, 마늘, 양파, 당근, 샐러리는 첩하여 프라이팬에 오일을 두르고 볶다가 냄비로 옮겨 물, 으깬 토마토홀, 월계수잎, 정향, 통후추, 설탕, 소금, 후추를 넣고 끓여서 토마토소스를 만들어 가지 겹겹이 소스를 바르며, 피자치즈와 함께 넣어서 180°C 오븐에서 5분간 구워 가지 라자냐를 만들어 준다.
④ 쿠스쿠스는 데친 뒤, 마늘, 양파, 당근, 애호박은 스몰 다이스하여 볶아서 쿠스쿠스와 굴소스를 넣어 볶아 준다.
⑤ 물, 간장, 설탕, 대파, 마늘, 양파, 계피, 전분으로 데리야끼 소스로 등심을 끓인다.

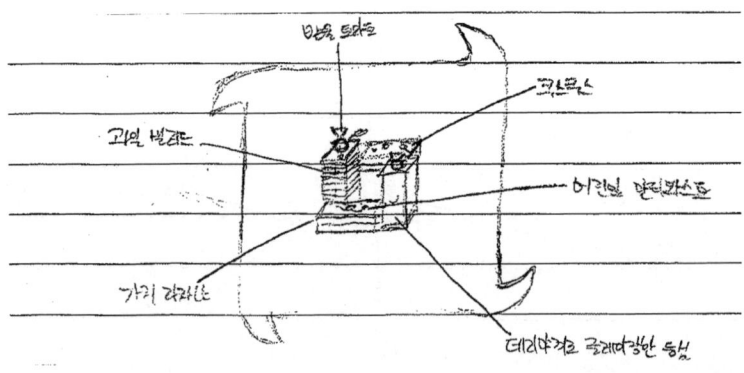

오늘의 양식

크랜베리 소스를 곁들인 등심스테이크와 드라이징한 야채 그리고 시즈닝 포테이토와 갈릭 퓨레

■■──── 재료 ────■■

돼지고기 등심, 마늘, 레몬, 파슬리 가루, 바질 가루, 크랜베리, 레몬주스, 화이트 와인, 설탕, 감자, 당근, 양송이버섯, 브로콜리, 포테이토, 시즈닝 가루, 버터, 생크림, 어린잎 채소, 소금, 후추, 올리브오일

■■■──── 만드는 방법 ────■■■

① 브로콜리는 데쳐서 한입 크기로 자르고, 감자, 당근은 올리베트로 쳐서 데친 뒤, 당근은 설탕물로 글레이징하고, 양송이는 칼집을 내서 180°C 오븐에서 구워 드라이한 야채를 만들어 준다.
② 마늘은 180°C 오븐에서 구워 버터, 생크림을 넣고 섞어서 갈릭 퓨레를 만들어 준다.
③ 냉동 포테이토는 180°C 기름에 튀겨서 시즈닝 가루, 파슬리 가루, 소금, 후추를 넣고 섞어서 시즈닝 포테이토를 만들어 준다.
④ 프라이팬이나 냄비에 크랜베리, 레몬주스, 화이트 와인, 설탕을 넣고 끓여서 졸여 크랜베리 소스를 만들어 준다.
⑤ 등심은 마늘, 레몬 껍질을 다져서 파슬리 가루, 바질 가루와 함께 마리네이드한 뒤, 소금, 후추로 간을 하여 180°C 오븐에서 6~8분간 구워서 등심스테이크를 만들어 준다.
⑥ 중앙에 시즈닝 포테이토와 등심스테이크를 올리고 사이드에 크랜베리 소스와 드라이징한 야채로 가니시하여 마무리해 준다.

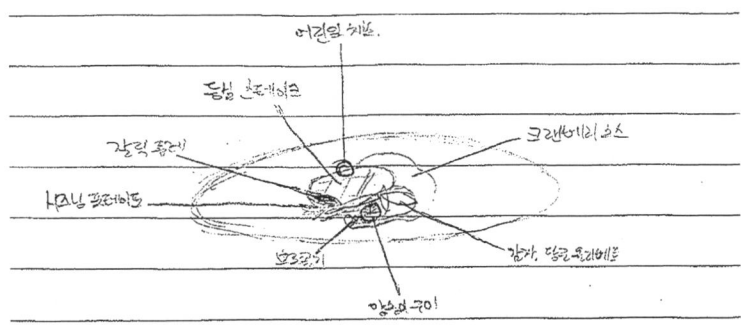

삼겹살 필라프와 안심 햄버그스테이크
그리고 루오테 샐러드와 자몽 제스트

■■──── 재료 ────■■

삼겹살, 돼지고기 안심, 마늘, 양파, 당근, 가지, 마늘종, 굴소스, 쌀, 페페론치노, 토마토, 토마토홀, 샐러리, 월계수잎, 정향, 통후추, 피자치즈, 자몽, 설탕, 루오테, 마요네즈, 파슬리 가루, 바질 가루, 버터, 베이비 비트잎, 소금, 후추, 올리브오일

■■■──── 만드는 방법 ────■■■

① 자몽을 껍질 부분만을 얇게 줄리엔하여 프라이팬에 버터를 넣고 줄리엔한 자몽과 설탕을 넣고 볶아서 자몽 제스트를 만들어 준다.
② 루오테는 삶고, 양파는 슬라이스하여 마요네즈, 파슬리 가루, 설탕, 소금, 후추를 넣고 섞어서 루오테 샐러드를 만들어 준다.
③ 마늘은 찹하고 양파, 당근, 가지, 마늘종, 삼겹살은 스몰 다이스하여 프라이팬에 오일을 두르고 마늘과 삼겹살 필라프를 만들어 준다.
④ 마늘, 양파, 당근, 샐러리를 찹하여 프라이팬에 오일을 넣고 볶다가 냄비로 옮겨 물 또는 스톡, 으깬 토마토홀, 월계수잎, 정향, 통후추, 설탕, 소금, 후추를 넣고 끓여서 토마토소스를 만들어 준다.
⑤ 양파, 가지는 원 모양으로 크게 슬라이스하여 프라이팬에 오일을 두르고 소금, 후추, 간을 하여 구운 뒤, 안심도 원 모양으로 썰어서 페페론치노, 마늘, 소금, 후추, 바질가루로 마리네이드한 뒤, 중간에 토마토소스와 피자치즈를 넣어서 180°C 오븐에서 10분간 구워 준다.

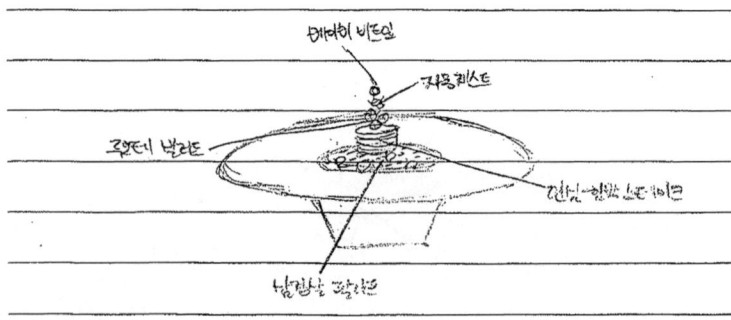

토마토 파르팔레에 어우러진 버섯 리소토 안심롤
그리고 단호박 퓌레와 민트 페스토

■■── 재료 ──■■

돼지고기 안심, 새송이버섯, 양송이버섯, 마늘, 양파, 버섯 크림, 쌀, 우유, 휘핑크림, 파슬리 가루, 바질 가루, 토마토홀, 당근, 샐러리, 월계수잎, 정향, 통후추, 피망, 옥수수콘, 파르팔레, 단호박, 생크림, 민트, 잣, 어린잎 채소, 소금, 후추, 올리브오일

■■■── 만드는 방법 ──■■■

① 믹서에 민트, 마늘, 잣, 올리브오일, 소금, 후추를 넣고 믹싱하여 민트 페스토로 만들어 준다.
② 단호박에 쪄서 으깬 다음에 생크림을 넣고 믹싱하여 단호박 퓌레를 만들어 주고, 파르팔레는 삶아 준다.
③ 마늘, 양파, 당근, 샐러리를 찹하여 프라이팬에 오일을 넣고 볶다가 냄비로 옮겨 물 또는 스톡, 으깬 토마토홀, 월계수잎, 정향, 통후추, 설탕, 소금, 후추를 넣고 끓여서 토마토 소스를 만들어 준다.
④ 프라이팬에 오일을 두르고 마늘 찹과 양파, 피망 슬라이스, 옥수수콘을 넣고 볶다가 파르팔레와 물 또는 스톡, 토마토소스를 넣고 볶아서 토마토 파르팔레를 만들어 준다.
⑤ 밥을 짓고, 마늘, 새송이버섯, 양송이버섯, 양파는 슬라이스하여 프라이팬에 오일을 두르고 야채를 볶다가 우유와 휘핑크림, 밥과 소금, 후추, 파슬리 가루를 넣어 버섯 리소토를 만든 뒤, 안심을 얇게 펼쳐서 바질 가루, 소금, 후추 간을 하여 리소토를 넣어 말아 오븐에 구워 준다.

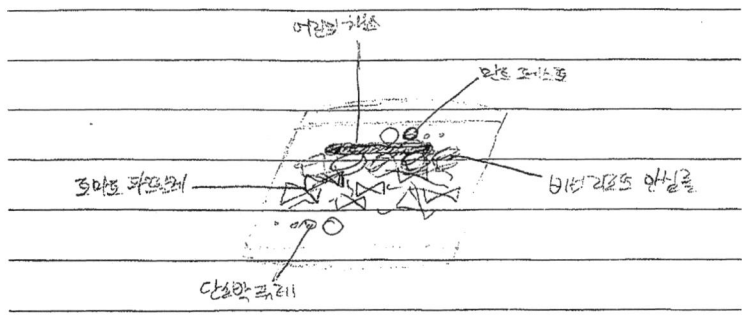

삼겹살 스테이크와 토마토 리소토볼
그리고 자몽 비네그레트와 타임 페스토

■■── 재료 ──■■

삼겹살, 로즈메리, 레드 와인, 민트, 마늘, 양파, 당근, 샐러리, 월계수잎, 정향, 통후추, 토마토홀, 피망, 표고버섯, 브로콜리, 밀가루, 계란, 빵가루, 파슬리 가루, 바질 가루, 자몽, 어린잎 채소, 화이트 와인, 라임주스, 설탕, 식초, 타임, 잣, 소금, 후추, 올리브오일

■■■── 만드는 방법 ──■■■

① 믹서에 타임, 잣, 마늘, 올리브오일, 소금, 후추를 넣고 믹싱하여 타임 페스토를 만들어 준다.
② 자몽은 웨지형으로 썰어서 어린잎 채소와 화이트 와인, 라임주스, 설탕, 식초를 넣고 섞어서 혼합하여 자몽 비네그레트를 만들어 준다.
③ 마늘, 양파, 당근, 샐러리를 찹하여 프라이팬에 오일을 넣고 볶다가 냄비로 옮겨 물 또는 스톡, 으깬 토마토홀, 월계수잎, 정향, 통후추, 설탕, 소금, 후추를 넣고 끓여서 토마토소스를 만들어 준다.
④ 밥을 짓고, 마늘은 찹하고 양파, 피망, 브로콜리, 표고버섯은 슬라이스하여 프라이팬에 오일을 두르고 야채를 볶다가 물 또는 스톡, 토마토소스, 밥을 넣고 소금, 후추, 파슬리 가루를 넣고 볶아서 토마토 리소토를 국물이 없게 되직하게 졸인 뒤, 작은 공 모양으로 만들어 밀가루, 계란, 빵가루, 파슬리 가루를 넣어 리소토 볼을 만든 뒤, 180°C 기름에 튀겨 토마토 리소토볼을 만들어 준다.
⑤ 삼겹살은 주사위 모양으로 썰어 로즈메리, 마늘 찹, 레드 와인, 소금, 후추로 간해 소테잉 해 준다.

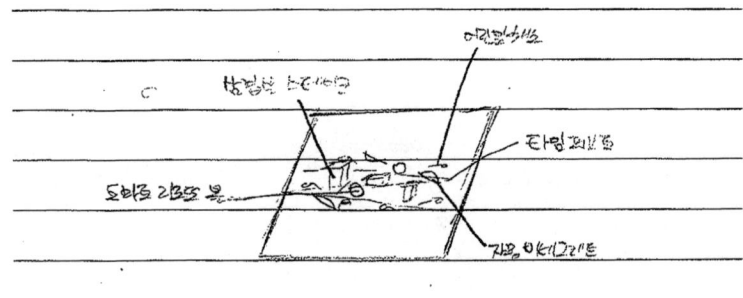

삼겹살구이와 야채 처트니 & 청포도 소스
그리고 야채 필라프와 깻잎 페스토

■■──── 재료 ────■■

삼겹살, 마늘, 양파, 당근, 애호박, 레드 와인, 청포도 캔, 레몬주스, 바질, 마늘종, 쌀,
굴소스, 깻잎, 잣, 크레송, 소금, 후추, 올리브오일

■■■──── 만드는 방법 ────■■■

① 믹서에 깻잎, 잣, 마늘, 소금, 후추, 올리브오일을 넣고 믹싱하여 깻잎 페스토를 만들어 준다.
② 프라이팬이나 냄비에 레드 와인, 청포도, 레몬주스를 넣고 끓여서 졸여 청포도 소스를 만들어 준다.
③ 마늘은 찹하고 양파, 당근, 애호박은 스몰 다이스하여 프라이팬에 오일을 두르고 소금, 후추로 간하여 볶아서 야채 처트니를 만들고 밥을 지어 준다.
④ 마늘은 찹하고 양파, 당근, 마늘쫑을 스몰 다이스로 갈아서 프라이팬에 오일을 두르고 야채를 볶다가 밥과 굴소스를 넣고 볶아서 야채 필라프를 만들어 준다.
⑤ 삼겹살에 마늘 찹, 레드 와인, 바질 가루, 소금, 후추로 마리네이드하여 호일로 감싼 뒤, 180°C 오븐에서 40분간 구워서 삼겹살구이를 만들어 준다.

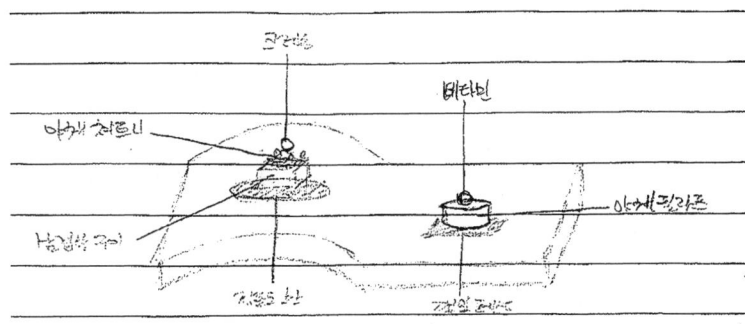

돼지고기

안심 치즈볼 강정과 두 가지 맛 라비올리
그리고 스트로베리 소스와 타임 페스토 & 감자 빠찌엔느

■■ ─── 재료 ─── ■■

돼지고기 안심, 리코타 치즈, 마늘, 양파, 당근, 샐러리, 밀가루, 계란, 빵가루, 파슬리 가루, 바질 가루, 시금치, 단호박, 파프리카, 스트로베리 퓌레, 타임, 잣, 감자, 어린잎 채소, 소금, 후추, 올리브오일

■■■ ─── 만드는 방법 ─── ■■■

① 믹서에 타임, 잣, 마늘, 소금, 후추, 올리브오일을 넣고 믹싱하여 타임페스토를 만들어 준다.
② 감자는 얇게 줄리엔하여 180°C 기름에 튀겨서 감자 빠찌엔느를 만들어 준다.
③ 프라이팬이나 냄비에 스트로베리 퓌레를 넣고 끓여서 스트로베리 소스를 만들어 준다.
④ 시금치는 데치고 단호박은 쪄서 각각 믹서로 믹싱하여 밀가루, 계란, 시금치 또는 단호박, 소금, 후추를 넣고 반죽하여 30분간 냉장 휴지를 시킨 뒤, 정사각형 몰더로 찍어서 중앙에 등심, 리코타 치즈, 마늘, 양파, 파프리카 찹한 것과 소금, 후추로 간하여 섞어서 속을 채워 덮은 뒤, 두 가지 맛 라비올리를 삶아 준다.
⑤ 안심, 리코타 치즈, 마늘, 양파, 당근, 샐러리는 찹을 한 뒤, 소금, 후추로 간하여 작은 공 형태로 반죽을 한 뒤, 밀가루, 계란, 빵가루, 바질 가루, 파슬리 가루를 묻혀 180°C 기름에 튀겨 준다.

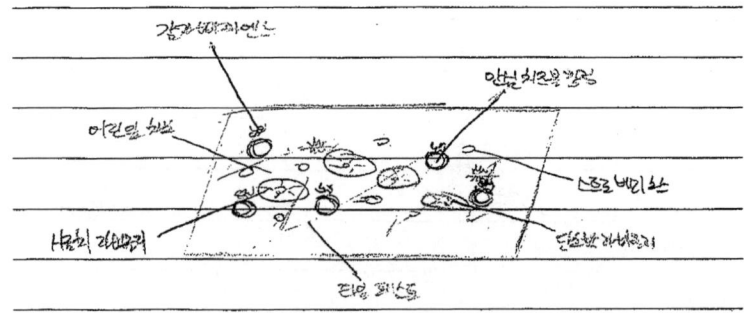

과일 치즈를 넣은 안심롤과 라즈베리 소스
그리고 야채 팀발과 크레페 샐러드

■■── 재료 ──■■

돼지고기 안심, 마스카르포네 치즈, 건자두, 크랜베리, 건포도, 아몬드, 버터,
라즈베리 퓌레, 마늘, 양파, 당근, 애호박, 민트, 잣, 밀가루, 계란, 우유, 양상추, 파프리카,
플레인 요구르트, 요플레, 망고 퓌레, 어린잎 채소, 소금, 후추, 올리브오일

■■■── 만드는 방법 ──■■■

① 볼에다가 밀가루, 계란, 우유, 버터, 소금을 넣고 믹싱하여 프라이팬에 오일을 두르고 반죽을 구워 크레페를 만들어 준다.
② 양상추는 한입 크기로 찢고, 양파랑 파프리카는 슬라이스하여 플레인 요구르트와 요플레를 섞어서 샐러드를 만든 뒤, 크레페에 넣어 말아서 크레페 샐러드를 만들어 준다.
③ 믹서에 민트, 잣, 마늘, 소금, 후추, 올리브오일을 넣고 믹싱하여 민트 페스토를 만들어 준다.
④ 프라이팬이나 냄비에 각각 라즈베리 퓌레, 망고 퓌레를 넣어서 끓여 라즈베리 소스, 망고 소스를 만들어 준다.
⑤ 마늘은 찹하고, 양파, 당근, 애호박을 스몰 다이스하여 프라이팬에 오일을 두르고 야채를 볶아서 원형 몰더에 담아서 야채 팀발을 만들어 준다.
⑥ 마스카르포네 치즈, 건자두, 크랜베리, 건포도를 혼합하여 섞고, 안심을 얇게 저며서 소금, 후추 간을 하여 과일 치즈를 넣어 오븐에서 구워 준다.

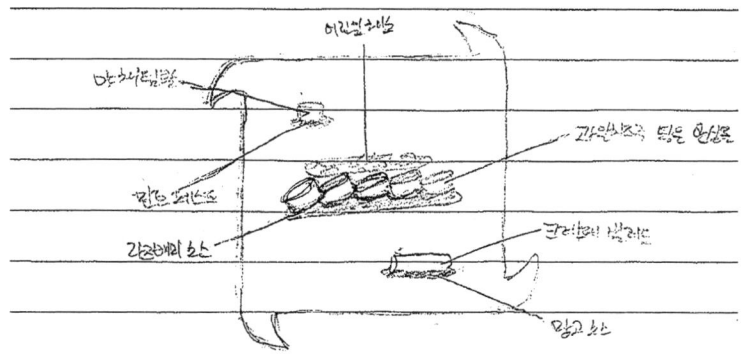

돼지고기

데리야끼로 졸인 등심구이와 고구마 퓌레
그리고 드라이징한 야채 & 아스파라거스구이

■■──── 재료 ────■■

돼지고기 등심, 간장, 설탕, 마늘, 대파, 양파, 페페론치노, 계피, 전분, 고구마, 생크림, 감자, 당근, 양송이, 아스파라거스, 레몬주스, 메추리알, 크레송, 버터, 소금, 후추, 올리브오일

■■■──── 만드는 방법 ────■■■

① 고구마는 쪄서 으깬 다음에 생크림을 넣고 믹싱하여 고구마 퓌레를 만들어 준다.
② 감자, 당근은 올리베트를 쳐서 끓는 물에 데친 뒤, 당근은 설탕에 졸여주고, 양송이버섯에 (＊) 칼집을 내어서 프라이팬이나 오븐에서 소금간을 하여 구워 드라이한 야채를 만들어 준다.
③ 프라이팬에 버터를 넣고 아스파라거스에 레몬주스, 소금, 후추를 넣고 구워서 아스파라거스구이를 만들어 준다.
④ 프라이팬에 오일을 두르고 메추리알에 소금 간을 하여 구워 준다.
⑤ 냄비에 물, 간장, 설탕, 마늘, 대파, 양파, 페페론치노, 계피를 넣고 은근히 끓여 전분물에 풀어서 농도를 맞춰 데리야끼 소스를 만들어 준다.
⑥ 프라이팬에 오일을 두르고 등심에 소금, 후추, 간을 하여서 굽다가 데리야끼 소스를 넣어 글레이징하여 등심구이를 만들어 준다.

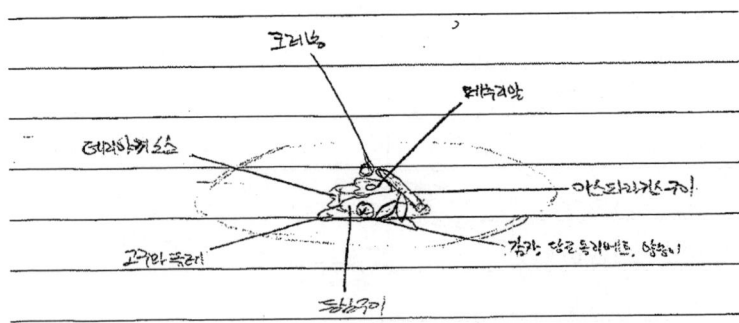

토마토 안심 스튜와 고구마 빠찌엔느
그리고 타임 페스토와 버터 쿠키 & 라즈베리 젤리

■■── 재료 ──■■

돼지고기 안심, 마늘, 양파, 감자, 당근, 표고버섯, 애호박, 샐러리, 토마토홀, 월계수잎,
정향, 통후추, 설탕, 고구마, 타임, 잣, 버터, 계란, 밀가루, 바닐라향, 라즈베리 퓌레,
젤라틴, 베이비 비트잎, 소금, 후추, 올리브오일

■■■── 만드는 방법 ──■■■

① 믹서에 타임, 잣, 마늘, 소금, 후추를 넣고 믹싱하여 타임 페스트를 만들어 준다.
② 고구마는 얇게 줄리엔하여 180°C 기름에 튀겨서 고구마 빠찌엔느를 만들어 준다.
③ 라즈베리 퓌레를 끓여 식힌 뒤, 젤라틴을 넣고 물더에 담아서 30분간 냉장 휴지시킨 뒤, 굳으면 잘라서 라즈베리 젤리를 만들어 준다.
④ 볼에다가 버터를 녹이고 계란을 푼 뒤, 소금, 설탕을 넣고 믹싱하고 밀가루, 바닐라향을 혼합하여 되직하게 반죽을 만든 뒤, 짤주머니에 담아서 오븐 팬에 짜서 180°C 오븐에서 12분 굽는다.
⑤ 마늘, 양파, 당근, 샐러리를 찹하여 프라이팬에 오일을 두르고 볶다가 냄비로 옮겨 물 또는 스톡, 으깬 토마토홀, 월계수잎, 정향, 통후추, 설탕, 소금, 후추를 넣고 끓여서 토마토소스를 만들어 준다.
⑥ 냄비에 안심과 야채를 볶다가 물 또는 스톡, 소스를 넣고 스튜를 만들어 준다.

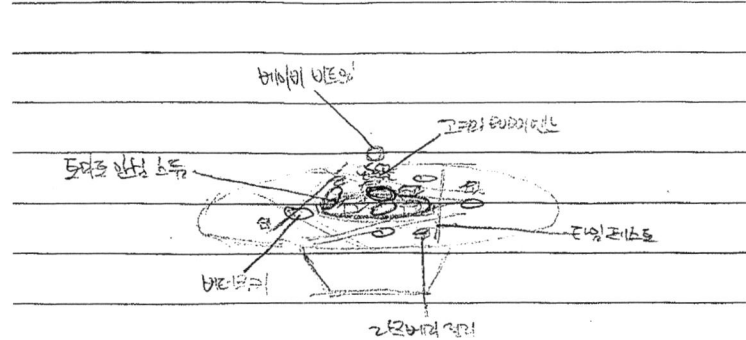

돼지고기

발사믹 소스에 글레이징한 등심구이와 단호박 퓌레 그리고 파스타 샐러드와 유자 제스트

■■── 재료 ──■■

돼지고기 등심, 마늘, 발사믹 식초, 꿀, 단호박, 생크림, 펜네, 양파, 피망, 라디치오, 마요네즈, 설탕, 파슬리 가루, 유자, 어린잎 채소, 로즈메리, 소금, 후추, 올리브오일

■■■── 만드는 방법 ──■■■

① 유자는 껍질 부분만을 얇게 줄리엔하여 프라이팬에 버터를 넣고 줄리엔한 유자와 설탕을 넣고 볶아서 유자 제스트를 만들어 준다.
② 펜네는 삶은 뒤, 양파, 피망, 라디치오 슬라이스를 넣고 마요네즈, 설탕, 파슬리 가루를 넣고 혼합하여 파스타 샐러드를 만들어 준다.
③ 단호박은 쪄서 으깨어 생크림, 소금, 후추 약간씩을 혼합하여 단호박 퓌레를 만들어 준다.
④ 프라이팬이나 냄비에 발사믹 식초와 꿀을 넣고 졸여서 발사믹 소스를 만들어 준다.
⑤ 프라이팬에 오일을 두르고 마늘 찹을 넣은 뒤, 직육면체로 손질한 등심과 발사믹 소스를 넣어서 글레이징하여 발사믹 소스에 글레이징한 등심구이를 만들어 준다.
⑥ 중앙에 발사믹 소스를 글레이징한 등심 구이에 단호박 퓌레를 올리고 파스타 샐러드와 어린잎 채소로 마무리해 준다.

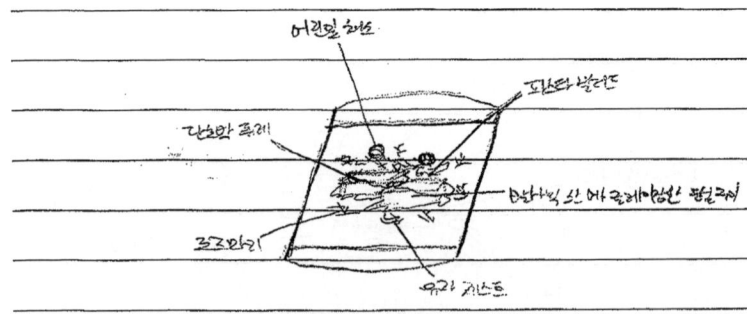

삼겹살 미트볼로 속을 채운 야채 라자냐와 단호박 크림소스
그리고 고르곤졸라 치즈 퓨레

■■──── 재료 ────■■

삼겹살, 마늘, 양파, 당근, 샐러리, 토마토홀, 월계수잎, 정향, 통후추, 설탕, 휘핑크림, 감자, 애호박, 가지, 토마토, 단호박, 우유, 피자치즈, 고르곤졸라 치즈, 생크림, 아몬드, 호두, 해바라기씨, 크레송, 처빌, 버터, 소금, 후추, 올리브오일

■■■──── 만드는 방법 ────■■■

① 마늘, 양파, 당근, 샐러리, 삼겹살 찹을 프라이팬에 볶다가 냄비로 옮겨서 물 또는 스톡, 으깬 토마토홀, 월계수잎, 정향, 통후추, 설탕, 소금, 후추를 넣고 끓여서 휘핑크림을 마무리로 넣어 끓여서 삼겹살 미트볼 소스를 만들어 준다.
② 믹서에 고르곤졸라 치즈, 생크림, 아몬드, 호두, 해바라기씨를 넣고 믹싱하여 고르곤졸라 치즈 퓨레를 만들어 준다.
③ 단호박을 쪄서 으깨어 휘핑크림, 소금, 후추를 넣고 끓여서 단호박 크림소스를 만들어 준다.
④ 당근, 감자, 애호박, 가지를 직육면체 형태로 얇게 슬라이스한 뒤, 소금, 후추 간을 하고 오븐 팬에 버터를 넣고 슬라이스한 야채를 180°C 오븐에서 3~5분간 구운 뒤, 꺼내어서 사이사이에 삼겹살 미트볼 소스를 바른 뒤, 피자치즈를 넣어서 180°C 오븐에서 5분간 구워서 삼겹살 미트볼로 속을 채운 야채 라자냐를 만들어 준다.

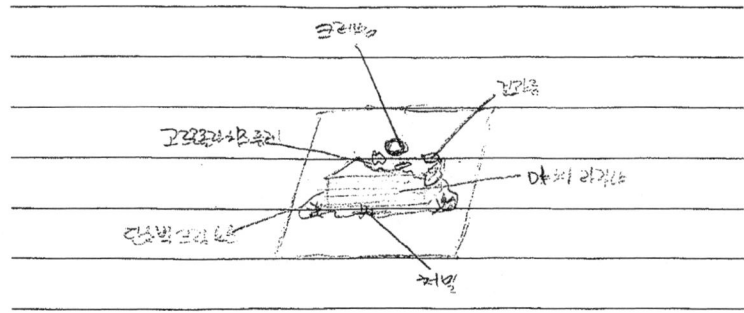

삼겹살 필라프와 로즈메리 페스토
그리고 등심 견과류 강정볼과 오렌지

■■── 재료 ──■■

삼겹살, 돼지고기 등심, 당근, 마늘종, 쌀, 굴소스, 로즈메리, 잣, 마늘, 양파, 호두, 아몬즈, 간장, 메이플 시럽, 오렌지, 비타민, 밀가루, 계란, 빵가루, 바질가루, 어린잎 채소, 소금, 후추, 올리브오일

■■■── 만드는 방법 ──■■■

① 믹서에 로즈메리, 마늘, 잣, 소금, 후추, 올리브오일을 넣고 믹싱하여 로즈메리 페스토를 만들어 준다.
② 비타민을 찬물에 담그고, 오렌지는 웨지형으로 썰어 준다.
③ 등심, 마늘, 양파를 찹한 뒤, 호두, 아몬드, 간장, 소금, 후추, 메이플 시럽으로 간을 하여서 밀가루, 계란, 빵가루, 바질가루를 묻혀서 180°C 기름에 튀겨서 등심 견과류 강정볼을 만들어 준다.
④ 밥을 지은 다음에 마늘은 찹하고 양파, 당근, 마늘종, 삼겹살을 스몰 다이스하여 프라이팬에 오일을 약간 두르고, 삼겹살과 야채를 볶다가 밥과 굴소스를 넣어서 볶아 삼겹살 필라프를 만들어 준다.
⑤ 좌측에 삼겹살 필라프에 로즈메리 페스토를 곁들인 뒤, 어린잎 채소를 올리고 우측에는 등심 견과류 강정볼과 오렌지, 비타민을 가니시하여서 로즈메리 페스토로 마무리하여 준다.

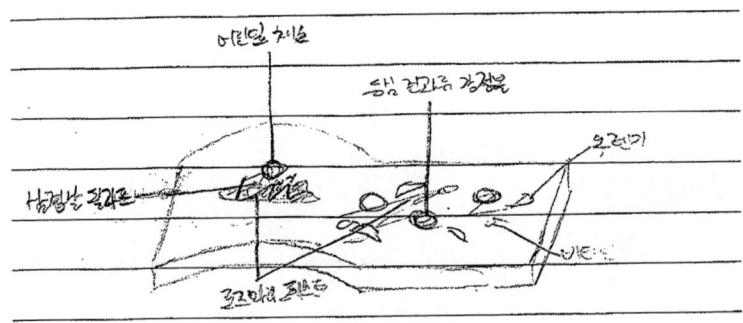

오늘의 양식

견과류 땅콩크림을 넣은 안심롤과 쿠스쿠스 그리고 춘권피 크림치즈롤과 페페로니구이

■■ ── 재료 ── ■■

돼지고기 안심, 땅콩크림, 아몬드, 호두, 건포도, 마늘, 양파, 당근, 애호박, 가지, 쿠스쿠스, 굴소스, 춘권피, 샐러리, 크림치즈, 페페로니, 단호박, 생크림, 크레송, 비타민, 소금, 후추, 올리브오일

■■■ ── 만드는 방법 ── ■■■

① 단호박은 쪄서 으깨어 생크림, 소금, 후추를 넣고 믹싱하여 단호박 퓌레를 만들어 준다.
② 페페로니는 원상태에서 비스듬히 잘라서 180°C 오븐에서 3~5분간 구워 준다.
③ 춘권피에 양파, 당근, 샐러리 찹한 것과 크림치즈 혼합한 것을 넣어 말아서 180°C 기름에 튀겨 춘권피 크림 치즈롤을 만들어 준다.
④ 쿠스쿠스는 데친 뒤 마늘을 찹하고 양파, 당근, 애호박, 가지는 스몰 다이스하여 프라이팬에 오일을 두르고 야채를 볶다가 쿠스쿠스와 굴소스를 넣고 볶아서 원기둥을 만들어 비스듬히 잘라 준다.
⑤ 안심은 소금, 후추 간을 하여서 얇게 펼친 뒤 땅콩크림, 아몬드, 호두, 건포도를 혼합하여 속을 채워서 말아 180°C 오븐에서 10분간 구운 뒤, 꺼내어서 비스듬히 잘라 준다.

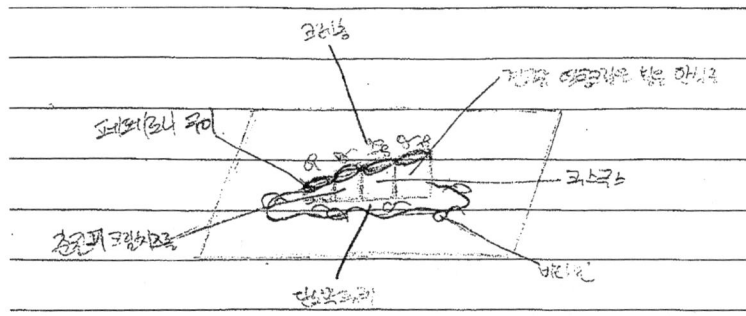

돼지고기

카스타피면으로 감싼 고구마 치즈 등심롤과 감자 퓌레 그리고 키위 젤리와 바질 페스토

■■── 재료 ──■■

돼지고기 등심, 고구마, 리코타 치즈, 생크림, 파슬리 가루, 카스타피면, 감자, 키위, 젤라틴, 바질, 잣, 어린잎 채소, 비타민, 소금, 후추, 올리브오일

■■■── 만드는 방법 ──■■■

① 믹서에 바질, 잣, 마늘, 소금, 후추, 올리브오일을 넣고 믹싱하여 바질 페스토를 만들어 준다.
② 믹서에 키위를 갈아서 젤라틴과 혼합하여 몰더에 담은 뒤 30분간 냉장 휴지를 식혀 굳으면 스몰 다이스로 잘라서 키위 젤리를 만들어 준다.
③ 감자는 삶아서 으깨어 생크림, 소금, 후추, 파슬리 가루를 넣고 믹싱하여 감자 퓌레를 만들어 준다.
④ 고구마는 쪄서 으깨어 리코타 치즈, 생크림, 파슬리 가루, 소금, 후추를 넣고 혼합하여 얇게 저민 등심에 넣고 말아서 카스타피면으로 한 번 더 감싸서 180°C 기름에서 튀겨 카스타피면으로 감싼 고구마 치즈 등심롤을 만들어 준다.
⑤ 중앙에 감자 퓌레를 깔고 카스타피면으로 감싼 고구마 치즈 등심롤과 어린잎 채소를 올린 뒤, 사이드에 바질 페스토, 키위 젤리, 비타민으로 가니시하여 마무리해 준다.

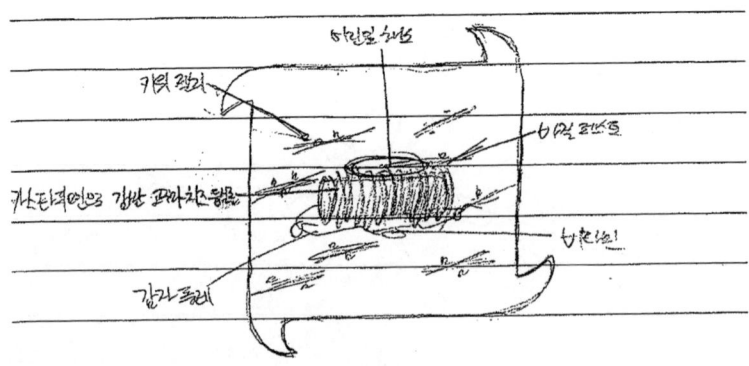

레드 와인으로 조린 삼겹살 구이와 생강 빠찌엔느 그리고 쿠스쿠스볼과 크레페 샐러드

■■── 재료 ──■■

삼겹살, 레드 와인, 로즈메리, 생강, 마늘, 양파, 당근, 애호박, 레몬, 가지, 쿠스쿠스, 굴소스, 밀가루, 계란, 빵가루, 파슬리 가루, 청포도 캔, 버터, 우유, 양상추, 마요네즈, 식초, 설탕, 비타민, 베이비 비트잎, 소금, 후추, 올리브오일

■■■── 만드는 방법 ──■■■

① 생강은 얇게 줄리엔하여 180°C 기름에 튀겨서 생강 빠찌엔느를 만들어 준다.
② 볼에다가 버터를 녹여서 계란, 소금, 설탕을 넣고 믹싱을 한 뒤, 밀가루, 우유를 넣고 한 번 더 믹싱하여 크레페 반죽을 만들어서 프라이팬에 오일을 두르고 얇게 구워서 식혀준다.
③ 양상추는 한입 크기로 찢고 양파는 슬라이스하여 마요네즈, 식초, 설탕, 파슬리 가루를 넣어서 샐러드를 만든 뒤 크레페 반죽에 넣어서 말아 크레페 샐러드를 만들어 준다.
④ 쿠스쿠스는 데치고, 마늘은 찹하고 양파, 당근, 애호박, 가지는 스몰 다이스하여 프라이팬에 오일을 두르고 야채를 볶다가 쿠스쿠스와 굴소스를 넣고 볶아서 볼형태로 만들어서 밀가루, 계란, 빵가루를 묻혀서 180°C 기름에 튀겨 준다.
⑤ 삼겹살을 굽다가 레드 와인, 청포도, 로즈메리, 레몬즙, 설탕, 소금, 후추를 넣고 구워 준다.

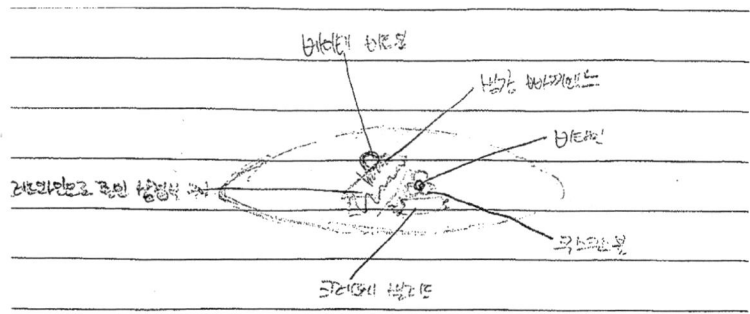

매운 등심 커리 리소토와 삼겹살구이
그리고 민트 페스토와 안티파스토

■■ ── 재료 ── ■■

돼지고기 등심, 페페론치노, 고추기름, 마늘, 양파, 당근, 애호박, 가지, 감자, 쌀, 커리 가루, 강황, 굴소스, 삼겹살, 로즈메리, 민트, 잣, 발사믹 식초, 올리브오일, 양송이버섯, 올리브, 케이퍼, 어린잎 채소, 소금, 후추

■■■ ── 만드는 방법 ── ■■■

① 믹서에 민트, 잣, 마늘, 소금, 후추, 올리브오일을 넣고 믹싱하여 민트 페스토를 만들어 준다.
② 양송이버섯, 양파, 올리브, 케이퍼를 먹기 좋은 크기로 썰어서 프라이팬에 올리브오일을 두르고 볶은 뒤, 식혀서 발사믹 식초에 넣어 재워서 안티파스토를 만들어 준다.
③ 프라이팬에 오일을 두르고 마늘 찹과 페페론치노, 손질한 등심 썬 것을 소금, 후추 간하여 볶다가 물 또는 스톡으로 푼 커리 가루에 강황, 밥, 소금, 후추로 넣고 볶아서 매운 등심 커리 리소토를 만들어 준다.
④ 프라이팬에 오일을 두르고 로즈메리로 마리네이드한 삼겹살을 소금, 후추 간하여 센 불에서 구워 준다.
⑤ 중앙에 매운 등심 커리 리소토를 넣고 삼겹살구이와 어린잎 채소를 올린 뒤 사이드에 민트 페스토와 안티파스토로 가니시해 마무리해 준다.

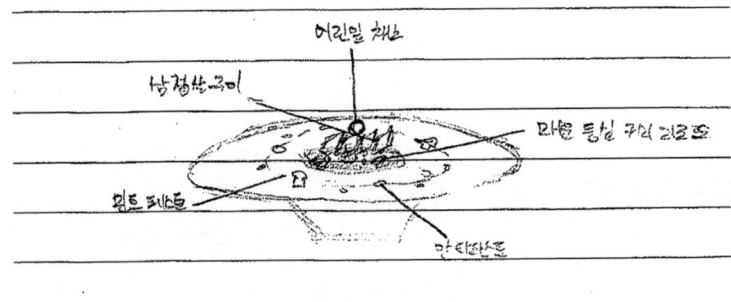

오늘의 양식

토마토소스에 글레이징한 돼지갈비와 바질 페스토
그리고 고구마 빠찌엔느와 레몬 클리에

■■─── 재료 ───■■

돼지갈비, 마늘, 양파, 당근, 샐러리, 월계수잎, 정향, 통후추, 설탕, 양송이버섯, 피망, 바질, 잣, 고구마, 레몬, 버터, 레몬주스, 화이트 비니거, 어린잎 채소, 소금, 후추, 올리브오일

■■■─── 만드는 방법 ───■■■

① 믹서에 바질, 잣, 마늘, 소금, 후추, 올리브오일을 넣고 믹시하여 바질 페스토를 만들어 준다.
② 레몬을 웨지 형태로 썰어서 레몬주스, 화이트 비니거, 어린잎 채소, 설탕을 넣고 섞어서 레몬 클리에를 만들어 준다.
③ 고구마는 얇게 줄리엔하여 180°C 기름에 튀겨서 고구마 빠찌엔느를 만들어 준다.
④ 마늘, 양파, 당근, 샐러리를 찹하여서 프라이팬에 오일을 두르고 볶다가 물 또는 스톡, 토마토소스, 월계수잎, 정향, 통후추, 설탕, 소금, 후추를 넣고 끓여서 토마토소스를 만들어 준다.
⑤ 갈비는 핏물을 뺀 뒤 냄비에 오일을 두르고 마늘 찹과 돼지갈비를 넣고 소금, 후추 간하여 볶다가 토마토소스를 넣어서 은근히 글레이징하여서 토마토소스에 글레이징한 돼지갈비를 만들어 준다.

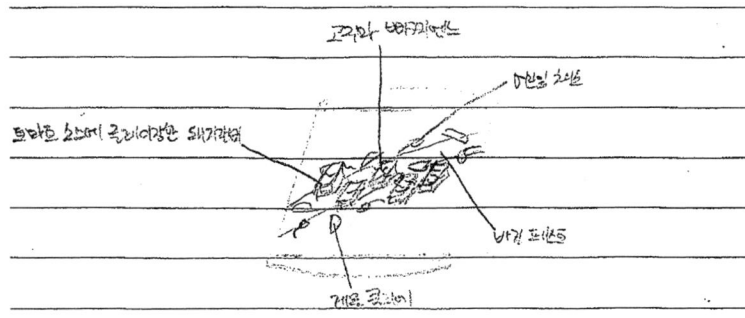

돼지고기

단호박 퓌레를 곁들인 야채 등심볼과 쿠스쿠스 그리고 시저 샐러드와 타임 페스토

■■── 재료 ──■■

돼지고기등심, 마늘, 양파, 당근, 샐러드, 새송이버섯, 밀가루, 계란, 빵가루, 파슬리 가루, 민트 가루, 쿠스쿠스, 애호박, 가지, 굴소스, 로메인상추, 베이컨, 식빵, 파르메산 치즈, 앤초비, 레드 와인 비니거, 겨자, 타임, 잣, 크레송, 단호박, 생크림, 소금, 후추, 올리브오일

■■■── 만드는 방법 ──■■■

① 믹서에 타임, 잣, 마늘, 소금, 후추, 올리브오일을 넣고 믹싱하여 타임 페스토를 만들어 준다.
② 로메인상추는 한입 크기로 자르고, 양파와 파프리카는 줄리엔하고, 베이컨과 식빵은 스몰 다이스하여 구워 준다.
③ 둥근 볼에 달걀 노른자, 레몬주스, 레드 와인 비니거, 다진 앤초비, 마늘, 양파, 겨자를 넣고 저은 뒤, 오일을 넣고 휘퍼하여 손질한 재료와 크루통, 파르메산 치즈를 뿌려 시저 샐러드를 만들어 준다.
④ 단호박은 쪄서 으깨어 생크림, 소금, 후추를 넣고 믹싱하여 단호박 퓌레를 만들어 준다.
⑤ 쿠스쿠스는 데치고, 마늘을 찹하고, 양파, 당근, 애호박, 가지는 스몰 다이스하여 프라이팬에 오일을 두르고 야채를 볶다가 쿠스쿠스와 굴소스를 넣고 볶아서 쿠스쿠스를 만들어 준다.
⑥ 등심과 야채를 찹하여 간을 한 뒤 둥근 볼로 만들어 반죽하여 180°C에 튀겨 준다.

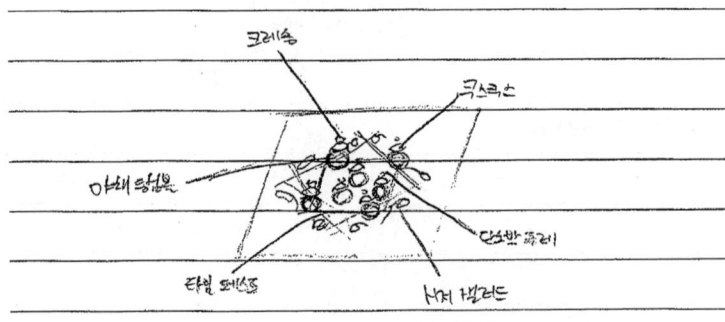

등심 버섯 리소토와 타임 페스토
그리고 고르곤졸라 등심 필렛과 과일 샐러드

■■── 재료 ──■■

돼지고기 등심, 마늘, 양송이버섯, 새송이버섯, 표고버섯, 크림 버섯, 우유, 휘핑크림, 파슬리 가루, 타임, 잣, 어린잎 채소, 고르곤졸라 치즈, 땅콩, 사과, 배, 감, 래디시, 비타민, 레몬주스, 설탕, 소금, 후추, 올리브오일

■■■── 만드는 방법 ──■■■

① 믹서에 타임, 잣, 마늘, 소금, 후추, 올리브오일을 넣고 믹싱하여 타임 페스토를 만들어주고 밥을 짓는다.
② 사과, 배, 감, 래디시는 얇게 슬라이스하여 원형 몰더로 찍은 뒤, 비타민, 레몬주스, 설탕을 넣고 섞어서 과일 샐러드를 만들어 준다.
③ 프라이팬에 오일을 두르고 마늘 찹과 등심을 간하여서 볶다가 손질한 양송이버섯, 새송이버섯, 표고버섯을 넣고 볶다가 우유와 휘핑크림, 버섯 크림, 밥, 소금, 후추, 파슬리 가루를 넣고 볶아서 등심 버섯 리소토를 만들어 준다.
④ 등심은 직육면체로 썰어서 소금, 후추간을 하여서 프라이팬에 오일을 두르고 센불에서 굽다가 고르곤졸라 치즈, 땅콩, 파슬리 가루를 뿌려서 오븐 팬에 담아 180°C 오븐에서 2~3분 정도 더 익혀 고르곤졸라 등심 필렛을 만들어 준다.
⑤ 좌측에는 등심 버섯 리소토에 타임 페스토, 어린잎 채소를 올리고 우측에는 고르곤졸라 등심 필렛과 과일 샐러드를 올려 준다.

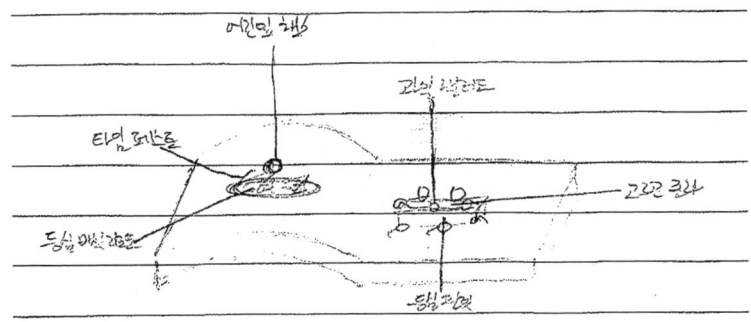

돼지고기

미트볼 소스에 어우러진 파르팔레와 치즈 삼겹구이 그리고 레몬 제스트와 로즈메리 페스토

■■── 재료 ──■■

돼지고기 안심, 삼겹살, 양파, 당근, 샐러리, 토마토홀, 월계수잎, 정향, 통후추, 설탕, 휘핑크림, 파르팔레, 마늘, 체다치즈, 파슬리 가루, 레몬, 버터, 로즈메리, 잣, 처빌, 소금, 후추, 올리브오일

■■■── 만드는 방법 ──■■■

① 믹서에 로즈메리, 잣, 마늘, 소금, 후추, 올리브오일을 넣고, 믹싱하여 로즈메리 페스토를 만들어 준다.
② 레몬은 껍질 부분만을 얇게 줄리엔하여 프라이팬에 버터를 넣고 줄리엔한 레몬과 설탕을 넣고 볶아서 레몬 제스트로 만들어 준다.
③ 마늘, 양파, 당근, 샐러리, 안심은 찹하여 프라이팬에 오일을 두르고 볶다가 냄비로 옮겨서 물 또는 스톡, 으깬 토마토홀, 월계수잎, 정향, 통후추, 설탕, 소금, 후추를 넣고 끓여서 휘핑크림과 파슬리 가루를 넣어서 섞어 미트볼 소스를 만들어 준다.
④ 파르팔레는 삶은 뒤, 프라이팬에 오일을 두르고 마늘 찹과 양파, 파르팔레를 볶다가 물 또는 스톡 조금과 미트볼 소스, 소금, 후추를 넣어 볶아서 미트볼 소스에 어우러진 파르팔레를 만들어 준다.
⑤ 삼겹살은 주사위 모양으로 썰어서 소금, 후추로 간한 뒤 프라이팬에서 소테잉하여 체다치즈와 파슬리 가루를 뿌려서 치즈 삼겹구이를 만들어 준다.

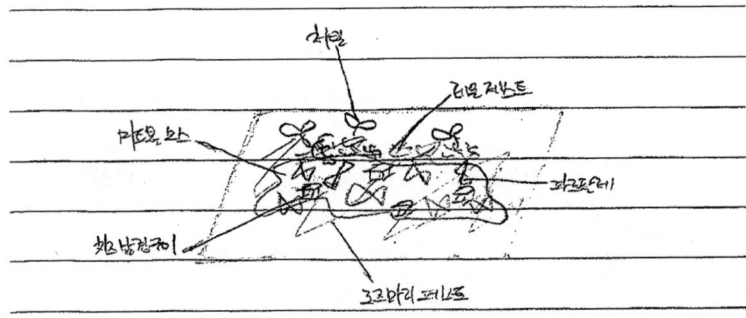

오늘의 양식

토르티야에 속을 채운 모차렐라 등심 토마토 페투치네 누들 그리고 라디치오 샐러드와 고구마 퓨레

■■── 재료 ──■■

돼지고기 등심, 마늘, 양파, 당근, 샐러리, 토마토홀, 월계수잎, 정향, 통후추, 설탕, 모차렐라 치즈, 토르티야, 페투치네 누들, 라디치오, 방울 토마토, 발사믹 식초, 참깨, 고구마, 생크림, 베이비 비트잎, 소금, 후추, 올리브오일

■■■── 만드는 방법 ──■■■

① 라디치오는 한입 크기로 찢고 양파와 방울토마토는 슬라이스하여 발사믹 식초, 참깨, 올리브오일로 세사미 드레싱을 만들어서 섞어 라디치오 샐러드를 만들어 준다.
② 고구마는 삶아서 으깨어 생크림과 소금, 후추로 믹싱하여 고구마 퓨레를 만들어 준다.
③ 마늘, 양파, 당근, 샐러리는 찹하여 프라이팬에 오일을 두르고 볶다가 냄비로 옮겨 물 또는 스톡, 으깬 토마토홀, 월계수잎, 정향, 통후추, 설탕, 소금, 후추를 넣고 끓여서 토마토소스를 만들어 준다.
③ 토르티야는 중앙에 래들로 눌러서 180°C 기름에 튀겨 움푹 파인 토르티야를 만들어 준다.
④ 페투치네는 삶은 뒤 프라이팬에 오일을 두르고 마늘 찹과 손질한 등심을 볶다가 슬라이스한 양파와 페투치네를 볶은 뒤 스톡과 토마토소스, 모차렐라 치즈, 소금, 후추를 넣고 볶아서 모차렐라 등심 토마토 페투치네 누들을 만들어 준다.

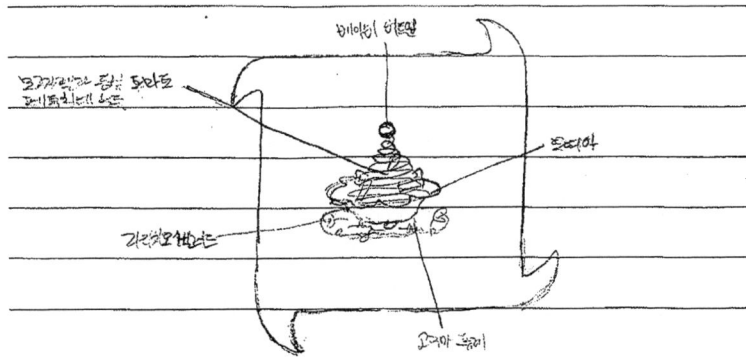

돼지고기

땅콩크림 견과류 돈가스와 쿠스쿠스
그리고 크림치즈롤과 마카로니 감자 샐러드

■■── 재료 ──■■

돼지고기 안심, 밀가루, 계란, 빵가루, 땅콩크림, 아몬드, 호두, 건포도, 쿠스쿠스, 마늘, 양파, 당근, 애호박, 가지, 굴소스, 춘권피, 크림치즈, 감자, 마카로니, 옥수수콘, 마요네즈, 파슬리 가루, 로즈메리, 소금, 후추, 올리브오일

■■■── 만드는 방법 ──■■■

① 감자는 삶아서 으깨고 마카로니도 삶은 뒤 옥수수 콘, 양파 찹, 마요네즈, 파슬리 가루, 소금, 후추를 넣어서 섞어 마카로니 감자 샐러드를 만들어 준다.
② 마늘과 양파, 당근, 샐러리를 찹하여서 크림치즈와 섞은 뒤 춘권피에 넣어서 말아 180°C 그림에 튀겨서 크림치즈롤을 만들어 준다.
③ 쿠스쿠스는 데친 뒤 마늘을 찹하고 양파, 당근, 애호박, 가지는 스몰 다이스하여 프라이팬에 오일을 두르고 야채를 볶다가 쿠스쿠스와 굴소스를 넣고 볶아 준다.
④ 안심은 소금, 후추 간을 하여서 밀가루, 계란, 빵가루를 묻힌 뒤 180°C 기름에 튀겨서 꺼낸 뒤 땅콩 크림과 아몬드, 호두, 건포도를 올려서 땅콩 크림 견과류 돈가스를 만들어 준다.
⑤ 중앙에 쿠스쿠스를 깔고 땅콩 크림 견과류 돈가스를 올린 뒤, 사이드에 크림치즈롤과 마카로니 감자 샐러드와 로즈메리를 올려 마무리해 준다.

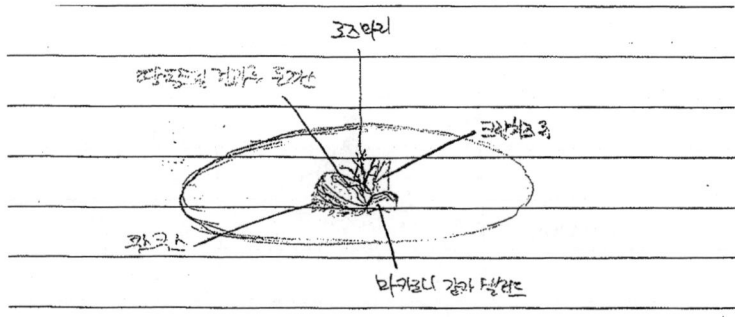

토마토 루오테로 속을 채운 등심롤과 크림 수프
그리고 쿠스쿠스볼과 민트 페스토

■■── 재료 ──■■

돼지고기 등심, 마늘, 양파, 당근, 샐러리, 토마토홀, 월계수잎, 정향, 통후추, 설탕, 애호박, 가지, 표고버섯, 루오테, 우유, 휘핑크림, 버터, 쿠스쿠스, 굴소스, 민트, 잣, 자몽, 레몬주스, 라임주스, 설탕, 밀가루, 계란, 빵가루, 파슬리 가루, 식빵, 크레송, 소금, 후추, 올리브오일

■■■── 만드는 방법 ──■■■

① 믹서에 민트, 잣, 올리브오일, 소금, 후추를 넣고 믹싱하여 민트 페스토를 만들어 준다.
② 자몽은 웨지형으로 썰어서 레몬주스, 라임주스, 설탕을 넣고 섞어서 자몽 비네그레트를 만들어 준다.
③ 쿠스쿠스는 데치고 마늘은 찹하고 양파, 당근, 애호박, 가지는 스몰 다이스하여 프라이팬에 오일을 두르고 볶다가 쿠스쿠스와 굴소스를 넣고 볶은 뒤 원 모양을 만들어서 밀가루, 계란, 빵가루를 묻혀서 180℃ 기름에 튀겨 쿠스쿠스볼을 만들어 준다.
④ 마늘, 양파, 당근, 샐러리는 찹하여 프라이팬에 오일을 두르고 볶다가 냄비로 옮겨서 물 또는 스톡, 으깬 토마토홀 월계수잎, 정향, 통후추, 설탕, 소금, 후추를 넣고 끓여서 토마토소스를 만들어 준다.
⑤ 루오테는 삶은 뒤, 프라이팬에 오일을 두르고 야채와 루오테를 볶다가 물 또는 스톡, 토마토소스를 넣고 볶아서 토마토 루오테를 만들어 준다.
⑥ 버터와 밀가루로 화이트 루를 만든 뒤, 우유, 휘핑크림을 넣고 간하여 끓여준다.

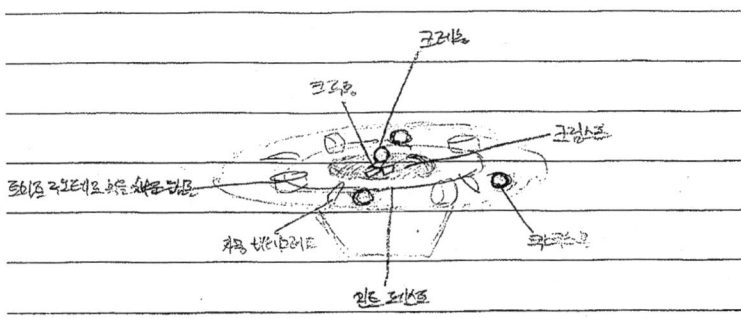

돼지고기

레드 와인으로 글레이징한 삼겹살 필렛과 단호박 퓨레 그리고 어린잎 샐러드와 고구마 빠찌엔느

■■──── 재료 ────■■

삼겹살, 레드 와인, 로즈메리, 설탕, 청포도 캔, 레몬주스, 단호박, 생크림, 어린잎 채소, 라임주스, 식초, 고구마, 크레송, 소금, 후추, 올리브오일

■■■──── 만드는 방법 ────■■■

① 고구마는 얇게 줄리엔하여 180°C 기름에 튀겨서 고구마 빠찌엔느를 만들어 준다.
② 어린잎 채소, 라임주스, 식초, 설탕을 넣고 섞어서 어린잎 샐러드를 만들어 준다.
③ 단호박은 쪄서 으깨어 생크림과 소금, 후추를 넣고 믹싱하여 단호박 퓨레를 만들어 준다.
④ 프라이팬에 오일을 두르고 로즈메리로 마리네이드한 삼겹살을 굽다가 삼겹살을 건진 뒤, 레드 와인, 설탕, 청포도, 소금, 후추를 넣고 졸이다가 삼겹살을 넣고 글레이징하여 다 익혀서 레드 와인으로 글레이징한 삼겹살 필렛을 만들어 준다.
⑤ 중앙에 단호박 퓨레를 깔고 레드 와인을 글레이징한 삼겹살 필렛과 고구마 빠찌엔느, 크레송을 올린 뒤 사이드에 어린잎 샐러드로 마무리한다.

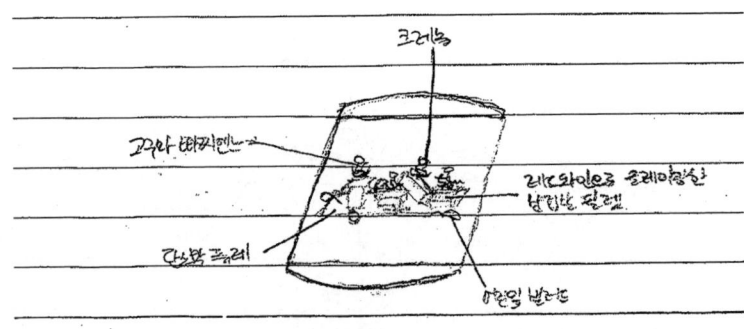

마카로니 샐러드를 곁들인 햄버그스테이크 단호박 리소토롤과 구즈베리 소스 그리고 감자 빠찌엔느

■■── 재료 ──■■

돼지고기 등심, 삼겹살, 마늘, 양파, 당근, 샐러리, 간장, 설탕, 파슬리 가루, 마카로니, 옥수수콘, 마요네즈, 라이스페이퍼, 단호박, 호두, 밤, 건포도, 우유, 휘핑크림, 쌀, 구즈베리 퓌레, 감자, 어린잎 채소, 소금, 후추, 오일

■■■── 만드는 방법 ──■■■

① 마카로니는 삶은 뒤 마늘, 양파, 당근, 샐러리 찹과 옥수수콘, 마요네즈, 파슬리 가루를 뿌려서 섞어 마카로니 샐러드를 만들어 준다.
② 감자는 얇게 줄리엔하여 180°C 기름에 튀겨서 감자 빠찌엔느를 만들어 준다.
③ 프라이팬이나 냄비에 구즈베리 퓌레를 넣고 졸여서 구즈베리 소스를 만들어 준다.
④ 단호박은 쪄서 으깨고 밥은 지은 뒤, 프라이팬에 오일을 두르고 마늘, 양파 찹을 볶다가 호두, 밤, 건포도를 넣고 우유, 휘핑크림, 으깬 단호박, 소금, 후추를 넣고 단호박 리소토를 만들어 준다.
⑤ 등심, 삼겹살, 마늘, 양파, 당근, 샐러리를 찹하여서 간장, 설탕, 소금, 후추로 반죽하여서 라이스페이퍼를 깔고 반죽을 얇게 펼친 뒤 단호박 리소토를 넣고 말아서 180°C 오븐에서 10분간 구워서 햄버그스테이크 단호박 리소토롤을 만들어 준다.

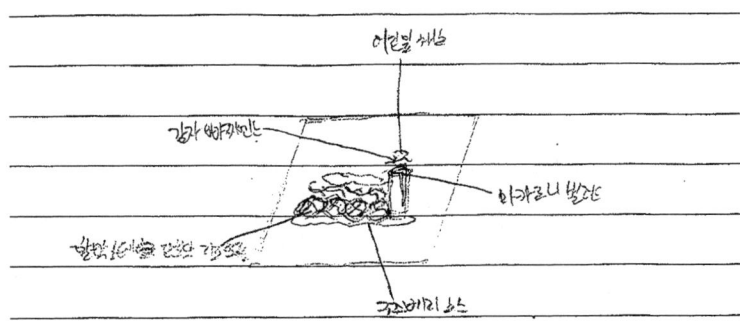

돼지고기

커리 소스에 글레이징한 등심 필렛과 쿠스쿠스 그리고 드라이징한 야채 & 과일 살사

■■── 재료 ──■■

돼지고기 등심, 마늘, 양파, 페페론치노, 커리 가루, 강황, 굴소스, 당근, 애호박, 가지, 쿠스쿠스, 감자, 비트, 버터, 사과, 오렌지, 키위, 플레인 요구르트, 요플레, 고구마, 크레송, 소금, 후추, 올리브오일

■■■── 만드는 방법 ──■■■

① 사과, 오렌지, 키위는 반 웨지 형태로 썰어서 플레인 요구르트, 요플레로 혼합하여 과일 살사를 만들어 준다.
② 당근, 애호박, 가지, 비트, 감자는 직육면체로 썰어서 오븐 팬에 버터를 바르고 손질한 야채에 소금, 후추 간을 하여서 180°C 오븐에서 5분간 구워 준다.
③ 쿠스쿠스는 데치고 마늘은 찹하고 양파, 당근, 애호박, 가지는 스몰 다이스하여 프라이팬에 오일을 두르고 야채를 볶다가 쿠스쿠스와 굴소스를 넣고 볶아 준다.
④ 미지근한 물에 커리 가루와 강황 가루를 풀어 준 뒤 프라이팬에 오일을 두르고 마늘, 양파, 페페론치노 찹과 등심을 넣고 소금, 후추 간을 하여서 미디엄으로 굽다가 커리 소스를 넣어서 글레이징하여 등심 필렛을 만들어 준다.
⑤ 좌측에는 커리 소스에 글레이징한 등심 필렛과 쿠스쿠스, 크레송을 놓고 우측에는 플레인 드레싱과 과일 살사, 드라이징한 야채, 빠찌엔느로 마무리한다.

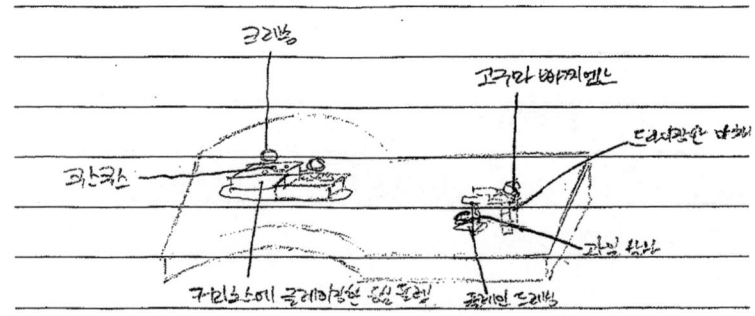

두 가지 맛 소스에 어우러진 등심 치즈 크러스트볼과 시즈닝 포테이토 그리고 시저 샐러드

■■─── 재료 ───■■

돼지고기 등심, 리코타 치즈, 오레가노, 밀가루, 계란, 빵가루, 물, 간장, 설탕, 마늘, 양파, 파, 계피, 페페론치노, 전분, 우유, 휘핑크림, 포테이토, 시즈닝 가루, 로메인상추, 베이컨, 식빵, 파르메산 치즈, 앤초비

■■■─── 만드는 방법 ───■■■

① 로메인상추는 한입 크기로 자르고 양파와 파프리카는 줄리엔하고 베이컨과 식빵은 스몰 다이스하여 구워 준다.
② 둥근 볼에 달걀노른자, 레몬주스, 레드 와인 비니거, 다진 앤초비, 마늘, 양파, 겨자를 넣고 저은 뒤 오일을 넣고 휘핑하여 손질한 재료와 크루통, 파르메산 치즈를 뿌려 시저 샐러드를 만들어 준다.
③ 냉동 포테이토는 180°C 기름에 튀겨서 볼에 담아 소금, 후추, 시즈닝 가루, 파슬리 가루를 넣고 섞어서 시즈닝 포테이토를 만들어 준다.
④ 프라이팬이나 냄비에 물, 간장, 설탕, 마늘, 양파, 파, 계피, 페페론치노를 넣고 은근히 끓이다가 전분 물로 농도를 맞춰서 데리야끼 소스를 만들어 준다.
⑤ 프라이팬이나 냄비에 오일을 두르고 마늘, 양파 찹을 볶다가 우유와 휘핑크림, 소금, 후추를 넣어 끓여서 크림소스를 만들어 준다.
⑥ 등심은 찹하여서 속에 리코타 치즈를 넣고 간을 하여 밀가루, 계란, 빵가루를 묻혀 튀긴다.

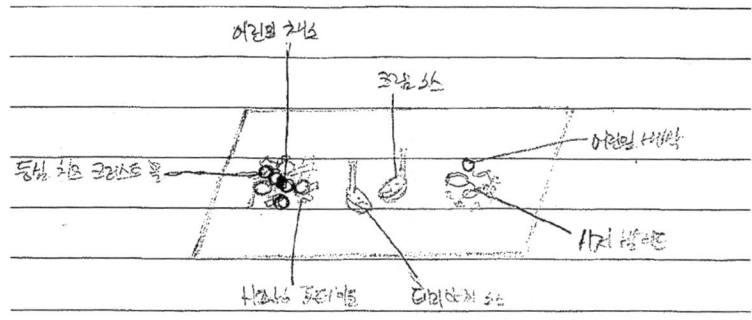

견과류 고구마 퓌레를 채운 안심롤과 쿠스쿠스롤 & 케이준 치즈 샐러드 그리고 단호박 소스와 안티파스토

■■──── 재료 ────■■

돼지고기 안심, 고구마, 생크림, 아몬드, 호두, 건포도, 마늘, 양파, 당근, 애호박, 가지, 쿠스쿠스, 굴소스, 김, 스트링 치즈, 체다 치즈, 양상추, 방울토마토, 머스터드소스, 단호박 퓌레, 양송이버섯, 올리브, 발사믹 소스, 토르티야, 케이준 가루, 어린잎 채소, 소금, 후추, 올리브오일

■■■──── 만드는 방법 ────■■■

① 프라이팬에 양송이버섯, 양파, 피망, 올리브 썬 것을 볶다가 올리브오일을 두르고 한 번 더 볶은 뒤, 발사믹 식초를 부려 잠기도록 통 안에 담아 재워서 안티파스토를 만들어 준다.
② 양상추는 한입 크기로 찢고, 양파, 스트링 치즈, 체다치즈는 얇게 줄리엔하여서 방울 토마토와 케이준 가루, 머스터드소스를 부려서 토르티야를 살짝 구워서 샐러드를 넣고 말아서 이쑤시개로 고정시켜 케이준 치즈 샐러드를 만들어 준다.
③ 프라이팬에 오일을 두르고 마늘, 양파 찹을 볶다가 우유와 휘핑크림, 아몬드, 호두, 건포도, 단호박 퓌레, 소금, 후추 간을 하여서 단호박 크림소스를 만들어 준다.
④ 쿠스쿠스는 데치고, 마늘은 찹하고 양파, 당근, 애호박, 가지는 스몰 다이스하여 프라이팬에 오일을 두르고 볶아서 김과 함께 펼쳐 말아 준다.
⑤ 고구마는 쪄서 으깨어 생크림, 아몬드, 호두, 건포도를 섞어 퓌레를 만든 뒤 안심을 얇게 펼쳐 소금, 후추 간을 한 뒤 퓌레를 넣고 말아서 오븐에서 구워 준다.

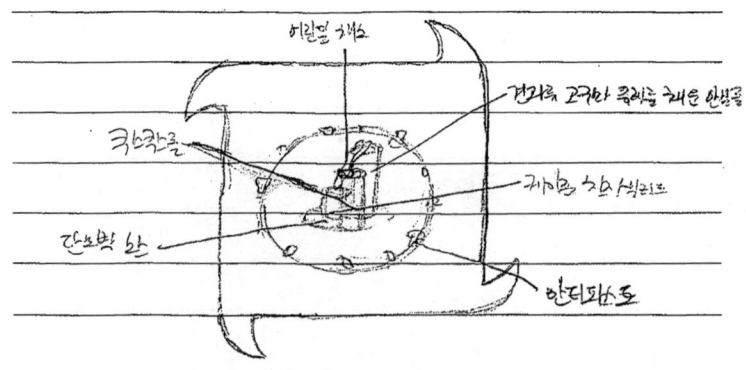

칠리소스에 글레이징한 삼겹살 필렛 & 버섯 처트니
그리고 크림치즈 샐러드볼과 쿠스쿠스볼

■■──── 재료 ────■■

삼겹살, 마늘, 양파, 당근, 샐러리, 페페론치노, 칠리소스, 핫소스, 케첩, 황설탕, 양송이 버섯,
새송이버섯, 크림치즈, 옥수수콘, 피망, 양배추, 밀가루, 계란, 빵가루, 파슬리 가루,
쿠스쿠스, 애호박, 가지, 굴소스, 크레송, 소금, 후추, 올리브오일

■■■──── 만드는 방법 ────■■■

① 양배추, 피망은 스몰 다이스하여 옥수수 콘과 크림치즈, 소금, 후추를 넣고 섞어서 작은 볼 형태로 만든 뒤 밀가루, 계란, 빵가루, 파슬리 가루를 묻혀서 180℃ 기름에 튀겨 크림치즈 샐러드볼을 만들어 준다.
② 프라이팬에 오일을 두르고 마늘, 양파, 당근, 샐러리, 페페론치노 찹을 볶다가 물, 칠리소스, 핫소스, 케첩, 황설탕, 소금, 후추를 넣고 끓여서 칠리소스를 만들어 준다.
③ 쿠스쿠스는 데치고 마늘은 찹하고, 양파, 당근, 애호박, 가지는 스몰 다이스하여 프라이팬에 오일을 두르고 야채를 볶다가 쿠스쿠스와 굴소스를 넣고 볶아 작은 볼 형태로 만들어 준다.
④ 양송이버섯, 새송이버섯은 스몰 다이스하여 프라이팬에 오일을 두르고 소금, 후추 간을 하여서 볶아 버섯 처트니를 만들어 준다.
⑤ 프라이팬에 오일을 두르고 마늘 찹과 삼겹살에 소금, 후추 간을 하여서 칠리소스에 글레이징하여 삼겹살 필렛을 만들어 준다.

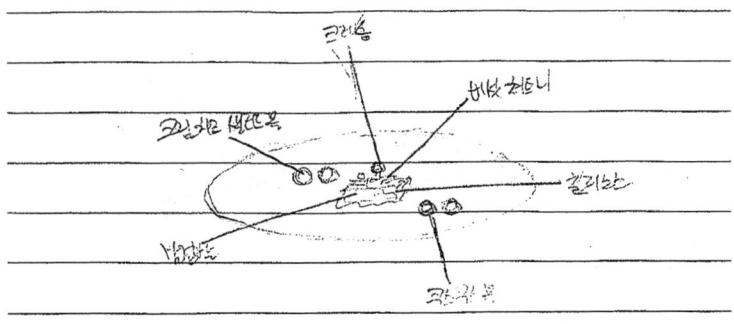

토르티야 속을 채운 카망베르 토마토 등심 리소토와
발사믹 소스 & 바질 페스토 그리고 과일 처트니

■■── 재료 ──■■

돼지고기 등심, 토르티야, 카망베르 치즈, 마늘, 양파, 당근, 샐러리, 토마토홀, 월계수잎,
정향, 통후추, 쌀, 피망, 표고버섯, 발사믹 식초, 꿀, 바질, 잣, 사과, 키위, 레몬,
베이비 비트잎, 소금, 후추, 올리브오일

■■■── 만드는 방법 ──■■■

① 믹서에 바질, 잣, 마늘, 소금, 후추, 올리브오일을 넣고 믹싱하여 바질 페스토를 만들어 준다.
② 냄비에 발사믹 식초와 꿀을 넣고 끓여서 졸여 발사믹 소스를 만들어 준다.
③ 사과, 키위, 레몬은 다이스하여 레몬즙을 짜서 섞어 과일 처트니를 만들어 준다.
④ 마늘, 양파, 당근, 샐러리를 찹하여 프라이팬에 오일을 두르고 볶다가 냄비로 옮겨서 물 또는 스톡, 으깬 토마토홀, 월계수잎, 정향, 통후추, 설탕, 소금, 후추를 넣고 끓여서 토마토소스를 만들어 준다.
⑤ 또띠아의 중앙을 래들로 눌러서 180°C 기름에 튀겨 속이 파지게끔 하여준다.
⑥ 밥을 지은 다음에 프라이팬에 오일을 두르고 마늘, 양파 찹, 등심을 볶다가 피망, 표고버섯을 볶은 뒤 물 또는 스톡, 토마토소스, 밥, 카망베르 치즈를 넣고 볶아 카망베르 토마토 등심 리소토를 만들어 준다.

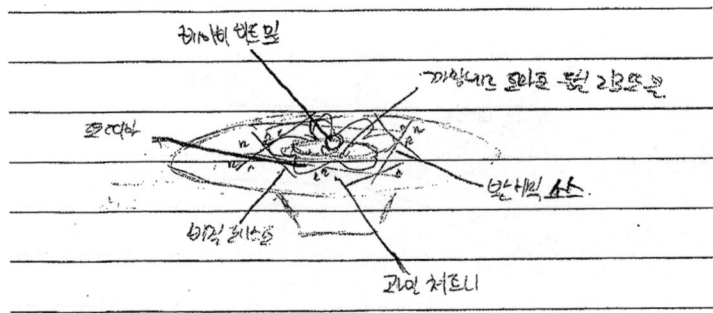

브라운소스와 발사믹 소스를 곁들인 단호박 치즈 돈가스롤 그리고 크림치즈롤과 가지 튀각

■■──── 재료 ────■■

돼지고기 안심, 등심 뼈, 단호박, 마스카르포네 치즈, 바질 가루, 마늘, 양파, 당근, 샐러리, 레드 와인, 토마토 페이스트, 발사믹 식초, 꿀, 크림치즈, 춘권피, 가지, 어린잎 채소, 소금, 후추, 올리브오일

■■■──── 만드는 방법 ────■■■

① 냄비에 발사믹 식초와 꿀을 넣고 끓여서 졸여 발사믹 소스를 만들어 준다.
② 가지는 길이대로 얇게 슬라이스하여 180°C 기름에 튀겨 가지 튀각을 만들어 준다.
③ 마늘, 양파, 당근, 샐러리를 찹하여 크림치즈에 소금, 후추 간을 하여 섞은 뒤 춘권피에 넣고 말아서 180°C 오븐에 구워 크림치즈롤을 만들어 준다.
④ 냄비에 오일을 두르고 등심뼈를 볶다가 마늘 찹과 양파, 당근, 샐러리 줄리엔한 것과 같이 볶다가 레드 와인과 페이스토를 넣고 다시 볶은 뒤, 스톡, 소금, 후추를 넣고 끓여서 브라운소스를 만들어 준다.
⑤ 단호박은 쪄서 으깨고, 안심은 얇게 펼친 뒤 소금, 후추, 바질가루를 뿌리고 단호박 퓌레, 마스카르포네 치즈를 넣고 말아서 180°C 오븐에서 6~8분간 구워 단호박 치즈 돈가스롤을 만들어 준다.

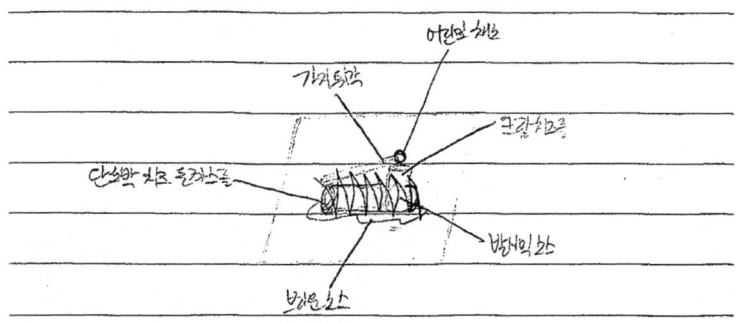

돼지고기

닭고기

치킨롤과 단호박 퓌레 & 감자 또르띠노
그리고 발사믹 소스와 버섯 크림소스

■■── 재료 ──■■

닭가슴살, 당근, 슬라이스햄, 발사믹 식초, 꿀, 감자, 베이컨, 피자치즈, 새송이버섯, 우유, 휘핑크림, 단호박, 생크림, 어린잎 채소, 로즈메리, 소금, 후추, 올리브오일

■■■── 만드는 방법 ──■■■

① 닭가슴살을 포 떠서 우유와 로즈메리에 마리네이드해준다.
② 감자는 삶고 단호박은 쪄낸 뒤 베이컨을 볶는다.
③ 삶은 감자를 으깬 뒤 볶은 베이컨과 피자치즈를 직사각형 틀에 넣어서 오븐에 10~15분 정도 구워 준다.
④ 쪄낸 단호박은 믹싱기에 생크림과 함께 넣어 믹싱해준다.
⑤ 새송이버섯은 반달썰기 한 뒤 후라이팬에 약간의 올리브오일을 두르고 버섯을 볶아 준 다음에 조금의 우유와 휘핑크림을 넣고 소금, 후추 간을 하여 버섯 크림소스를 완성한다.
⑥ 발사믹 식초는 냄비에 꿀을 넣어 졸여준다.
⑦ 마리네이드한 포뜬 닭가슴살에 소금, 후추로 간을 하고, 당근을 얇게 돌려깎고, 슬라이스햄은 당근의 길이대로 맞추어 당근, 햄, 당근, 햄을 넣어 파도 모양이 되게 말아 준 뒤 조리용 실끈으로 묶어서 오븐에서 15~20분 정도 구워 준다.
⑧ 생크림은 휘핑기로 쳐주어 거품을 올려 준다.
⑨ 완성된 요리를 쌓아 올린 뒤 어린잎 채소로 마무리해주고 발사믹 소스로 완성시켜준다.

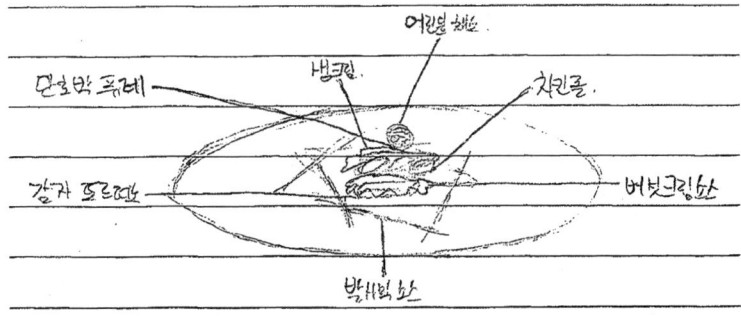

닭고기

단호박 소스를 곁들인 삼계탕 치킨 리소토롤과 약선정과 그리고 오리엔탈 샐러드

■■──── 재료 ────■■

닭, 양송이버섯, 설익은 밥, 양파, 마늘, 통후추, 버터, 인삼, 대추, 밤, 은행, 사과, 배, 감, 곶감, 잣, 플레인 요구르트, 단호박 퓌레, 어린잎 채소, 소금, 후추, 설탕

■■■──── 만드는 방법 ────■■■

① 통째로 된 닭을 살과 뼈로 나뉘어 해체시켜준다.
② 뼈는 끓는 물에 마늘, 양파, 통후추를 넣어 육수를 끓여주고 살은 포를 얇게 떠서 저민 뒤 소금, 후추 간을 하여 펼쳐놓아 준다.
③ 프라이팬에 버터를 약간 넣고 마늘 찹과 양파 찹을 볶다가 양송이 버섯과 같이 볶아 준 뒤 끓여 치킨스톡과 설익은 밥 및 소금, 후추 간을 하여 삼계탕 리소토를 만들어 준다.
④ 펼쳐놓은 닭고기에서 삼계탕 리소토를 넣은 뒤 조리용 실끈을 묶어서 180°C 오븐에서 10~15분간 구워 준다.
⑤ 인삼, 대추, 밤, 은행을 대추 크기에 맞게 다 썬 뒤 오븐에서 한번 구워 설탕 시럽에 섞은 뒤 약선정과를 완성해 준다.
⑥ 사과, 배, 감을 편 썰어서 둥근 몰더에 찍고, 곶감을 잘게 찢은 뒤 플레인 요구르트를 섞어서 오리엔탈 샐러드를 완성해 준다.
⑦ 단호박 퓌레를 냄비에서 한 번 데운 뒤 단호박 소스를 사용한다.
⑧ 오븐에서 익힌 삼계탕 치킨 리소토를 알맞게 썰어 소스 위 중앙 상단에 올리고 양 사이드에 정과와 샐러드를 놓은 뒤 어린잎 채소로 마무리한다.

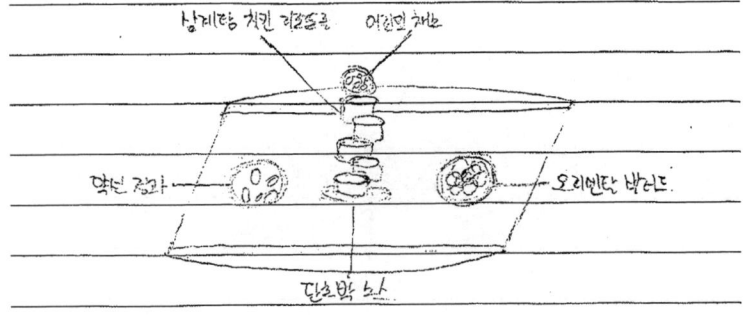

크림에 어우러진 부드러운 닭가슴롤과 견과류 강정볼 그리고 과일 처트니

■■── 재료 ──■■

닭가슴살, 단호박, 스트링 치즈, 휘핑크림, 딜, 감자, 호두, 아몬드, 크랜베리, 밀가루, 계란, 빵가루, 발사믹 식초, 어린잎 채소, 사과, 오렌지, 키위, 딸기, 메이플 시럽, 레몬주스, 소금, 후추, 올리브오일

■■■── 만드는 방법 ──■■■

① 사과, 오렌지, 키위, 딸기를 적당한 크기로 썬 뒤 냄비에 메이플 시럽과 레몬주스를 넣어 끓인 뒤 과일을 넣어 과일 처트니를 만든다.
② 프라이팬이나 냄비에 발사믹 식초, 꿀을 넣고 발사믹 소스를 만들어 준다.
③ 감자를 삶아서 으깬 뒤 호두, 아몬드, 크랜베리를 넣고 소금 간을 하여 둥근 원형을 만든 뒤 밀가루, 계란, 빵가루를 묻혀서 튀겨 준다.
④ 닭가슴살은 포떠서 딜로 마리네이드한 뒤 단호박을 쪄준다.
⑤ 쪄준 단호박을 으깬 뒤 포뜬 닭가슴살에 소금, 후추 간을 하여 단호박을 펼치고 그 안에 스트링 치즈를 넣어서 조리용 실끈으로 묶은 뒤 180°C 오븐에서 10~15분간 구워 준다.
⑥ 볼에다가 휘핑크림을 넣은 뒤 거품기로 크림을 되직하게 올라오도록 만든다.
⑦ 중앙에 닭가슴롤과 크림 그리고 딜로 마무리한 뒤, 사이드에 견과류 감자볼에 발사믹 소스와 어린잎 채소를 얹고 반대편에 과일 처트니로 마무리해 준다.

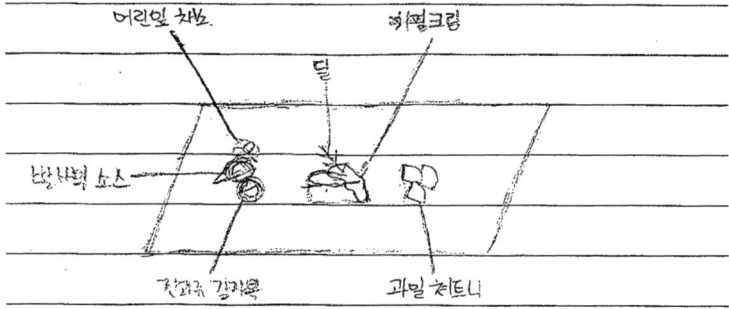

발사믹 소스와 데리야끼 소스를 곁들인 치킨가스와 치킨 도리아 그리고 치킨샐러드

■■── 재료 ──■■

닭가슴살, 밀가루, 계란, 빵가루, 양상추, 머스터드소스, 로즈메리, 마늘, 양파, 양송이, 표고버섯, 애호박, 설익은 밥, 굴소스, 어린잎 채소, 냉동 포테이토, 물, 간장, 설탕, 마향, 계피, 발사믹 식초, 꿀, 방울토마토, 소금, 후추, 올리브오일, 식용유

■■■── 만드는 방법 ──■■■

① 닭가슴살을 소금, 후추, 로즈메리로 마리네이드하여 끓는 물에 삶고 양상추와 함께 적당한 크기로 찢어서 머스터드 소스를 뿌린다.
② 방울 토마토를 (+) 모양으로 칼집을 낸 뒤 데친 다음에 껍질을 살짝 구워서 복주머니 형태로 되게 만들어 준다.
③ 마늘과 양파는 찹을 하고 양송이, 표고버섯은 적당한 크기로 썬 뒤, 애호박은 슬라이스하여 중부 팬에 오일을 두르고 마늘을 넣어 향을 낸 뒤 닭가슴살 포떠서 손질한 것과 버섯, 애호박을 넣어서 볶다가 설익은 밥과 굴소스를 넣어서 치킨 버섯 도리아를 만들어 준다.
④ 냄비에 발사믹 식초와 꿀을 넣어 끓여서 발사믹소스를 만들어 준다.
⑤ 냄비에 물과 간장, 설탕, 마향, 계피를 넣어서 데리야끼 소스를 만들어 준다.
⑥ 냉동 포테이토는 그냥 튀겨 주고 닭가슴살을 펼쳐서 소금, 후추로 간하고 밀가루, 계란, 빵가루를 묻혀 튀겨 준다.
⑦ 중앙에 감자튀김, 치킨가스, 데리야끼 소스, 발사믹 소스를 놓아주고 사이드에 치킨 샐러드와 치킨 도리아를 두어 완성한다.

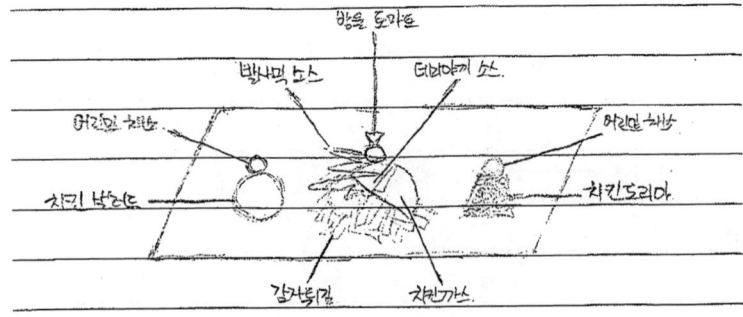

오늘의 양식

견과류 치킨강정과 고르곤졸라 감자 & 파스타 샐러드
그리고 대추 꿀 소스

■■── **재료** ──■■

닭, 튀김가루, 계란, 감자, 고르곤졸라 치즈, 피자치즈, 파슬리, 땅콩, 숏 파스타,
방울토마토, 금귤, 대추, 꿀, 마늘, 어린잎 채소, 식초, 그라나파다노 치즈, 아몬드, 피넛,
건포도, 소금, 후추, 올리브오일, 식용유

■■■── **만드는 방법** ──■■■

① 닭을 뼈를 발라내어 살만 펼친 뒤 소금, 후추, 간을 하고 아몬드, 피넛, 건포도를 속에 넣고 둥글게 만든 뒤, 계란과 튀김가루를 묻힌 뒤 중식 팬에 180°C 온도에서 튀겨 준다.
② 프라이팬에 올리브오일을 두른 뒤 마늘 찹과 손질한 대추를 넣어 살짝 볶다가 꿀과 식초를 넣어 대추 꿀 소스를 만든다.
③ 감자를 편 썰어서 소금, 후추 간을 한 뒤 피자치즈와 고르곤졸라 치즈, 파슬리, 땅콩을 올린 뒤 예열한 180°C 오븐에서 5분 정도 구워 준다.
④ 끓는 물에 숏파스타를 6~8분 정도 삶아 준 뒤 방울토마토와 금귤을 반 썰어서 금귤즙 짠 것과 소금간을 약하게 하여 파스타 샐러드를 만들어 준다.
⑤ 고르곤졸라 감자를 접시 중앙에 층층이 쌓은 뒤 견과류 치킨 강정을 올리고 대추 꿀소스를 곁들인 뒤 어린잎 채소를 올려 준다.
⑥ 견과류 치킨 강정 사이드에 파스타 샐러드를 곁들여 마무리한다.

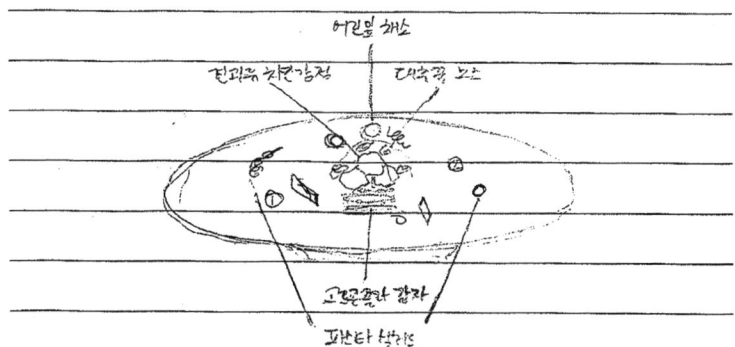

닭고기

단호박 사과 스튜를 곁들인 닭 버터 구이와 토마토 리소토볼 그리고 파스타 샐러드

■■── 재료 ──■■

닭가슴살, 단호박, 사과, 생크림, 우유, 버터, 토마토홀, 양파, 당근, 샐러리, 월계수잎, 정향, 통후추, 밥, 방울토마토, 숏파스타, 어린잎 채소, 금귤, 감귤, 그라나파다노 치즈 가루, 바질, 밀가루, 계란, 빵가루, 설탕, 소금, 후추, 식용유

■■■── 만드는 방법 ──■■■

① 끓는 물에 소금을 넣고 숏파스타를 삶은 뒤 감귤은 갈아서 금귤과 어린잎 채소를 섞어 파스타 샐러드를 만들고 그라나파다노 치즈가루를 뿌려준다.
② 양파, 당근, 샐러리를 다져서 프라이팬에 볶다가 냄비에 넣어 토마토홀 으깬 것과 물 또는 스톡과 월계수잎, 정향, 통후추, 설탕을 넣어서 토마토소스를 만들어 준다.
③ 닭가슴살을 먹기 좋은 크기로 잘라 닭 버터구이용과 토마토 리소토볼용으로 나눈뒤 프라이팬에 버터를 두르고 닭을 볶다가 설익은 밥과 토마토소스를 넣어 되직하게 리소토를 만든 뒤 원형으로 만들어 밀가루, 계란, 빵가루를 묻혀서 180°C로 예열된 튀김솥에서 튀겨 준다.
④ 단호박과 사과를 넣어서 볶은 뒤 생크림, 우유, 소금을 넣어서 단호박 사과 스튜를 만들고 전에 썰어놓은 닭가슴살을 소금, 후추 간하여 버터로 구워 준다.
⑤ 중앙에 단호박 사과 스튜와 닭 버터구이를 놓고 사이드에 파스타 샐러드와 토마토 리소토를 올려 마무리해 준다.

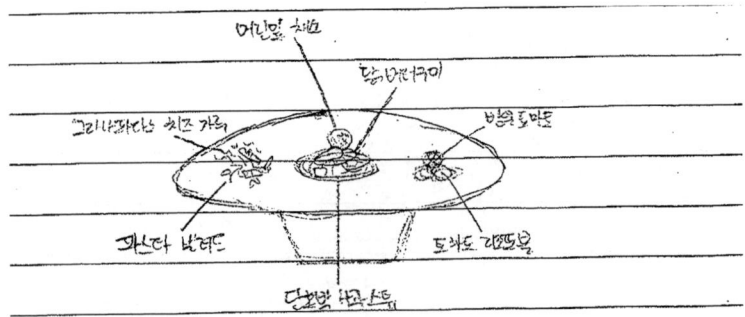

오늘의 양식

치킨구이와 버섯 처트니 & 파인애플 살사
그리고 파인애플 머스터드소스

■■── 재료 ──■■

닭가슴살, 파인애플 슬라이스, 양파, 마늘, 새송이버섯, 양송이버섯, 바질, 다종머스터드, 레몬주스, 버터, 우유, 소금, 후추, 꿀, 밤 다이스, 식용유

■■■── 만드는 방법 ──■■■

① 다종머스터드, 레몬주스, 꿀, 다진 마늘, 바질을 넣어서 파인애플 머스터드소스를 만든다.
② 새송이버섯과 양송이버섯 그리고 마늘을 한입 크기로 썰어서 프라이팬에 볶아서 버섯 처트니를 만들어 준다.
③ 파인애플 슬라이스와 양파를 3x3cm로 자른 뒤 프라이팬에서 살짝 볶아 레몬주스, 소금 간을 한 뒤 밤 다이스를 넣고 한 번 더 볶아서 파인애플 살사를 만들어 준다.
④ 닭가슴살은 우유에 잠깐 재워 달군 프라이팬에 버터를 넣은 뒤 소금, 후추 간을 하여 너무 오래 익히지도 너무 빨리 익지도 않게끔 적당히 구워 준다.
⑤ 버섯 처트니를 깔고 치킨구이를 올린 뒤 파인애플 머스터드소스를 메인에 듬뿍 뿌린 뒤 파인애플 살사를 올리고 바질로 마지막 가니시를 해준다.

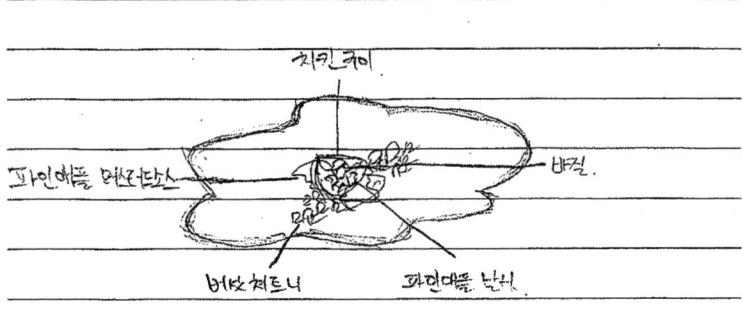

닭고기

메이플 시럽을 곁들인 버섯 크림 리소토 닭가슴살과 자몽 샐러드 그리고 사과파이

■■—— 재료 ——■■

닭가슴살, 새송이버섯, 양송이버섯, 마늘, 양파, 버섯 크림, 휘핑크림, 메이플 시럽, 사과, 중력분, 버터, 소금, 후추, 설탕, 계핏가루, 쌀, 자몽, 양상추, 샬롯, 레몬주스, 바질, 올리브오일, 어린잎 채소

■■■—— 만드는 방법 ——■■■

① 쌀로 꼬들한 밥을 지은 다음 새송이버섯과 양송이버섯을 한입 크기로 썰고 마늘과 양파를 다져 준다.
② 양상추는 한입 크기로 찢고 샬롯은 채를 썰고 자몽은 반은 갈고, 남은 반은 작은 주사위 모양으로 썬 뒤 양상추, 샬롯, 자몽을 볼에 담은 뒤 간 자몽과 레몬주스, 설탕을 넣어서 자몽 샐러드를 만들어 준다.
③ 사과는 정다이스로 썰어서 프라이팬에 계피와 설탕을 넣고 볶고 볼에 중력분, 버터, 소금을 넣어 되직하게 반죽을 한뒤 둥근 공으로 만들어 밀방망이로 밀어낸 뒤 조리된 사과를 올려 180°C 오븐에서 구워 사과파이를 만들어 준다.
④ 닭가슴살을 넓게 펼쳐 소금, 후추, 바질로 마리네이드한 뒤 프라이팬에 마늘, 양파, 버섯들을 볶고 밥과 휘핑크림, 버섯 크림, 소금 후추로 간을 하여 버섯 크림 리소토를 완성하여 닭가슴살로 만 뒤 180°C 오븐에 구워서 중앙에 담고 사이드에 파이, 샐러드, 시럽을 뿌려준다.

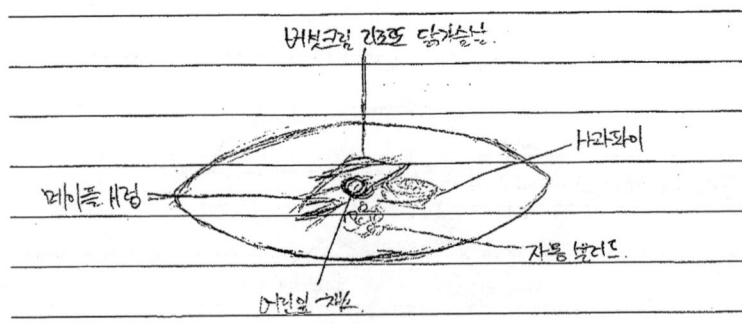

바질 페스토를 이용한 빠네에 어우러진 크림 치킨 펜네와 고르곤졸라 & 바나나 크림치즈

■■──── 재료 ────■■

닭 순살, 마늘, 양파, 양송이버섯, 펜네, 우유, 휘핑크림, 굴소스, 피자치즈, 빠네, 호두, 땅콩, 고르곤졸라 치즈, 파슬리 가루, 바질, 잣, 올리브오일, 바나나, 과일 크림치즈, 그라나파다노 치즈, 어린잎 채소, 설탕, 소금, 후추

■■■──── 만드는 방법 ────■■■

① 믹서에 바질, 잣, 올리브오일, 소금, 후추 약간을 넣어 돌려 바질 페스토를 만들어 준다.
② 바나나는 껍질을 까서 원형 그대로 살려 편을 썬 뒤 설탕을 약간 뿌리고 과일 크림치즈를 조금 얹어 180°C 오븐에서 살짝 구워 바나나 크림치즈를 만들어 준다.
③ 펜네는 끓는 물에 약간의 소금과 올리브오일을 넣어 삶아 준다.
④ 마늘, 양파는 다지고 양송이는 기둥을 떼어 4등분하여, 닭 순살을 먹기 좋은 크기로 썰어 바질 페스토와 소금 후추 간을 하여준다.
⑤ 프라이팬에 올리브오일을 두르고 마늘을 넣고 볶다가 닭 순살, 양파, 양송이버섯을 순서대로 넣고 볶은 뒤 어느 정도 익었다 생각되면 펜네와 우유, 휘핑크림, 굴소스를 넣어 크림 치킨 펜네를 만들어 주고 하드롤은 윗부분을 잘라 속을 파내어 크림 치킨 펜네를 넣고 윗부분은 호두, 땅콩, 피자치즈를 올려 180°C 오븐에 구워 준다.
⑥ 중앙에 펜네를 놓고 사이드에 고르곤졸라, 바나나 크림치즈, 페스토를 놓고 마무리한다.

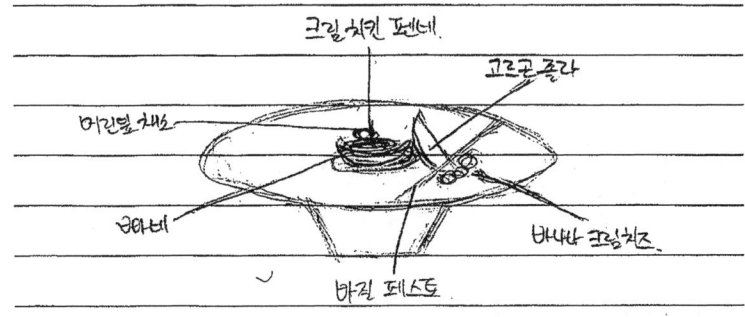

크랜베리로 속을 채운 닭가슴살 파이롤과 푸타네스카 그리고 견과류 드레싱을 곁들인 과일 살사

■■── 재료 ──■■

닭가슴살, 크랜베리, 밀가루, 버터, 계란, 오레가노, 마늘, 앤초비, 페페론치노, 방울토마토, 펜네, 바나나, 키위, 건포도, 호두, 아몬드, 잣, 메이플 시럽, 레몬주스, 식초, 어린잎 채소, 소금, 후추, 올리브오일

■■■── 만드는 방법 ──■■■

① 호두와 아몬드, 잣 그리고 메이플 시럽, 레몬주스, 식초를 믹서에 넣어 갈아서 견과류 드레싱을 만들어 준다.
② 바나나와 키위를 주사위 모양으로 썰고 건포도와 합친 뒤 견과류 드레싱을 곁들여 과일 살사를 만들어 준다.
③ 버터를 녹여서 밀가루와 소금을 넣어 단단하게 반죽을 한 다음 닭가슴살을 펼쳐서 소금, 후추 간을 하고 오레가노를 뿌린 뒤, 크랜베리로 속을 채워서 180°C 오븐에서 6~8분 정도 구워서 썰어둔다.
④ 펜네를 삶은 뒤 마늘은 편을 썰고 프라이팬에 올리브오일을 둘러서 마늘과 페페론치노, 앤초비, 방울토마토, 펜네를 넣어 볶다가 후추로 간을 하여 푸타네스카를 만들어 준다.
⑤ 닭가슴살 파이를 왼쪽에 두고 어린잎 채소를 올린 뒤, 사이드에 푸타네스카와 과일 살사를 놓아 마무리해 준다.

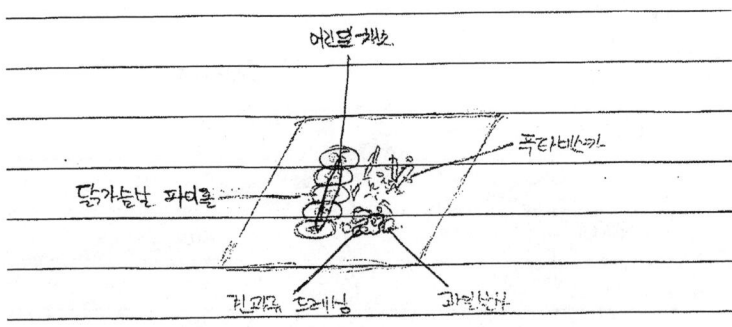

오늘의 양식

토마토에 어우러진 치킨 브루스케타와 야채 도리아볼 그리고 고르곤졸라 감자 치즈

■■── 재료 ──■■

닭, 바질, 밀가루, 계란, 빵가루, 토마토홀, 양파, 당근, 샐러리, 파슬리 가루, 파프리카, 마늘, 가지, 애호박, 양송이버섯, 월계수잎, 정향, 통후추, 쌀, 감자, 고르곤졸라 치즈, 호두, 땅콩, 피자치즈, 어린잎 채소, 새싹, 소금, 후추

■■■── 만드는 방법 ──■■■

① 쌀은 냄비나 밥솥으로 꼬들한 밥을 짓고, 마늘과 양파, 파프리카, 가지, 애호박은 볶음용으로 다져 준다.
② 양파, 당근, 샐러리를 다져서 프라이팬에 볶다가 냄비에 넣어 토마토홀 으깬 것과 물 또는 야채스톡과 월계수잎, 정향, 통후추, 설탕을 넣어서 토마토 소스를 만들어 준다.
③ 프라이팬에 올리브오일을 두르고 마늘, 양파, 파프리카, 가지, 애호박을 넣고 볶다가 꼬들한 밥과 토마토 소스를 넣어 되직하게 볶아 도리아를 만든 뒤 원 모양으로 만들어 밀가루, 계란, 빵가루를 묻혀 튀겨 준다.
④ 감자는 편을 썰고 고르곤졸라 치즈, 호두, 아몬드를 잘게 부순 다음 피자치즈를 올려 180°C 온도에서 5분간 구워 준다.
⑤ 닭을 스테이크 크기보다 조금 크게 펼친 뒤 소금, 후추, 바질로 마리네이드한 후 밀가루, 계란, 빵가루를 묻혀 튀겨 준다.
⑥ 토마토홀을 바질과 소금, 후추로 간을 하여 살짝 볶아 브루스케타 위에 올리고 사이드에 도리아볼과 감자 치즈를 놓고 야채 가니시를 하여 마무리하여 준다.

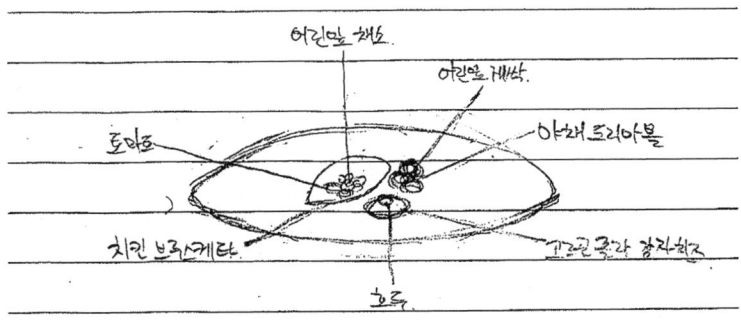

닭고기

허브 갈릭으로 어우러진 닭가슴살 튀김과 오리엔탈 드레싱을 곁들인 라디치오 샐러드 & 그라나파다노 포테이토

■■──── 재료 ────■■

닭가슴살, 타임, 마늘, 버터, 전분, 계란, 발사믹 식초, 참깨, 올리브오일, 라디치오, 양파, 파프리카, 그라나파다노 치즈, 감자, 파슬리 가루, 어린잎 채소, 어린잎 새싹, 소금, 후추, 올리브오일

■■■──── 만드는 방법 ────■■■

① 발사믹 식초와 올리브오일 그리고 참깨를 믹싱하여서 오리엔탈 드레싱을 만들어 준다.
② 라디치오와 양파, 파프리카를 한입 크기로 썰어서 오리엔탈 드레싱을 뿌려 라디치오 샐러드를 만든다.
③ 감자를 막대기 모양의 한입 크기로 잘라서 소금, 후추 간을 한 다음 버터, 그라나파다노 치즈, 파슬리 가루를 골고루 뿌려서 180°C 오븐에서 5분간 구워 그라나파다노 포테이토를 만들어 준다.
④ 닭가슴살을 포떠서 소금, 후추 간을 한 다음, 버터, 타임, 마늘로 골고루 발라서 180°C 오븐에서 살짝 구워서 닭가슴살을 찢어서 계란과 전분, 파슬리 가루, 마늘을 묻혀서 180°C의 기름솥에 튀겨서 허브갈릭 닭가슴살 튀김을 만들어 준다.
⑤ 사이드에 라디치오 샐러드와 그라나파다노 포테이토를 놓고 중앙에 허브갈릭 닭가슴살 튀김과 어린잎 채소, 새싹으로 마무리해 준다.

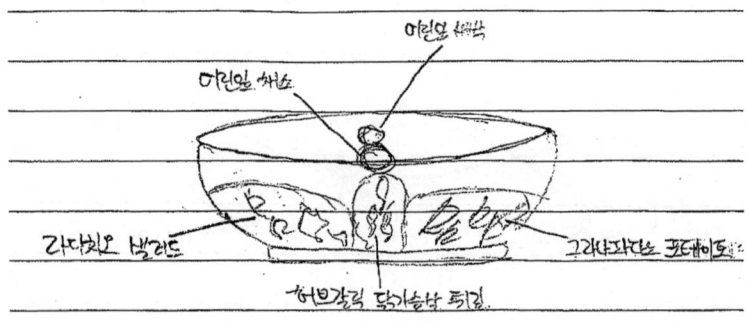

바나나와 닭 신장을 채운 닭 오븐구이와 갈릭 간장 소스
그리고 표고버섯 튀김 & 락규 레몬 제스트

■■ —— 재료 —— ■■

닭, 닭 신장, 바나나, 마늘, 양파, 파, 간장, 설탕, 표고버섯, 밀가루, 계란, 락규, 레몬, 레몬주스, 고수, 식초, 소금, 후추, 올리브오일

■■■ —— 만드는 방법 —— ■■■

① 마늘 다진 것과 양파, 파, 설탕을 넣고 은근히 끓여서 갈릭 간장 소스를 만들어 준다.
② 파 흰뿌리 부분을 잘게 썰어서 식초와 설탕으로 절여서 락규를 만들고 레몬은 껍질만을 이용해 얇게 채썰어서 데친 다음에 프라이팬에 락규와 레몬을 설탕으로 입혀서 락규 레몬 제스트를 만들어 준다.
③ 표고버섯는 기둥을 떼네어서 소금, 후추 간을 하여 계란과 밀가루를 묻혀서 180°C 튀김 솥에 튀겨 준다.
④ 바나나는 껍질을 벗겨 모양 그대로 설탕을 묻혀서 오븐에 구워주고 닭은 필렛하여 신장과 함께 소금, 후추로 간한 뒤 고수를 다져서 넣어주고, 바나나와 닭 신장을 함께 넣어서 말아 180°C의 오븐에서 10분간 구워 준다.
⑤ 갈릭 간장 소스를 중앙에 깐 뒤 닭 오븐 구이와 표고버섯 튀김, 락규 레몬 제스트, 민트를 올리고 마무리해 준다.

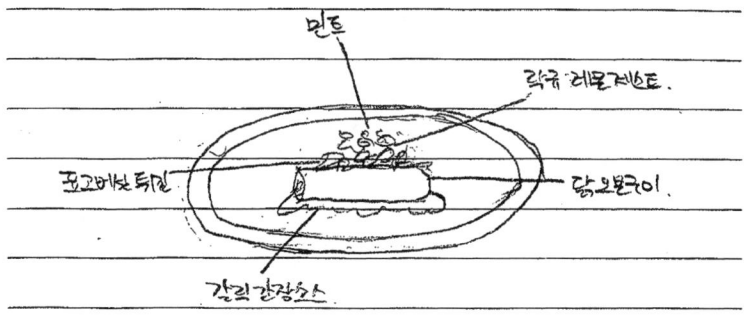

오렌지 소스를 곁들인 닭가슴살구이와 그린빈 샐러드 그리고 치킨 리소토

■■── 재료 ──■■

닭가슴살, 민트, 그린빈, 옥수수콘, 마요네즈, 설탕, 레몬 식초, 오일, 토마토홀, 마늘, 양파, 당근, 샐러리, 월계수잎, 정향, 통후추, 쌀, 양송이버섯, 파프리카, 어린잎 채소, 오렌지, 그레나딘 시럽, 소금, 후추

■■■── 만드는 방법 ──■■■

① 믹서에 오렌지와 레몬식초, 설탕, 그레나딘 시럽을 넣어서 믹싱하여 오렌지 소스를 만들어 준다.
② 그린빈을 쪄낸 다음 껍질을 벗기고 옥수수콘과 마요네즈, 레몬식초, 설탕을 넣어서 그린빈 샐러드를 만들어 준다.
③ 마늘, 양파, 당근, 샐러리를 다져서 프라이팬에 볶다가 냄비에 넣어 토마토홀 으깬 것과 물 또는 야채스톡과 월계수잎, 정향, 통후추, 설탕, 소금, 후추 약간을 넣어서 토마토소스를 만들어 준다.
④ 밥을 지은 다음에 프라이팬에 올리브오일을 두르고 마늘, 양파 다진 것과 파프리카, 양송이버섯, 닭 순살을 넣고 볶다가 물 또는 야채스톡 그리고 토마토소스와 꼬들한 밥 소금, 후추로 간을 약하게 하여 치킨 리소토를 만들어 준다.
⑤ 닭가슴살을 민트, 소금, 후추로 간을 약하게 한 다음에 180℃ 오븐에서 6~8분 정도 구워 준다.
⑥ 닭가슴살 구이와 샐러드, 리소토 그리고 어린잎을 올려 마무리해 준다.

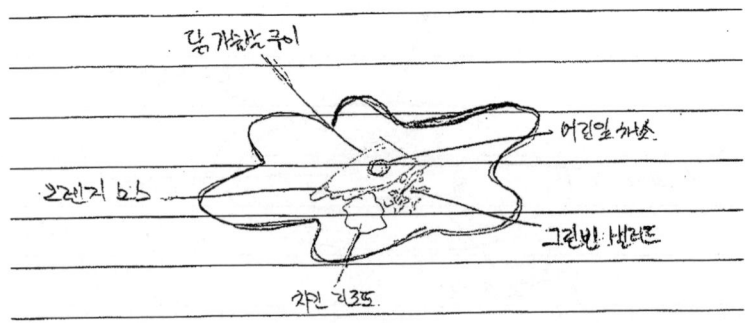

굴소스를 곁들인 고르곤졸라 닭강정과 야채볶음
그리고 빠네 & 생크림 과일 파이

■■── 재료 ──■■

닭 순살, 고르곤졸라 치즈, 계란, 튀김가루, 전분, 땅콩, 굴소스, 버터, 청경채, 양파, 마늘, 건고추, 당근, 밀가루, 올리브오일, 휘핑크림, 방울토마토, 키위, 바나나, 어린잎 채소, 소금, 후추

■■■── 만드는 방법 ──■■■

① 밀가루와 물, 올리브오일, 소금을 넣어서 빠네를 만들어 5~6개 정도 가니시로 사용한다.
② 버터를 녹여서 밀가루와 소금을 넣어서 파이 반죽을 만들고 방울토마토, 키위, 바나나를 설탕으로 뿌린 다음 파이 위에 올려 180°C 오븐에 10분 정도 구워 준다.
③ 닭 순살을 소금, 후추 간하여 계란, 튀김가루, 전분, 땅콩, 고르곤졸라 치즈를 묻혀서 180°C 기름에 튀겨 준다.
④ 프라이팬에 올리브오일을 두르고 마늘 다진 것과 양파, 당근 채 썬 것과 건고추를 넣어 볶다가 튀긴 닭과 굴소스를 넣고 마지막으로 청경채를 넣어 닭강정과 야채볶음을 만들어 준다.
⑤ 고르곤졸라 닭강정과 야채볶음을 중앙에 놓은 뒤 가니시로 빠네를 놓고 과일 파이와 어린잎 채소를 올려 마무리해 준다.

모카빵 속을 채운 카망베르 궁보계정과
깻잎 페스토를 곁들인 월남쌈 그리고 오렌지 제스트 & 바닐라 빈

■■──── 재료 ────■■

닭, 우유, 계란, 튀김가루, 카망베르 치즈, 건고추, 땅콩, 파, 마늘, 생강, 페페론치노, 소금, 후추, 간장, 설탕, 식초, 깻잎, 잣, 올리브오일, 모카빵, 오렌지, 월남쌈 페이퍼, 양파, 파프리카, 당근, 애호박, 가지, 바닐라빈, 식용유

■■■──── 만드는 방법 ────■■■

① 깻잎, 잣, 올리브오일, 소금, 후추 약간씩을 믹싱하여 깻잎 페스토를 만들어 준다.
② 월남쌈 페이퍼에 물로 묻힌 뒤 파프리카, 양파, 당근, 애호박, 가지를 프라이팬에 소금, 후추 간을 하여 살짝 볶아서 야채를 넣고 말아서 월남쌈을 만들어 준다.
③ 모카빵은 반을 잘라 속을 걷어내고, 오렌지는 껍질만을 사용해 얇게 줄리엔을 하여 설탕을 묻혀 녹이고 입혀서 오렌지 제스트를 만들어 준다.
④ 닭은 뼈를 발라내고 살만을 이용해서 소금, 후추 간을 하여 밀가루, 계란, 튀김가루, 우유를 넣어 반죽하여 180°C 기름에 튀겨 준다.
⑤ 프라이팬에 올리브오일을 두르고 건고추, 파 흰부분, 마늘, 생강, 페페론치노, 카망베르 치즈를 손질하여 넣어 볶다가 물, 간장, 설탕, 식초를 넣어 졸인 뒤 닭을 센 불에 볶아 카망베르 궁보계정을 만들어 주고 밑에 가니시를 층층이 쌓아 준다.

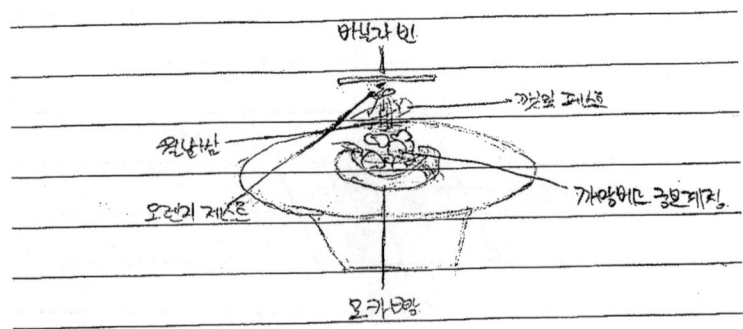

오늘의 양식

치킨 오븐구이와 스위트포테이토 & 파프리카 샐러드
그리고 머스터드소스와 고수 페스토

■■── 재료 ──■■

닭, 머스터드, 휘핑크림, 파슬리 가루, 고수, 잣, 올리브오일, 버터, 마늘, 양파, 고구마, 아스파라거스, 파프리카, 양상추, 라디치오, 양파, 감귤, 레몬주스, 설탕, 계란, 밀가루, 어린잎 채소, 소금, 후추

■■■── 만드는 방법 ──■■■

① 머스터드, 휘핑크림, 파슬리 가루, 소금, 후추 약간씩 넣어서 끓여 머스터드 크림소스를 만들어 준다.
② 파프리카와 양파는 채 썰고 양상추와 라디치오는 한입 크기로 뜯은 뒤 감귤과 레몬주스, 설탕을 갈아서 섞은 뒤 파프리카 샐러드를 만들어 준다.
③ 고구마와 아스파라거스는 길쭉하게 썰어서 소금, 후추 간을 약하게 한 뒤 계란과 밀가루를 묻혀서 180°C 기름에 튀겨 준다.
④ 고수, 잣, 올리브오일, 소금, 후추 약간씩을 믹싱하여 고수 페스토를 만들어 준다.
⑤ 닭을 손질한 뒤 마늘과 양파를 찹하고 버터를 바른 뒤 소금, 후추 간을 약하게 하여 180°C 오븐에 10분간 구워 준다.
⑥ 치킨 오븐구이에 소스의 페스토, 어린잎을 올리고, 사이드에 샐러드와 스위트포테이토로 마무리해 준다.

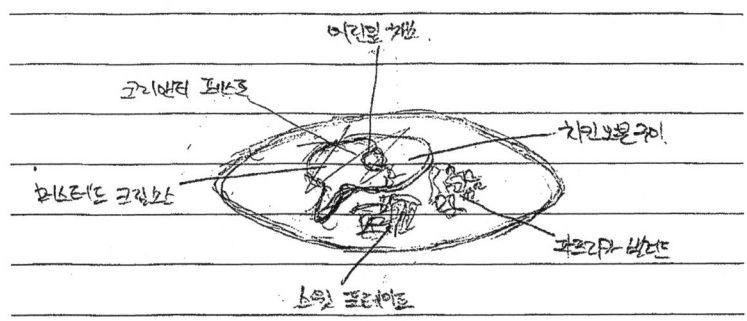

스트로베리 소스와 로즈메리 페스토를 곁들인 단호박 빠찌엔느 닭가슴살 머시룸롤과 발사믹 드레싱을 이용한 샐러드

■■── 재료 ──■■

닭가슴살, 양송이버섯, 새송이버섯, 팽이버섯, 머시룸 퓌레, 마늘, 단호박, 로즈메리, 잣, 올리브오일, 스트로베리 퓌레, 밀가루, 계란, 발사믹 식초, 양상추, 라디치오, 비타민, 참깨, 어린잎 채소, 레몬주스, 소금, 후추

■■■── 만드는 방법 ──■■■

① 믹서에 로즈메리, 잣, 올리브오일, 마늘, 소금, 후추 약간씩을 넣어서 로즈메리 페스토를 만들어 준다.
② 스트로베리 퓌레와 레몬주스를 약간 넣어서 프라이팬에 졸여 스트로베리 소스를 만들어 준다.
③ 양상추, 라디치오, 비타민을 한입 크기로 자른 뒤 발사믹 식초와 올리브오일 그리고 참깨와 소금, 후추를 약간씩 넣어서 섞어 발사믹 드레싱을 이용한 샐러드를 만들어 준다.
④ 닭가슴살은 포를 떠서 마늘 다진 것과 소금, 후추 간을 하여 머시룸 퓌레와 양송이버섯, 새송이버섯, 팽이버섯을 채나 한입 크기로 썰어서 넣어 말아 준 뒤 밀가루, 계란을 묻히고 단호박 채 썬 것을 묻힌 다음 180°C 기름에 튀겨서 단호박 빠찌엔느 닭가슴살 머시룸롤을 만든다.
⑤ 스트로베리 소스를 깔고 닭가슴살 머시룸롤을 올린 뒤 샐러드를 올리고 페스토를 뿌린 뒤 어린잎 채소로 마무리해 준다.

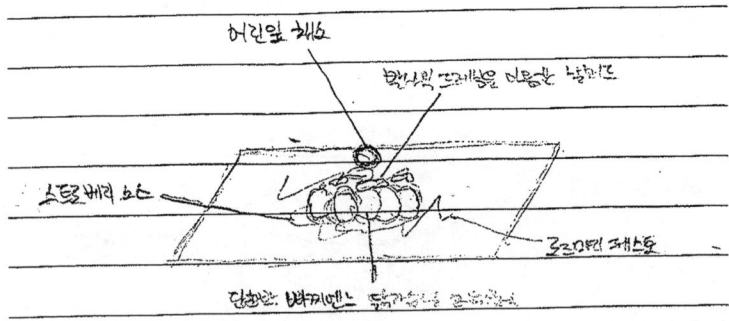

아스파라거스와 포테이토 & 마늘구이에 어우러진 치킨 견과류 강정볼과 발사믹 소스 그리고 과일 살사

■■── 재료 ──■■

닭, 아몬드, 호두, 건포도, 밀가루, 계란, 빵가루, 바질, 식용유, 감자, 마늘, 아스파라거스, 버터, 양파, 토마토, 파프리카, 올리브, 사과, 바나나, 레몬주스, 설탕, 발사믹 식초, 꿀, 어린잎 채소, 소금, 후추

■■■── 만드는 방법 ──■■■

① 프라이팬이나 냄비에 발사믹 식초와 꿀을 넣어 졸여서 발사믹 소스를 만들어 준다.
② 토마토는 (+) 모양으로 칼집을 낸 뒤 끓는 물에 살짝 넣었다가 찬물에서 껍질을 벗기고 양파, 파프리카, 올리브, 사과, 바나나를 다져서 레몬주스와 설탕을 넣어 섞어서 과일 살사를 만들어 준다.
③ 감자와 마늘은 소금 간을 약하게 하여 180℃ 기름에 튀겨주고, 아스파라거스를 프라이팬에 버터를 넣어 소금, 후추 간을 약하게 하여 아스파라거스구이를 만들어 준다.
④ 닭은 뼈를 도려 내어서 다진 뒤 아몬드, 호두, 피넛, 건포도, 바질, 소금, 후추 간을 약하게 하여 밀가루, 계란, 빵가루를 묻혀서 180℃ 기름에 튀겨 준다.
⑤ 아스파라거스, 포테이토, 마늘 구운 것을 바닥에 깐 뒤 치킨 견과류 강정볼과 과일 살사, 어린잎 채소, 발사믹으로 마무리해 준다.

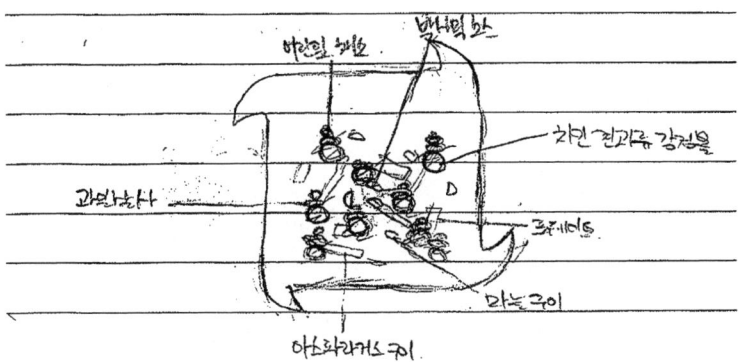

발사믹 소스를 곁들인 토마토 치킨 리소토롤과 고구마와 치즈를 채운 치킨가스롤 그리고 마카로니 샐러드

■■── 재료 ──■■

닭, 토마토홀, 마늘, 양파, 당근, 샐러리, 월계수잎, 정향, 통후추, 애호박, 가지, 발사믹 식초, 꿀, 마카로니, 옥수수콘, 마요네즈, 설탕, 오일, 고구마, 스트링 치즈, 밀가루, 계란, 빵가루, 어린잎 채소, 새싹, 소금, 후추

■■■── 만드는 방법 ──■■■

① 프라이팬이나 냄비에 발사믹 식초와 꿀을 넣어 졸여서 발사믹 소스를 만들어 주고 고구마를 쪄서 으깨어 준다.
② 마늘, 양파, 당근, 샐러리를 다져서 프라이팬에 볶다가 냄비에 넣어 토마토홀 으깬 것과 물 또는 야채스톡과 월계수잎, 정향, 통후추, 설탕, 소금, 후추 약간을 넣어서 토마토소스를 만들어 준다.
③ 마카로니는 삶은 뒤 옥수수콘과 양파 다진 것 그리고 마요네즈 설탕을 넣어서 마카로니 샐러드를 만들어 주고 당근은 올리베트를 쳐서 삶은 뒤 졸여주고 밥을 짓는다.
④ 프라이팬에 올리브오일을 두르고 치킨을 볶다가 마늘, 양파, 당근, 애호박, 가지를 넣고 한 번 더 볶은 뒤 물 또는 야채스톡과 밥 그리고 토마토소스를 넣어 소금, 후추 간을 약하게 하여 졸여서 토마토 치킨 리소토를 만들어 준다.
⑤ 닭을 두 군데로 나눈 뒤 얇게 펼쳐서 소금, 후추 간을 약하게 하여 한곳은 리조또를 다른 곳은 고구마와 치즈를 넣어 롤 두 개를 만들어 준다.

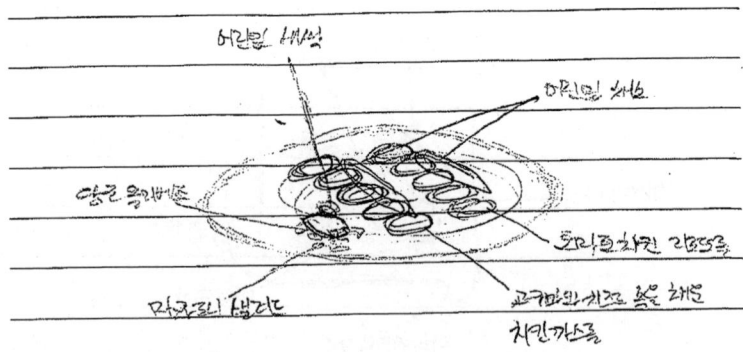

오늘의 양식

머스터드소스와 파슬리 페스토를 곁들인 치킨 볶음밥과 단호박 닭강정볼 그리고 무화과 토마토 처트니

■■── 재료 ──■■

닭가슴살, 마늘, 양파, 당근, 애호박, 가지, 쌀, 굴소스, 머스터드, 파슬리가루, 잣, 올리브오일, 단호박, 호박씨, 밀가루, 계란, 빵가루, 무화과, 방울토마토, 바질, 레몬주스, 어린잎 채소, 새싹, 제피잎, 소금, 후추

■■■── 만드는 방법 ──■■■

① 믹서에 파슬리, 잣, 올리브오일, 마늘, 소금, 후추 간을 약하게 하고 믹싱하여 파슬리 페스토를 만들어 준다.
② 무화과는 속을 파내어 겉은 설탕으로 살짝 조린 뒤 프라이팬에 올리브오일을 두르고 방울토마토, 바질, 무화과 속, 레몬주스, 소금, 후추를 넣어서 볶아 빈 무화과 안에 채워서 무화과 토마토 처트니를 만들어 준다.
③ 단호박을 쪄서 으깬 다음에 닭가슴살을 펼쳐 소금, 후추, 간을 약하게 하고 으깬 단호박을 넣어 원 모양으로 만들어 밀가루, 계란, 빵가루를 묻혀서 180°C 기름에 튀겨 단호박 닭강정으로 만들어 주고 밥을 짓는다.
④ 프라이팬에 올리브오일을 두르고 마늘 다진 것과 손질한 닭가슴살을 볶다가 양파, 당근, 애호박, 가지 썬 것을 넣어 한 번 더 볶은 뒤 밥과 굴소스를 넣고 마지막으로 볶은 뒤 올리베트 모양으로 만들어 올리베트 치킨 볶음밥을 만들고 닭강정과 토마토 처트니 및 가니시로 마무리한다.

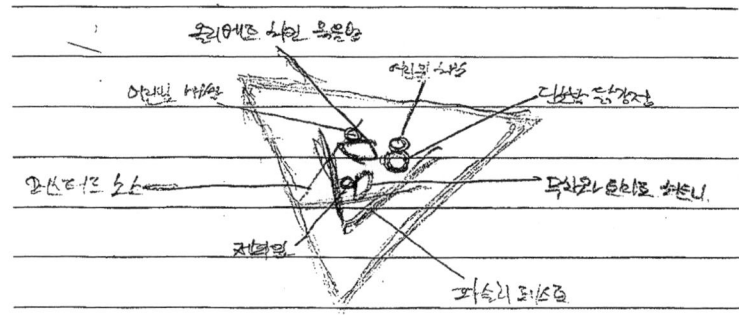

치킨 스튜와 알리오 올리오 바게트 & 파르메산 치즈
그리고 타임 페스토

■■—— 재료 ——■■

닭, 마늘, 양파, 당근, 애호박, 가지, 우유, 휘핑크림, 월계수잎, 정향, 통후추, 밀가루, 버터, 바게트, 스파게티면, 올리브, 파르메산 치즈, 어린잎 채소, 파슬리 가루, 소금, 후추, 올리브 오일

■■■—— 만드는 방법 ——■■■

① 믹서에 타임, 잣, 올리브오일, 소금, 후추를 넣어서 믹싱하여 타임 페스토를 만들어 준다.
② 프라이팬에 버터를 넣고 녹여서 밀가루를 넣어 볶아서 화이트 루를 만들어 준 뒤 냄비에 우유와 휘핑크림, 화이트 루, 월계수잎, 정향, 통후추를 넣어 계속 저어가면서 농도가 되직한 화이트 루를 만들어 준다.
③ 프라이팬에 올리브오일을 두르고 손질한 치킨과 마늘, 양파, 당근, 애호박, 가지를 넣고 볶다가 우유와 휘핑크림, 베샤멜소스를 넣고 끓여서 소금, 후추 간를 하여 치킨 스튜를 만들어 준다.
④ 바게트는 반을 갈라서 마늘과 버터, 파슬리 가루를 발라서 180°C 오븐에서 2~3분간 구워 준다.
⑤ 끓는 물에 스파게티면을 삶고 프라이팬에 올리브오일을 두른 뒤 마늘 편과 올리브를 넣어 볶다가 스파게티면과 치킨스톡 또는 물을 넣고 소금, 후추 간을 하여 바게트 위에 올려 마무리해 준다.

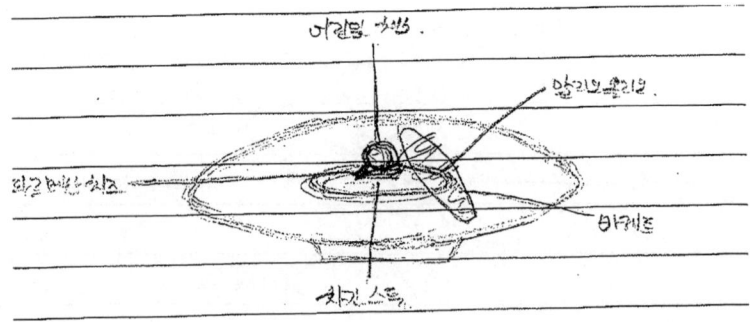

오늘의 양식

치킨 버섯 도리아와 치킨 샐러드 & 감자 올리베트
그리고 라즈베리 소스와 바질 페스토

■■──── 재료 ────■■

닭가슴살, 토마토, 모차렐라 치즈, 파르메산 치즈, 라즈베리 퓌레, 레몬주스, 양송이버섯, 표고버섯, 마늘, 양파, 당근, 애호박, 가지, 쌀, 굴소스, 감자, 바질, 잣, 올리브오일, 어린잎 채소, 소금, 후추

■■■──── 만드는 방법 ────■■■

① 프라이팬이나 냄비에 라즈베리 퓌레를 넣고 졸여서 라즈베리 소스를 만들어 준다.
② 믹서에 바질, 잣, 올리브오일, 마늘, 소금, 후추를 넣어서 믹싱하여 바질 페스토를 만들어 준다.
③ 닭가슴살은 얇게 포를 떠서 삶아주어 토마토와 모차렐라 치즈 사이에 놓으면서 치킨 샐러드를 만들어 준다.
④ 감자는 올리베트를 쳐서 끓는 물에 삶아주고 밥을 짓는다.
⑤ 프라이팬에 올리브오일을 두르고 손질한 닭가슴살을 볶다가 준비된 양송이, 표고, 마늘, 양파, 당근, 애호박, 가지를 넣고 볶은 뒤 밥과 굴소스를 넣고 한 번 더 볶아 치킨 버섯 도리아를 만들어 준다.
⑥ 중앙에 치킨 버섯 도리아, 감자 올리베트, 어린잎 채소를 올리고 사이드에 치킨 샐러드, 라즈베리 소스와 바질 페스토를 부려 마무리해 준다

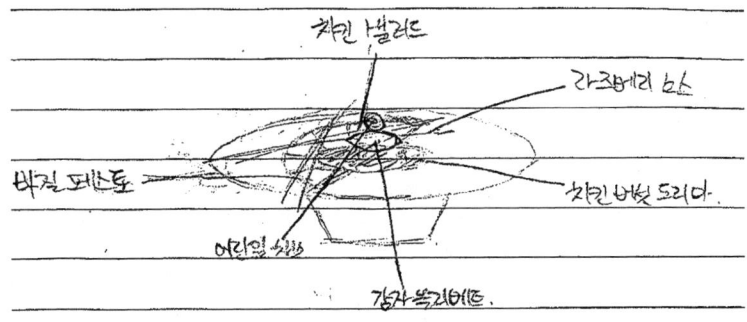

피스타치오와 체리 소스를 곁들인 치킨 토마토 파스타롤과 치킨 단호박 파이롤 그리고 고구마 & 사과칩

■■── 재료 ──■■

닭가슴살, 피스타치오 퓨레, 체리, 레몬주스, 옥수수 전분, 설탕, 단호박, 토마토홀, 마늘, 양파, 당근, 샐러리, 월계수잎, 정향, 정향, 통후추, 피망, 스파게티면, 밀가루, 버터, 슈가파우더, 계란, 고구마, 사과, 어린잎 채소, 소금, 후추, 오일

■■■── 만드는 방법 ──■■■

① 냄비나 프라이팬에 피스타치오 퓨레와 설탕을 넣고 끓여서 피스타치오 스스를 만들어주고, 체리 퓨레와 설탕, 레몬주스, 옥수수 전분을 넣고 끓여서 체리 소스를 만들어 준다.
② 고구마는 얇게 채 썰어서 180℃ 기름에 튀겨주고, 사과는 편 썰어서 설탕을 묻힌 뒤 180℃ 오븐에서 구워 준다.
③ 닭을 얇게 펼친 뒤, 소금, 후추 간을 약하게 하고, 볼에다가 버터를 녹이고 계란과 소금을 넣어 섞은 뒤 밀가루와 슈가 파우더를 넣어 파이 반죽을 만들고, 단호박을 쪄서 으깨어 펼친 닭에 파이 반죽과 으깬 단호박을 넣어 말아서 180℃ 오븐에 구워주고 스파게티면을 삶아 준다.
④ 마늘, 양파, 당근, 샐러리를 다져서 프라이팬에 볶다가 냄비에 넣어 토마토홀 으깬 것과 물 또는 야채스톡과 월계수잎, 정향, 통후추, 설탕 소금, 후추를 넣어 토마토소스를 만들어주고, 스파게티를 만든 뒤, 펼친 닭에 토마토 스파게티를 말아서 180℃ 오븐에 구워 준다.

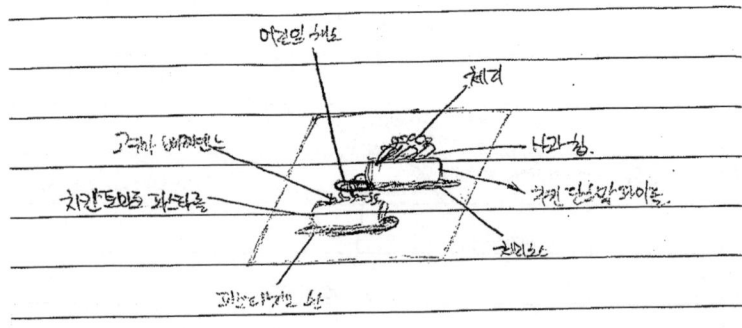

청사과 퓌레를 곁들인 치킨 모르네와 상하이 야채볶음 그리고 당밀 캐러멜 소스에 어우러진 초콜릿 케이크

■■ ── 재료 ── ■■

닭, 사과퓌레, 레몬주스, 설탕, 우유, 휘핑크림, 월계수잎, 정향, 통후추, 숙주, 청경채, 양파, 굴소스, 고추기름, 버터, 밀가루, 슈가파우더, 계란, 계핏가루, 초콜릿, 어린잎 채소, 소금, 후추, 올리브오일

■■■ ── 만드는 방법 ── ■■■

① 프라이팬이나 냄비에 사과 퓌레와 레몬주스, 설탕을 보고 끓여서 청사과 퓌레를 만들어 준다.
② 프라이팬에 고추기름을 두르고 숙주, 양파를 넣고 볶다가 청경채와 굴소스를 넣어 볶아 상하이 야채볶음을 만들어 준다.
③ 버터, 밀가루, 계란 흰자, 슈가파우더, 계핏가루를 볼에서 섞어 180°C로 예열된 프라이팬에 구워 계피 튀일을 만들어 준다.
④ 프라이팬이나 냄비에 설탕과 휘핑크림을 넣어 끓여서 당밀 캐러멜 소스를 만들어 준다.
⑤ 볼에다가 버터를 녹이고 계란 노른자와 깔루아를 넣어 믹싱한 뒤 아몬드 파우더와 초콜릿을 중탕하여 넣어 믹싱하고 마지막으로 계란 흰자와 설탕을 믹싱하여 볼에다 넣어 섞은 뒤 몰더에 담아 180/200°C 오븐에 구워 초콜릿 케이크를 만들어 준다.
⑥ 프라이팬에 손질한 닭, 우유, 크림, 향신료를 넣어 글레이징해 치킨 모르네를 만든다.

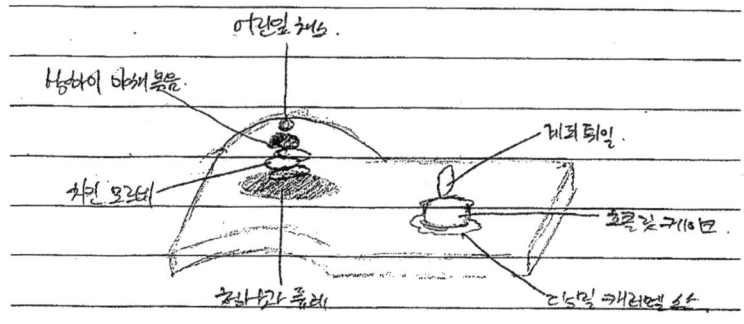

베샤멜소스와 사프란 페스토에 어우러진 치킨 스튜와 차조기잎 치킨 커틀릿 그리고 안티파스토 & 체스트넛 파이

■■── 재료 ──■■

닭, 감자, 당근, 샐러리, 양송이버섯, 양파, 마늘, 피망, 우유, 휘핑크림, 월계수잎, 정향, 통후추, 밀가루, 버터, 사프란, 잣, 올리브오일, 차조기잎, 계란, 빵가루 발사믹 식초, 새송이버섯, 올리브, 그라노파다노 치즈, 밤, 어린잎 채소, 소금, 후추

■■■── 만드는 방법 ──■■■

① 믹서에 사프란, 잣, 올리브오일, 소금, 후추 약간씩을 넣어 믹싱하여 사프란, 페스트를 만들어 준다.
② 프라이팬에 버터를 넣고 볶다가 밀가루를 넣어 화이트 루를 만들어 주고 냄비에 우유, 휘핑크림, 화이트 루, 월계수잎, 정향, 통후추, 소금, 후추 약간씩을 넣어 베샤멜소스를 만들어 준다.
③ 새송이버섯, 양송이버섯, 피망, 양파, 올리브를 먹기 좋은 크기로 썰어서 프라이팬에 올리브오일을 두르고 볶다가 식혀서 발사믹 식초를 부려 통에다 재워 안티파스토를 만들어 준다.
④ 버터를 녹인 뒤 밀가루와 소금을 넣어 되직하게 반죽하여 파이를 만들어 냉장고에 1시간 휴지시키고, 밤을 얇게 편 썰어서 파이 반죽 위에 올려 180℃ 오븐에 10분간 구워 체스트넛 파이를 만들어 준다.
⑤ 닭을 포떠 차조기잎을 넣어 반죽하여 튀겨 커틀릿을 만들고, 냄비에 닭과 야채를 넣고 베샤멜소스와 우유, 휘핑크림을 넣어 스튜를 만든다.

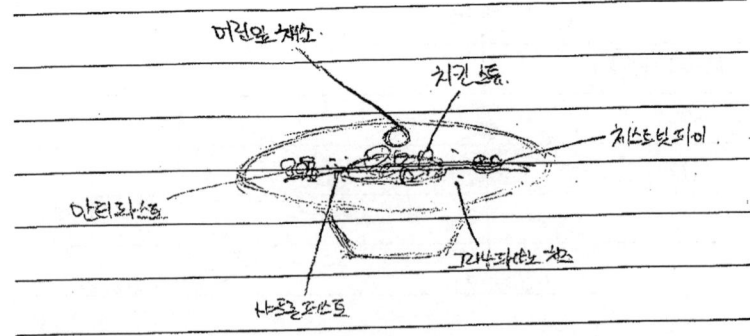

오늘의 양식

버섯 크림 리소토로 속을 채운 치킨 오븐구이와 발사믹 소스 그리고 야채 올리베트 & 쿠스쿠스

■■──── 재료 ────■■

닭, 마늘, 양파, 새송이버섯, 양송이버섯, 버섯크림, 쌀, 우유, 휘핑크림, 발사믹 식초, 꿀, 당근, 감자, 쿠스쿠스, 애호박, 가지, 굴소스, 설탕, 어린잎 채소, 소금, 후추

■■■──── 만드는 방법 ────■■■

① 당근과 감자는 올리베트를 쳐서 데친 뒤, 설탕 시럽에 졸여 야채 올리베트가 되게 해준다.
② 냄비에 발사믹 식초와 꿀을 넣어 졸여서 발사믹 소스를 만들어 주고 밥을 짓는다.
③ 프라이팬에 올리브오일을 두르고 마늘 양파 찹과 새송이버섯, 양송이버섯을 한입 크기로 썰어서 볶다가 우유와 휘핑크림, 밥, 버섯 크림, 소금 간을 하여 버섯 크림 리소토를 만들어 주고 쿠스쿠스를 데쳐준다.
④ 프라이팬에 올리오 오일을 두르고 마늘, 양파, 당근, 애호박, 가지 볶음용으로 썬것을 볶다가 쿠스쿠스와 굴소스를 넣어서 야채 쿠스쿠스를 만들어 준다.
⑤ 닭을 뼈를 발라낸 뒤, 소금, 후추를 간하여 버섯 크림 리소토를 넣어 말아서 180°C 오븐에 10~15분간 구워 버섯 크림 리소토 속을 채운 치킨 오븐구이를 만들어 가니시와 소스로 마무리해 준다.

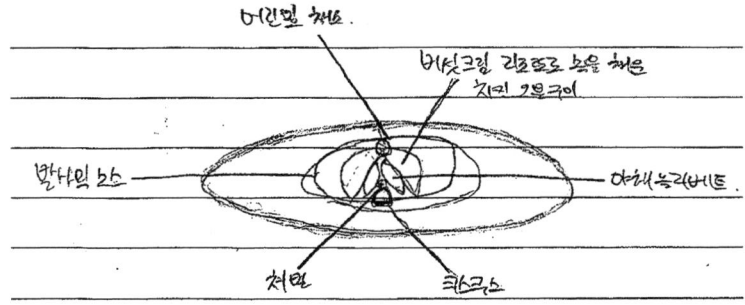

크랜베리로 속을 채운 닭가슴살 치즈롤과
새우 캘리포니아롤 그리고 과일 샐러드

■■── 재료 ──■■

닭가슴살, 크랜베리, 리코타 치즈, 깻잎, 새우, 밀가루, 계란, 버터, 빵가루, 단무지, 마요네즈, 머스터드, 쌀, 감, 사과, 감, 배, 키위, 라디치오, 양상추, 플레인 요구르트, 레몬주스, 설탕, 어린잎 채소, 새싹, 로즈메리, 게맛살, 소금, 후추, 올리브오일

■■■── 만드는 방법 ──■■■

① 밥을 지은 다음, 냄비에 식초 설탕, 소금을 넣어 끓여서 배합초를 만들어 주고 새우는 소금, 후추 간을 한 뒤, 밀가루, 계란, 빵가루를 묻혀서 180℃ 기름에 튀겨 준다.
② 밥을 배합초로 섞은 뒤 랩을 씌운 김발에 김을 깔고 밥을 얹어 360도 둘러 깻잎을 깔고 새우 튀긴 것과 단무지를 넣고 머스터드와 마요네즈를 뿌려 말아서 썬 뒤, 어린잎 채소를 올려 새우 캘리포니아롤을 만들어 준다.
③ 사과, 감, 배, 키위는 원형 몰더로 찍고, 라디치오와 양상추는 플레인 요구르트와 레몬주스, 설탕을 넣어 섞어서 과일 사이사이에 샐러드를 넣어 과일 샐러드 탑을 만들어 준다.
④ 닭가슴살을 크게 펼친 뒤 소금, 후추로 약하게 간을 하고 리코타 치즈 편 썬 것과 크랜베리를 넣어서 말아 180℃ 오븐에 8~10분간 구워 크랜베리로 속을 채운 닭가슴살 치즈롤을 만들어 주고 롤과 샐러드로 가니시하여 마무리해 준다.

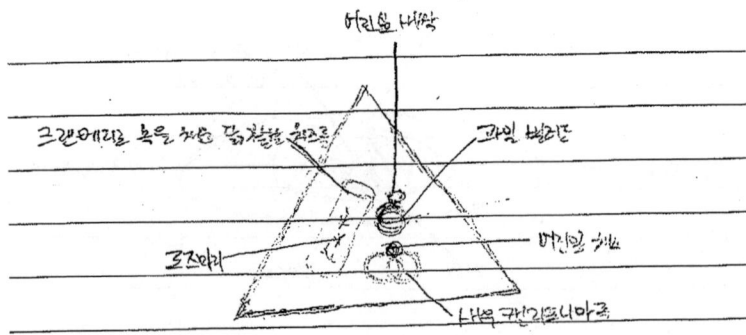

오늘의 양식

호이신 소스로 볶은 치킨 & 야채볶음과
치즈 바게트 & 과일 그리고 바질 페스토

■■──── 재료 ────■■

닭, 양파, 피망, 애호박, 가지, 마늘, 호이신 소스, 그라나파다노 치즈, 바게트, 사과, 배, 감, 키위, 호두, 잣, 건포도, 바질, 버터, 올리브오일, 소금, 후추, 로즈메리

■■■──── 만드는 방법 ────■■■

① 믹서에 바질, 잣, 올리브오일, 마늘, 소금, 후추를 넣어 믹싱하여 바질 페스토를 만들어 준다.
② 바게트는 얇게 썰어서 그라나파다노 치즈를 뿌리고, 사과, 배, 감, 키위를 얇게 편썰어서 원형 몰더로 찍어 180°C 오븐에 구워 치즈 바게트 & 과일을 만들어 준다.
③ 프라이팬에 버터를 넣고 한입 크기로 썬 닭을 볶다가 마늘, 양파, 피망, 애호박, 가지를 넣고 소금, 후추 간을 하여 한 번 더 볶다가 마지막으로 굴소스를 넣어서 호이신 소스로 볶은 치킨 & 야채볶음을 만들어 준다.
④ 호이신 소스로 볶은 치킨 & 야채볶음을 중앙에 놓은 뒤, 치즈 바게트 & 과일을 올리고 마지막으로 바질 페스토와 로즈메리를 가니시하여 마무리해 준다.

오디 소스와 발사믹 소스를 곁들인 치킨 햄버그스테이크와 느타리버섯볶음 & 야채 필라프 그리고 레몬타임 페스토

■■── 재료 ──■■

닭가슴살, 두부, 바질, 오디, 발사믹 식초, 레몬주스, 꿀, 느타리버섯, 샐러리, 쌀, 마늘, 양파, 당근, 애호박, 가지, 마늘종, 굴소스, 레몬타임, 잣, 올리브오일, 파인애플, 어린잎 채소, 소금, 후추

■■■── 만드는 방법 ──■■■

① 믹서에 레몬타임, 잣, 올리브오일, 마늘, 소금, 후추를 넣어 믹싱하여 레몬타임 페스토를 만들어 준다.
② 프라이팬이나 냄비에 오디와 레몬 식초를 넣어 졸여서 오디 소스를 만들어 주고, 발사믹 식초와 꿀을 졸여서 발사믹 소스를 만들어 준다.
③ 양파와 파인애플은 프라이팬에 올리브오일을 두르고 소금, 후추 간을 약하게 해서 구워 준다.
④ 프라이팬에 느타리버섯을 볶다가 올리브오일을 두르고 소금, 후추를 뿌려서 느타리버섯 볶음을 만들어 준다.
⑤ 밥을 지은 다음에, 프라이팬에 올리브오일을 두르고 마늘, 양파, 당근, 애호박, 가지, 마늘종을 다져서 볶다가 밥과 굴소스를 넣어서 볶아 야채 필라프를 만들어 준다.
⑥ 닭가슴살, 두부, 마늘, 양파, 샐러리, 바질을 다져서 소금, 후추로 간을 한 뒤, 프라이팬에 올리브오일을 두르고 햄버그스테이크로 센 불에 굽다가 180℃ 오븐에서 5분 정도 더 익혀 준다.

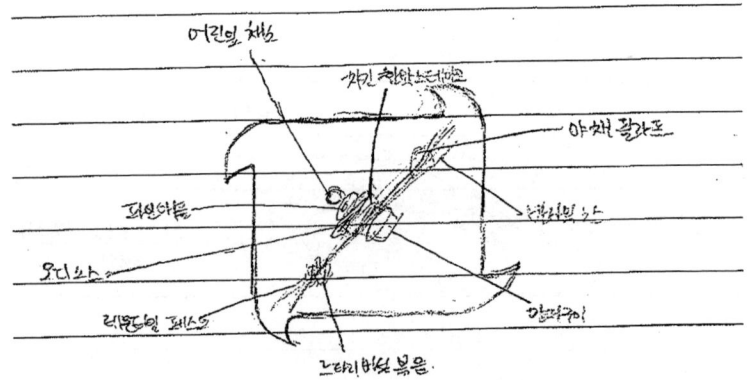

오늘의 양식

초콜릿 소스에 어우러진 아몬드 닭강정볼과 단호박 빠찌엔느 그리고 아마트리치아나

■■ ── 재료 ── ■■

닭, 아몬드, 밀가루, 계란, 빵가루 로즈메리, 초콜릿, 버터, 바닐라빈, 레몬주스, 단호박, 스파게티면, 마늘, 당근, 양파, 애호박, 토마토홀, 월계수잎, 정향, 굴소스, 통후추, 샐러리, 설탕, 어린잎 채소, 어린잎 새싹, 소금, 후추, 올리브오일, 페페론치노

■■■ ── 만드는 방법 ── ■■■

① 단호박을 얇게 채 썰어서 180°C 기름에 튀겨 단호박 빠찌엔느를 만들어 준다.
② 프라이팬이나 냄비에 초콜릿, 버터, 바닐라빈, 레몬주스를 넣어 졸여서 초콜릿 소스를 만들어 준다.
③ 마늘, 양파, 당근, 샐러리를 다져서 프라이팬에 볶다가 냄비에 넣어 토마토홀 으깬 것과 물 또는 야채스톡과 월계수잎, 정향, 통후추, 설탕, 소금, 후추를 넣어 토마토소스를 만들어 준다.
④ 스파게티면은 삶은 뒤 프라이팬에 올리브오일을 두르고 마늘, 양파 다진 것과 닭 순살과 페페론치노를 넣고 볶다가 당근, 애호박 썬 것을 볶은 뒤, 스파게티면을 볶고 물 또는 야채스톡과 토마토소스, 굴소스, 소금, 후추로 간을 하여 아마트리치아나를 만들어 준다.
⑤ 닭을 뼈를 바른 뒤, 다져서 아몬드와 마늘 다진 것을 섞어 소금, 후추로 간을 하여 말가루, 계란, 빵가루를 묻혀 튀겨 아몬드 닭강정볼을 만든다.

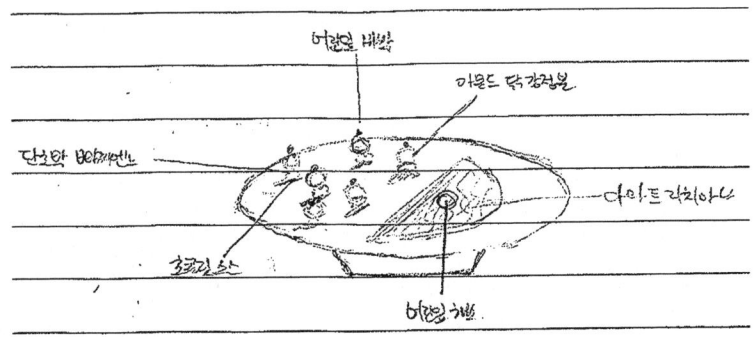

베샤멜소스를 이용한 치킨 스튜와 갈릭 에그 바게트 & 살구잼 그리고 오리엔탈 드레싱을 이용한 허브 닭가슴살 샐러드

■■── 재료 ──■■

닭, 마늘, 양파, 당근, 샐러리, 감자, 우유, 휘핑크림, 월계수잎, 정향, 통후추, 계란, 버터, 살구잼, 올리브오일, 발사믹 식초, 밀가루, 참깨, 바질, 양상추, 라디치오, 치커리, 로즈메리, 어린잎 채소, 새싹, 바게트, 소금, 후추

■■■── 만드는 방법 ──■■■

① 바게트를 얇게 편 썰어 준 뒤 버터와 계란을 믹싱하여 한 면만 바른 뒤 180°C 오븐에 2분간 굽고 살구잼을 1/4 지점만 발라 갈릭 에그 바게트 & 살구잼을 만들어 준다.
② 발사믹 식초와 올리브오일, 참깨, 바질을 넣어 믹싱하여 오리엔탈 드레싱을 만들어 준다.
③ 닭은 뼈를 발라내고 닭가슴살만을 이용해 로즈메리를 묻혀서 짜준 다음 찢어서 양상추, 라디치오, 치커리를 한입 크기로 찢어 섞은 뒤, 허브 닭가슴살 샐러드를 만들어 준다.
④ 프라이팬에 버터를 넣고 녹여서 밀가루를 넣어 볶아 화이트 루를 만들어 준 뒤, 우유와 휘핑크림, 월계수잎, 정향, 통후추를 넣고 화이트 루를 넣고 계속 믹싱하면서 끓여 베샤멜소스를 만들어 준다.
⑤ 냄비에 물과 닭뼈, 월계수잎, 정향, 통후추, 마늘, 당근, 양파를 넣어 끓여 치킨스톡을 만든 뒤 프라이팬에 마늘, 양파, 당근, 감자, 샐러리, 닭을 넣고 볶다가 치킨스톡과 베샤멜소스를 넣어 스튜를 만들어 준다.

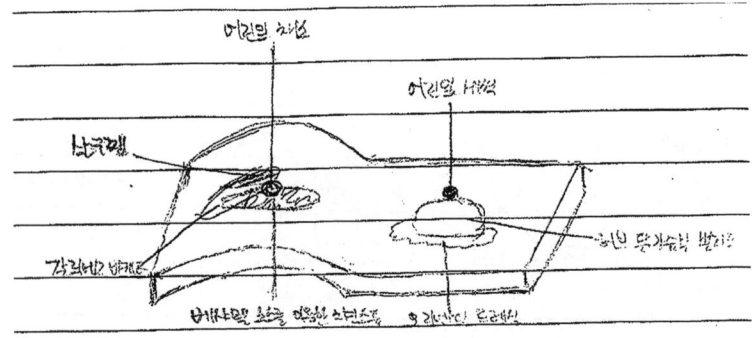

갈릭 소스를 곁들인 치킨 스테이크와 카망베르 치즈 마카로니 그리고 만다린 샐러드와 아스파라거스구이 & 레몬 페스토

■■ —— 재료 —— ■■

닭, 마늘, 버터, 꿀, 마요네즈, 바닐라빈, 파슬리 가루, 카망베르 치즈, 페페론치노, 브로콜리, 양파, 새송이버섯, 마카로니, 우유, 휘핑크림, 감귤, 참깨, 양상추, 치커리, 라디치오, 아스파라거스, 레몬, 잣, 올리브오일, 레몬주스, 설탕, 소금, 후추

■■■ —— 만드는 방법 —— ■■■

① 마늘 다진 것과 버터 녹인 것, 꿀, 마요네즈를 섞어서 갈릭소스를 만들어 준다.
② 믹서에 레몬, 잣, 올리브오일, 마늘, 소금, 후추를 넣어 믹싱하여 레몬 페스토를 만들어 준다.
③ 프라이팬에 버터를 넣고 아스파라거스를 구워서 소금, 후추를 하여 아스파라거스구이를 만들어 준다.
④ 양상추, 라디치오, 치커리는 한입 크기로 찢은 뒤, 감귤과 참깨, 설탕, 레몬주스를 믹싱하여 섞어 만다린 샐러드를 만들어 준다.
⑤ 마카로니는 삶은 뒤, 프라이팬에 올리브오일을 두르고, 카망베르 치즈, 마늘, 양파, 새송이 버섯, 브로콜리, 페페론치노를 볶다가 마카로니와 우유, 휘핑크림, 소금, 후추로 간하여 졸여서 카망베르 치즈 마카로니를 만들어 준다.
⑥ 닭을 얇게 포떠서 소금, 후추, 바질가루를 뿌려서 구워 치킨 스테이크를 만든다.

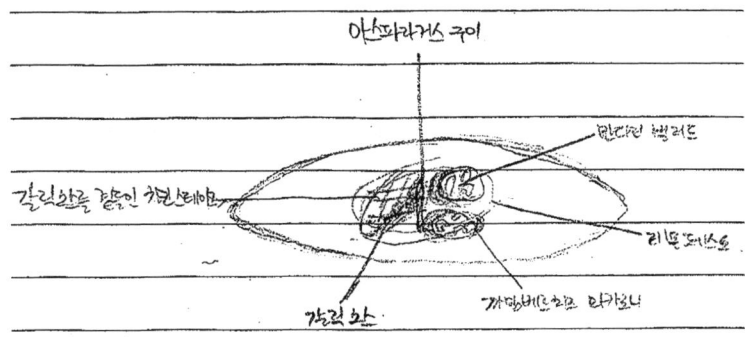

고구마 마카로니 샐러드에 어우러진 버섯 크림 리소토를 채운 치킨가스롤과 안티파스토

■■—— 재료 ——■■

닭가슴살, 새송이버섯, 양송이버섯, 우유, 휘핑크림, 쌀, 마늘, 양파, 밀가루, 계란, 빵가루, 고구마, 마카로니, 마요네즈, 설탕, 파슬리 가루, 피망, 올리브, 발사믹 소스, 소금, 후추, 어린잎 채소

■■■—— 만드는 방법 ——■■■

① 고구마는 쪄서 으깨어 주고, 마카로니는 삶은 뒤, 고구마와 마카로니, 마요네즈, 설탕, 파슬리 가루를 섞어서 소금, 후추 간을 약하게 한 뒤 고구마 마카로니 샐러드를 만들어 준다.
② 새송이버섯, 양송이버섯, 피망, 양파, 올리브를 먹기 좋은 크기로 썰어서 프라이팬에 올리브오일을 두르고 볶다가 식혀서 발사믹 식초를 뿌려 통에다 재워 안티파스토를 만들어 준다.
③ 밥을 지은 다음에 프라이팬에 올리브오일을 두르고 마늘, 양파 찹한 것과 새송이, 양송이버섯을 넣어 볶다가 우유, 휘핑크림, 밥을 넣고 소금, 후추 간을 하여 졸여서 버섯 크림 리소토를 만들어 준다.
④ 닭가슴살을 얇게 저며서 펼친 뒤, 소금, 후추 간을 하여 버섯 크림 리소토를 채운 다음에 말아서 밀가루, 계란, 빵가루를 묻혀서 180°C 기름에 튀겨 버섯 크림 리소토를 채운 치킨가스롤을 만들고 샐러드와 안티파스토, 어린잎으로 가니시해 마무리해 준다.

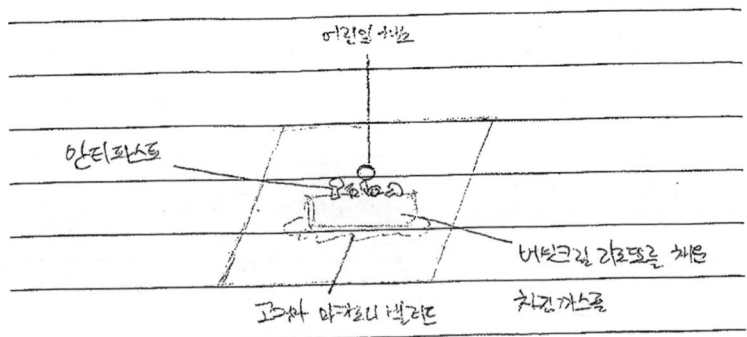

오늘의 양식

블루베리 소스와 바질 페스토를 곁들인 닭 버터 구이와 야채 쿠스쿠스 그리고 고구마 케이크

■■──── 재료 ────■■

닭, 버터, 마늘, 양파, 당근, 애호박, 가지, 쿠스쿠스, 굴소스, 블루베리, 레몬식초, 바질, 잣, 올리브오일, 고구마, 밀가루, B.P, 계란, 크림, 바닐라빈, 어린잎 채소, 새싹, 소금, 후추

■■■──── 만드는 방법 ────■■■

① 믹서에 바질, 잣, 올리브오일, 마늘, 소금, 후추를 넣어 믹싱하여 바질 페스토를 만들어 준다.
② 프라이팬이나 냄비에 블루베리와 레몬식초를 넣어 졸여서 블루베리 소스를 만들어 준다.
③ 볼에다가 버터를 녹여 계란 노른자와 설탕, 소금을 믹싱하여 고구마와 우유를 넣어 간 것과 밀가루, B.P를 넣어 믹싱한 뒤 계란 흰자를 거품내어 섞어 원형 몰더에 담은 다음 180°c 오븐에서 6~8분간 구워서 고구마 케이크를 만들어 준다.
④ 쿠스쿠스를 데친 뒤 프라이팬에 올리고 오일을 두르고 마늘, 양파, 당근, 애호박, 가지 다진 것을 볶다가 쿠스쿠스와 굴소스를 넣어 다시 한 번 더 볶아서 야채 쿠스쿠스를 만들어서 올리베트나 사토 모양으로 만들어 준다.
⑤ 닭은 뼈를 바른 뒤 적당한 크기로 자른 뒤 프라이팬에 버터를 넣고 구운 뒤, 쿠스쿠스와 케이크를 사이드에 놓고 소스 및 가니시를 올려 마무리해 준다.

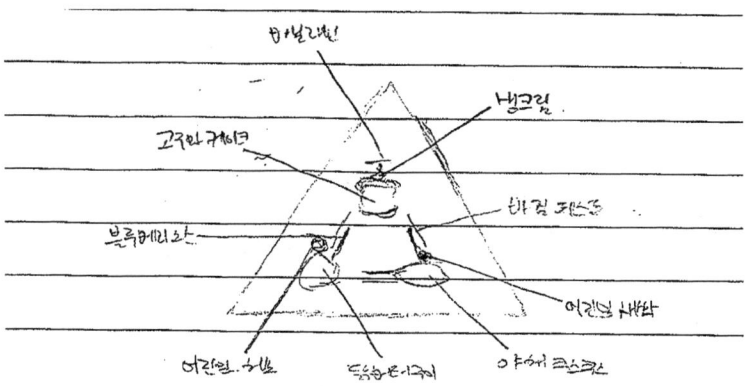

닭고기

케이크를 감싸안은 치킨롤과 라즈베리 퓌레
그리고 카망베르 크림 펜네와 견과류 드레싱을 곁들인 샐러드

■■── 재료 ──■■

닭, 버터, 밀가루, 계란, 우유, 고구마, 라즈베리 퓌레, 라즈베리, 파슬리 가루,
망베르 치즈, 우유, 휘핑크림, 새송이버섯, 양송이, 버섯, 마늘, 양파, 펜네, 호두, 피넛, 잣,
라디치오, 양상추, 치커리, 비타민, 메이플 시럽, 레몬주스, 어린잎 채소, 어린잎 새싹, 소금,
후추, 올리브오일

■■■── 만드는 방법 ──■■■

① 프라이팬이나 냄비에 라즈베리 퓌레를 넣고 졸이다가 라즈베리를 넣어서 졸여 라즈베리 소스를 만들어 준다.
② 라디치오, 양상추, 치커리, 비타민을 한입 크기로 자른 뒤 메이플 시럽과 호두, 피넛, 잣, 레몬식초를 믹서에 넣어서 믹싱하여 견과류 드레싱을 만들어 준다
③ 펜네를 삶은 뒤, 프라이팬에 올리브오일을 두르고, 마늘, 양파 찹한 것을 볶다가 내용이 새송이, 양송이버섯을 볶고, 펜네와 우유, 휘핑크림, 카망베르 치즈, 소금, 후추, 파슬리 가루를 넣어 졸여 카망베르 크림 펜네를 만들어 준다.
④ 볼에다가 버터를 넣고 녹인 뒤 설탕, 소금, 계란 노른자를 넣어 믹싱한 뒤, 우유와 밀가루, 바닐라빈, 바닐라 가루, B.P를 넣고 섞은 뒤 마지막으로 계란 흰자를 넣어서 저어서 케이크 반죽을 만든 후 포뜬 닭에 소금, 후추로 간을 하여 케이크 반죽을 넣어 말아서 180°C 오븐에 구워 케이크를 감싸안은 치킨롤을 만들어 준다.

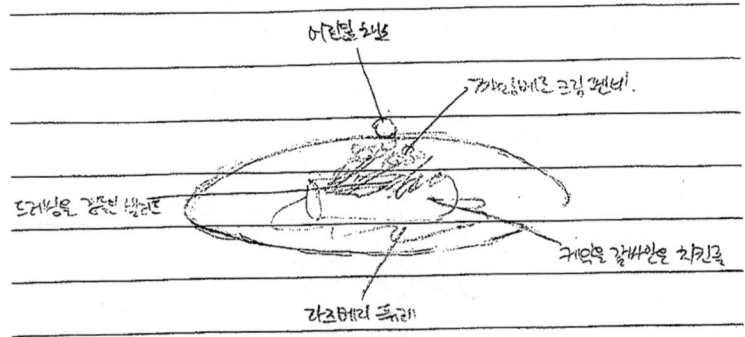

오늘의 양식

머스터드소스를 이용한 치킨 퀘사디아 볶음과 세이지 페스토 그리고 과일 케이크와 사과 빠찌엔느

■■──── 재료 ────■■

닭가슴살, 머스터드소스, 피망, 양파 마늘, 토르티야, 방울토마토, 세이지, 잣, 올리브오일, 밀가루, 계란, 우유, B.P, 건포도, 체리, 호두 바닐라빈, 그레나딘 시럽, 사과, 어린잎 채소, 소금, 후추, 올리브오일

■■■──── 만드는 방법 ────■■■

① 믹서에 세이지, 잣, 올리브오일, 마늘, 소금, 후추를 넣어서 믹싱하여 세이지 페스토를 만들어 준다.
② 사과를 얇게 채썰어서 180°C 기름에 튀겨 사과 빠찌엔느를 만들어 준다.
③ 볼에다가 버터를 넣고 녹여서 설탕과 소금을 넣고 믹싱한 뒤, 계란 노른자와 밀가루, B.P, 우유를 넣고 섞은 뒤 건포도, 체리, 호두, 바닐라빈 다진 것과 그레나딘 시럽, 계란 흰자를 넣어 저어서 과일 케이크를 만들어 준다.
④ 프라이팬에 올리브오일을 두르고 닭가슴살 손질한 것을 볶다가 피망, 양파, 마늘, 토르티야, 방울토마토를 볶으면서 머스터드소스로 한번 더 볶아서 머스터드소스를 이용한 치킨 퀘사디아 볶음을 만들어 주고, 기호에 따라 소금, 후추도 조리 중에 뿌려주고 중앙에 담은 뒤 사이드에 케이크 빠찌엔느 페스토를 놓아 준다.

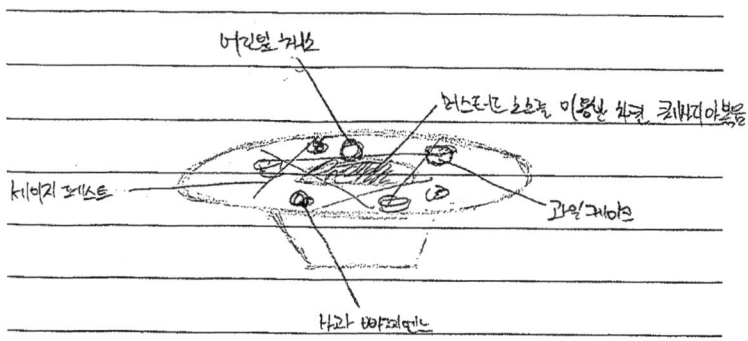

메이플 오렌지 소스를 이용한 견과류 닭강정볼과 유자 제스트 그리고 바질 페스토 파스타와 카망베르 치즈

■■──── 재료 ────■■

닭, 아몬드, 호두 건포도, 튀김가루, 전분 가루, 계란, 우유, 메이플 시럽, 오렌지, 바닐라빈, 유자, 설탕, 바질, 잣, 올리브오일, 스파게티면, 파미산 치즈가루, 마늘, 카망베르 치즈, 어린 잎 채소, 소금, 후추

■■■──── 만드는 방법 ────■■■

① 유자는 얇게 줄리엔하여 데친 다음에 프라이팬에 오일을 두르고 줄리엔한 유자에 설탕을 넣어서 볶아 유자 제스트를 만들어 준다.
② 오렌지는 믹서로 갈아서 프라이팬이나 냄비에 메이플 시럽과 바닐라빈에 있는 속을 넣어 졸여서 메이플 오렌지 소스를 만들어 준다.
③ 믹서에 바질, 잣, 올리브오일, 마늘, 소금, 후추를 넣어서 믹싱하여 바질 페스토를 만들어 준다.
④ 닭은 뼈를 발라서 순살만 이용해 다져서 아몬드, 호두, 건포도, 튀김가루, 전분 가루, 계란, 우유, 소금, 후추를 넣어서 반주하여 작은 공 모양으로 만들어서 180°C 기름에 튀겨 견과류 닭강정볼을 만든 뒤, 프라이팬에 졸인 메이플 오렌지 소스를 견과류 닭강정볼을 넣어서 볶아주고, 카망베르 치즈는 작게 썰고 스파게티면은 삶아 준다.
⑤ 프라이팬에 올리브오일을 두르고 마늘 편 썬 것을 볶다가 스파게티면과 물 또는 야채스톡과 바질 페스토, 파르메산 치즈를 넣어 바질 페스토 파스타를 만든다.

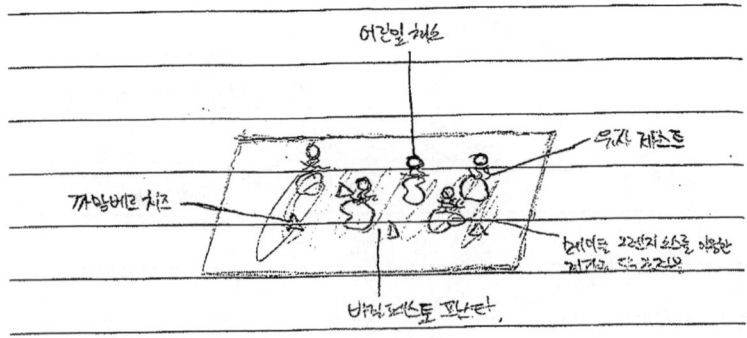

오늘의 양식

발사믹 소스와 리코타 치즈 크림소스에 어우러진 치킨가스와 버섯 도리아 그리고 매시트 스위트포테이토

■■── 재료 ──■■

닭가슴살, 밀가루, 계란, 빵가루, 오레가노, 발사믹 식초, 꿀, 액상 리코타 치즈 크림, 양송이버섯, 표고버섯, 새송이버섯, 쌀, 마늘, 양파, 당근, 애호박, 가지, 굴소스, 고구마 생크림, 파슬리 가루, 로즈메리, 소금, 후추, 올리브오일

■■■── 만드는 방법 ──■■■

① 프라이팬이나 냄비에 발사믹 식초와 꿀을 넣어 졸여서 발사믹 소스를 만들어 준다.
② 고구마는 쪄서 으깨어 생크림과 파슬리, 소금, 후추를 넣어 믹싱한 뒤 짤주머니에 넣어서 오븐 팬에 소프트아이스크림 모양으로 짠 뒤 오븐에 구워 준다.
③ 밥을 지은 다음에 프라이팬에 올리브오일을 두르고, 마늘, 양파, 당근, 애호박, 가지 다진 것과 양송이버섯, 표고버섯, 새송이버섯 한입 크기로 썬 것을 볶다가 밥과 굴소스를 넣어서 볶아 간을 하여 버섯도리아를 만들어 준다.
④ 닭가슴살은 얇게 포떠서 소금, 후추 간을 하며 밀가루, 계란, 빵가루를 묻혀서 180°C 기름에 튀겨 치킨가스를 만들어 준다
⑤ 중앙에 버섯 도리아를 깐 뒤 치킨가스를 올리고 발사믹 소스와 리코타 치즈 크림소스를 뿌리고 매시트 스위트포테이토를 올려서 로즈메리로 마무리하여 준다.

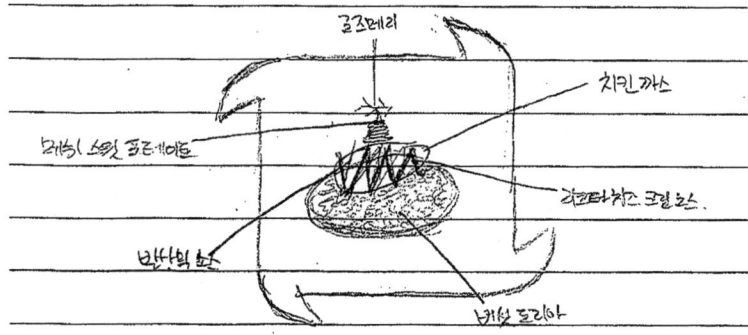

로즈메리를 입힌 닭가슴살 구이와 샐러드 파스타
그리고 매시트 펌킨과 크랜베리 소스

■■── 재료 ──■■

닭가슴살, 로즈메리, 버터, 펜네, 마늘, 양파, 파프리카, 라디치오, 베이비 비트잎, 그라나파다노 치즈, 단호박, 생크림, 파슬리 가루, 크랜베리 퓨레, 로즈메리, 소금, 후추, 올리브오일

■■■── 만드는 방법 ──■■■

① 크랜베리 퓨레를 프라이팬이나 냄비에 넣어 졸여서 크랜베리 소스를 만들어 준다.
② 단호박은 쪄서 으깨어 생크림, 버터, 파슬리가루, 소금, 후추를 넣어서 섞어 짤주머니에 넣은 뒤, 오븐 팬에 쪄서 180°C 오븐에 5분간 구워 준다.
③ 펜네는 끓는 물에 6분 정도 삶은 뒤, 프라이팬에 마늘 다진 것과 양파, 파프리카 슬라이스를 넣어서 볶다가 펜네와 라디치오, 베이비 비트잎, 그라나파다노 치즈, 소금, 후추로 간하여 샐러드 파스타를 만들어 준다.
④ 닭가슴살에 로즈메리와 소금, 후추로 마리네이드한 뒤 프라이팬에 버터를 넣고 닭가슴살을 구워 준다.
⑤ 샐러드 파스타를 맨 밑에 깐 뒤, 닭가슴살구이를 올리고, 매시트 펌킨을 올린 뒤 로즈메리로 가니시하고 사이드에는 크랜베리 소스로 마무리해 준다.

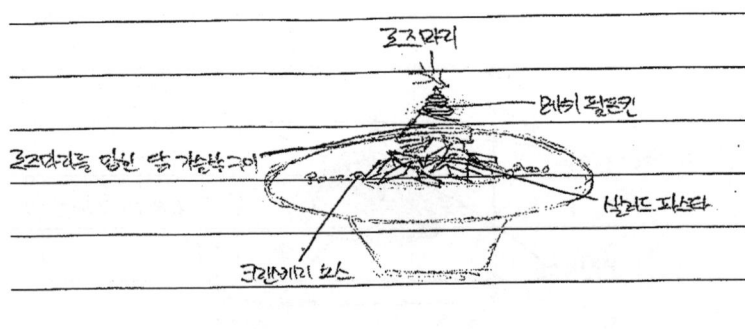

오늘의 양식

카망베르 치즈를 넣은 치킨가스와 인도식 커리
그리고 쿠스쿠스볼 & 바질 페스토

■■── 재료 ──■■

닭가슴살, 카망베르 치즈, 파슬리 가루, 밀가루, 계란 밀가루, 커리가루, 마늘, 양파, 병아리콩, 피망, 쿠스쿠스, 당근, 애호박, 가지, 바질, 잣, 어린잎 채소, 소금, 후추, 올리브오일

■■■── 만드는 방법 ──■■■

① 믹서에 바질 잣 마늘, 올리브오일, 소금, 후추를 넣어서 믹싱하여 바질 페스토를 만들어 준다.
② 쿠스쿠스는 끓는 물에서 데친 다음에 마늘은 다지고, 양파, 당근, 애호박, 가지는 스몰 다이스로 썰어서 프라이팬에 오일을 두르고 볶다가 쿠스쿠스와 굴소스를 넣어서 야채 쿠스쿠스를 만든 뒤 작은 볼 형태로 만들어 밀가루, 계란, 빵가루를 묻혀서 180°C 기름에 튀겨 쿠스쿠스볼을 만들어 준다.
③ 커리가루는 미지근한 물에서 풀고, 병아리콩은 데친 뒤, 프라이팬에 오일을 두르고 마늘 다진 것과 양파, 피망, 애호박, 가지를 정다이스로 썬 것을 볶다가 병아리콩과 커리, 물 그리고 소금 후추로 간하여 인도식 커리를 만들어 준다.
④ 닭은 얇게 포떠서 소금, 후추 간을 한 뒤 카망베르 치즈를 넣고 다시 덮어서 밀가루, 계란, 빵가루를 묻혀서 180°C 기름에 튀겨 카망베르 치즈를 넣은 치킨가스를 만들어 준다.

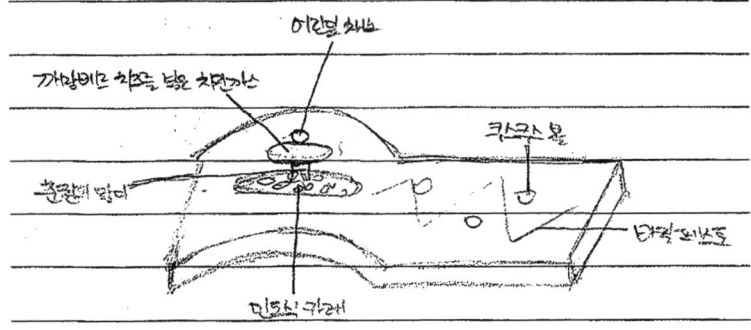

감자와 고르곤졸라 치즈를 넣은 닭 룰라드 & 자몽
그리고 버섯 크림소스와 오렌지 제스트

■■── 재료 ──■■

닭, 감자, 생크림, 버터, 고르곤졸라 치즈, 자몽, 새송이버섯, 양송이버섯, 우유, 휘핑크림, 마늘, 양파, 버섯 크림, 오렌지, 설탕, 비타민, 소금, 후추, 올리브오일

■■■── 만드는 방법 ──■■■

① 오렌지는 얇게 줄리엔하여 데쳐서 프라이팬에 버터와 설탕을 넣어서 볶아 오렌지 제스트를 만들어 준다.

② 감자는 쪄서 으깬 다음에 버터, 생크림, 고르곤졸라 치즈를 넣어서 섞은 뒤, 닭을 얇게 펼쳐서 소금, 후추, 간을 하여 감자와 고르곤졸라 치즈를 넣어서 만 뒤, 180°C 오븐에서 10분간 구워서 잘라 준다.

③ 자몽은 웨지 형태로 자르고, 프라이팬에 오일을 두르고 마늘 다진 것과 양파, 새송이버섯, 양송이버섯 슬라이스한 것을 볶다가 우유와 휘핑크림, 버섯 크림, 소금, 후추로 간하여 버섯 크림소스를 만들어 준다.

④ 중앙에 버섯 크림소스를 깔고 닭 룰라드와 자몽 웨지를 겹겹이 포갠 뒤, 오렌지 제스트를 올리고 비타민으로 가니시하여 마무리해 준다.

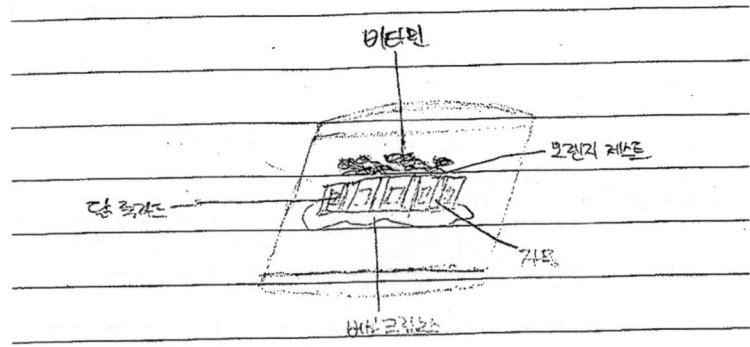

오늘의 양식

닭 염통구이와 토마토 팀발 & 레몬 제스트 그리고 머스터드소스와 청포도 젤리

■■── 재료 ──■■

닭, 염통, 토마토, 마늘, 양파, 피망, 새송이버섯, 레몬, 설탕, 머스터드소스, 청포도, 젤라틴, 크레송, 소금, 후추, 버터, 올리브오일

■■■── 만드는 방법 ──■■■

① 레몬은 얇게 줄리엔하여 데쳐서 프라이팬에 버터와 설탕을 넣어서 볶아 레몬 제스트를 만들어 준다.
② 청포도는 믹서에 갈아서 젤라틴을 섞어 몰더에 담아 1시간 정도 냉장시켜 굳으면 원하는 크기로 자른다.
③ 마늘은 다지고, 토마토, 양파, 피망, 새송이버섯을 스몰 다이스로 썬 뒤, 프라이팬에 오일을 두르고 야채를 볶다가 소금, 후추 간을 하여서 원형 몰더에 담아서 토마토 팀발을 만들어 준다.
④ 프라이팬에 버터를 넣고 염통을 넣어서 소금, 후추 간을 하여서 구워 염통구이를 만들어 원형 몰더에 넣어 준다.
⑤ 중앙에 토마토 팀발과 닭 염통구이를 올리고 레몬 제스트와 크레송으로 가니시한 뒤, 머스터드소스를 사이드에 뿌리고, 청포도 젤리로 마무리하여 준다.

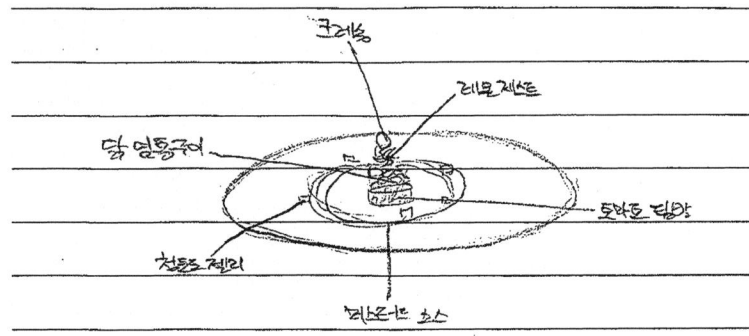

닭고기

닭가슴살과 아스파라거스 샐러드
그리고 발사믹 소스와 바질 페스토

■■──── 재료 ────■■

닭가슴살, 아스파라거스, 비타민, 소렐, 비트, 단호박, 귀리가루, 발사믹 식초, 꿀, 바질, 잣,
마늘, 레몬주스, 설탕, 식초, 화이트 와인, 소금, 후추, 올리브오일

■■■──── 만드는 방법 ────■■■

① 믹서에 바질, 잣, 마늘 올리브오일, 소금, 후추를 넣고 믹싱하여 바질 페스토를 만들어 준다.
② 냄비에 발사믹 식초와 꿀을 넣어 졸여서 발사믹 소스를 만들어 준다.
③ 닭가슴살은 커리 가루에 30분간 마리네이드하여 준다.
④ 아스파라거스는 데친 후 필러로 껍질을 제거하고 비트와 단호박은 스몰 다이스로 썰어서 데
쳐준다.
⑤ 아스파라거스와 비트, 단호박, 비타민, 소렐은 레몬주스, 설탕, 식초, 화이트 와인으로 섞어
서 아스파라거스 샐러드를 만들어 준다.
⑥ 마리네이드한 닭가슴살은 프라이팬에 오일을 두르고 소금, 후추 간을 하여 구워 준다.
⑦ 중앙에 닭가슴살 구운 것과 아스파라거스 샐러드, 비트, 단호박을 놓고 사이드에 발사믹
소스와 바질 페스토로 마무리해 준다.

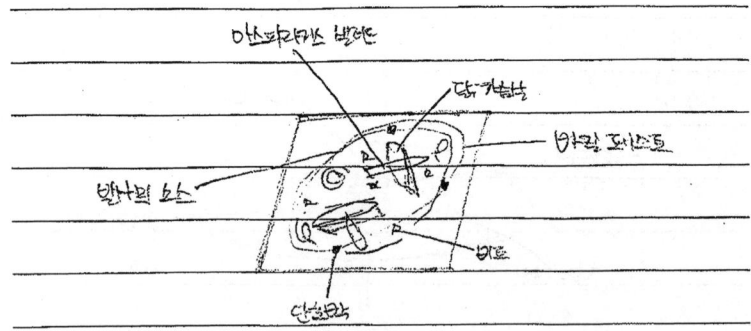

오늘의 양식

단호박과 스트링 치즈로 속을 채운 닭 오븐구이와 쿠스쿠스
그리고 레드 와인 소스와 와인젤리

■■── 재료 ──■■

닭, 단호박, 스트링치즈, 쿠스쿠스, 마늘, 양파, 당근, 애호박, 가지, 굴소스, 레드 와인, 발사믹 식초, 꿀, 젤라틴, 어린잎 채소, 베이비 비트잎, 생크림 버터, 소금, 후추, 올리브오일

■■■── 만드는 방법 ──■■■

① 레드 와인에 젤라틴을 첨가하여서 섞은 뒤, 몰더에 담아 1시간 정도 냉장시켜서 굳었다 싶으면은 꺼내어 원하는 크기로 잘라서 와인 젤리를 만들어 준다.
② 프라이팬에 레드 와인을 ½ 정도 졸인 뒤, 발사믹 식초와 꿀을 첨가하여 레드 와인 소스를 만들어 준다.
③ 쿠스쿠스는 끓는 물에서 데치고, 프라이팬에 오일을 두른 뒤 마늘 다진 것과 스몰 다이스 한 양파, 당근, 애호박, 가지를 넣고 볶다가 쿠스쿠스와 굴소스로 간을 하여 볶아 쿠스쿠스를 만들어 준다.
④ 단호박은 쪄서 으깬 다음에 생크림, 버터 그리고 스트링 치즈 잘게 썬 것을 넣어서 섞은 뒤, 닭은 뼈를 발라 내고, 포떠서 소금, 후추 간하여 단호박 & 스트링치즈를 넣어서 말아 180°C 오븐에서 10분간 구워 준다.

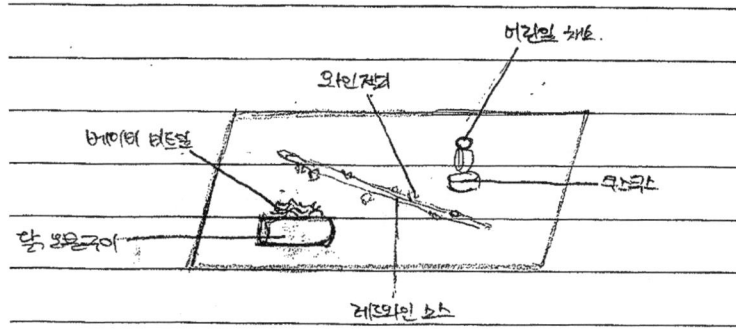

데리야끼 소스를 바른 닭가슴살구이와 아스파라거스구이 그리고 유자 제스트와 드라이 토마토에 레몬 비네그레트

■■──── 재료 ────■■

닭가슴살, 간장, 설탕, 계피, 마늘, 양파, 대파, 아스파라거스, 버터, 유자, 토마토, 레몬, 레몬주스, 식초, 화이트 와인, 다시마, 어린잎 채소, 비타민, 소금, 후추, 올리브오일

■■■──── 만드는 방법 ────■■■

① 유자는 얇게 줄리엔하여 데쳐서 프라이팬에 버터와 설탕을 넣어서 볶아 유자 제스트를 만들어 준다.
② 토마토는 스몰 다이스하여 설탕을 뿌려 180°C 오븐에서 2분간 구워주고, 레몬은 웨지형으로 썰어서 레몬주스, 설탕, 식초, 화이트 와인을 넣어 섞어서 레몬 비네그레트를 만들어 준다.
③ 냄비에 물, 간장, 설탕, 계피, 마늘, 양파, 대파, 다시마를 넣어서 은근히 끓여 데리야끼 소스를 만들어 준다.
④ 프라이팬에 버터를 넣고 아스파라거스에 소금, 후추 간을 하여 구운 뒤 꺼내고, 닭가슴살을 버터에 ½ 정도 익혀서 구운 뒤, 데리야끼 소스와 버터를 넣어 살짝 글레이징하듯, 데리야끼 소스를 바른 닭가슴살구이를 만들어 준다.
⑤ 중앙에 아스파라거스와 닭가슴살구이, 유자 제스트, 어린잎 채소를 놓고 사이드에 비네그레트와 비타민을 놓아 마무리하여 준다.

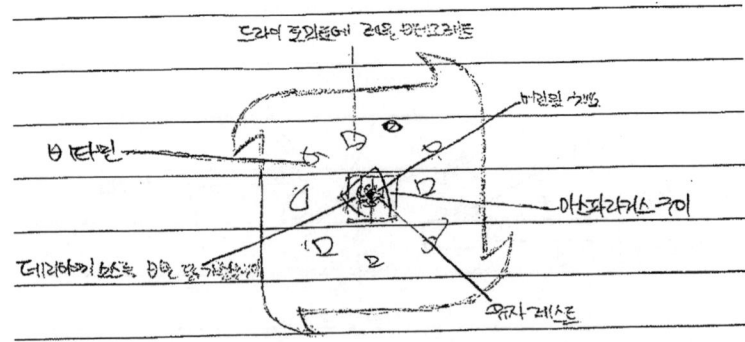

오늘의 양식

병아리콩을 곁들인 치킨 버섯 도리아와 릭 샐러드
그리고 오렌지 제스트 & 로즈메리 페스토

■■─── 재료 ───■■

닭가슴살, 표고버섯, 양송이버섯, 새송이버섯, 마늘, 양파, 쌀, 굴소스, 병아리콩, 대파, 레몬주스, 설탕, 식초, 오렌지, 버터, 로즈메리, 잣, 차이브, 소금, 후추, 올리브오일

■■■─── 만드는 방법 ───■■■

① 믹서에 로즈메리, 잣, 마늘, 올리브오일, 소금, 후추를 넣어서 믹싱하여 로즈메리 페스토를 만들어 준다.
② 오렌지는 껍질만 얇게 줄리엔하여 데쳐서 프라이팬에 버터와 설탕을 넣어서 볶아 오렌지 제스트를 만들어 준다.
③ 대파는 흰 부분만 줄리엔하여 레몬주스, 설탕, 식초를 넣고 섞어서 릭 샐러드를 만들어 준다.
④ 병아리콩은 한 번 데쳐주고 밥을 짓는다.
⑤ 프라이팬에 오일을 두르고 마늘 다진 것과 닭가슴살을 볶다가 표고, 양송이, 새송이버섯, 양파 한입 크기로 썬 것을 볶으면서 밥과 굴소스로 간을 하여 치킨 버섯 도리아를 만들어 준다.
⑥ 중앙에 병아리콩을 바닥에 깔아서 바질 페스토를 뿌려주고 몰더에 치킨 버섯 도리아를 올리고 릭 샐러드를 올린 뒤 오렌지 제스트와 차이브로 마무리하여 준다.

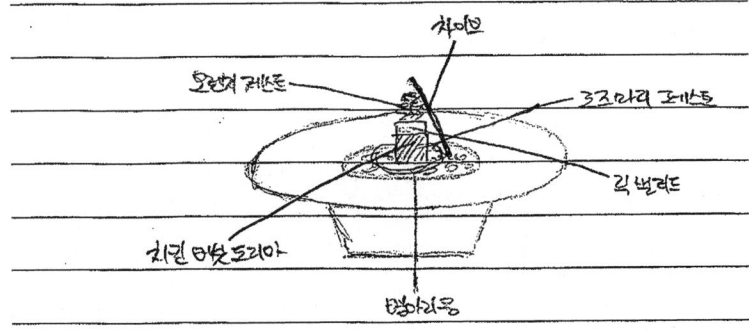

구운 닭가슴살과 야채 처트니 & 레몬 제스트
그리고 타임을 참가한 과일 비네그레트

■■─── 재료 ───■■

닭가슴살, 마늘, 양파, 당근, 애호박, 가지, 새송이버섯, 토마토 페이스트, 레몬, 설탕, 타임, 사과, 딸기, 키위, 레몬주스, 설탕, 식초, 화이트 와인, 비타민, 소금, 후추, 버터, 올리브오일

■■■─── 만드는 방법 ───■■■

① 레몬을 얇게 줄리엔하여 데쳐서 프라이팬에 버터와 설탕을 넣고 볶아서 레몬 제스트를 만들어 준다.
② 사과, 딸기, 키위는 작은 웨지형으로 썰어서 비타민과 함께 레몬주스, 설탕, 식초, 화이트 와인을 넣어서 섞어 과일 비네그레트를 만들어 준다.
③ 마늘은 다지고, 양파, 당근, 애호박, 가지, 새송이버섯은 스몰 다이스로 썰어서 프라이팬이나 냄비에 오일을 두르고, 야채를 볶다가 토마토 페이스트와 소금, 후추를 넣어서 간을 하여 야채 처트니를 만들어 준다.
④ 닭가슴살은 모양 그대로 프라이팬에 버터를 넣고 닭가슴살에 소금, 후추로 간을 해서 구워 구운 닭가슴살을 만들어 준다.
⑤ 중앙에 야채 처트니를 깔고 구운 닭가슴살을 올린 뒤 레몬 제스트를 올리고 사이드에 비네그레트를 곁들여 준다.

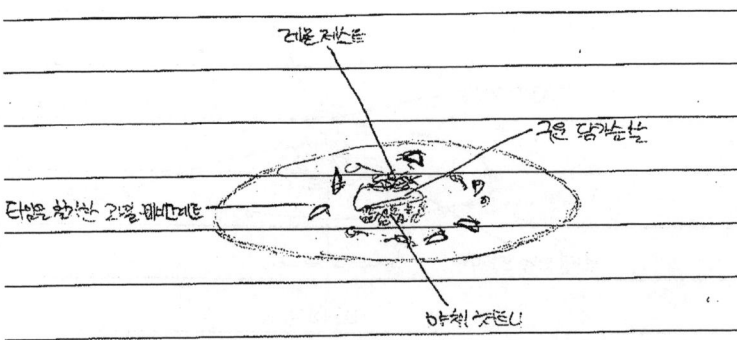

오늘의 양식

허브를 입힌 치킨가스와 캘리포니아롤
그리고 발사믹 소스와 플레인 소스

■■── 재료 ──■■

닭가슴살, 로즈메리, 밀가루, 계란, 빵가루, 김, 밤, 오이, 양파, 게맛살, 머스터드소스, 마요네즈, 설탕, 식초, 소금, 발사믹 식초, 꿀, 플레인 요구르트, 요플레, 방울토마토, 어린잎 채소, 비타민, 후추, 올리브오일

■■■── 만드는 방법 ──■■■

① 냄비에 발사믹 식초와 꿀을 넣어서 졸여 발사믹 소스를 만들어 준다.
② 플레인 요구르트와 요플레를 섞어서 플레인 소스를 만들어 준다.
③ 밥을 지은 다음에 설탕, 식초, 소금으로 배합초를 만들어 밥과 섞어주고, 오이, 양파, 게맛살은 줄리엔하여 머스터드소스와 마요네즈를 넣어 섞어 준 뒤 김 위에 밥을 펼치고 뒤집어서 누드김밥 형태로 재료를 넣고 말아서 썰어 캘리포니아롤을 만들어 준다.
④ 닭가슴살은 로즈메리로 마리네이드하고, 소금, 후추로 간을 하여서 밀가루, 계란, 빵가루를 묻혀서 180℃ 기름에 튀겨 허브를 입혀 치킨가스를 만들어 준다
⑤ 방울토마토는 (+) 모양의 칼집을 낸 뒤 데친 다음에 껍질을 살짝 구워서 복주머니 형태가 되게 만들고, 만든 음식들을 그릇으로 옮겨준다.

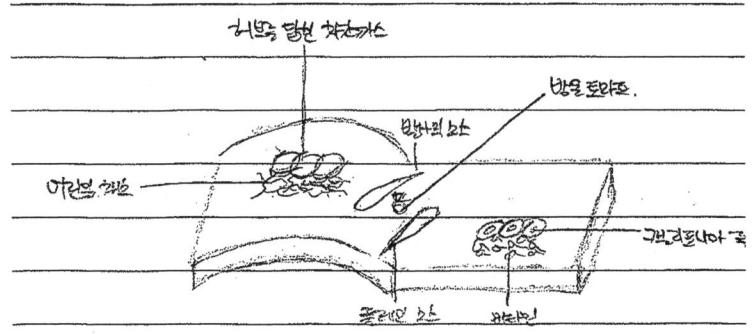

카망베르 치즈를 넣은 닭강정과 쿠스쿠스 볼
그리고 오렌지 소스와 브로콜리 퓌레 & 글레이징한 견과류

■■──── 재료 ────■■

닭, 카망베르 치즈, 밀가루, 계란, 우유, 쿠스쿠스, 마늘, 양파, 당근, 애호박, 가지, 굴소스,
빵가루, 파슬리 가루 오렌지, 오렌지주스, 브로콜리, 생크림, 설탕, 아몬드, 호두, 땅콩,
비타민, 베이비 비트잎, 소금, 후추, 올리브오일

■■■──── 만드는 방법 ────■■■

① 프라이팬이나 냄비에 버터를 넣고 녹여서 설탕을 넣은 뒤 아몬드, 땅콩, 호두를 넣어서 글레이징하여 준다.
② 끓는 물에 브로콜리를 데친 다음 믹서에 생크림과 소금, 후추를 넣어서 믹싱하여 브로콜리 퓌레를 만들어 준다
③ 오렌지는 웨지형으로 썰은 뒤 오렌지주스를 ½ 졸인 다음 웨지형 오렌지를 넣어서 오렌지 소스를 만들어 준다.
④ 끓는 물에 쿠스쿠스를 데친 뒤, 마늘은 다지고, 양파, 당근, 애호박, 가지를 스몰 다이스하여 프라이팬에 오일을 두르고, 야채를 볶다가 쿠스쿠스와 굴소스를 넣어 볶아서 쿠스쿠스를 만들어서 작은 볼 형태로 만들어 밀가루, 계란, 빵가루, 파슬리 가루를 묻혀서 180℃ 기름에 튀겨 쿠스쿠스볼을 만들어 준다.
⑤ 닭은 뼈를 바른 뒤 얇게 펼쳐서 소금, 후추 간을 하여서 카망베르 치즈를 넣고 밀가루 계란 노른자, 우유, 반죽에 묻혀서 180℃ 기름에 튀겨 카망베르 치즈를 넣은 닭강정볼을 만들어 준다.

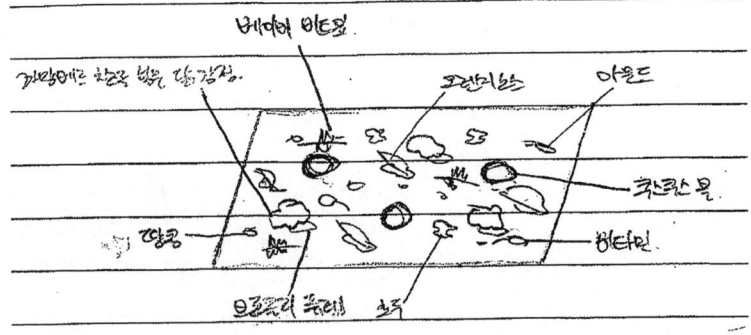

오늘의 양식

머스터드소스를 곁들인 칠리소스 닭가슴살 샐러드와 버섯 팀발 그리고 아스파라거스 감자 퓌레와 방울토마토

■■── 재료 ──■■

닭가슴살, 버터, 칠리소스, 케첩, 페페론치노, 땅콩, 머스터드소스, 레몬 식초, 양상추, 양파, 느타리버섯. 아스파라거스, 감자, 생크림, 방울토마토, 소금, 후추, 올리브 오일

■■■── 만드는 방법 ──■■■

① 방을 토마토는 (+) 칼집을 내어서 데친 뒤, 껍질 부분을 위로 올리고 오일을 넣은 프라이팬에 구워 준다.
② 아스파라거스는 필러로 많게 밀어서 프라이팬에 버터를 넣고 굽고, 감자는 삶아서 으깨어 생크림과 버터를 넣고 소금 간을 한 뒤, 짤주머니에 넣어서 짜서 아스파라거스를 올려서 아스파라거스 감자 퓌레를 만들어 준다.
③ 프라이팬에 오일을 두르고 느타리버섯을 넣고 소금, 후추 간을 하여서 원형 몰더에 담아서 버섯 팀발을 만들어 준다.
④ 머스터드소스는 레몬주스와 섞어 준다.
⑤ 프라이팬이나 냄비에 오일을 두르고, 마늘, 양파, 페페론치노 찹한 것을 볶다가 케첩, 설탕, 땅콩 가루를 넣어서 칠리소스를 만들어 준다.
⑥ 프라이팬에 버터를 넣고 닭가슴살에 소금, 후추 간을 하여서 볶다가 칠리소스를 넣어 볶아서 칠리소스 닭가슴살을 만들고 양상추와 양파를 슬라이스하여 버섯 위의 몰더에 담아 준다.

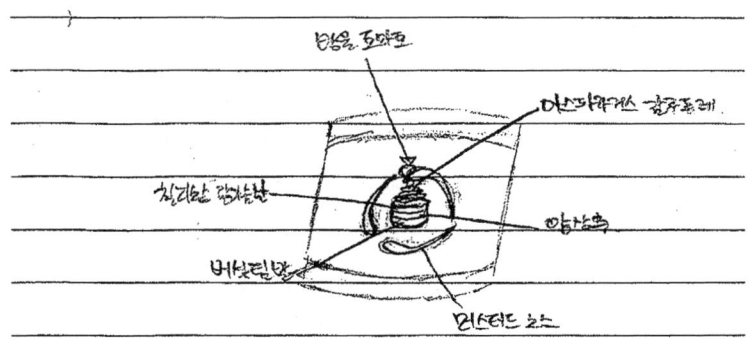

닭고기

치킨 스테이크와 토마토 버섯 리소토 & 감자구이
그리고 갈릭 퓌레와 자몽 제스트

■■── 재료 ──■■

닭가슴살, 버터, 파슬리 가루, 바질 가루, 화이트 와인, 토마토홀, 마늘, 양파, 당근, 샐러리, 월계수잎, 정향, 통후추, 양송이버섯, 쌀, 감자, 꿀, 생크림, 자몽, 설탕, 소금, 후추, 올리브 오일

■■■── 만드는 방법 ──■■■

① 자몽은 껍질만을 얇게 줄리엔하여 프라이팬에 버터와 설탕을 넣고 볶아서 자몽 제스트를 만들어 준다.
② 믹서에 마늘, 꿀, 생크림을 넣고 믹싱하여서 갈릭 퓌레를 만들어 준다.
③ 감자를 원형 기둥으로 잘라서 버터를 바르고 소금, 후추 간을 하여서 180°C 오븐에 10분간 구워 감자구이를 만들어 주고 밥을 짓는다.
④ 마늘 양파, 당근, 샐러리를 다져서 프라이팬에 볶다가 냄비에 넣어 토마토홀 으깬 것과 물 또는 야채 스톡과 월계수잎, 정향, 통후추, 설탕, 소금, 후추를 약간 넣어서 토마토소스를 만들어 준다.
⑤ 프라이팬에 오일을 두르고, 찹한 마늘과 슬라이스한 양파, 양송이버섯을 볶다가 물 또는 야채스톡과 토마토소스, 밥, 소금, 후추로 간을 하여서 볶다가 토마토 버섯 리소토를 만들어 준다.
⑥ 프라이팬에 버터를 넣고 가슴살에 파슬리, 바질로 간을 하여 구워 준다.

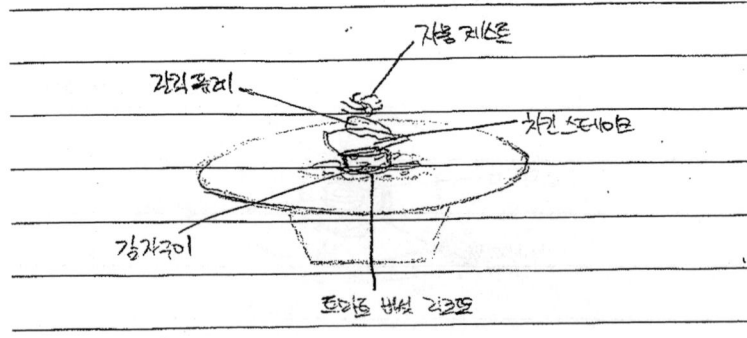

그라나파다노 치킨 알라킹과 루오테
그리고 고구마구이와 바질 페스토

■■─── 재료 ───■■

닭, 버터, 그라나파다노 치즈, 우유, 휘핑크림, 마늘, 양파, 파프리카, 양송이버섯, 루오테, 고구마, 밀가루, 월계수잎, 정향, 통후추, 바질, 잣, 크레송, 소금, 후추, 올리브오일

■■■─── 만드는 방법 ───■■■

① 믹서에 바질, 잣, 마늘, 올리브오일, 소금, 후추를 넣어서 믹싱하여 바질 페스토를 만들어 준다.
② 오븐 팬에 버터를 바르고, 고구마는 볼 형태로 만들어서 180℃ 오븐에서 10분간 구워 준다.
③ 끓는 물에 루오테를 넣어서 10분간 삶아 준다.
④ 프라이팬에 버터를 넣고 밀가루를 넣어 볶아서 화이트 루를 만들어 준 뒤, 휘핑크림, 월계수잎, 정향, 통후추를 냄비에 넣어서 끓여 베샤멜소스를 만들어 준다.
⑤ 프라이팬에 버터를 넣고 뼈 발라 자른 닭에 소금, 후추 간을 하여서 볶다가 마늘, 양파, 파프리카, 양송이버섯을 슬라이스하여 볶다가 루오테, 우유, 휘핑크림, 베샤멜소스, 치즈, 소금, 후추 간을 하여서 볶아 치킨 알라킹을 만들어 준다.
⑥ 중앙에 그라나파다노 치킨 알라킹을 놓은 뒤 고구마구이를 안에 곁들이고, 크레송을 올린 뒤 바질 페스토를 곁들여준다.

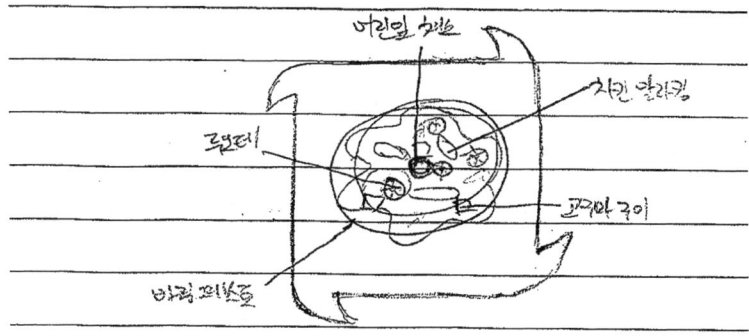

닭고기

베샤멜소스를 곁들인 마스카르포네 버섯 치킨롤과
과일 크림 그리고 레몬 제스트

■■―― 재료 ――■■

닭가슴살, 마스카르포네 치즈, 마늘, 양파, 양송이버섯, 표고버섯, 굴소스, 우유, 휘핑크림,
밀가루, 버터, 월계수잎, 정향, 통후추, 생크림, 과일 치즈, 레몬, 설탕, 브로콜리,
방울토마토, 소금, 후추, 올리브오일

■■■―― 만드는 방법 ――■■■

① 레몬은 껍질만을 얇게 줄리엔하여 프라이팬에 버터와 설탕을 넣고 볶아서 레몬 제스트를 만들어 준다.
② 과일 치즈를 스몰 다이스하여서 생크림과 섞어 과일 크림을 만들어 준다.
③ 프라이팬에 버터를 넣고 녹여서 밀가루를 넣고 볶아서 화이트 루를 만든 뒤, 냄비에 올려서 우유, 휘핑크림, 월계수잎, 정향, 통후추를 넣고 끓여서 베샤멜소스를 만들어 준다.
④ 방울토마토와 브로콜리는 끓는 물에 살짝 데친 뒤, 소금, 후추로 간을 하여서 180℃ 오븐에서 5분간 구워 준다.
⑤ 마늘은 찹하고, 양파, 양송이버섯, 표고버섯은 슬라이스하여 프라이팬에 오일을 두르고 굴소스를 넣어 볶아 준다.
⑥ 닭가슴살은 얇게 펼쳐서 소금, 후추로 간을 한 뒤 마스카르포네 치즈와 볶은 버섯을 넣고 말아서 180℃ 오븐에서 10~12분간 구워 마스카르포네 버섯치킨롤을 만들어 준다.

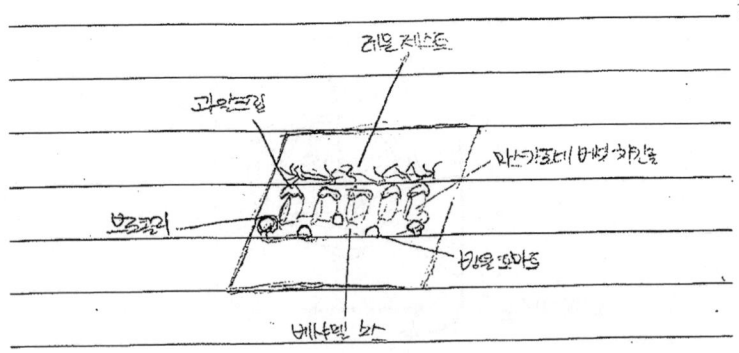

오늘의 양식

민트 페스토에 어우러진 치킨볼과 치킨롤 그리고 쿠스쿠스와 감자 퓌레 & 단호박 퓌레

■■── 재료 ──■■

닭, 리코타 치즈, 밀가루, 계란, 빵가루, 파슬리 가루, 베이컨. 아몬드, 고구마, 민트, 잣, 쿠스쿠스, 마늘, 양파, 당근, 애호박, 가지, 감자, 단호박, 생크림, 크레송, 로즈메리, 소금, 후추, 올리브오일

■■■── 만드는 방법 ──■■■

① 믹서에 민트, 잣, 마늘 올리브오일, 소금, 후추를 넣어서 믹싱하여 민트 페스토를 만들어 준다.
② 감자와 단호박은 쪄서 각각 으깬 뒤, 생크림과 소금, 후추를 넣어서 믹싱하여 감자 퓌레, 단호박 퓌레를 만들어 준다.
③ 쿠스쿠스는 데치고, 마늘을 찹하며, 양파, 당근, 애호박, 가지는 스몰 다이스하여 프라이팬에 오일을 두르고 야채를 볶다가 쿠스쿠스와 소금 후추를 넣어서 볶아 마무리하여 준다.
④ 닭은 뼈를 바른 뒤 ½은 다지고, ½은 얇게 저며서 소금, 후추 간을 한 뒤, 다진 닭고기에 리코타 치즈를 넣고. 밀가루 계란, 빵가루 파슬리가루를 묻혀서 180°C 기름에 튀겨 준다.
⑤ 고구마는 쪄서 으깨고, 아몬드는 180°C 오븐에 구운 뒤, 저민 닭에 베이컨을 깔고, 쪄낸 고구마와 구운 아몬드를 넣고 말아서 180°C 오븐에서 10~12분간 구워서 치킨롤을 만들어 준다.

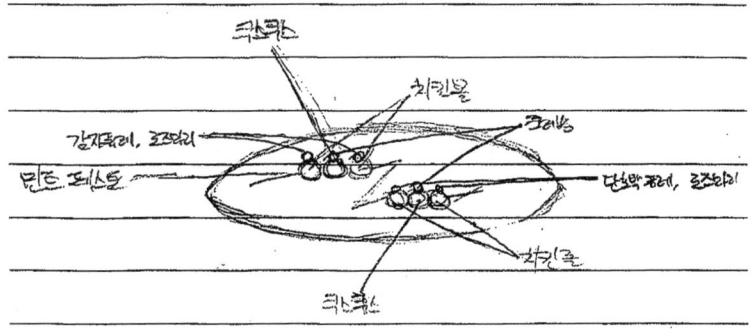

크랜베리로 속을 채운 치킨롤과 감자 고르곤졸라 그리고 토마토 루오테와 연근튀김

■■──── 재료 ────■■

닭, 크랜베리 버터, 로즈메리, 감자 고르곤졸라 치즈, 땅콩, 피자치즈, 파슬리 가루, 마늘, 양파, 당근, 샐러리, 토마토홀, 월계수잎, 정향, 통후추, 설탕, 연근, 차이브 어린잎 채소, 소금, 후추, 올리브오일

■■■──── 만드는 방법 ────■■■

① 연근은 얇게 편 썰어서 180°C 기름에 튀겨 연근튀김을 만들어 준다.
② 감자는 얇게 편 썰어서. 고르곤졸라 치즈와 땅콩 가루, 파슬리가루, 피자치즈를 뿌려서 180°C 오븐에서 5분간 구워 감자 고르곤졸라를 만들어 준다.
③ 프라이팬에 오일을 두르고, 마늘 찹, 양파, 당근, 샐러리 슬라이스 한 것을 볶다가 냄비에 옮겨서 토마토홀, 월계수잎, 정향, 통후추, 물을 넣어서 끓여 소금, 후추, 설탕 간을 하며 토마토소스를 만들어 준다.
④ 루오테는 삶은 뒤, 프라이팬에 오일을 두르고, 마늘 양파 찹한 것을 넣고 볶다가 루오테와 물 또는 야채스톡을 그리고 토마토소스를 함께 볶아서 토마토 루오테를 만들어 준다.
⑤ 닭은 뼈를 발라 얇게 저민 뒤, 소금, 후추, 로즈메리를 뿌려서 크랜베리를 넣어 말아서 180°C 오븐에 10~12분간 구워 준다.

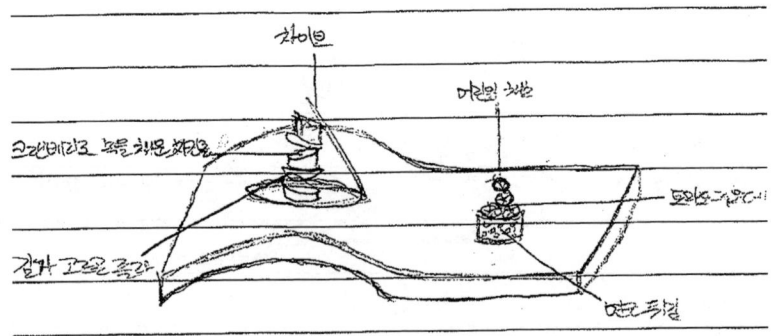

치킨 라자냐와 단호박 퓌레를 곁들인 쿠스쿠스와 튀긴 샐러드 그리고 로즈메리 페스토

■■ ── 재료 ── ■■

닭가슴살, 마늘 양파, 당근, 애호박, 토마토홀, 월계수잎, 정향, 통후추, 피자치즈, 단호박, 생크림, 쿠스쿠스, 굴소스, 춘권피, 크레송, 마카로니, 옥수수콘, 마요네즈, 로즈메리, 소금 후추, 올리브오일

■■■ ── 만드는 방법 ── ■■■

① 믹서에 로즈메리, 잣, 소금, 후추, 올리브오일을 넣고 믹싱하여 로즈메리 페스토를 만들어 준다.
② 단호박은 쪄서 으깬 뒤, 생크림과 소금, 후추를 넣어서 믹싱하여 단호박 퓌레를 만들어 준다.
③ 마카로니는 삶은 뒤, 옥수수콘, 마요네즈, 소금, 후추를 넣고 섞어서 샐러드를 만든 다음, 춘권피에 넣어서 정사각형 모양으로 만들어 180°C 기름에서 튀겨 튀긴 샐러드를 만들어 준다.
④ 쿠스쿠스는 데친 뒤, 마늘을 찹하고, 양파, 당근, 애호박은 스몰 다이스하여 프라이팬에 오일을 두르고 야채를 볶다가 쿠스쿠스와 굴소스를 부어 볶아 준다.
⑤ 프라이팬에 오일을 두르고, 마늘 양파, 당근, 샐러리를 볶다가 냄비에 옮겨서 물, 토마토홀, 월계수잎, 정향, 통후추, 소금, 후추, 설탕을 넣고 끓여서 토마토소스를 만들어 준다.
⑥ 닭가슴살은 얇게 저며 간을 하여 소스와 치즈로 층층이 올려 180°C 오븐에 구워 준다.

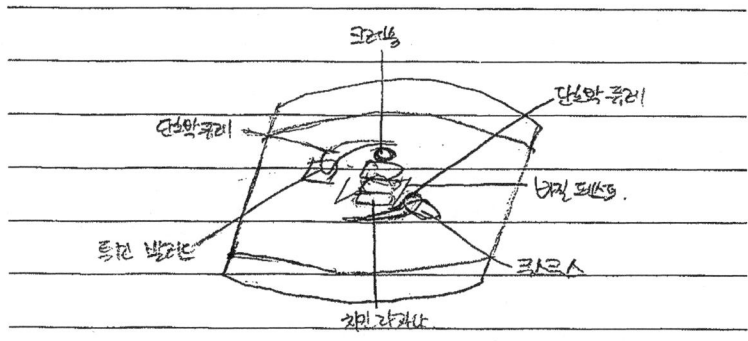

버섯 토마토 리소토를 넣은 치킨롤과 라디치오 샐러드 그리고 카망베르 토마토와 고구마 빠찌엔느

■■── 재료 ──■■

닭, 마늘, 양파, 피망, 새송이버섯, 양송이버섯, 표고버섯, 쌀, 토마토홀, 당근, 샐러리, 라디치오, 양상추, 발사믹 식초, 참깨, 비타민, 그라나파다노 치즈, 카망베르 치즈, 바질, 고구마, 베이비 비트잎, 소금, 후추, 올리브오일

■■■── 만드는 방법 ──■■■

① 고구마는 얇게 줄리엔하여 180°C 기름에 튀겨서 고구마 빠찌엔느를 만들어 준다.
② 믹서에 발사믹 식초, 올리브오일, 참깨를 넣어서 믹싱하여 오리엔탈 드레싱을 만들어 준다.
③ 프라이팬에 오일을 두르고, 마늘, 양파 찹한 것과 토마토홀을 넣고 소금, 후추 간하여 볶다가 카망베르 치즈와 바질은 넣어 살짝 볶아서 카망베르 토마토를 만들어 준다.
④ 마늘, 양파, 당근, 샐러리를 찹하여 프라이팬에서 볶다가 냄비로 옮겨 물, 으깬 토마토를 월계수잎, 정향, 통후추, 설탕, 소금, 후추를 넣고 끓여서 토마토소스를 만들어 준다.
⑤ 프라이팬에 오일을 두르고 마늘 찹한 것과 양파, 피망, 새송이버섯, 양송이버섯, 표고버섯을 넣고 볶다가 물 또는 야채스톡, 토마토소스, 밥, 소금, 후추 간을 하여 볶아서 버섯 토마토 리소토를 만들어 준다.

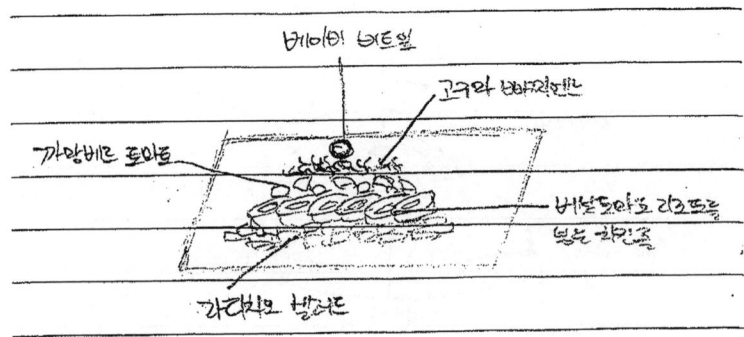

토르티야에 담은 매운 치킨 커리 페투치네 누들과 마스카르포네볼 그리고 방울토마토 찹 & 딜 페스토

■■── 재료 ──■■

닭가슴살, 페페론치노, 고추기름, 커리 가루, 마늘, 양파, 당근, 애호박, 가지, 감자, 페투치네, 토르티야, 마스카르포네 치즈, 밀가루, 계란, 빵가루, 파슬리 가루, 바질 가루, 방울토마토, 설탕, 딜, 잣, 어린잎 채소, 소금, 후추, 굴소스, 올리브오일

■■■── 만드는 방법 ──■■■

① 믹서에 딜, 잣, 마늘, 올리브오일, 소금, 후추를 믹싱하며 딜 페스토를 만들어 준다.
② 방울토마토는 슬라이스하여 설탕을 뿌린 뒤, 180°C 오븐에서 3분간 구워서 방울토마토 찹을 만들어 준다.
③ 토르티야는 래들로 누르면서 180°C 기름을 둘러서 속이 파인 토르티야를 만들어 준다
④ 마스카르포네 치즈를 한입 크기로 썰어서 밀가루, 계란, 빵가루, 파슬리가루, 바질 가루를 묻혀서 180°C 기름에 튀겨 마스카르포네볼을 만들어 준다.
⑤ 페투치네는 삶은 뒤, 프라이팬에 고추기름을 두르고, 마늘, 페페론치노 찹한 것으로 향을 낸 뒤 닭가슴살, 양파, 당근, 애호박, 가지, 감자는 주사위 모양으로 썰어서 볶다가 귀리를 물로 섞어서 남은 뒤, 페투치네 누들과 소금, 후추, 굴소스를 넣고 볶아서 매운 치킨커리 페투치네 누들을 만들어 준다.

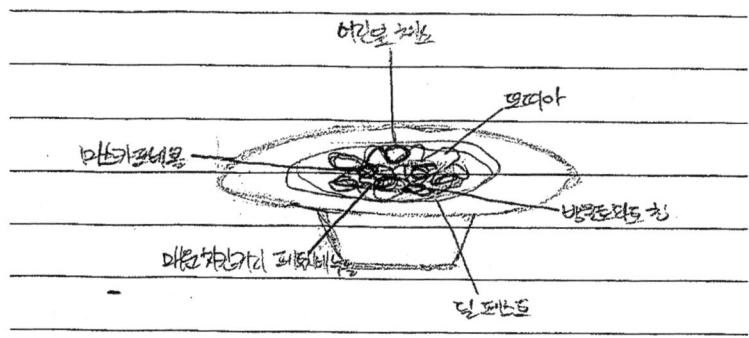

스트로베리 소스를 얹은 치킨 스테이크와 버섯 볶음밥 그리고 시즈닝 포테이토

■■──── 재료 ────■■

닭가슴살, 마늘, 바질 가루, 파슬리 가루, 오레가노 가루, 스트로베리 퓌레, 양파, 당근, 애호박, 가지, 새송이버섯, 양송이버섯, 표고버섯, 쌀, 굴소스, 시즈닝 가루, 포테이토, 파인애플, 토마토, 타임, 잣, 크레송, 소금, 후추, 올리브오일

■■■──── 만드는 방법 ────■■■

① 믹서에 타임, 잣, 마늘, 올리브오일, 소금, 후추를 넣고 믹싱하여 타임 페스토를 만들어 준다.
② 냉동용 포테이토는 180℃ 기름에 튀겨서 시즈닝 가루, 소금, 통후추, 파슬리 가루를 뿌려서 볼에 담아 스냅으로 섞어서 시즈닝 포테이토를 만들어 준다.
③ 냄비에 스트로베리 퓌레를 넣고 졸여서 스트로베리 소스를 만들어 준다.
④ 밥을 지은 다음에 마늘을 칩하고, 양파, 당근, 애호박, 가지, 새송이버섯, 양송이버섯, 표고버섯은 스몰 다이스하여 프라이팬에 오일을 두르고, 야채를 볶다가 밥과 굴소스를 넣고 볶아서 버섯 볶음밥을 만들어 준다.
⑤ 프라이팬에 오일을 두르고 파인애플, 토마토를 구워 준다.
⑥ 닭가슴살은 마늘칩과 바질 가루, 파슬리 가루, 오레가노 가루를 뿌리고 소금, 후추로 간하여서 프라이팬에 오일을 두르고 구워 준다.

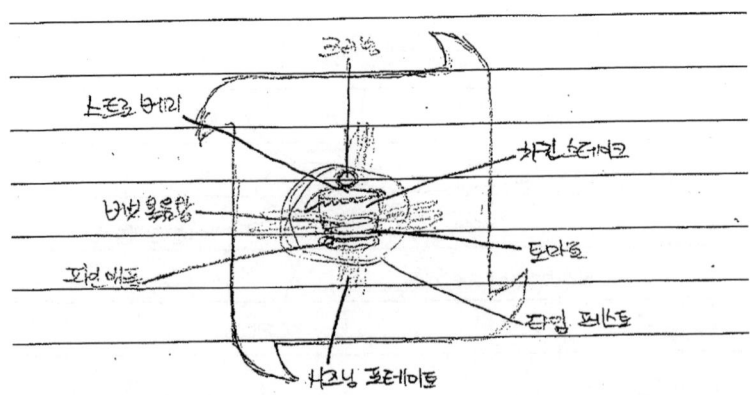

갈릭 향을 입힌 크리스피 치킨과 레몬 제스트 그리고 어니언 소스를 곁들인 크레페 샐러드

■■── 재료 ──■■

닭, 밀가루, 계란, 우유, 파슬리 가루, 바질 가루, 마늘, 레몬, 설탕, 버터, 양파, 플레인 요구르트, 레몬주스, 비타민, 방울토마토, 양상추, 게맛살, 머스터드소스, 마요네즈, 어린잎 새싹, 소금, 후추, 올리브오일

■■■── 만드는 방법 ──■■■

① 레몬은 껍질 부분만을 줄리엔하여 프라이팬에 버터를 넣고 줄리엔한 오렌지와 설탕을 넣고 볶아 오렌지 제스트를 만들어 준다.
② 믹서에 마늘, 양파, 플레인 요구르트, 레몬주스를 넣고 믹싱하여 어니언 소스를 만들어 준다.
③ 볼에다가 밀가루, 계란, 우유를 넣고 섞어서 소금으로 간을 하며 크레페 반죽을 만들어 프라이팬에 버터를 넣고 구워 준다.
④ 양상추는 한입 크기로 찢고, 양파, 게맛살은 줄리엔하여 머스터드소스와 마요네즈를 섞어서 크레페에 넣어 말아서 크레페 샐러드를 만들어 준다.
⑤ 닭은 뼈를 발라서 한입 크기로 썬 뒤, 소금, 후추 간을 하여서 밀가루, 계란, 우유, 파슬리 가루, 바질 가루, 마늘 찹을 넣어서 180℃ 기름에 튀기며, 갈릭향을 입힌 크리스피 치킨을 만들어 준다.
⑥ 방울토마토는 반을 잘라서 설탕을 뿌린 뒤, 오븐에 구워서 치킨과 레몬 제스트, 소스, 샐러드, 비타민, 새싹으로 가니시하여 마무리해 준다.

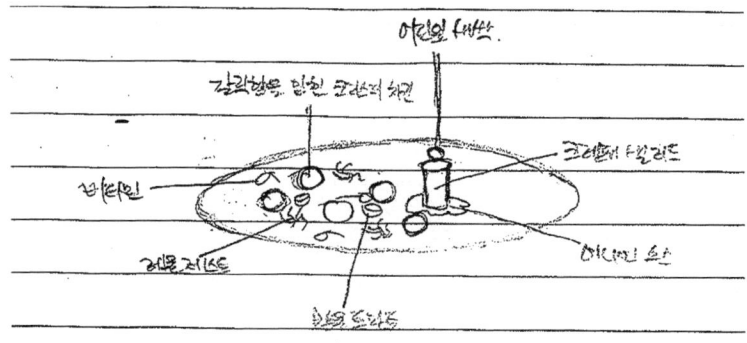

닭고기

뽀모도로 스파게티에 어우러진 베이컨 치즈 테린느와 라디치오 샐러드 그리고 크림치즈볼과 딜 페스토

■■── 재료 ──■■

닭가슴살, 깻잎, 베이컨, 리코타 치즈, 피망, 젤라틴, 마늘, 양파. 방울토마토, 브로콜리, 표고버섯, 스파게티면, 토마토홀, 당근, 샐러리. 월계수잎, 정향, 통후추, 라디치오, 발사믹 식초, 참깨, 크림치즈, 밀가루 계란, 빵가루, 딜, 잣, 어린잎 채소, 소금, 후추, 올리브오일

■■■── 만드는 방법 ──■■■

① 믹서에 딜, 잣, 마늘, 올리브오일, 소금, 후추를 넣고 믹싱하여 딜 페스토를 만들어 준다.
② 라디치오는 한입 크기로 썰고, 양파, 피망, 방울토마토는 슬라이스하여 발사믹 식초, 참깨 마늘, 올리브오일을 믹서로 믹싱하여 손질한 야채들과 혼합하여 라디치오 샐러드를 만들어 준다.
③ 마늘, 양파, 샐러리는 찹하여서 크림치즈와 소금, 후추를 섞어서 볼 형태로 만들어서 밀가루, 계란, 빵가루를 묻혀 180°C 기름에 튀겨 크림치즈볼을 만들어 준다.
④ 마늘, 양파, 당근, 샐러리는 찹하여 프라이팬에 오일을 두르고 익히다가 냄비로 옮겨서 물 또는 스톰, 오랜 토마토홀, 월계수잎, 정향, 통후추, 설탕, 소금, 후추를 넣고 끓여서 토마토소스를 만들어 준다.
⑤ 스파게티면은 삶은 뒤, 프라이팬에 마늘, 양파, 방울토마토, 브로콜리, 표고를 넣고 볶다가 물 또는 야채스톡, 소스 간을 하여 뽀모도로 스파게티를 만든다.
⑥ 가슴살을 펼쳐 간을 한 뒤, 깻잎, 베이컨, 리코타, 피망, 젤라틴을 넣고 말아 구워 준다.

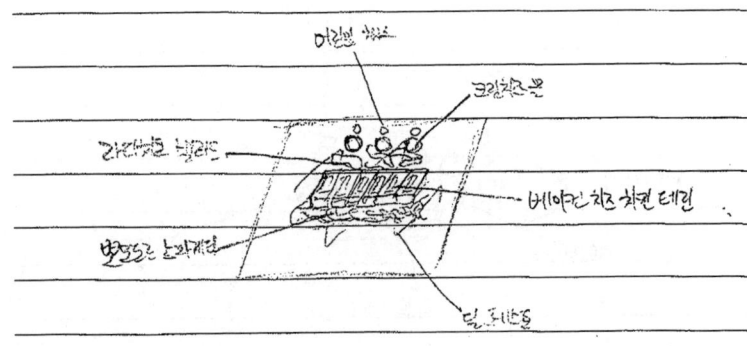

자몽 비네그레트를 곁들인 닭가슴살구이와
버섯 팀발 & 레몬 제스트 그리고 마카로니 샐러드

■■── 재료 ──■■

닭가슴살, 자몽, 양파, 피망, 올리브, 차이브, 레몬주스, 화이트 와인, 설탕, 새송이버섯, 양송이 버섯, 표고버섯, 토마토 페이스트, 마늘 레몬, 버터, 마카로니, 마요네즈, 파슬리 가루, 크레송, 소금, 후추, 바질 가루, 올리브오일

■■■── 만드는 방법 ──■■■

① 레몬은 껍질 부분만을 얇게 줄리엔하여 프라이팬에 버터를 넣고 줄리엔한 레몬과 설탕을 넣고 볶아 레몬 제스트를 만들어 준다.
② 마카로니는 삶아서 마요네즈, 파슬리가루, 양파, 피망 찹한 것을 넣고 섞어서 소금, 후추 간을 하며 마카로니 샐러드를 만들어 준다.
③ 자몽은 ½은 믹싱하고 ½은 웨지형으로 썰고, 양파, 피망, 올리브, 차이브는 찹하여 믹싱한 자몽과 웨지형 자몽, 레몬주스, 화이트 와인. 설탕, 식초를 넣고 섞어서 자몽 비네그레트를 만들어 준다.
④ 마늘은 찹하고, 양파, 새송이버섯, 양송이버섯, 표고버섯을 스몰 다이스하여 프라이팬에 오일을 두르고 마늘 찹과 토마토 페이스트를 볶다가 버섯들을 볶아서 버섯 팀발을 만들어 준다.
⑤ 닭가슴살에 소금, 후추 간을 한 뒤 바질 가루를 뿌려서 프라이팬에 버터를 넣고 구워서 닭가슴살구이를 만들어 준다.
⑥ 좌측에는 자몽 비네그레트를 깔고 버섯 팀발과 닭가슴살구이, 레몬 제스트를 올리고 우측에는 마카로니 샐러드에 크레송을 올린다.

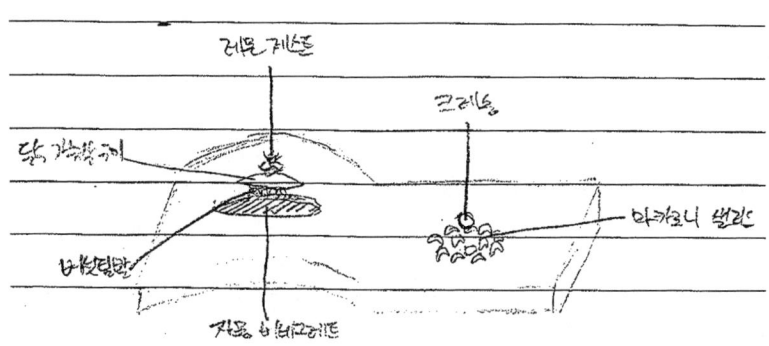

닭고기

치킨 쿠스쿠스볼과 피자롤
그리고 오렌지 비네그레트와 라즈베리

■■──── 재료 ────■■

닭, 쿠스쿠스, 마늘, 양파, 당근, 애호박, 가지, 굴소스, 토르티야, 토마토홀, 샐러리, 월계수 잎, 정향, 통후추, 피망, 양송이버섯, 브로콜리, 방울토마토, 피자치즈, 오렌지, 올리브, 레몬주스, 식초, 설탕, 화이트 와인, 라즈베리, 어린잎 채소, 어린잎 새싹, 밀가루, 계란, 빵가루, 바질 가루, 소금, 후추, 오일

■■■──── 만드는 방법 ────■■■

① 오렌지는 웨지형으로 썰고, 마늘은 찹하고, 양파와 올리브는 슬라이스하여 레몬주스, 식초, 설탕, 화이트 와인을 넣어 섞어서 오렌지 비네그레트를 만들어 준다.
② 쿠스쿠스는 데친 뒤, 닭, 마늘은 찹하고, 양파, 당근, 애호박, 가지는 스몰 다이스하여 프라이팬에 오일을 두르고 마늘, 닭 찹과 손질한 야채를 넣고 볶다가 굴소스를 넣어 볶아 치킨 쿠스쿠스를 작은 공 모양으로 만들어 밀가루, 계란, 빵가루, 바질 가루를 묻혀서 180℃ 기름에 튀겨 치킨 쿠스쿠스볼을 만들어 준다.
③ 마늘, 양파, 당근, 샐러리를 찹하여서 프라이팬에 오일을 넣고, 볶다가 냄비로 옮겨 물 또는 스톡, 으깬 토마토홀, 월계수잎, 정향, 통후추를 설탕, 소금, 후추로 간하여 끓여서 토마토소스를 만들어 준다.
④ 프라이팬에 오일을 두르고 닭을 굴소스로 볶은 뒤 토르티야에 토마토소스를 바르고 피자치즈, 닭, 피망, 양파, 양송이버섯, 브로콜리, 방울토마토를 올려 오븐에 구워서 돌돌 말아 이쑤시개로 꽂는다.

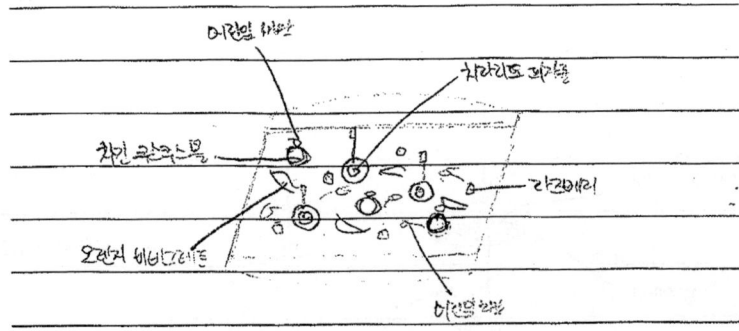

토르티야 속을 채운 치킨 리소토 그라탱과 바질 페스토 그리고 안티파스토와 유자 제스트

■■── 재료 ──■■

닭, 피망, 표고버섯, 브로콜리, 방울토마토, 마늘, 양파, 당근, 샐러리, 월계수잎, 정향, 통후추, 파슬리 가루, 바질 가루, 토르티야, 바질, 잣, 양송이버섯, 올리브, 발사믹 식초, 유자, 버터, 베이비 비트잎, 소금, 후추, 올리브오일

■■■── 만드는 방법 ──■■■

① 믹서에 바질, 잣, 마늘, 소금, 후추, 올리브오일을 넣고 믹싱하여 바질 페스토를 만들어 준다.
② 유자는 껍질 부분을 얇게 줄리엔하여 프라이팬에 버터를 넣고 줄리엔한 유자와 설탕을 넣어 볶아서 유자 제스트를 만든다.
③ 프라이팬에 양송이버섯, 양파, 피망, 올리브 썬 것을 볶다가 올리브오일을 두르고 한 번 더 볶은 뒤, 발사믹 식초를 뿌려 잠기도록 통 안에 담아 재워서 안티파스토를 만들어 준다.
④ 토르티야는 중앙에 래들로 눌러서 180℃ 기름에 튀겨 속이 파이게 토르티야를 만들어 준다.
⑤ 마늘, 양파, 당근, 샐러리는 찹하여 프라이팬에 오일을 두르고 볶다가 냄비로 옮겨서 물 또는 스톡, 으깬 토마토홀, 월계수잎, 정향, 통후추, 설탕, 소금, 후추를 넣고 끓여서 토마토소스를 만들어 준다.
⑥ 밥을 짓고, 마늘, 피망, 표고버섯, 브로콜리, 방울토마토, 닭을 손질하여 프라이팬에 오일을 두르고 닭과 야채를 볶다 물 또는 스톡소스와 밥을 넣고 볶는다.

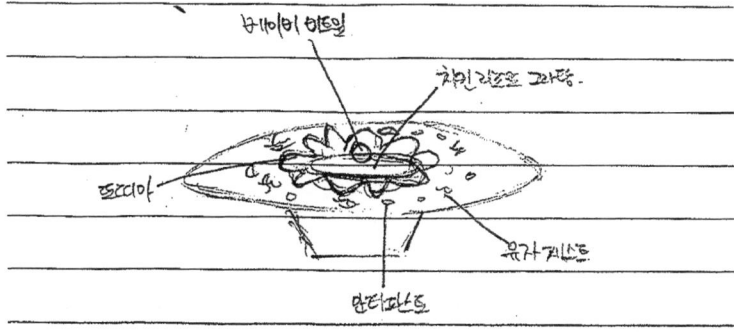

닭고기

단호박 속을 채운 치킨 리소토와 가지 튀각
그리고 라디치오 샐러드와 견과류 파이

■■──── 재료 ────■■

닭가슴살, 단호박, 마늘, 양파, 당근, 샐러리, 월계수잎, 정향, 통후추, 설탕, 표고버섯, 파프리카, 브로콜리, 페페론치노, 쌀, 가지, 라디치오, 마요네즈, 베이비 비트잎, 참깨, 검은깨, 참기름, 식초, 밀가루, 계란, 버터, 라임주스, 슈가파우더, 호두, 아몬드, 건포도, 어린잎 새싹, 바질, 소금, 후추, 올리브오일

■■■──── 만드는 방법 ────■■■

① 라디치오는 한입 크기로 찢어서 베이비 비트잎과 라임주스를 넣어 섞어서 라디치오 샐러드를 만들고, 믹서에 참깨, 검은깨, 참기름, 마요네즈, 식초, 설탕을 넣고 믹싱하여 세사미 드레싱도 곁들여 주고, 가지는 슬라이스한 후 소금, 후추 간하여 기름에 튀겨 준다.
② 밥을 지은 다음에, 마늘, 양파, 당근, 샐러리를 볶다가 물 또는 스톡, 토마토홀, 월계수잎, 정향, 통후추, 설탕, 소금, 후추를 넣고 끓여 소스를 만들어 준다.
③ 볼에다가 버터를 녹여 계란, 설탕, 소금을 넣고 믹싱한 뒤 밀가루와 슈가 파우더를 넣어 반죽하여 30분간 냉장 휴지시켜준다.
④ 프라이팬에 버터를 넣고 호두, 아몬드, 건포도, 설탕을 넣고 볶아서 조리된 견과류를 만든 뒤, 반죽을 몰더로 찍어서 견과류를 올려서 180℃ 오븐에서 10분간 구워 견과류 파이를 만들어 준다.
⑤ 단호박은 속을 파내어서 호일로 감싸, 180℃ 오븐에서 20분간 굽고, 마늘은 찹하고, 양파, 표고버섯, 파프리카, 브로콜리는 슬라이스하며 닭은 손질하여 볶다가 토마토소스와 스톡 또는 물을 밥을 넣고 볶아 리소토를 만들어 준다.

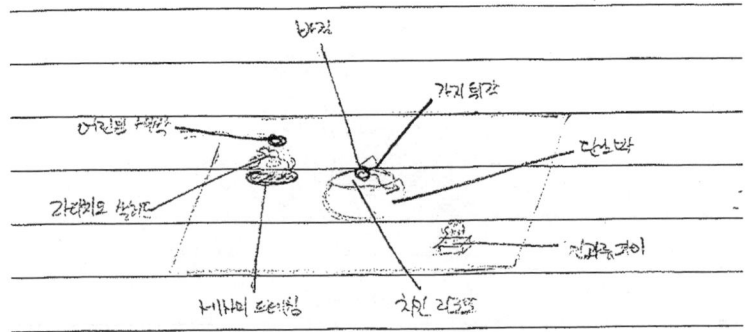

오늘의 양식

치킨 햄버그스테이크와 칠리소스
그리고 단호박 빠찌엔느와 두 가지 맛 파프리카 퓌레

■■── 재료 ──■■

닭, 마늘, 양파, 당근, 샐러리, 새송이버섯, 간장, 설탕, 핫소스, 케첩, 칠리소스, 파인애플, 단호박, 청·홍파프리카, 잣, 라임주스, 베이비 비트잎, 소금, 후추, 올리브오일

■■■── 만드는 방법 ──■■■

① 믹서에 청피망, 잣, 라임주스를 넣고 믹싱하고, 이와 동일하게 홍피망을 믹싱하여 두 가지 맛 파프리카 퓌레를 만들어 준다.
② 단호박은 얇게 줄리엔하여 180℃ 기름에 튀겨 단호박 빠찌엔느를 만들어 준다.
③ 프라이팬에 오일을 두르고 양파는 슬라이스하여 소금, 후추로 간하여 굽고, 파인애플도 슬라이스하여 구워 준다.
④ 프라이팬이나 냄비에 마늘, 양파, 당근, 샐러리 찹을 볶다가 케첩, 칠리소스, 핫소스, 설탕을 넣어 끓여서 특제 칠리소스를 만들어 준다.
⑤ 닭, 마늘, 양파, 당근, 샐러리, 새송이버섯을 찹하여서 간장, 설탕, 소금, 후추로 간하여서 반죽하여 프라이팬에 오일을 두르고 치킨 햄버그스테이크를 구워 준다.
⑥ 중앙에 칠리소스를 깔고, 파인애플, 양파, 치킨 햄버그스테이크를 올린 뒤 단호박 빠찌엔느, 비트잎으로 가니시하고 두 가지 맛 퓌레로 마무리 해준다.

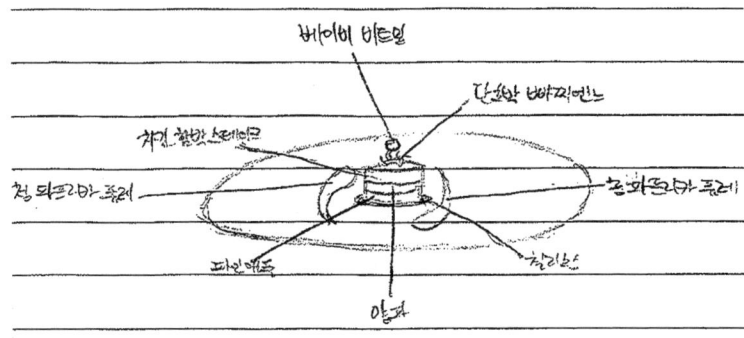

시금치 크림소스에 어우러진 치킨 견과류볼
그리고 하드롤에 담은 치킨 필라프와 바질 페스토

■■── 재료 ──■■

닭, 아몬드, 호두, 건포도, 밀가루, 계란, 빵가루, 파슬리 가루, 바질 가루, 시금치, 우유, 휘핑크림. 하드롤, 마늘, 마늘종, 양파, 당근, 애호박, 가지 쌀, 굴소스, 바질, 잣, 크레송, 어린잎 채소, 소금, 후추, 올리브오일

■■■── 만드는 방법 ──■■■

① 믹서에 바질, 잣, 마늘, 소금, 후추, 올리브오일을 넣고 믹싱하여 바질 페스토를 만들어 준다.
② 하드롤은 속을 파내어서 180℃ 오븐에서 5분간 구워 준다.
③ 시금치, 우유, 휘핑크림은 믹서에 넣어 믹싱한 뒤, 프라이팬이나 냄비에 넣고 소금, 후추로 간을 하여 끓여서 시금치 크림소스를 만들어 준다.
④ 밥을 짓고, 마늘은 찹한 뒤 양파, 당근, 애호박, 가지, 마늘종, 닭을 스몰 다이스하여 프라이팬에 오일을 두르고 볶다가 밥과 굴소스를 넣어 볶아서 치킨 필라프를 만들어 준다.
⑤ 닭, 마늘, 양파는 찹하여서 아몬드, 호두, 건포도, 밀가루, 계란, 소금, 후추를 넣고 반죽을 하여 빵가루, 파슬리 가루, 바질 가루를 묻혀서 180℃ 기름에 튀겨 치킨 견과류 볼을 만들어 준다.
⑥ 좌측에는 시금치 크림소스에 치킨 견과류볼과 크레송을, 우측에는 페스토를 곁들이고 하드롤 안에 필라프와 어린잎으로 마무리 해준다.

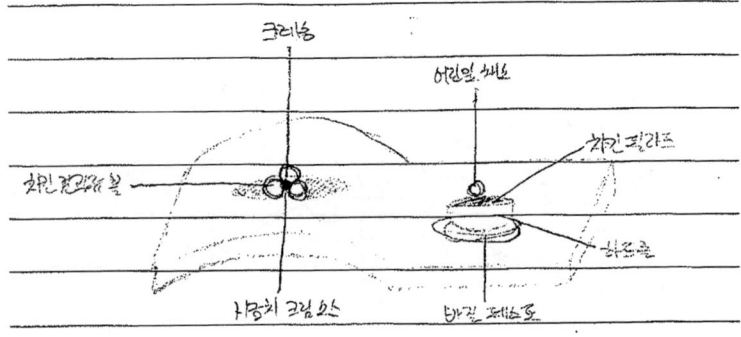

오늘의 양식

뉴요커 토마토 치킨구이와 한라봉 제스트
그리고 카프레제 샐러드와 바질 페스토 & 발사믹 젤리

■■──── 재료 ────■■

닭, 양파, 당근, 감자, 가지, 애호박, 토마토, 토마토홀, 마늘, 샐러리, 월계수잎, 정향, 통후추, 설탕. 리코타 치즈, 한라봉, 방울토마토, 모차렐라 치즈, 바질, 잣, 발사믹 식초, 젤라틴, 어린잎 채소, 소금, 후추, 올리브오일

■■■──── 만드는 방법 ────■■■

① 믹서에 바질, 잣, 마늘, 소금, 후추, 올리브오일을 넣고 믹싱하여 바질 페스토를 만들어 준다.
② 발사믹 식초와 꿀, 젤라틴을 혼합하여 몰더에 담아 30분간 냉장 보관한 뒤, 충분히 굳은 후에 꺼내어 정다이스로 잘라 발사일 젤리를 만들어 준다.
③ 방울토마토는 (+) 모양으로 칼집을 내어서 껍질 부분만을 위로 올려서 프라이팬에 구운 뒤 복주머니 형태로 만들고, 모차렐라 치즈는 한입 크기로 썰어서 카프레제 샐러드를 만들어 준다.
④ 한라봉은 껍질 부분만을 얇게 줄리엔 하여 프라이팬에 버터를 넣고 줄리엔한 한라봉과 설탕을 넣어서 볶아 한라봉 제스트를 만들어 준다.
⑤ 마늘, 양파, 당근, 샐러리를 찹하여 프라이팬에 오일을 넣고 볶다가 냄비로 옮겨 물 또는 스톡, 으깬 토마토홀, 월계수잎, 정향, 흑후추, 설탕, 소금, 후추를 넣고 끓여서 토마토소스를 만들어 준다.
⑥ 닭, 양파, 당근, 기지, 감자. 애호박을 슬라이스해 초벌구이하여 소스와 치즈를 넣어 구워 준다.

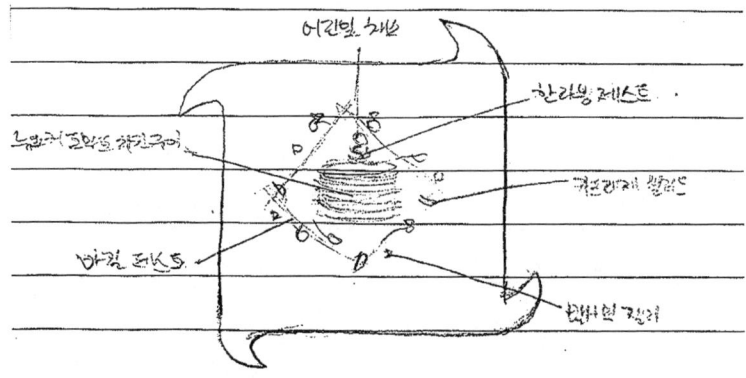

닭고기

과일 크림소스로 속을 채운 치킨롤과 버섯 크림소스 그리고 바질 토마토와 레몬 제스트

■■──── **재료** ────■■

닭, 리코타 치즈, 크랜베리, 건포도, 건자두, 새송이버섯, 양송이버섯, 우유, 휘핑크림, 후추, 바질, 레몬, 설탕, 처빌, 양파, 어린잎 채소, 소금 후추, 올리브오일

■■■■──── **만드는 방법** ────■■■

① 레몬은 껍질 부분만을 얇게 줄리엔하여 프라이팬에 버터를 넣고 줄리엔한 레몬과 설탕을 넣고 볶아서 레몬 제스트를 만들어 준다.
② 프라이팬에 오일을 두르고 토마토홀과 바질, 소금, 후추로 간하여 볶아서 바질 토마토를 만들어 준다.
③ 새송이버섯, 양송이버섯, 양파, 마늘을 슬라이스하여 프라이팬에 오일을 두르고 야채를 볶다가 우유, 휘핑크림, 월계수잎, 정향. 통후추를 넣고 끓여서 소금, 후추 간을 하여 버섯 크림소스를 만들어 준다.
④ 닭가슴살은 얇게 펼쳐서 소금, 후추 간을 하고 리코타치즈. 크랜베리, 건포도, 건자두를 섞어서 속을 채워 말아서 180°C 오븐에서 10분간 구워 과일 크림치즈로 속을 채운 치킨 롤을 만들어 준다.
⑤ 중앙에 버섯 크림소스를 깔고 과일 크림치즈로 속을 채운 치킨롤을 올리고 바질 토마토, 어린잎 채소를 올린 뒤, 소스 주변에 레몬 제스트, 처빌을 가니시하여 마무리해 준다.

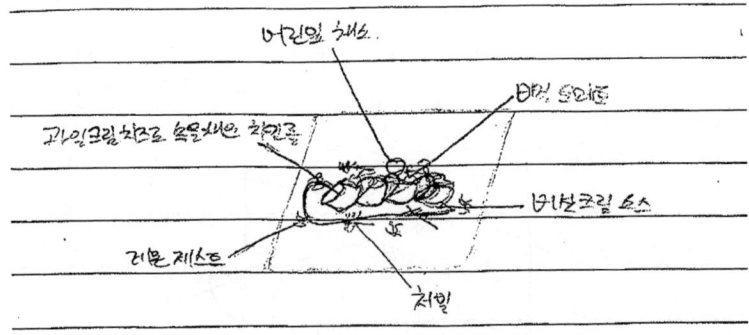

오늘의 양식

치킨 햄버그스테이크와 라즈베리 소스 & 시저 샐러드 그리고 쿠스쿠스와 타임 페스토

■■── 재료 ──■■

닭가슴살, 토마토, 가지, 애호박, 마늘, 양파, 당근, 샐러리, 월계수잎, 정향, 통후추, 설탕, 라즈베리, 로메인상추, 베이컨, 식빵. 파르메산 치즈, 계란, 앤초비, 레드 와인 비니거, 겨자, 애호박, 가지, 굴소스, 타임, 잣, 베이비 비트잎

■■■── 만드는 방법 ──■■■

① 믹서에 타임, 잣, 마늘, 소금, 후추를 넣고 믹싱하여 타임 페스토를 만들어 준다.
② 로메인상추는 한입 크기로 자르고, 양파와 파프리카는 줄리엔하고 베이컨도 한입 크기로 썰어서 구워 준다.
③ 둥근 볼에 달걀노른자, 레몬주스, 레드 와인 비니거. 다진 앤초비, 마늘, 양파, 겨자를 넣고 저은 뒤 오일을 넣어 휘핑하여 손질한 재료와 크루통을 넣고 파르메산 치즈를 뿌려 시저샐러드를 만든다.
④ 프라이팬이나 냄비에 라즈베리 퓌레를 넣고 끓여서 라즈베리 소스를 만들어 준다.
⑤ 마늘, 양파, 당근, 샐러리는 찹하여 프라이팬에 오일을 두르고 볶다가 냄비로 옮겨 물 또는 스톡, 월계수잎, 정향, 통후추, 설탕, 소금, 후추를 넣고 은근히 졸여서 토마토소스를 만들어 준다.
⑥ 닭가슴살, 토마토, 가지, 애호박, 양파는 슬라이스하여 속에 토마토소스, 피자치즈를 넣어 180℃ 오븐에서 10분간 구워 준다

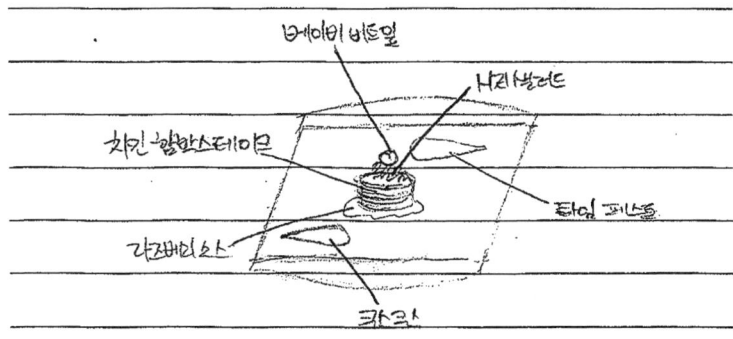

하드롤을 곁들인 크림 치킨 루오테와
발사믹 소스 & 바질 페스토 그리고 과일 살사

■■── 재료 ──■■

닭, 마늘, 양파, 양송이버섯, 피망, 브로콜리, 우유, 휘핑크림, 루오테, 하드롤, 발사믹 식초, 꿀, 바질, 잣, 사과, 키위, 오렌지, 레몬주스, 크레송, 소금, 후추, 올리브오일

■■■── 만드는 방법 ──■■■

① 믹서에 바질, 잣, 마늘, 소금, 후추, 올리브오일을 넣고 믹싱하여 바질 페스토를 만들어 준다.
② 프라이팬이나 냄비에 발사믹 식초와 꿀을 넣고 졸여서 발사믹 소스를 만들어 준다.
③ 사과, 키위, 오렌지는 웨지 형태로 썰어서 레몬주스를 뿌려서 과일 살사를 만들어 준다.
④ 하드롤은 브레드칼로 윗등을 자른 뒤, 속을 파내어 180°C 오븐에서 2~3분 구워 준다.
⑤ 루오테는 삶은 뒤, 마늘은 찹하고 양파, 양송이버섯, 피망, 브로콜리는 슬라이스하여 프라이팬에 오일을 두르고 닭, 야채를 볶다가 루오테, 우유, 휘핑크림, 소금, 후추를 넣고 볶아서 크림 치킨 루오테를 만들어 준다.
⑥ 중앙에 하드롤을 놓고 크림 치킨 루오테를 넣은 뒤, 크레송을 올리고 사이드에 발사믹 소스, 바질 페스토, 과일 살사로 마무리해 준다

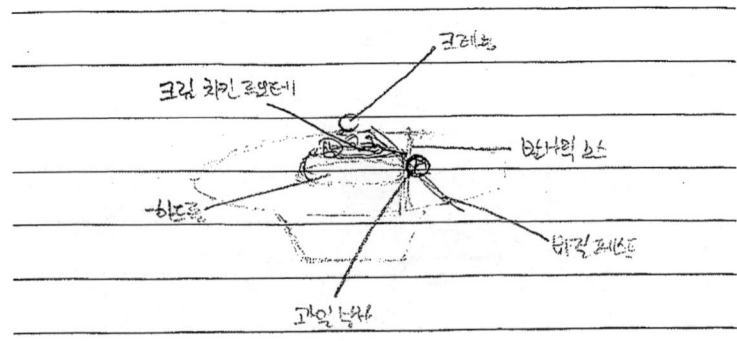

데리야끼 소스와 민트 페스토에 어우러진 치킨 타코야끼 그리고 카망베르 크림소스와 레몬 제스트

■■─── 재료 ───■■

닭가슴살, 간장, 설탕, 마늘, 양파, 대파, 계피, 페페론치노, 전분. 민트, 잣, 마, 양배추, 밀가루, 계란, 가쓰오부시, 카망베르 치즈, 버터, 우유 휘핑크림, 레몬, 어린잎 새싹, 소금, 후추, 올리브오일

■■■─── 만드는 방법 ───■■■

① 믹서에 민트, 잣, 마늘, 소금, 후추, 올리브오일을 넣고 믹서로 믹싱하여 민트 페스토를 만들어 준다.
② 레몬은 껍질 부분만을 사용하여 얇게 줄리엔하여 프라이팬에 버터를 넣고 줄리엔한 레몬과 설탕을 넣고 볶아서 레몬 제스트를 만들어 준다.
③ 프라이팬이나 냄비에 물, 간장, 설탕, 마늘, 양파, 대파, 계피, 페페론치노를 넣고 은근한 불에 졸이다가 전분물로 농도를 맞추어서 데리야끼 소스를 만들어 준다.
④ 프라이팬에 마늘 찹, 양파 슬라이스를 볶다가 우유, 휘핑크림을 넣고 끓이다가 카망베르 치즈를 넣고 끓여 카망베르 크림소스를 만들어 준다.
⑤ 마늘, 양파, 양배추 닭은 스몰 다이스하고, 마는 갈아서 밀가루, 계란, 소금, 후추를 넣고 반죽하여 지짐이처럼 구운 뒤 둥근 몰더로 찍어서 가쓰오부시를 올려 치킨 타코야끼를 만들어 준다.

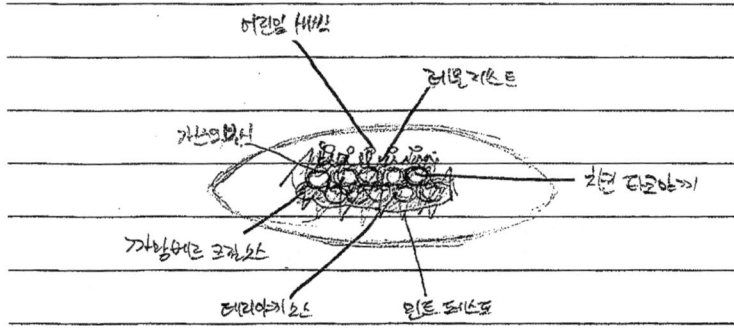

치킨 스테이크와 블루베리 소스 & 발사믹 소스
그리고 쿠스쿠스와 시즈닝 포테이토

■■────── 재료 ──────■■

닭, 마늘, 레몬, 파슬리 가루, 바질 가루, 블루베리, 레몬주스, 라임주스, 설탕, 발사믹 식초, 꿀, 쿠스쿠스, 양파, 당근, 애호박, 가지, 굴소스, 파슬리, 잣, 시즈닝 가루, 포테이토, 로즈메리, 소금, 후추, 올리브오일

■■■────── 만드는 방법 ──────■■■

① 믹서에 파슬리, 마늘, 잣, 소금, 후추, 올리브오일을 넣고 믹싱하여 파슬리 페스토를 만들어 준다.
② 프라이팬이나 냄비에 발사믹 식초와 꿀을 넣고 끓여 졸여서 발사믹 소스를 만들어 준다.
③ 믹서에 블루베리 ½, 레몬주스, 라임주스, 설탕을 넣고 믹싱한 뒤 냄비나 프라이팬으로 옮겨 남은 ½ 블루베리를 넣고 졸여서 블루베리 소스를 만들어 준다.
④ 냉동 포테이토는 180℃ 기름에 튀겨서 볼에다가 담은 뒤, 시즈닝 가루, 파슬리 가루를 섞어서 시즈닝 포테이토를 만들어 준다.
⑤ 쿠스쿠스는 데친 뒤, 마늘은 찹하고 양파, 당근, 애호박, 가지는 스몰 다이스하여 프라이팬에 오일을 두르고 야채를 볶다가 소스를 넣고 마무리한다.
⑥ 닭은 뼈를 발라 포를 뜬 뒤, 마늘 찹, 레몬 찹, 파슬리 가루, 바질 가루, 소금, 후추로 간하여서 프라이팬에 오일을 두르고 구워 준다.

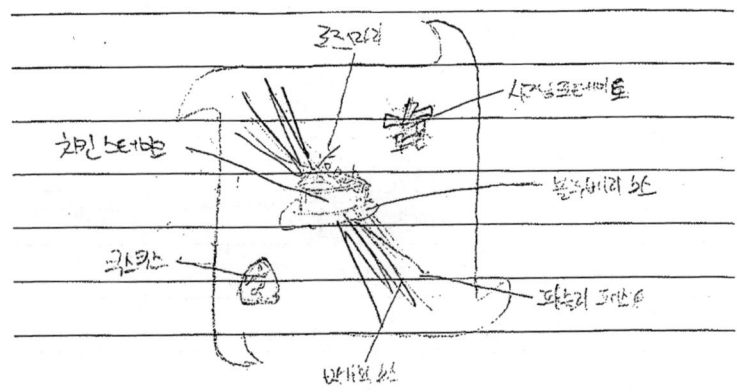

버섯 크림소스를 채운 치킨롤과 단호박 퓌레
그리고 크레페 샐러드와 플레인 소스

■■── 재료 ──■■

닭가슴살, 양송이버섯 새송이버섯, 표고버섯, 마늘, 양파, 우유, 휘핑크림, 버섯 크림, 단호박, 생크림, 밀가루, 버터, 계란, 라디치오, 피망, 양상추, 플레인 요구르트, 요플레, 레몬, 설탕, 마요네즈, 식초, 어린잎 채소, 소금, 후추, 올리브오일

■■■── 만드는 방법 ──■■■

① 레몬은 껍질 부분만을 사용하여 얇게 줄리엔한 뒤, 프라이팬에 버터를 녹여서 줄리엔한 레몬, 설탕을 넣고 볶아서 레몬 제스트를 만들어 준다.
② 볼에다가 버터를 녹여서 계란, 소금을 넣어 믹싱한 뒤, 우유와 밀가루를 넣어 휘퍼로 섞어서 묽게 한 다음 프라이팬에 오일을 살짝 두르고 크레페 반죽을 얇게 펼쳐 구워 준다.
③ 라디치오, 피망, 양상추, 양파는 슬라이스하여 마요네즈, 식초, 설탕을 넣고 혼합하여 샐러드를 만든 뒤, 크레페에 넣어 말아서 크레페 샐러드를 만들어 준다.
④ 플레인 요구르트와 요플레를 혼합하여 플레인 소스를 만들어 준다.
⑤ 단호박을 쪄서 으깨어 생크림, 소금, 후추를 혼합해 믹싱하여 단호박 퓌레를 만들어 준다.
⑥ 프라이팬에 오일을 두르고, 마늘, 양파, 양송이, 새송이, 표고를 볶다가 우유, 휘핑크림, 버섯 크림, 소금, 후추를 넣고 졸인 다음 펼친 닭가슴살에 말아서 구워 준다.

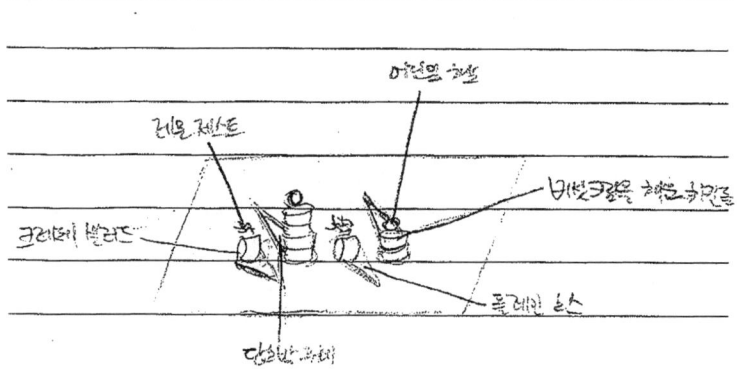

허브 갈릭 치킨 강정과 라디치오 샐러드
그리고 단호박 강정 & 민트 페스토

■■── 재료 ──■■

닭, 파슬리 가루, 바질 가루, 마늘, 우유, 밀가루, 계란, 라디치오, 양파, 브로콜리, 발사믹 식초, 참깨, 단호박, 민트, 잣, 그라나파다노 치즈, 방울토마토, 베이비 비트잎, 소금, 후추, 올리브오일

■■■── 만드는 방법 ──■■■

① 믹서에 민트, 잣, 마늘, 소금, 후추, 올리브오일을 넣고 믹싱하여 민트 페스토를 만들어 준다.
② 브로콜리는 삶고, 라디치오는 한입 크기로 찢고, 양파는 슬라이스하고 방울토마토, 발사믹 식초, 올리브오일, 참깨를 넣고 혼합하여서 라디치오 샐러드를 만들어 준다.
③ 단호박은 주사위 모양으로 썰어서 180℃ 기름에 튀겨 단호박 강정을 만들어 준다.
④ 그라나파다노 치즈는 길게 갈아준다.
⑤ 닭은 뼈를 발라 한입 크기로 손질을 한 뒤, 밀가루, 우유, 계란. 소금, 후추, 파슬리 가루, 바질 가루, 마늘 찹을 넣고 반죽하여서 180℃ 기름에 튀겨 허브 갈릭 치킨 강정을 만들어 준다.
⑥ 중앙에 라디치오 샐러드를 깔고 허브 갈릭 치킨 강정을 올린 뒤 어린잎 채소, 그라나파다노 치즈, 민트 페스토로 가니시하여 마무리해 준다.

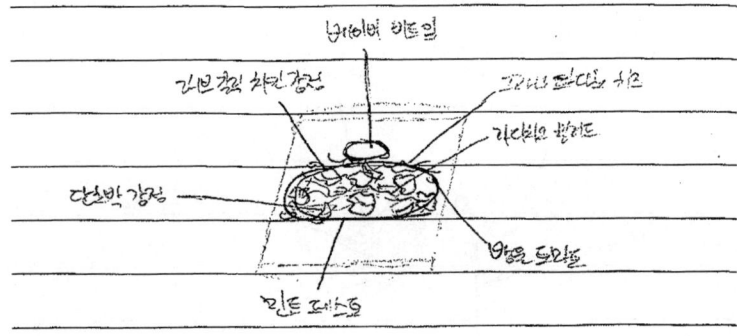

오늘의 양식

크림 염통 루오테와 치즈스틱
그리고 닭가슴살 샐러드 & 오렌지 제스트

■■──── 재료 ────■■

닭가슴살, 염통, 루오테, 마늘, 양파, 피망, 브로콜리, 우유, 휘핑크림, 스트링 치즈, 밀가루, 계란, 빵가루, 양상추, 마요네즈. 파슬리 가루, 바질가루, 설탕, 식초, 오렌지, 어린잎 채소, 어린잎 새싹, 소금, 후추, 올리브오일

■■■──── 만드는 방법 ────■■■

① 오렌지는 껍질 부분만을 사용하여 프라이팬에 버터를 넣고, 줄리엔한 오렌지와 설탕을 넣어 볶아서 오렌지 제스트를 만들어 준다.
② 닭가슴살은 삶은 뒤 찢고 양상추도 한입 크기로 찢은 다음 양파, 피망은 슬라이스하여 마요네즈, 파슬리 가루, 바질 가루, 설탕, 식초를 넣고 섞어서 닭가슴살 샐러드를 만들어 준다.
③ 스트링 치즈는 밀가루, 계란, 빵가루를 묻혀서 180℃ 기름에 튀겨서 치즈스틱을 만들어 준다.
④ 루오테는 삶고, 브로콜리는 데친 뒤, 마늘은 찹하고 양파, 피망을 슬라이스하여 프라이팬에 오일을 두르고 마늘 찹과 염통을 넣고 소금, 후추 간을 하여 올라가 야채와 루오떼를 넣어 볶은 뒤, 우유, 휘핑크림 소금, 후추 간을 하여 볶아서 크림 염통, 루오테를 만들어 준다.
⑤ 좌측에는 크림 염통 루오테에 치즈스틱과 어린잎 채소를, 우측에는 닭가슴살 샐러드와 감지 제스트, 어린잎 새싹으로 마무리해 준다.

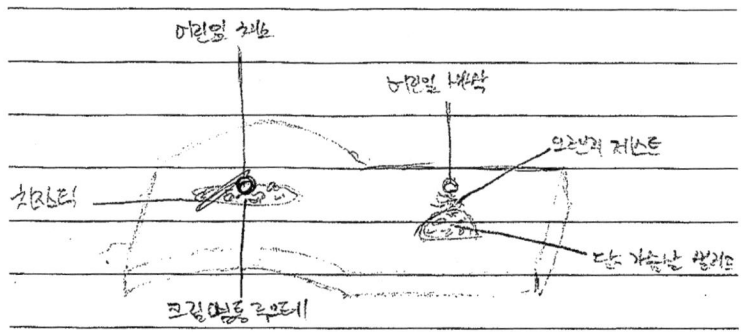

닭고기

단호박 퓌레에 어우러진 야채 치킨롤
그리고 춘권피 크림치즈 샐러드와 캘리포니아롤

■■─── 재료 ───■■

닭가슴살, 깻잎, 당근, 감자, 단호박, 생크림, 춘권피, 마늘, 양파 크림치즈, 샐러리, 옥수수콘, 양상추, 쌀, 오이, 게맛살, 머스터드소스, 마요네즈, 김, 식초, 설탕, 로즈메리, 소금, 후추, 올리브오일

■■■─── 만드는 방법 ───■■■

① 단호박은 쪄서 으깬 다음 생크림과 소금, 후추를 넣어서 믹싱하여 단호박 퓌레를 만들어 준다.
② 춘권피에다가 마늘, 양파, 샐러리, 옥수수콘, 양상추, 크림치즈를 넣어서 말아 180℃ 기름에 튀겨 춘권피 크림 치즈 샐러드를 만들어 준다.
③ 밥을 지은 다음에 냄비에 식초, 설탕, 소금을 넣어 끓여서 배합초를 만든 뒤, 밥과 배합초를 섞고, 오이, 게맛살, 양파는 얇게 줄리엔하여 머스터드소스와 마요네즈로 섞어서 김에 밥을 깐 뒤, 누드김밥 형태로 해서 김에 조미된 재료를 넣어서 캘리포니아롤을 만들어 준다.
④ 당근과 감자는 얇게 슬라이스하여 데치고 닭가슴살은 얇게 저며서 소금, 후추 간을 한 뒤 깻잎, 당근, 감자를 넣고 말아서 180℃ 오븐에서 10분간 구워 야채 치킨롤을 만들어 준다.

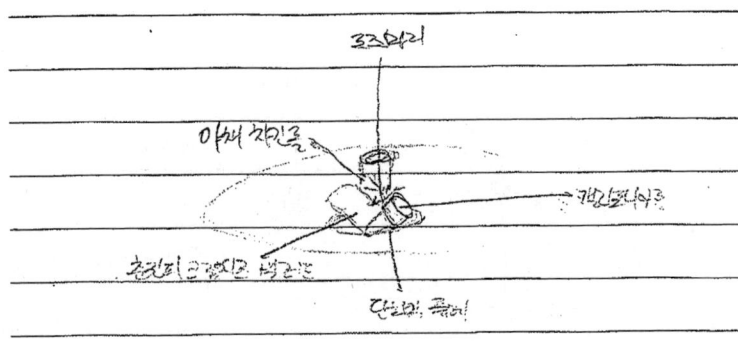

치킨 미트볼로 속을 채운 단호박 라자냐와 자몽 제스트 그리고 바질 페스토와 카프레제 샐러드

■■─── 재료 ───■■

닭, 마늘, 양파, 당근, 샐러리, 밀가루, 계란, 단호박, 월계수잎, 정향, 통후추, 설탕, 피자치즈, 자몽, 설탕, 바질, 잣, 토마토홀, 모차렐라 치즈, 발사믹 식초, 크레송, 소금, 후추, 올리브오일

■■■─── 만드는 방법 ───■■■

① 믹서에 바질, 잣, 마늘, 소금, 후추, 올리브오일을 넣고 믹싱하여 바질 페스토를 만들어 준다.
② 자몽은 껍질 부분만을 얇게 줄리엔하여 프라이팬에 버터를 넣고 줄리엔한 자몽과 설탕을 넣어 볶아서 자몽 제스트를 만들어 준다.
③ 방울토마토, 모차렐라 치즈, 바질, 발사믹 식초, 바질 페스토를 넣어서 섞어 카프레제 샐러드를 만들어 준다.
④ 닭, 마늘, 양파, 당근, 샐러리를 찹한 뒤 소금, 후추 간을 하여 섞어서 반죽을 한 뒤 작은 원 형태로 만들어서 계란, 밀가루를 묻혀서 데쳐 치킨 미트볼을 만들어 준다.
⑤ 닭고기, 마늘, 양파, 당근, 샐러리를 찹하여 프라이팬에 오일을 두르고 야채를 볶다가 냄비로 옮겨 물 또는 스톡, 으깬 토마토홀, 월계수잎, 정향, 통후추, 설탕, 소금, 후추를 넣고 끓여서, 토마토소스를 만들어 준다.
⑥ 단호박은 얇게 직육면체로 썬 뒤 사이에 치킨 미트볼, 토마토소스, 피자치즈를 넣어서 180°C 오븐에서 5분 정도 구워 준다.

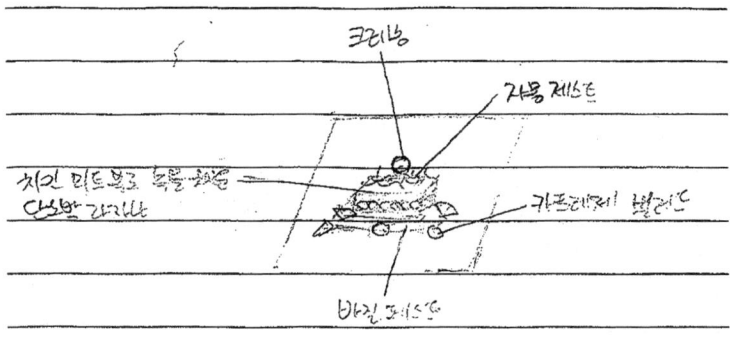

닭고기

커리 가루와 머스터드소스를 곁들인 체다치즈 치킨 소테잉 그리고 쿠스쿠스볼과 민트 페스토

■■──── 재료 ────■■

닭, 마늘, 양파, 피망, 고구마, 느타리버섯, 체다치즈, 간장, 설탕, 커리 가루, 머스터드소스, 쿠스쿠스, 당근, 애호박, 가지, 굴소스, 밀가루, 계란, 빵가루, 파슬리 가루, 민트, 잣, 소금, 후추, 올리브오일

■■■──── 만드는 방법 ────■■■

① 믹서에 민트, 잣, 마늘, 소금, 후추, 올리브오일을 넣고 믹싱하여 민트 페스토를 만들어 준다.
② 쿠스쿠스는 데치고 마늘은 찹하고, 양파, 당근, 애호박, 가지는 스몰 다이스하여 프라이팬에 오일을 두르고 야채를 볶다가 쿠스쿠스와 굴소스를 부어서 볶아 쿠스쿠스를 만든 뒤. 작은 볼 형태로 만들어서 밀가루, 계란, 빵가루, 파슬리 가루를 묻혀서 180℃ 기름에 튀겨 쿠스쿠스볼을 만들어 준다.
③ 마늘은 찹하고 양파, 피망, 고구마, 느타리버섯은 슬라이스한 닭은 한입 크기로 썰어서 프라이팬에 오일을 두르고 마늘 찹, 닭을 넣어서 볶다가 야채를 넣고 간장, 설탕, 물을 넣어서 은근하게 졸여서 볶은 뒤 체다치즈와 머스터드소스, 커리 가루로 마무리해 준다.
④ 중앙에 체다치즈 치킨 소테잉을 놓고 쿠스쿠스볼과 민트 페스토로 마무리해 준다.

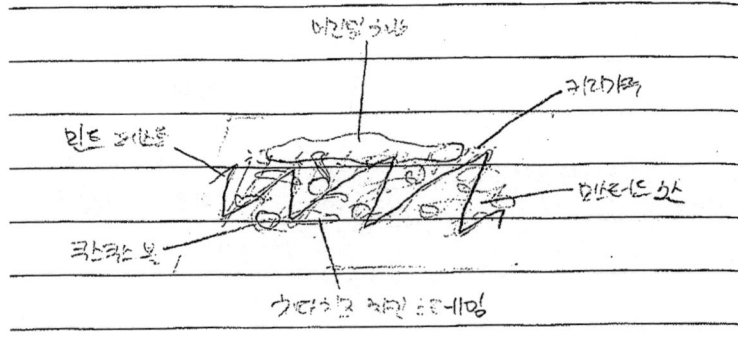

바게트에 속을 채운 아마트리치아나와 카망베르 치즈 그리고 레몬 클리에와 머랭 쿠키

■■──── 재료 ────■■

닭가슴살, 마늘, 페페론치노, 양파, 당근, 애호박, 표고버섯. 스파게티면, 샐러리, 월계수잎, 정향, 통후추, 설탕, 바게트, 카망베르 치즈, 레몬, 레몬주스, 라임주스, 설탕, 딜, 올리브, 계란, 밀가루, 크레송, 소금, 후추, 올리브오일

■■■──── 만드는 방법 ────■■■

① 레몬은 웨지형으로 썰어서 레몬스, 라임주스, 설탕, 딜, 소금, 후추를 넣어서 섞어 레몬 클리에를 만들어 준다.
② 볼에다가 계란 흰자를 넣고 설탕을 조금씩 넣어가면서 휘퍼로 믹싱한 뒤 밀가루를 넣어서 섞어 짤주머니에 담은 뒤 오븐 팬에 원하는 모양으로 짜서 180°C 오븐에서 10분간 구워서 머랭 쿠키를 만들어 준다.
③ 바게트는 반을 갈라서 속을 파내어 180°C 오븐에서 3분간 구워 준다.
④ 마늘, 양파, 당근, 샐러리는 찹하여 프라이팬에 오일을 두르고 볶다가 냄비로 옮겨서 물 또는 스톡, 으깬 토마토홀, 월계수잎, 정향, 통후추, 설탕, 소금, 후추를 넣고 끓여서 토마토소스를 만들어 준다.
⑤ 스파게티면은 삶은 뒤, 프라이팬에 오일을 두르고 마늘 찹과 페페론치노, 손질한 닭가슴살을 볶다가 양파, 당근, 애호박, 표고를 볶으면서 물 또는 스톡, 토마토소스, 스파게티면, 소금, 후추를 넣고 볶아준다.

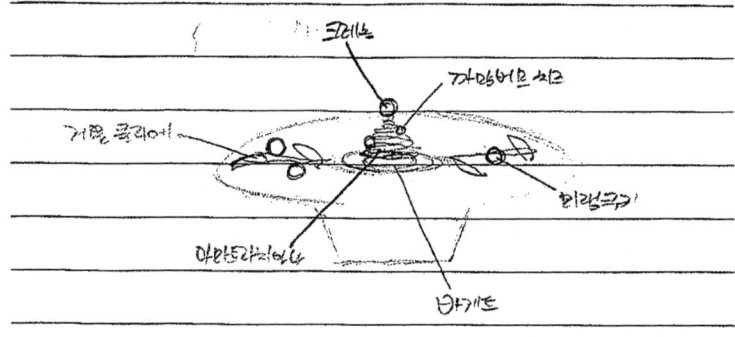

두 가지 맛 소스를 곁들인 버섯 크림 치킨롤과 버섯 토마토 치킨롤 그리고 춘권피 샐러드

■■── 재료 ──■■

닭, 마늘, 양파, 양송이버섯, 새송이버섯, 우유, 휘핑크림, 버섯 크림, 당근, 샐러리, 월계수잎, 정향, 통후추, 설탕, 파슬리 가루, 토마토홀, 발사믹 식초, 꿀, 감자, 춘권피, 크림치즈, 옥수수콘, 라디치오, 베이비 비트잎, 소금, 후추, 올리브오일

■■■── 만드는 방법 ──■■■

① 프라이팬이나 냄비에 발사믹 식초와 꿀을 넣고 졸여서 발사믹 소스를 만들어 준다.
② 프라이팬이나 냄비에 오일을 두르고 감자 슬라이스한 것을 볶다가 우유, 휘핑크림을 넣고 끓인 뒤 믹서로 믹싱하여 한 번 더 끓여서 소금, 후추 간을 하여 감자 크림소스를 만들어 준다.
③ 마늘, 양파, 당근, 라디치오는 찹하여 옥수수콘과 크림치즈를 넣어서 섞어 춘권피에 넣어서 말아 180°C 기름에 튀겨 춘권피 샐러드를 만들어 준다.
④ 마늘, 양파, 당근, 샐러리는 찹하여 프라이팬에 오일을 두르고 볶다가 냄비로 올려서 물 또는 스톡, 으깬 토마토홀, 월계수잎, 정향. 통후추, 설탕, 소금, 후추, 파슬리 가루를 넣어 토마토소스를 만들어 준다.
⑤ 프라이팬 두 개를 사용해서 오일을 두르고 마늘, 양파찹, 양송이버섯, 새송이버섯을 볶다가 한쪽에는 우유, 휘핑크림을, 다른 쪽에는 토마토소스를 넣고 볶아서 저민 닭에 간하여 넣고 말아서 오븐에서 구워 준다.

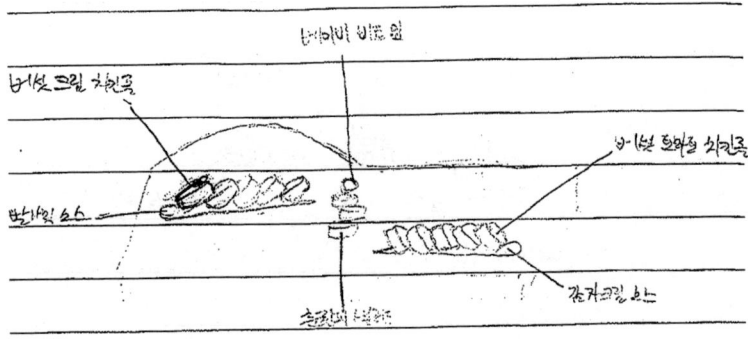

고구마 치즈 돈가스롤과 시즈닝 포테이토 & 염통 꼬치구이 그리고 데리야끼와 크림소스

■■ —— 재료 —— ■■

닭가슴살, 염통, 고구마, 마스카르포네 치즈, 생크림, 밀가루, 계란, 빵가루, 포테이토, 시즈닝 가루, 파슬리 가루, 마늘, 양파, 피망, 파인애플, 간장, 설탕, 파, 계피, 페페론치노, 전분, 어린잎 채소, 소금, 후추, 올리브오일

■■■ —— 만드는 방법 —— ■■■

① 냉동 포테이토는 180℃ 기름에서 튀겨, 시즈닝 가루, 파슬리 가루, 소금, 후추를 넣고 섞어서 시즈닝 포테이토를 만들어 준다.
② 프라이팬이나 냄비에 물 또는 스톡, 간장, 설탕, 마늘, 양파, 파, 페페론치노, 계피를 넣고 끓여서 전분물로 농도를 맞춰서 데리야끼 소스를 만들어 준다.
③ 프라이팬에 오일을 두르고 마늘 찹과 양파찹을 볶다가 우유, 휘핑크림을 넣고 끓여서 크림소스를 만들어 준다.
④ 꼬챙이에 염통, 마늘, 양파, 피망, 파인애플을 꽂고 소금 후추 간을 한 후 프라이팬에 오일을 두르고 구워서 염통 꼬치구이를 만들어 준다.
⑤ 고구마는 쪄서 으깨어 생크림, 마스카르포네 치즈, 파슬리 가루, 소금, 후추를 넣고 섞고, 닭가슴살은 얇게 펼쳐서 소금, 후속 간을 하여 고구마 치즈를 넣고 말아서 180℃ 기름에 튀겨서 고구마 치즈 돈가스롤을 만들어 준다.

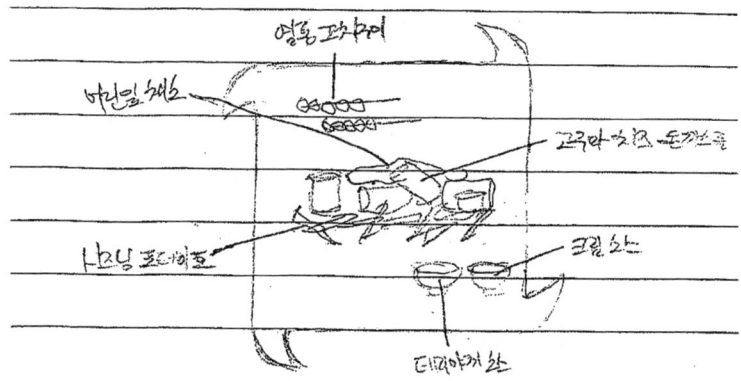

닭고기

단호박 치킨 강정볼과 치즈 치킨 강정볼 & 비타민 샐러드
그리고 라즈베리 소스와 블루베리 소스

■■ —— 재료 —— ■■

닭, 단호박, 호두, 건포도, 밤다이스, 밀가루, 우유, 계란, 빵가루, 파슬리 가루, 리코타 치즈, 감자, 생크림, 비타민, 레몬주스, 라임주스, 설탕, 라즈베리 퓌레, 블루베리 퓌레, 플레인 요구르트, 요플레, 머스터드소스, 가쓰오부시, 소금, 후추, 올리브오일

■■■ —— 만드는 방법 —— ■■■

① 플레인 요구르트와 요플레를 부어서 플레인 소스를 만들어 준다.
② 볼에다가 비타민, 레몬주스, 라임주스, 설탕을 넣고 섞어서 비타민 샐러드를 만들어 준다.
③ 단호박과 감자는 쪄서 으깨어 단호박에는 호두, 건포도, 밤 다이스, 소금, 후추 간을 하여 주고 감자에는 리코타 치즈, 생크림을 넣어 섞어서 뼈 바른 닭에 소금, 후추 간을 하여 각각 속에 견과류 단호박 감자 치즈를 넣고 밀가루, 우유, 계란 반죽한 곳을 묻힌 뒤 빵가루, 파슬리 가루를 묻혀서 180°C 기름에 튀겨 단호박 치킨강정볼, 치즈 치킨 강정볼을 만들어 준다.
④ 프라이팬이나 냄비에 각각 라즈베리 퓌레, 블루베리 퓌레를 넣고 끓여서 라즈베리 소스, 블루베리 소스를 만들어 준다.
⑤ 위쪽에는 블루베리 소스를 깔고 단호박 치킨 강정볼을 올린 뒤. 플레인 소스를 뿌리고 아래쪽에는 라즈베리 소스를 깔고 치즈 치킨 강정볼을 올린 뒤 머스터드소스를 뿌리고 샐러드, 가쓰오부시로 마무리한다.

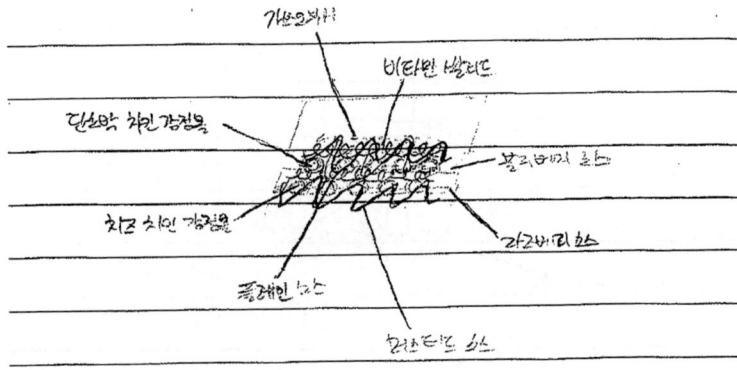

치킨 햄버그스테이크와 청포도 와인 소스 그리고 고구마 퓌레와 안티파스토 & 치즈케이크

■■── 재료 ──■■

닭, 마늘, 양파, 당근, 샐러리, 계란, 청포도캔, 레드 와인, 설탕, 고구마, 생크림, 양송이버섯, 피망, 올리브, 발사믹 식초, 꿀, 마스카르포네 치즈, 버터, 밀가루, 라즈베리, 크레송, 소금, 후추, 올리브오일

■■■── 만드는 방법 ──■■■

① 프라이팬이나 냄비에 발사믹 식초와 꿀을 넣고 졸여서 발사믹 소스를 만들어 준다.
② 양송이버섯, 양파, 피망, 올리브를 먹기 좋은 크기로 썰어서 프라이팬에 올리브오일을 두르고 볶은 뒤 식혀서 발사믹 식초에 재워서 안티파스토를 만들어 준다.
③ 고구마는 쪄서 으깨어 생크림을 넣고 소금, 후추 간하여 섞어서 고구마 퓌레를 만들어 준다.
④ 프라이팬에 설탕을 넣고 살짝 녹인 뒤 레드 와인과 청포도를 넣고 끓여서 청포도 와인 소스를 만들어 준다.
⑤ 볼에다가 버터를 넣고 녹여서 달걀노른자와 설탕, 소금을 넣고 믹싱한 뒤 밀가루, 우유, 마스카르포네 치즈를 넣고 믹싱하여 달걀흰자 거품과 혼합하여 원형 몰더에 담아서 180℃ 오븐에 8~10분간 구워 치즈케이크를 만들어 준다.
⑥ 닭, 마늘, 양파, 당근, 샐러리, 계란을 반죽해 간을 하고 프라이팬에 구워 준다.

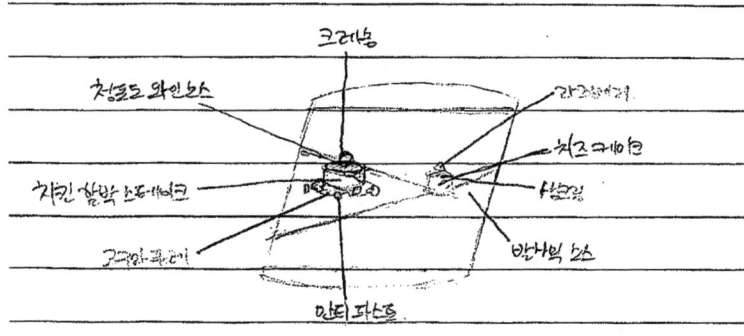

닭고기

치킨 커리 리소토와 페페론치노 페스토
그리고 발사믹 소스에 어우러진 감자볼 & 크림치즈롤

■■──── **재료** ────■■

닭, 마늘, 양파, 당근, 감자, 애호박, 가지, 커리 가루, 커민씨, 간장, 페페론치노, 잣, 발사믹 식초, 꿀, 감자, 밀가루, 계란, 빵가루, 파슬리 가루, 춘권피, 크림치즈, 샐러리, 어린잎 채소, 소금, 후추, 올리브오일

■■■──── **만드는 방법** ────■■■

① 프라이팬이나 냄비에 발사믹 식초와 꿀을 넣고 졸여서 발사믹 소스를 만들어 준다.
② 믹서에 페페론치노, 마늘, 잣, 소금, 후추, 올리브오일을 넣고 믹싱하여 페페론치노 페스토를 만들어 준다.
③ 감자는 쪄서 으깨어 소금, 후추 간을 한 뒤 작은 원형으로 만들어서 밀가루, 계란, 빵가루를 묻혀서 180℃ 기름에 튀겨 감자볼을 만들어 준다.
④ 마늘, 양파, 당근, 샐러리를 찹하여 크림치즈와 섞은 뒤 춘권피에 넣고 말아서 180℃ 기름에 특히 크림치즈롤을 만들어 준다.
⑤ 밥을 지은 다음에 프라이팬에 오일을 두르고 마늘 찹과 양파, 당근, 감자, 애호박, 가지를 넣고 볶다가 물 또는 스톡, 커리 가루, 커민씨, 밥, 소금, 후추를 넣고 볶아서 치킨 커리 리소토를 만들어 준다.

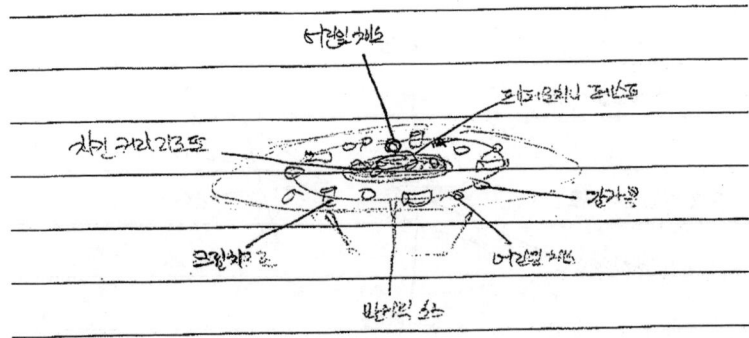

칠리소스에 글레이징한 닭가슴살과 포테이토 치즈 퓌레
그리고 양송이버섯 볶음과 머스터드소스

■■──── 재료 ────■■

닭가슴살, 케첩, 칠리소스, 핫소스, 황설탕, 마늘, 양파, 당근, 샐러리, 페페론치노, 감자, 체다치즈, 양송이버섯, 굴소스, 머스터드소스, 크레송, 소금, 후추, 올리브오일

■■■──── 만드는 방법 ────■■■

① 감자는 쪄서 으깨어 체다치즈, 소금, 후추를 넣고 믹싱하여 포테이토 치즈 퓌레를 만들어 준다.
② 양송이버섯은 슬라이스하여 프라이팬에 오일을 두르고 소금, 후추로 간하여서 양송이버섯볶음을 만들어 준다.
③ 프라이팬이나 냄비에 오일을 두르고 마늘, 양파, 당근, 샐러리 찹을 볶다가 케첩, 칠리소스, 핫소스, 황설탕, 페페론치노를 넣고 소금, 후추 간을 하여서 끓여 칠리소스를 만들어 준다.
④ 프라이팬에 오일을 두르고 마늘 찹과 닭가슴살을 넣고 소금, 후추 간을 하여서 굽다가 칠리소스로 볶아서 칠리소스에 글레이징한 닭가슴살을 만들어 준다.
⑤ 중앙에 포테이토 치즈 퓌레를 깔고 칠리소스로 글레이징한 닭가슴살을 굽다가 양송이버섯 볶음과 머스터드소스 크레송으로 가니시하며 마무리해 준다.

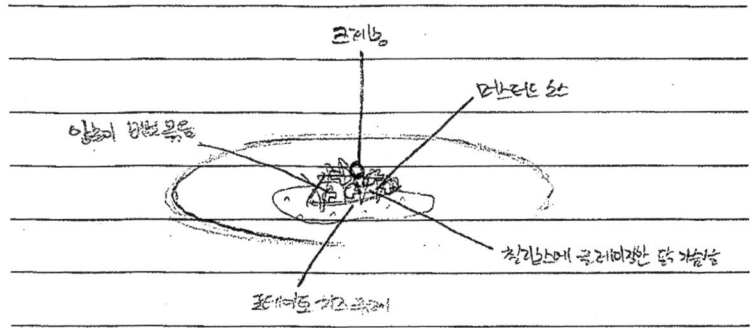

모카빵 속을 채운 치킨 크림 파르팔레 & 레몬 제스트
그리고 망고 소스와 안티파스토

■■──── 재료 ────■■

닭, 마늘, 양파, 양송이버섯, 브로콜리, 피망, 우유, 휘핑크림, 파르팔레, 모카빵, 레몬, 설탕, 망고 퓌레, 올리브, 발사믹 식초, 비타민, 소금, 후추, 올리브오일

■■■──── 만드는 방법 ────■■■

① 레몬은 껍질 부분만을 얇게 줄리엔하여 프라이팬에 버터와 줄리엔한 레몬, 설탕을 넣고 볶아서 레몬 제스트를 만들어 준다.
② 프라이팬에 양송이버섯, 양파, 피망, 올리브를 볶다가 올리브오일을 두르고 한 번 더 볶은 뒤 발사믹 식초를 부려서 통 안에 잠기도록 넣어서 안티파스토를 만들어 준다.
③ 프라이팬이나 냄비에 망고 퓌레를 넣고 끓여서 망고 소스를 만들어 준다.
④ 모카빵은 브레드칼로 윗등을 자른 뒤, 속을 파내어서 180℃ 오븐에서 3분만 구워 준다.
⑤ 파르팔레는 삶은 뒤 프라이팬에 오일을 두르고 마늘 찹과 손질한 닭을 볶다가 양송이버섯, 양파, 브로콜리, 피망을 볶다가 우유, 휘핑크림, 소금, 후추로 간해서 볶아 치킨 크림 파르팔레를 만들어 준다.

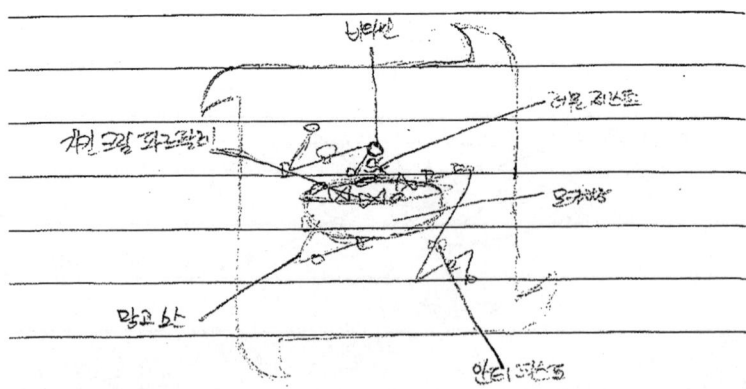

오늘의 양식

아메리칸 치킨 스테이크와 홀그레인 머스터드소스 그리고 시즈닝 포테이토와 시저 샐러드

■■── 재료 ──■■

닭가슴살, 양파, 토마토, 파인애플, 쿠스쿠스, 홀그레인 머스터드, 머스터드소스, 로메인상추, 베이컨, 식빵, 파르메산 치즈, 계란, 앤초비, 레드 와인 비니거, 겨자, 시즈닝 가루, 포테이토, 그라나파다노 치즈, 베이비 비트잎, 소금, 후추, 올리브오일

■■■── 만드는 방법 ──■■■

① 로메인상추는 한입 크기로 자르고 양파와 파프리카는 줄리엔하고 베이컨도 한입 크기로 썰어서 구워 준다.
② 둥근 볼에 달걀노른자, 레몬주스, 레드 와인 비니거, 다진 앤초비, 마늘, 양파, 겨자를 넣고 저은 뒤 오일을 넣어 휘퍼하여 손질한 재료와 크루통을 넣고 파르메산 치즈를 뿌려 시저 샐러드를 만들어 준다.
③ 냉동 포테이토는 180℃ 기름에 튀겨서 볼에 담은 뒤, 시즈닝 가루, 파슬리 가루, 소금, 후추를 넣고 섞어서 시즈닝 포테이토를 만들어 준다.
④ 홀그레인 머스터드와 머스터드소스, 후추를 넣고 믹싱하여 홀그레인 머스터드소스를 만들어 준다.
⑤ 쿠스쿠스는 데치고 마늘 찹, 양파, 당근, 애호박, 가지는 다이스한 뒤 프라이팬에서 볶다가 쿠스쿠스와 굴소스를 넣어서 볶아 준다.
⑥ 닭가슴살, 양파, 토마토, 파인애플은 슬라이스하여 간을 한 뒤 구워 준다.

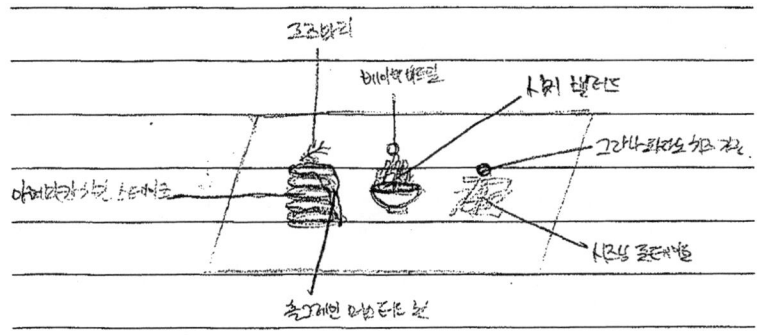

닭고기

토마토소스에 어우러진 치킨 스테이크와 단호박 라비올리 그리고 두 가지 맛 소스와 비타민 샐러드 & 고구마 빠찌엔느

■■── 재료 ──■■

닭, 마늘, 양파, 당근, 샐러리, 토마토홀, 월계수잎, 정향, 통후추 설탕, 로즈메리, 단호박, 밀가루, 계란, 리코타 치즈, 피망, 우유, 휘핑크림, 발사믹 식초, 꿀, 비타민, 레몬주스, 라임주스, 설탕, 고구마, 크레송, 소금, 후추, 올리브오일

■■■── 만드는 방법 ──■■■

① 볼에다가 비타민, 레몬주스, 라임주스, 설탕을 넣고 섞어서 비타민 샐러드를 만들어 준다.
② 고구마는 얇게 줄리엔하여 180℃ 기름에 튀겨서 고구마 빠찌엔느를 만들어 준다.
③ 냄비에 발사믹 식초, 꿀을 넣고 졸여서 발사믹 소스를 만들어주고 냄비에 마늘, 양파 찹을 오일을 두르고 볶다가 우유와 휘핑크림, 소금, 후추를 넣고 끓여서 크림소스를 만들어 준다.
④ 프라이팬에 오일을 두르고 마늘, 양파, 당근, 샐러리를 찹하여 볶다가 냄비로 옮겨서 물 또는 스톡, 으깬 토마토홀, 월계수잎, 정향 통후추, 설탕, 소금, 후추를 넣고 끓여서 토마토소스를 만들어 준다.
⑤ 단호박은 쪄서 으깬 다음에 밀가루, 계란, 단호박, 소금, 후추를 넣고 반죽하여 냉장 휴지한 뒤 몰더로 찍어서 닭, 리코타 치즈, 마늘, 양파, 파프리카, 소금, 후추로 반죽하여 섞어서 라비올리를 삶아 준다.
⑥ 닭은 뼈를 발라 마늘 찹, 소금, 후추로 간하여 치킨 스테이크를 만들어 준다.

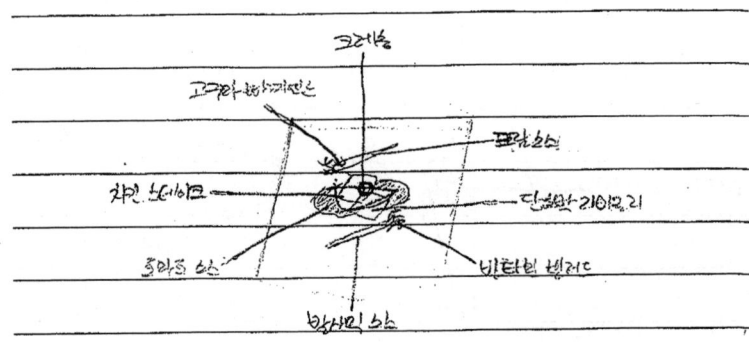

카프레제 샐러드로 속을 채운 치킨롤과 단호박 크림소스 그리고 쿠스쿠스볼을 곁들인 케이준 치킨 샐러드

■■── 재료 ──■■

닭가슴살, 토마토홀, 모차렐라 치즈, 바질, 발사믹 식초, 꿀, 케이준 가루, 단호박, 우유, 휘핑크림, 쿠스쿠스, 밀가루, 계란, 빵가루, 파슬리 가루, 양상추, 방울토마토, 피망, 양파, 머스터드소스, 민트, 잣, 크레송, 베이비 비트잎, 소금, 후추, 올리브오일

■■■── 만드는 방법 ──■■■

① 믹서에 민트, 잣, 마늘, 소금, 후추, 올리브오일을 넣고 믹싱하여 민트 페스토를 만들어 준다.
② 양상추는 한입 크기로 찢고 피망, 양파는 슬라이스하고 닭가슴살은 한입 크기로 썰어서 소금, 후추 간을 하여 밀가루, 케이준 가루, 계란, 빵가루를 묻혀서 180℃ 기름에 튀겨 손질한 야채와 방울토마토, 머스터드소스, 파슬리 가루, 소금, 후추를 넣고 섞어서 케이준 치킨 샐러드를 만들어 준다.
③ 쿠스쿠스는 데치고 마늘은 찹하고 양파, 당근, 애호박, 가지는 스몰 다이스하여 프라이팬에 오일을 두르고 야채를 볶다가 밥과 굴소스를 넣고 볶은 뒤 밀가루, 계란, 빵가루를 묻혀 튀겨 준다.
④ 단호박은 쪄서 으깨어 프라이팬에 우유, 휘핑크림, 단호박, 소금, 후추를 넣고 단호박 크림소스를 만들어 준다.
⑤ 닭가슴살은 얇게 펼쳐 소금, 후추 간을 한 뒤 토마토홀, 모차렐라 치즈, 바질, 발사믹 식초, 꿀을 넣고 말아서 180℃ 오븐에서 6~8분간 구워 준다.

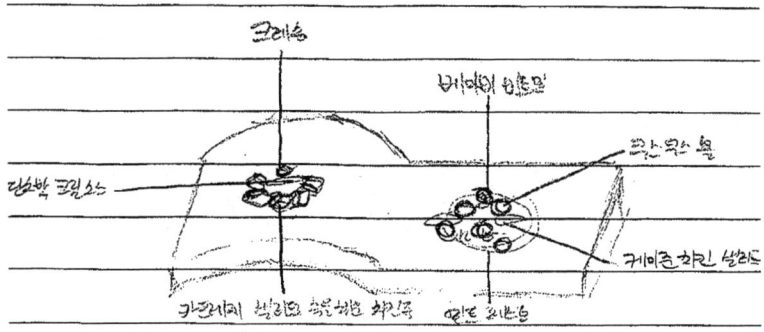

갈릭 토스트 속을 채운 카망베르 치즈 크림 치킨 그리고 고구마볼과 감자볼 & 치즈볼과 두부볼

■■──── 재료 ────■■

닭가슴살, 마늘, 양파, 양송이버섯, 카망베르 치즈, 페페론치노, 우유, 휘핑크림, 식빵, 마늘, 버터, 설탕, 고구마, 감자, 생크림, 리코타 치즈, 두부, 밀가루, 계란, 빵가루, 파슬리 가루, 크레송, 소금, 후추, 올리브오일

■■■──── 만드는 방법 ────■■■

① 고구마와 감자는 쪄서 각각 으깨어 생크림과 소금, 후추를 넣고 믹싱하여 작은 볼 형태로 만든 뒤, 밀가루, 계란, 빵가루, 파슬리 가루를 묻혀서 180℃ 기름에 튀겨 고구마볼과 감자볼을 만들어 준다.

② 리코타 치즈는 적당한 크기로 잘라서 밀가루, 계란, 빵가루, 파슬리 가루를 묻혀서 180℃ 기름에 튀겨 치즈볼을 만들어 준다.

③ 두부는 으깨어서 소금, 후추 간을 한 뒤, 밀가루, 계란, 빵가루, 파슬리 가루를 묻혀서 180℃ 기름에 튀겨 두부볼을 만들어 준다.

④ 마늘 찹과 버터, 설탕을 섞은 뒤 식빵 속을 파내어서 전면에 다 발라 180℃ 오븐에서 5분간 구워 준다.

⑤ 프라이팬에 오일을 두르고 마늘 찹과 손질한 닭에 소금, 후추 간을 하여 볶다가 양파, 양송이버섯, 페페론치노 슬라이스를 한 번 더 볶고 마지막으로 우유, 휘핑크림, 카망베르 치즈, 파슬리 가루, 소금, 후추를 넣고 볶아서 카망베르 크림 치킨을 만들어 준다.

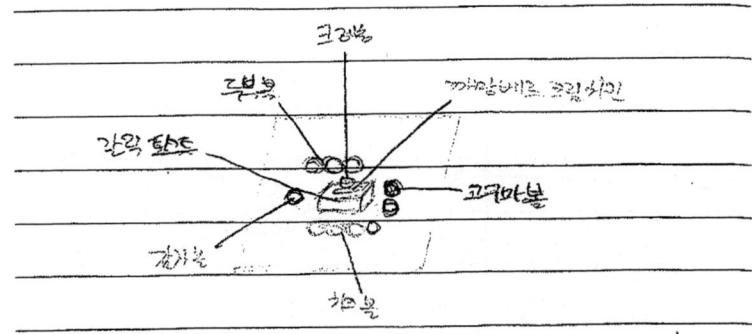

토마토 파르팔레를 곁들인 커리 향을 낸 닭 버터 구이와
자몽 제스트 그리고 머스터드소스와 바질 페스토

■■──── 재료 ────■■

닭, 버터, 마늘, 양파, 피망, 당근, 샐러리, 월계수잎, 정향, 통후추, 토마토홀, 파르팔레, 방울토마토, 커리 가루, 강황 가루, 자몽, 설탕, 머스터드소스, 바질, 잣, 어린잎 채소, 소금, 후추, 오일

■■■──── 만드는 방법 ────■■■

① 믹서에 바질, 잣, 마늘, 소금, 후추, 올리브오일을 넣고 믹싱하여 바질 페스토를 만들어 준다.
② 자몽은 껍질 부분만을 얇게 줄리엔하여 프라이팬에 버터를 넣고 줄리엔한 자몽과 설탕을 넣고 볶아서 자몽 제스트를 만들어 준다.
③ 마늘, 양파, 당근, 샐러리를 찹하여 프라이팬에 오일을 두르고 볶다가 냄비로 옮겨서 물 또는 스톡, 으깬 토마토홀, 월계수잎, 정향, 통후추, 설탕, 소금, 후추를 넣고 끓여서 토마토소스를 만들어 준다.
④ 파르팔레를 삶은 뒤, 프라이팬에 오일을 두르고 마늘 찹과 양파, 피망 슬라이스, 파르팔레를 볶다가 물 또는 스톡, 토마토소스, 방울토마토, 소금, 후추를 넣고 볶아서 토마토 파르팔레를 만들어 준다.
⑤ 프라이팬에 버터를 넣고 손질한 닭과 마늘 찹, 소금, 후추를 넣어서 볶다가 양파와 피망, 커리 가루, 강황 가루를 넣어서 볶아 커리 향을 낸 닭 버터구이를 만들어 준다.

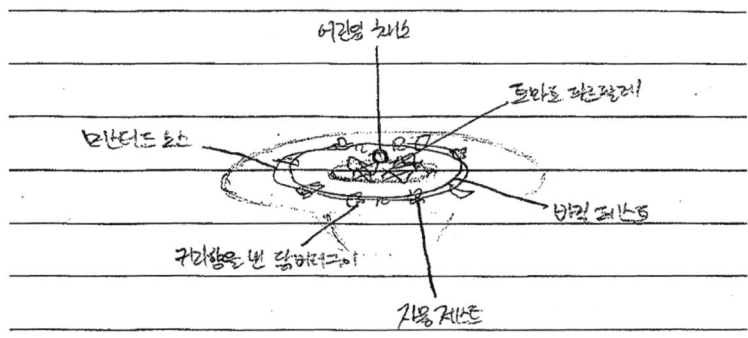

커리 리소토를 넣은 치킨롤과 베샤멜소스 그리고 라디치오 샐러드 & 감자 빠찌엔느

■■─── 재료 ───■■

닭가슴살, 쌀, 마늘, 양파, 당근, 애소박, 가지, 굴소스, 커리가루, 강황가루, 우유, 휘핑크림, 밀가루 버터, 월계수잎, 정향, 통후추, 라디치오, 양상추, 발사믹 식초, 참깨, 감자, 비타민, 소금, 후추, 올리브오일

■■■─── 만드는 방법 ───■■■

① 라디치오와 양상추는 한입 크기로 찢고 양파는 줄리엔하여서 발사믹 식초, 올리브오일, 참깨를 넣어 오리엔탈 드레싱으로 섞어서 라디치오 샐러드를 만들어 준다.
② 감자는 얇게 줄리엔하여 180℃ 기름에 튀겨서 감자 빠찌엔느를 만들어 주고 밥을 짓는다.
③ 프라이팬에 오일을 두르고 마늘 찹과, 주사위 모양으로 썬 양파, 당근, 애호박, 가지를 볶다가 물 또는 스톡과 커리 가루, 강황 가루를 섞어 풀은 것과 밥, 굴소스, 후추를 넣고 볶아서 커리 리소토를 만들어 준다.
④ 프라이팬에 버터를 넣고 녹여 밀가루를 넣어서 볶아 화이트 루를 만든 뒤 냄비로 옮겨서 우유, 휘핑크림, 월계수잎, 정향, 통후추, 소금, 후추를 넣고 휘퍼로 저어가며 끓여서 원하는 농도에 빼내어 베샤멜소스를 만들어 준다.
⑤ 닭가슴살은 얇게 펼쳐서 소금, 후추 간을 한 뒤 커리 리소토를 넣어 말아서 구워 준다.

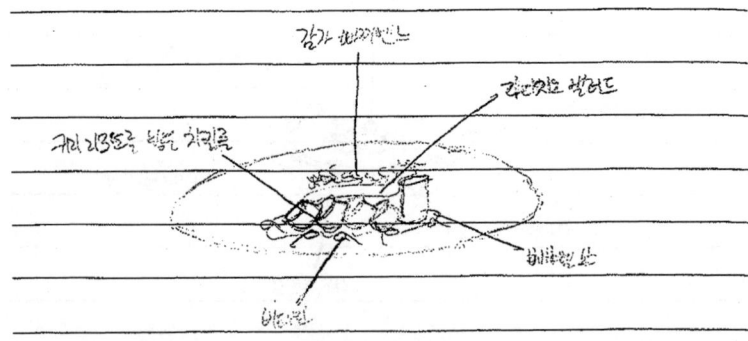

치킨가스와 데리야끼 소스 & 두 가지 맛의 밥
그리고 시즈닝 포테이토와 시저 샐러드

■■── 재료 ──■■

닭, 밀가루, 계란, 빵가루, 파슬리 가루, 바질 가루, 간장, 설탕, 마늘, 양파, 파, 페페론치노, 계피, 전분, 참깨, 검은깨, 식초, 설탕, 소금, 당근, 애호박, 가지, 굴소스, 쌀, 시즈닝 가루, 포테이토, 로메인상추, 피망, 레몬주스, 베이컨, 계란, 겨자, 앤초비, 레드 와인 비니거, 식빵, 파르메산 치즈

■■■── 만드는 방법 ──■■■

① 로메인 상추는 한입 크기로 찢고 양파와 파프리카는 얇게 줄리엔하고 베이컨을 한입 크기로 잘라서 구워 준다.
② 둥근 볼에 달걀노른자, 레몬주스, 레드 와인 비니거, 다진 앤초비, 마늘 양파, 겨자를 넣고 저은 뒤 오일을 넣어 휘퍼하며 손질한 재료와 크루통을 넣고 파르메산 치즈를 부려 시저 샐러드를 만들어 준다.
③ 냉동 포테이토는 180℃ 기름에 튀겨서 볼에 담아 시즈닝 가루와 파슬리 가루, 소금, 후추를 넣고 섞어서 시즈닝 포테이토를 만들어 준다.
④ 냄비에 물, 간장, 설탕, 마늘, 양파, 파, 페페론치노, 계피를 넣고 은근히 끓여서 전분물로 농도를 맞춰서 데리야끼 소스를 만들어 준다.
⑤ 밥을 지은 다음에 ½은 참깨, 검은깨, 식초, 설탕, 소금을 섞어서 저어 초밥용 밥을 만들고 ½은 프라이팬에 오일을 두르고 마늘 찹과 양파, 당근, 애호박, 가지를 넣고 볶다가 밥과 굴소스로 볶아 볶음밥을 만들어 준다.
⑥ 닭은 얇게 펼쳐서 간을 한 뒤 밀가루, 계란, 빵가루, 파슬리, 바질을 묻혀서 기름에 튀겨 준다.

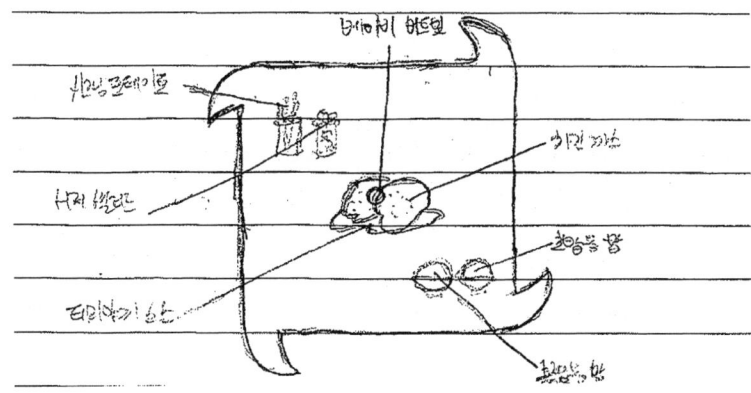

닭고기

버섯크림 파르팔레에 어우러진 치킨 미트볼과 단호박 빠찌엔느 그리고 비타민 샐러드와 민트 페스토

■■── 재료 ──■■

닭, 새송이버섯, 양송이버섯, 느타리버섯, 마늘, 양파, 파르팔레, 우유, 휘핑크림, 당근, 샐러리, 밀가루, 계란, 단호박, 비타민, 레몬주스, 라임주스, 설탕, 민트, 잣, 소금, 후추, 올리브오일.

■■■── 만드는 방법 ──■■■

① 믹서에 민트, 잣, 마늘, 소금, 후추, 올리브오일을 넣고 믹싱하여 민트 페스토를 만들어 준다.
② 볼에다가 비타민, 레몬주스, 라임주스, 설탕을 넣고 넣어서 비타민 샐러드를 만들어 준다.
③ 단호박은 얇게 줄리엔하여 180℃ 기름에 튀겨서 단호박 빠찌엔느를 만들어 준다.
④ 마늘, 양파, 당근, 샐러리, 뼈 바른 닭을 찹하여서 소금, 후추로 반죽을 한 뒤 작은 볼 형태로 만들어서 밀가루, 계란을 묻혀서 180°c 기름에 튀겨 치킨 미트볼을 만들어 준다.
⑤ 파르팔레는 삶은 뒤 마늘은 찹하고 양파, 새송이버섯, 양송이버섯, 느타리버섯은 슬라이스하여 프라이팬에 오일을 두르고 마늘 찹과 버섯을 볶다가 파르팔레와 우유, 휘핑크림, 소금, 후추를 넣고 볶아서 버섯 크림 파르팔레를 만들어 준다.

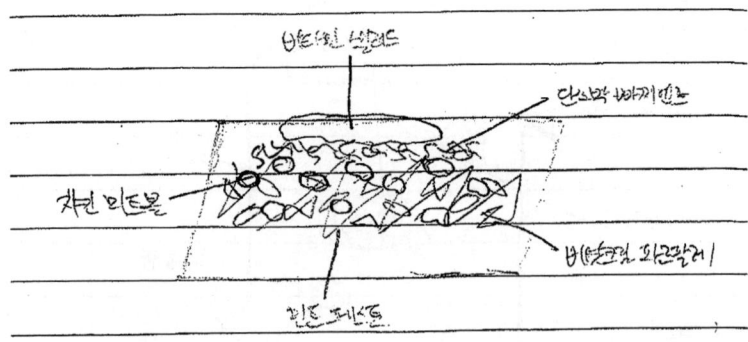

해산물

베샤멜소스를 곁들인 가자미 튀김과 야채 볶음 그리고 할라피뇨 샐러드와 고구마 튀김 도넛

■■── 재료 ──■■

가자미, 밀가루, 계란, 빵가루, 우유, 휘핑크림, 통후추, 월계수잎, 숙주, 청경채, 굴소스, 고구마, 호두, 할라피뇨, 파프리카(빨, 노, 초), 양파, 마요네즈, 케첩, 어린잎 채소, 세이지, 방울토마토, 소금, 후추, 올리브오일

■■■── 만드는 방법 ──■■■

① 고구마를 쪄주고, 호두는 오븐에 구워 준다.
② 할라피뇨는 모양대로 얇게 썰어주고 파프리카와 양파는 채 썰어서 마요네즈랑 케첩을 넣어서 섞어 준다.
③ 숙주는 머리를 떼고 프라이팬에 숙주와 청경채, 굴소스를 넣어 볶아 준다.
④ 쪄낸 고구마는 으깨어서 호두를 넣어 공 모양으로 만들어서 밀가루, 빵가루를 묻혀서 튀김솥에 튀겨 준다.
⑤ 방울토마토에 (+) 모양으로 칼집을 낸 뒤 데친 다음 껍질을 살짝 구워서 복주머니 형태를 되게 만든다.
⑥ 버터와 밀가루를 넣어 화이트 루를 볶은 뒤 끓이는 우유와 휘핑크림에다가 월계수잎과 정향을 넣고 소금, 후추 간을 약하게 한 다음 끓인다.
⑦ 가자미를 소금, 후추로 약하게 간을 한 뒤 물+밀가루+달걀노른자를 넣은 튀김 반죽을 입혀서 튀김솥에 튀겨 준다.
⑧ 야채 볶음, 가자미 튀김, 베샤멜 소스를 올린 뒤 세이지와 방울토마토로 가니시를 해주고, 사이드에 할라피뇨 샐러드와 고구마 튀김도넛을 올리고 완성한다.

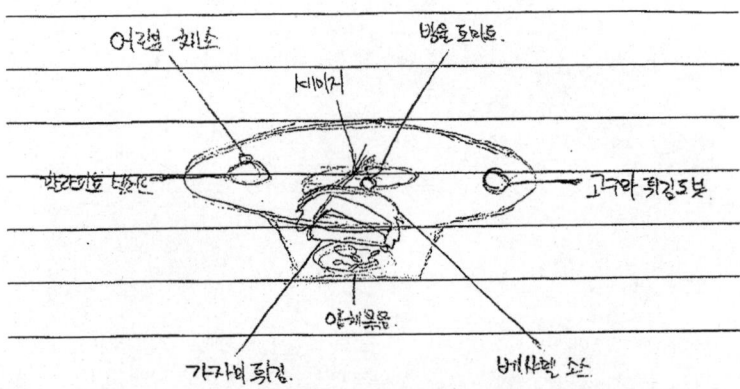

오늘의 양식

폰즈를 곁들인 두 가지 맛 어선과 미역말이 그리고 달걀찜과 갑오징어 명란무침

■■── 재료 ──■■

동태, 밀가루, 계란, 버섯, 당근, 아보카도, 양파, 오이, 미역, 레몬, 새우, 어린잎 채소, 갑오징어, 명란젓, 미림, 무순, 후추, 다시마, 설탕, 간장, 식초, 가는 고춧가루, 소금, 올리브오일

■■■── 만드는 방법 ──■■■

① 냄비에 물과 다시마를 넣어 다시물을 끓여 준다.
② 당근, 버섯, 아보카도, 양파, 오이를 채 썰고 레몬을 작은 웨지형으로 썰어 준다.
③ 동태를 포떠서 소금, 후추 간을 해주고 미림을 조금 넣어 뿌려주고 밀가루를 전면에 뿌려준 뒤 반은 당근, 오이, 버섯 나머지 반은 아보카도, 양파, 오이를 넣어 끝부분에 계란을 묻힌 뒤 김말이 위에 젖은 거즈를 얹고 김밥 말듯이 말아서 찜기에서 10분~15분 정도 쪄 준다.
④ 미역을 찬물에 불려서 살짝 데친 뒤 오이 채 썬 것을 넣어 말아 준다.
⑤ 새우는 살짝 데치고 계란을 풀어준 뒤 미림과 소금, 후추를 넣어 섞어준 뒤 네모난 틀에 넣어서 호일로 덮고 냄비나 찜기에서 10~12분 정도 쪄 준다.
⑥ 갑오징어는 껍질을 벗긴 뒤 몸통 부분을 얇게 채 썰어 냄비에서 3초 데친 뒤 명란젓의 껍질을 벗기고 명란알과 미림, 가는 고춧가루를 넣어 섞어 준다.
⑦ 다시물, 간장, 식초, 설탕을 넣어서 폰즈를 만들어 준다.
⑧ 어선을 호일로 감싸서 갈라지지 않게 썰어 준다.
⑨ 미역말이 위에 레몬을, 달걀찜 위에 어린잎 채소를, 갑오징어 명란무침 위에 무순을 올리고 어선 밑에는 장식용 숟가락에 폰즈를 넣어 완성해 준다.

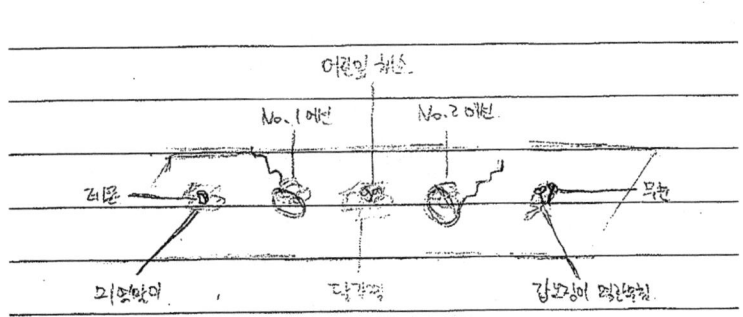

해산물

연어 스테이크에 매시트포테이토 & 과일 살사 그리고 담백한 봉골레 소스

■■─── 재료 ───■■

연어, 버터, 모시조개, 파슬리 가루, 감자, 생크림, 멜론, 망고, 레몬주스, 설탕, 휘핑크림, 케이퍼, 어린잎 채소, 마늘, 페페론치노, 소금, 후추, 올리브오일

■■■─── 만드는 방법 ───■■■

① 멜론과 망고를 정육면체로 썰고 레몬주스와 설탕을 섞어서 과일 살사로 사용한다.
② 감자를 정육면체로 썰어 삶은 뒤 으깨어서 생크림, 소금을 넣어 믹싱한 뒤 짤주머니에 넣어서 오븐 팬에 회오리 모양으로 찐 뒤 오븐에 구워 준다.
③ 휘핑크림은 볼에 담에 휘핑기로 쳐내어 되직하게 올려 준다.
④ 마늘을 찹하여 프라이팬에 오일과 마늘 찹으로 향을 끌어올려 준 뒤 모시조개와 페페론치노를 넣은 뒤 야채 수프(물, 양파, 당근, 월계수잎, 통후추, 정향)이나 물을 넣어 모시조개 입이 벌어질 때까지 끓이다가 입이 벌어지면 파슬리 가루를 넣어 봉골레 소스를 마무리해 준다.
⑤ 프라이팬에 버터를 넣고 연어를 올려 구워 준다.
⑥ 중앙에 봉골레 소스를 깔아준 뒤 연어 스테이크를 올리고 과일 살사, 매시트포테이토, 휘핑크림, 케이터, 어린잎 채소 순으로 올려서 마무리해 준다.

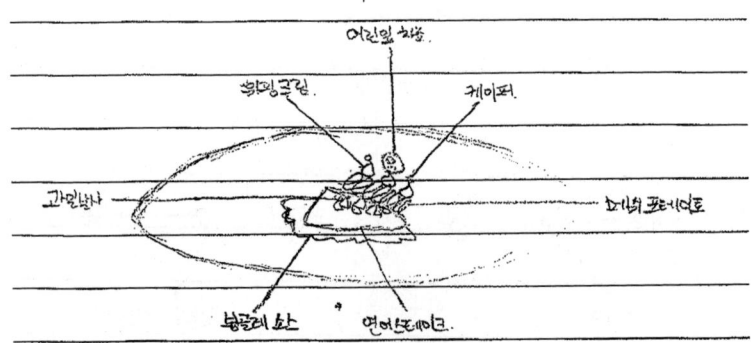

새우 버섯 크림 샐러드와 라즈베리 소스
그리고 네 가지 맛 치즈 해산물

■■──── 재료 ────■■

큰새우, 칵테일 새우, 새송이버섯, 우유, 휘핑크림, 굴소스, 양상추, 어린잎 채소, 오징어,
동태, 스트링 치즈, 밀가루, 계란, 빵가루, 어린잎 새싹, 방울토마토, 가쓰오부시,
라즈베리 퓨레, 발사믹 식초, 소금, 후추, 버터, 식용유

■■■──── 만드는 방법 ────■■■

① 새송이버섯은 편 썰어서 프라이팬에 버터를 넣고 굴새우와 칵테일 새우, 손질한 새송이버섯을 넣어 볶다가 우유, 휘핑크림, 굴소스를 넣어서 새우 버섯 크림을 만들어 준다.
② 냄비에 라즈베리 퓨레를 넣고 끓여 준다.
③ 방울토마토에 (+) 모양으로 칼집을 낸 뒤 데친 다음에 껍질을 살짝 구워서 복주머니 형태가 되게 만든다.
④ 새우, 오징어, 동태를 각각 다져서 소금, 후추 간을 하며 원 모양으로 만들어 준 뒤 속 안에 스트링 치즈를 넣고 밀가루, 계란, 빵가루를 묻혀서 튀겨 준다.
⑤ 양상추를 적당한 크기로 찢어서 중앙에 새우 버섯 크림과 함께 놓고 발사믹 식초를 뿌려준 뒤 어린잎 채소를 올리고 사이드에 라즈베리 소스를 깔아준 뒤 세 가지 치즈, 해산물 볼을 올리고 어린잎 새싹, 가쓰오부시, 방울토마토를 올려서 마무리한다.

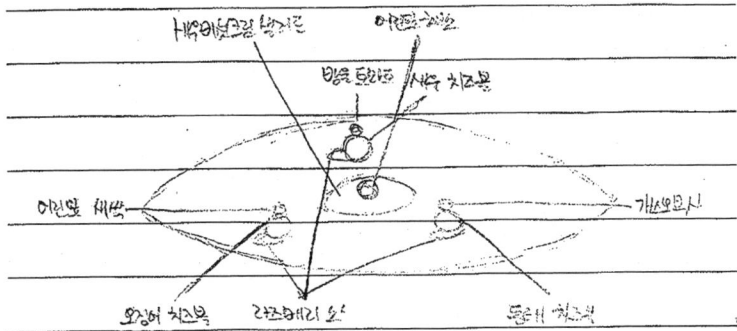

바질 해산물 토마토와 문어 라자냐
그리고 버섯크림 마카로니 바게트

■■—— 재료 ——■■

바질, 오징어, 홍합, 쭈꾸미, 큰 새우, 칵테일 새우, 토마토홀, 마늘, 양파, 샐러리, 바질, 밤 다이스, 새송이버섯, 마카로니, 우유, 휘핑크림, 버섯 크림, 가쓰오부시, 바게트, 문어, 피자치즈, 어린잎 새싹, 소금, 후추, 설탕, 올리브오일

■■■—— 만드는 방법 ——■■■

① 문어를 살짝 데친 뒤 포를 떠서 토마토홀을 으깨어 층층이 발라 문어와 피자치즈를 덮어서 문어 라자냐를 만들고 가쓰오부시로 마무리해 준다.
② 마카로니를 데친 뒤 마늘과 양파를 다지고 버섯을 얇게 편 썰어준다.
③ 프라이팬에 올리브오일을 두르고 마늘과 양파, 버섯을 넣어 볶다가 마카로니와 우유, 휘핑크림을 넣은 뒤 소금, 후추 간을 하여 버섯 크림 마카로니를 완성한다.
④ 바게트를 편 썰어서 버섯 크림을 바른 뒤 섭씨 180°C의 오븐에서 구워 버섯크림 마카로니 바게트를 완성한다.
⑤ 프라이팬에 올리브오일을 두른 뒤 마늘, 양파, 샐러리 다진 것과 토마토홀 그리고 설탕을 넣고 소금, 후추 간을 한 뒤 바질을 크게 썰어 넣어 바질 해산물 토마토를 완성한 뒤 중앙에 넣고 바질을 올린 뒤 사이드에 문어 라자냐와 버섯 크림 마카로니 바게트를 올려 완성한다.

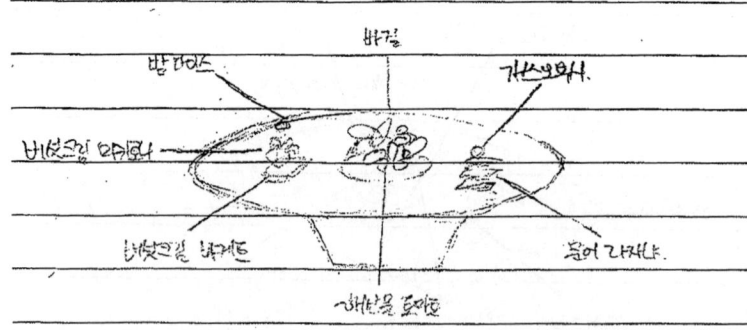

상하이 해물 파스타와 세이지 페스토 그리고 삼색 해산물 & 치즈

■■── 재료 ──■■

새우, 오징어, 홍합, 쭈꾸미, 도미, 문어, 토마토홀, 양파, 당근, 샐러리, 월계수잎, 정향, 통후추,
바질, 숙주, 양파, 마늘, 당근, 애호박, 고추기름, 굴소스, 스트링 치즈, 고르곤졸라 치즈,
마스카르포네 치즈, 버터, 어린잎 채소, 소금, 후추, 스파게티면, 세이지, 올리브오일, 잣

■■■── 만드는 방법 ──■■■

① 끓는 물에 소금을 넣고 스파게티면을 6분 정도 삶아준다.
② 양파, 당근, 샐러리를 다져서 프라이팬에 볶다가 냄비에 넣어 토마토홀 으깬 것과 물 또는 야채스톡과 월계수잎, 정향, 통후추, 설탕을 넣어서 토마토소스를 만들어 준다.
③ 도미, 문어, 칵테일 새우를 작게 손질한 뒤 소금, 후추 간을 하며 프라이팬에 버터를 조금 두른 뒤, 구워 준다.
④ 마스카르포네 치즈, 고르곤졸라 치즈, 스트링 치즈를 먹기 좋은 정육면체 크기로 잘라 준다.
⑤ 프라이팬에 고추기름을 두르고 마늘, 양파 다진 것과 숙주, 당근, 애호박, 새우, 오징어, 홍합, 쭈꾸미를 넣어 볶다가 면을 넣어 한 번 더 볶은 뒤 물 또는 야채스톡 그리고 토마토소스 조금과 굴 소스를 넣어 상하이 해물 파스타를 만들고 중앙에 놓고 어린잎 채소를 올린다.
⑥ 사이드에 각종 치즈와 해산물을 밸런스 있게 놓은 뒤, 세이지와 잣, 올리브오일을 넣어 갈아서 사이드에 뿌려 마무리해 준다.

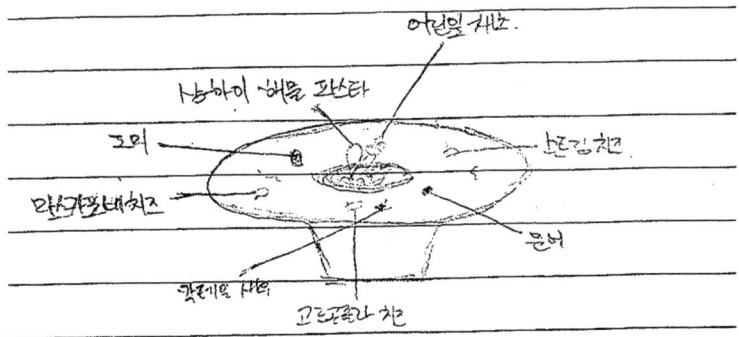

해산물

도미 튀김과 매실 소스 그리고 숙성 간장 게조림 & 전복 리소토

■■── 재료 ──■■

도미, 전분, 전복, 마늘, 느타리버섯, 양파, 쌀, 꽃게, 배, 바질, 레몬, 간장, 설탕, 식초, 버터,
소금, 후추, 식용유

■■■── 만드는 방법 ──■■■

① 매실은 설탕과 물에 담가 며칠간 숙성시켜두고, 꽃게는 간장, 설탕, 식초를 넣어 며칠간 숙성한다.
② 도미는 3장 뜨기를 하며 모양 그대로 껍질을 벗긴 뒤 소금, 후추 간을 하여 전분을 묻힌 뒤 섭씨 180°C 온도에서 튀겨 준다.
③ 전복은 주사위 모양으로 썰고 느타리버섯과 양파는 채를 썰며 마늘은 다진 다음 냄비에 쌀과 물을 동량으로 하여 밥을 짓는다.
④ 프라이팬에 버터를 넣은 뒤 마늘 다진 것을 볶다가 양파와 느타리버섯 그리고 전복을 넣어 한 번 더 볶은 뒤 야채에서 나온 물에 밥을 넣고 물을 약간 더 넣은 뒤 간장과 참기름으로 간을 하여금 전복 리소토를 완성한다.
⑤ 며칠 전 절인 매실에 엑기스만 퍼낸 뒤 프라이팬에 전분을 약간 넣고 풀어 주고, 매실 소스를 완성한 뒤 간장으로 숙성시킨 꽃게도 같이 꺼내어 준다.
⑥ 매실 소스를 깔아낸 뒤, 도미튀김을 올리고 사이드에 전복 리소토와 간장 게조림을 놓고 마지막으로 바질과 레몬을 올려 마무리해 준다.

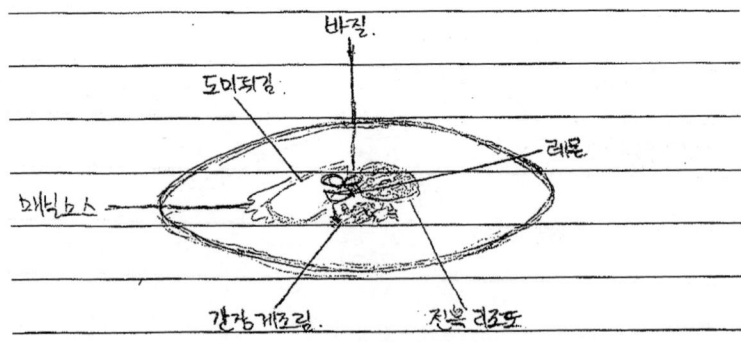

딜 페스토에 어우러진 토마토 치즈 오징어구이와 해산물 도리아 그리고 감귤 드레싱을 곁들인 만다린 샐러드

■■── 재료 ──■■

오징어, 쭈꾸미, 새우, 홍합, 토마토홀, 양파, 당근, 샐러리, 월계수잎, 정향, 통후추, 바질, 마늘, 소금, 후추, 피자치즈, 쌀, 버터, 감귤, 설탕, 레몬주스, 양상추, 라디치오, 계란, 밀가루, 딜, 잣, 어린잎 채소, 올리브오일

■■■── 만드는 방법 ──■■■

① 딜과 잣, 올리브오일, 소금을 넣고 믹서에 갈아서 딜 페스토를 만들어 준다.
② 새우를 소금, 후추 간하며 계란을 묻히고 밀가루를 묻혀서 섭씨 180°C의 중식 팬에 튀겨서 새우튀김을 만들어 준다.
③ 감귤, 설탕, 레몬주스를 믹서에 넣고 갈아서 감귤 드레싱을 만들어 준다.
④ 양상추와 라디치오는 한입 크기로 찢어서 새우튀김과 감귤 드레싱을 섞어서 만다린 샐러드를 만들어 준다.
⑤ 양파, 당근, 샐러리를 다져서 프라이팬에 볶다가 냄비에 넣어 토마토홀 으깬 것과 물 또는 야채 스톡과 월계수잎, 정향, 통후추, 설탕을 넣어서 토마토소스를 만들고, 프라이팬에 버터와 쌀을 넣어 볶아 준다.
⑥ 오징어 내장과 다리를 제거하고 몸통에 칼집을 내고 잘라서 소금, 후추 간을 한 뒤 토마토소스와 피자치즈, 그리고 바질을 부려 섭씨 180°C 오븐에 구워 준다.
⑦ 프라이팬에 올리브오일을 두르고, 마늘, 양파 다진 것과 해산물을 볶다가 물 또는 스톡, 토마토소스, 밥을 넣고 소금, 후추 간을 하여 피자치즈를 뿌리고 오븐에 넣는다.
⑧ 중앙에 토마토 치즈 오징어구이, 해산물 도리아, 만다린 샐러드를 놓고 딜과 채소로 마무리해 준다.

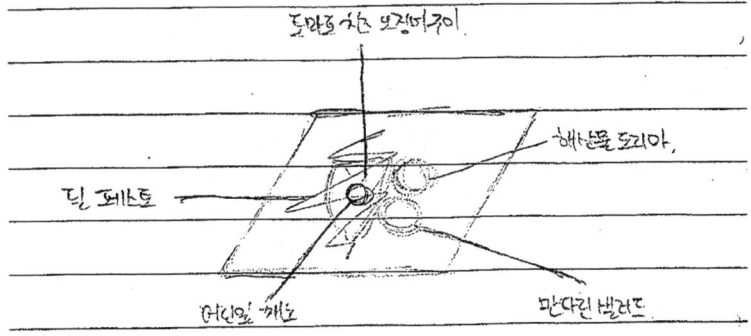

해산물

세사미 성게 리소토와 망고 드레싱을 곁들인 굴 튀김과 크림에 살짝 어우러진 숏파스타

■■── 재료 ──■■

성게, 굴, 참깨, 검은깨, 쌀, 간장, 참기름, 소금, 후추, 망고 퓌레, 레몬주스, 마늘, 양파, 양송이버섯, 파슬리 가루, 밀가루, 숏파스타(펜네, 트위스트), 우유, 휘핑크림, 어린잎 채소, 버터, 올리브오일

■■── 만드는 방법 ──■■

① 끓는 물에 소금과 올리브오일을 넣고 숏파스타를 삶는다.
② 프라이팬에 망고 퓌레와 레몬 식초를 넣고 졸인다.
③ 굴을 소금, 후추 간을 하여 밀가루를 묻혀서 중식 팬에 튀겨서 굴 튀김을 만들어 준다.
④ 프라이팬에 버터를 넣어 녹이고 쌀을 볶아서 꼬들한 밥이 되도록 만들어 주고, 마늘과 양파를 다지고, 성게는 속만 파내며, 참깨와 검은깨는 갈아 준다.
⑤ 프라이팬에 올리브오일을 두르고 마늘과 양파 다진 것을 볶다가 성게와 밥을 넣고 물이나 스톡을 넣은 뒤 간장과 소금으로 간을 하고 마무리로 참기름과 깨를 넣어서 세사미 성게 리소토를 만들어 준다.
⑥ 프라이팬에 올리브오일을 두르고 마늘과 양파, 양송이 다진 것을 넣어 볶다가 숏파스타와 우유, 휘핑크림을 넣고 소금, 후추 간을 하여 크림 숏파스타를 만들어 준다.
⑦ 움푹 파인 곳에 리소토와 어린잎 채소, 파슬리를 뿌리고, 사이드에 굴 튀김과 파스타, 소스를 놓아 준다.

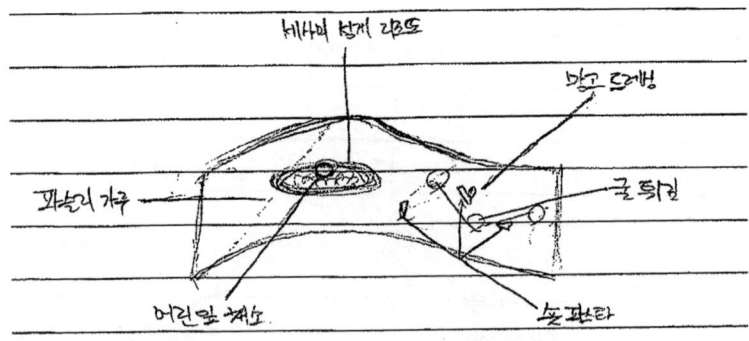

오늘의 양식

오디 소스를 곁들인 참깨 크러스트 가자미 감자찜과 쭈꾸미 샐러드 그리고 견과류 강정

■■── 재료 ──■■

가자미, 깻잎, 파프리카, 양파, 감자, 베이컨, 마늘, 참깨, 검은깨, 오디, 레몬주스, 설탕, 쭈꾸미, 양상추, 감귤, 치커리, 비타민, 호두, 대추, 밤, 전분, 어린잎 채소, 소금, 후추, 올리브오일

■■■── 만드는 방법 ──■■■

① 오디와 레몬주스, 설탕을 믹서에 넣어서 살짝 믹싱한 뒤, 프라이팬에서 살짝 끓여서 오디 소스를 만들어 준다.
② 호두와 대추 그리고 밤을 손질하여서 튀긴 뒤 프라이팬에 설탕을 넣어서 녹여 견과류 강정을 만들어 준다.
③ 쭈꾸미는 손질하여 살짝 데치고 감귤은 건더기가 조금씩 보이게끔 믹서로 믹싱하여 양상추, 치커리, 비타민과 함께 섞어서 쭈꾸미 샐러드를 만들어 준다.
④ 참깨와 검은깨는 믹서로 믹싱하여주고, 도미는 2장 뜨기를 하여서 소금, 후추 간을 하고, 감자는 삶아서 으깨며 파프리카, 양파, 베이컨, 마늘을 다져서 으깬 감자와 섞어서 소금 간을 한 뒤, 손질한 도미를 깔고 깻잎을 올린 뒤 감자와 손질한 야채를 넣어서 도미로 감싸고 전분, 참깨와 검은깨를 묻혀서 섭씨 180°C의 오븐에서 6~8분간 구워 준다.
⑤ 소스를 깔고 도미를 올린 뒤, 사이드에 샐러드와 강정으로 마무리한다.

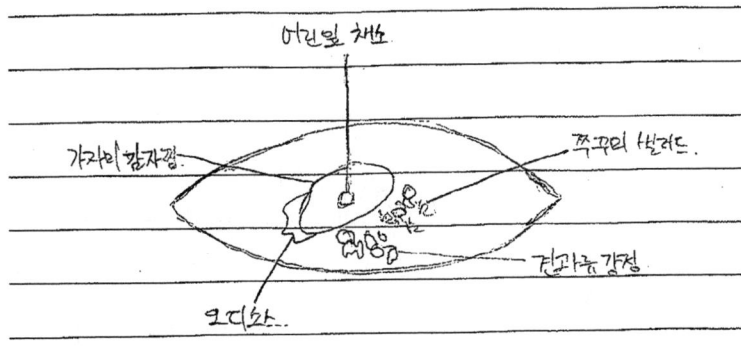

해산물

새우로 속을 채운 숭채만두와 타르타르소스
그리고 콘슬로 & 단호박 맛탕

■■──── 재료 ────■■

새우, 배추, 새송이버섯, 마늘, 양파, 마요네즈, 오이 피클, 설탕, 식초, 파슬리 가루,
옥수수콘, 양배추, 마카로니, 단호박, 굴소스, 어린잎 채소, 할라피뇨, 소금, 후추, 올리브오일

■■■──── 만드는 방법 ────■■■

① 마늘, 양파, 오이피클을 다져서 마요네즈와 설탕, 식초, 파슬리 가루를 넣어 혼합하여 타르타르소스를 만들어 준다.
② 마카로니를 삶은 후 옥수수캔의 옥수수알과 양배추를 잘게 썰어서 마요네즈와 소금, 후추로 간을 하여 콘슬로를 만들어 준다.
③ 새우와 새송이버섯 그리고 마늘과 할라피뇨를 다진 뒤 굴소스, 후추로 간을 하고, 배추는 억센 부분을 저며내어서 살짝 데친 뒤 펼쳐서 새우 양념한 것을 배추 속에 넣어 말아서 찜기에서 10분간 쪄주어 새우 숭채만두를 만들어 준다.
④ 단호박은 껍질을 벗겨서 한입 크기로 자른 뒤, 튀긴 다음에 프라이팬에 설탕을 넣어 녹으면 단호박을 넣어 설탕을 고루 입혀주어 단호박 맛탕을 만들어 준다.
⑤ 중앙에 타르타르소스를 깔고 새우 숭채만두를 올린 뒤, 콘슬로, 단호박 맛탕 그리고 어린잎 채소로 마무리해 준다.

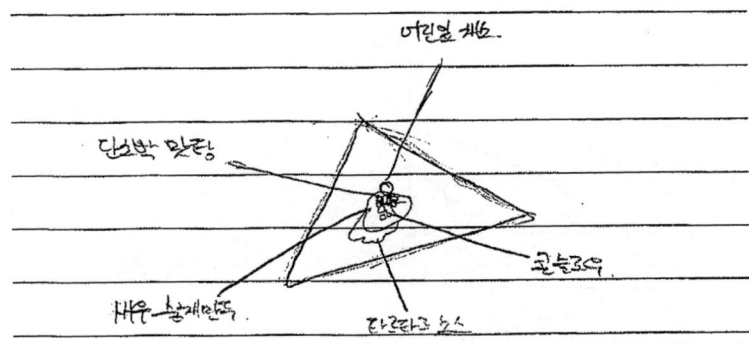

오늘의 양식

바게트에 어우러진 해산물 토마토와 카망베르 버섯크림 바게트 그리고 사프란 페스토

■■── 재료 ──■■

오징어, 새우, 쭈꾸미, 홍합, 토마토홀, 마늘, 양파, 당근, 샐러리, 월계수잎, 정향, 통후추, 바질, 바게트, 사프란, 잣, 올리브오일, 카망베르 치즈, 버섯 크림, 어린잎 채소, 소금, 후추

■■■── 만드는 방법 ──■■■

① 사프란과 잣, 올리브오일, 소금, 후추 약간을 믹서에 믹싱하여 사프란 페스토를 만들어 준다.
② 바게트는 둥근 모서리 부분을 자르고, 모서리 자른 상태에서 반을 자르고 또 단면 반을 잘라서 반을 자른 한편은 속을 파내고, 다른 한편은 그대로 놓아 둔다.
③ 카망베르 치즈와 버섯 크림을 믹서에 믹싱하여, 카망베르 버섯 크림을 만들어주고, 그대로 놔둔 바게트 위에 카망베르 버섯 크림을 발라서 180°C 오븐에서 3분간 구워 준다.
④ 마늘, 양파, 당근, 샐러리를 다져서 프라이팬에 볶다가 냄비에 넣어 토마토홀 으깬 것과 물 또는 야채스톡과 월계수잎, 정향, 통후추, 설탕, 소금을 넣어서 토마토소스를 만들어 준다.
⑤ 프라이팬에 올리브오일을 두르고 마늘, 양파찹과 해산물들을 넣어 볶다가 토마토소스와 소금, 후추 간을 하여 해산물 토마토를 만든다.
⑥ 속을 파낸 바게트에 해산물 토마토와 다른 바게트, 페스토로 마무리한다.

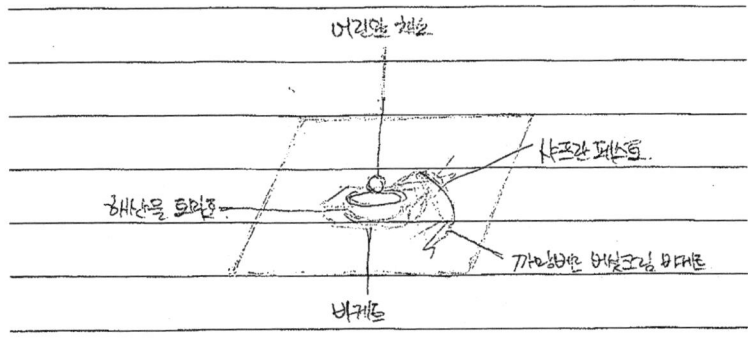

해산물

상하이 야채 줄리엔을 곁들인 고등어 필렛과 새우밥버거 그리고 포테이토 샐러드

■■── 재료 ──■■

고등어, 마늘, 양파, 숙주, 가지, 애호박, 당근, 페페론치노, 고추기름, 굴소스, 새우, 쌀, 파프리카, 밀가루, 계란, 빵가루, 감자, 할라피뇨, 파슬리, 마요네즈, 버터, 고수, 소금, 후추, 올리브오일

■■■── 만드는 방법 ──■■■

① 감자와 계란을 삶아서 으깬 뒤 할라피뇨와 파슬리를 다져서 마요네즈와 소금, 후추로 간을 하여 포테이토 샐러드를 만들어 준다.

② 새우는 두 군데로 나누어 하나는 새우와 마늘을 다져서 밀가루, 계란, 빵가루를 묻혀 180°C 기름에 튀겨주고 다른 하나는 프라이팬에 버터를 두르고 마늘, 양파, 파프리카, 가지, 애호박 다진 것과 새우와 꼬들한 밥을 넣어 굴소스를 부려서 볶은 뒤, 새우볶음밥을 납작한 원형으로 만들고 튀긴 새우를 중앙에 넣고 새우볶음밥을 덮은 뒤, 새우밥버거를 만들어 준다.

③ 프라이팬에 고추기름과 페페론치노를 넣고, 양파, 숙주, 가지, 애호박, 당근 채 썬 것을 굴소스를 넣어서 볶아 상하이 야채 줄리엔을 만들어 준다.

④ 고등어는 3장 뜨기하여 손질한 뒤 소금, 후추 간을 하고 버터와 고수 다진 것을 발라줘서 180°C 오븐에 굽고 야채 줄리엔과 샐러드, 새우밥버거를 올려 마무리해 준다.

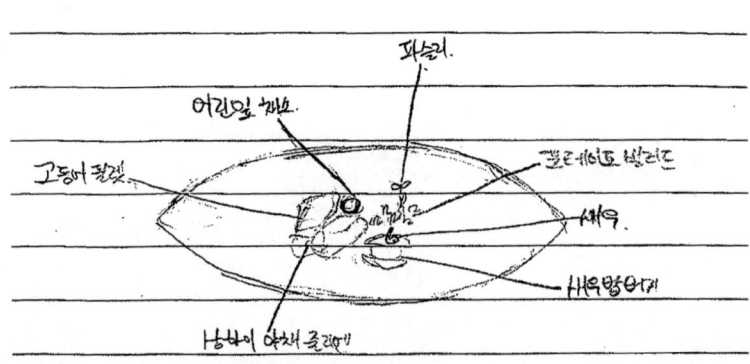

오늘의 양식

토마토 바질 필렛과 간장 레몬 소스
그리고 야채 도리아와 야채 올리베트

■■── 재료 ──■■

삼치, 토마토홀, 바질, 마늘, 양파, 당근, 샐러리, 월계수잎, 정향, 통후추, 간장, 레몬주스, 설탕, 식초, 가지, 애호박, 파프리카, 감자, 브로콜리, 쌀, 굴소스, 피자치즈, 방울토마토, 어린잎 채소, 소금, 후추, 올리브오일

■■■── 만드는 방법 ──■■■

① 냄비나 프라이팬에 간장, 레몬주스, 설탕, 식초를 넣어서 졸인 뒤 간장 레몬 소스를 만들어 준다.
② 감자, 당근은 올리베트를 치고 브로콜리는 작게 손질하여 소금물에 데친 다음 감자와 당근은 설탕 시럽에 글레이징해 준다.
③ 마늘, 양파, 당근, 샐러리를 다져서 프라이팬에 볶다가 냄비에 넣어 토마토홀 으깬 것과 물 또는 야채스톡과 월계수잎, 정향, 통후추, 설탕, 소금, 후추를 약간 넣어서 토마토소스를 만들어 준다.
④ 프라이팬에 올리브오일을 두르고 토마토홀과 설탕, 바질을 넣어 볶다가 토마토소스를 넣어 토마토 바질 소스를 만들어 준다.
⑤ 삼치를 필렛으로 하여 소금, 후추 간을 하고 180°C 오븐에 5분 정도로 구워서 토마토 바질 소스를 끼얹어 토마토 바질 삼치 필렛을 만들어 준다.
⑥ 프라이팬에 올리브오일을 두르고 마늘, 양파, 당근, 가지, 애호박, 파프리카 다진 것과 꼬들한 밥, 굴소스를 넣어서 볶은 뒤 피자치즈와 방울토마토를 올려 180°C 온도에 구워 야채 도리아를 만들어 준다.

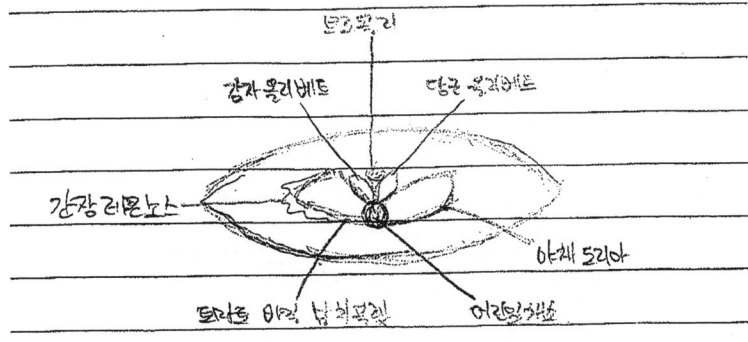

모차렐라 토마토소스를 곁들인 단호박, 고구마, 감자 퓌레와 여러 가지 해산물 구이

■■─── 재료 ───■■

오징어, 새우, 쭈꾸미, 홍합, 동태, 세절 꽃게, 모차렐라치즈, 토마토홀, 바질, 마늘, 양파, 당근, 샐러리, 월계수잎, 정향, 통후추, 설탕, 오일, 마카로니, 버터, 고수, 단호박, 고구마, 감자, 소금, 어린잎 채소

■■■─── 만드는 방법 ───■■■

① 단호박, 고구마, 감자를 쪄낸 다음 마요네즈와 소금, 후추 간을 약하게 하여 각각의 퓌레를 만들어 준다.
② 마카로니는 삶아주고, 마늘, 양파, 당근, 샐러리를 다져서 프라이팬에 볶다가 냄비에 넣어 토마토를 으깬 것과 물 또는 야채스톡과 월계수잎, 정향, 통후추, 설탕, 소금, 후추를 약간 넣어서 토마토소스를 만들어 준다.
③ 프라이팬에 올리브오일을 두르고 토마토홀과 설탕, 바질을 넣어서 볶다가 토마토소스를 넣고 모차렐라 치즈와 마카로니를 넣어서 모차렐라 토마토소스를 만들어 준다.
④ 오징어, 새우, 쭈꾸미, 홍합, 동태, 작은 꽃게를 버터와 고수, 소금, 후추 간을 약하게 하여 180°C 오븐에서 10분간 구워서 해산물구이를 완성 해준다.
⑤ 중앙에 모차렐라 토마토소스와 어린잎 채소를 올리고 사이드에 퓌레와 해산물 구이를 올려 마무리한다.

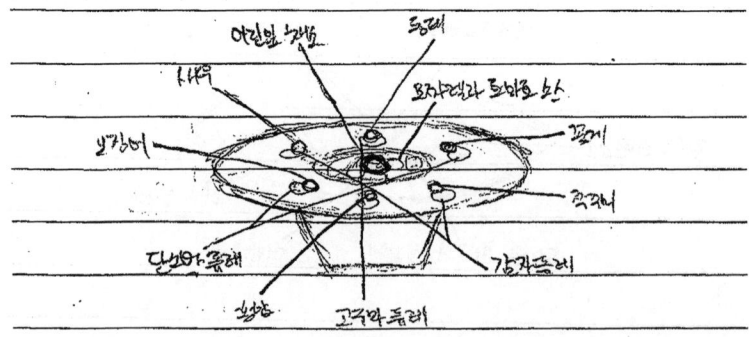

크림치즈 소스를 곁들인 오징어 쉬림프 피자 스테이크와
야채 블랜칭 그리고 해산물 볶음밥

■■──── 재료 ────■■

오징어, 새우, 양송이, 피망, 피자치즈, 바질, 토마토홀, 마늘, 양파, 오이, 당근, 샐러리, 월계수잎, 정향, 통후추, 우유, 휘핑크림, 슬라이스치즈, 브로콜리, 감자, 쌀, 굴소스, 애호박, 가지, 홍합, 쭈꾸미, 소금, 후추

■■■──── 만드는 방법 ────■■■

① 브로콜리는 다듬고, 감자와 당근은 올리베트를 쳐서 데친 다음에 감자와 당근은 설탕물에 조려 준다.
② 우유, 휘핑크림, 슬라이스 치즈, 통후추를 넣어서 줄여 크림치즈 소스를 만들어 준다.
③ 오징어는 내장 및 껍질을 제거하며 몸통만 양쪽에 칼집을 넣어 소금, 후추 간을 약하게 해 준다.
④ 마늘, 양파, 당근, 샐러리를 다져서 프라이팬에 볶다가 냄비에 넣어 토마토홀 으깬 것과 물 또는 야채스톡과 월계수잎, 정향, 통후추, 설탕, 소금을 넣어서 토마토소스를 만들어 준다.
⑤ 칼집을 낸 오징어에 토마토소스를 펼친 뒤 피자치즈와 큰 새우, 작은 새우, 양파, 양송이, 피망, 바질 가루를 부려서 180°C 오븐에 6분간 구워 오징어 쉬림프 피자 스테이크를 만들어 준다.
⑥ 쌀로 꼬들한 밥을 지은 다음, 프라이팬에 오일을 두르고, 마늘, 양파, 가지, 애호박, 당근, 피망 다진 것과 밥, 굴소스를 넣어 해산물, 볶음밥을 만들어 준다.

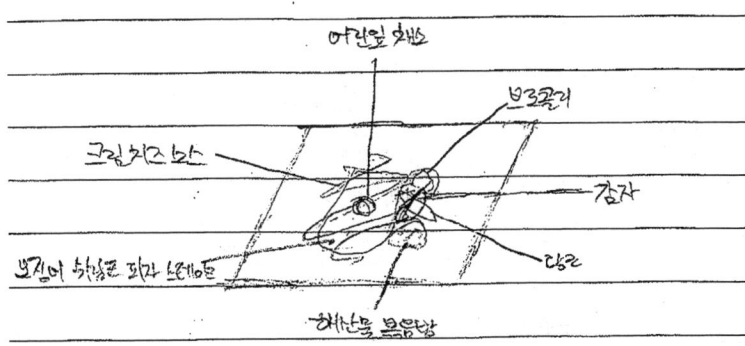

떠먹는 크림 해산물과 치즈스틱 & 레몬 샐러드
그리고 레몬타임 페스토

■■ ── **재료** ── ■■

새우, 오징어, 홍합, 쭈꾸미, 우유, 휘핑크림, 마스카르포네 치즈, 밀가루, 계란, 빵가루, 스트링 치즈, 레몬타임, 잣, 올리브오일, 레몬, 비타민, 치커리, 양상추, 레몬주스, 설탕, 식초, 어린잎 채소, 파슬리, 소금, 후추

■■■ ── **만드는 방법** ── ■■■

① 레몬타임, 잣, 올리브오일, 소금, 후추 약간씩을 넣어서 믹싱하여 레몬타임 페스토를 만들어 준다.
② 레몬, 비타민, 치커리, 양상추를 한입 크기로 손질하여서 레몬주스, 설탕, 식초, 소금, 후추 약간씩을 넣어서 섞어 레몬 샐러드를 만들어 준다.
③ 스트링 치즈를 밀가루, 계란, 빵가루를 묻혀서 180° 기름에 튀겨 치즈스틱을 만들어 준다.
④ 프라이팬에 올리브오일을 두르고 새우, 오징어, 홍합, 쭈꾸미를 볶다가 우유, 휘핑크림, 마스카르포네 치즈, 파슬리 가루, 소금, 통후추로 간을 약하게 하여 졸여서 떠먹는 크림 해산물을 만들어 준다.
⑤ 떠먹는 크림 해산물을 깔고 위에 레몬타임 페스토, 치즈스틱, 레몬 샐러드, 어린잎 채소로 마무리한다.

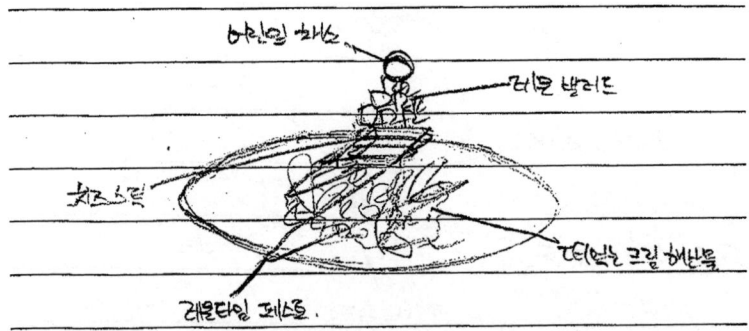

오늘의 양식

삼치 소금구이와 복분자로 졸인 락교
그리고 만다린 샐러드와 청경채 알리오 올리오

■■ ── 재료 ── ■■

삼치, 복분자 가루, 락교, 큰 새우, 작은 새우, 양상추, 감귤, 레몬주스, 치커리, 마늘, 양파, 숏파스타, 바질, 청경채, 페페론치노, 어린잎 채소, 계란, 밀가루, 소금, 후추, 올리브오일, 버터

■■■ ── 만드는 방법 ── ■■■

① 프라이팬이나 냄비에 복분자 가루에 물을 조금 섞고 락교를 넣어 조려서 복분자에 조린 락교를 만든다.
② 프라이팬에 버터를 넣고 큰 새우에 소금, 후추 간을 하여 구워주고 작은 새우는 계란과 밀가루를 묻혀서 180°C 기름에 튀겨 준다.
③ 믹서에 감귤과 레몬주스를 믹싱하여 감귤 드레싱을 만들어 주고, 양상추와 치커리를 한 입 크기로 뜯어 큰 새우와 작은 새우를 드레싱과 함께 넣어 섞어서 만다린 샐러드를 만들어 준다.
④ 끓는 물에 숏파스타를 삶은 뒤, 프라이팬에 올리브오일을 두르고 마늘 편 썬 것과 페페론치노, 양파 다진 것을 볶다가 숏파스타를 넣고 한 번 더 볶고 물이나 야채스톡을 넣고 소금, 후추 간을 약하게 하여 바질과 청경채를 넣어서 알리오 올리오를 만들어 준다.
⑤ 중앙에 삼치구이와 락교 그리고 어린잎 채소를 올리고 사이드에 만다린 샐러드와 청경채 알리오올리오를 만들어 준다.

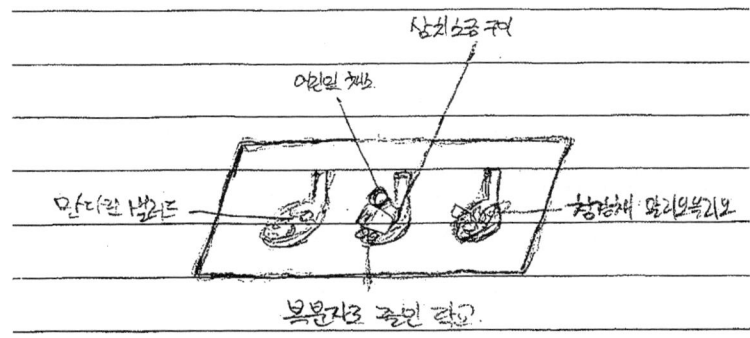

해산물

파무침을 곁들인 고등어 순살구이와 야채 필라프
그리고 호두파이 & 바닐라빈

■■──── 재료 ────■■

고등어, 파, 깨소금, 식초, 설탕, 참기름, 간장, 마늘, 양파, 당근, 가지, 마늘종, 쌀, 굴소스,
호두, 밀가루, 버터, 바닐라빈, 애호박, 어린잎 채소, 소금, 후추, 올리브오일

■■■──── 만드는 방법 ────■■■

① 파를 얇게 채 썰어서 마늘, 양파, 설탕, 식초, 참기름, 깨소금, 간장을 넣어 섞어서 파무침을 만들어 준다.
② 호두는 껍질을 벗겨서 180°C 오븐에서 5분간 구워주고, 볼에 버터를 녹여서 중력분, 소금을 넣어 되직하게 반죽을 한 뒤, 둥근 공 모양으로 만들어 밀방망이로 밀어낸 뒤 조리된 호두를 올려 180°C 오븐에서 구워 호두파이를 만들어 준다.
③ 밥을 지은 다음에 프라이팬에 올리브오일을 두르고, 마늘, 양파, 당근, 가지, 마늘종 다진 것을 넣어 볶다가 밥과 굴소스를 넣어 한 번 더 볶아서 야채 필라프를 만들어 준다.
④ 프라이팬에 올리브오일을 두르고 고등어를 올려 고등어를 구워 준다.
⑤ 왼쪽에 고등어 순살구이와 파무침을, 오른쪽에 호두파이와 야채필라프 그리고 바닐라빈, 어린잎 채소를 올려 마무리한다.

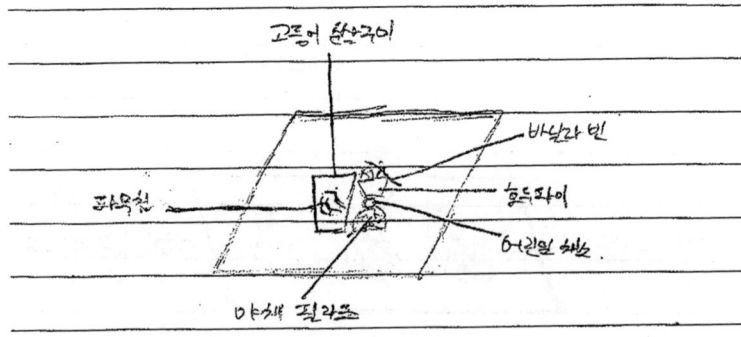

오늘의 양식

자몽 소스를 곁들인 연어 캘리포니아롤과 오보로 김초밥 그리고 아보카도롤 & 옥수수 락교

■■── 재료 ──■■

연어, 오이, 양파, 김, 쌀, 설탕, 식초, 오보로, 단무지, 계란, 박고지, 아보카도, 날치알, 라이스페이퍼, 자몽주스, 설탕, 바닐라빈, 옥수수 전분, 옥수수콘, 락교, 마요네즈, 실파, 소금, 후추, 간장, 올리브오일

■■■── 만드는 방법 ──■■■

① 프라이팬이나 냄비에 자몽주스와 설탕, 바닐라빈, 옥수수 전분을 넣어 졸여서 자몽 소스를 만들어 준다.
② 옥수수콘과 락교 그리고 마요네즈를 넣어 섞어서 옥수수콘 락교를 만들어 준다.
③ 밥을 짓고 설탕, 식초, 소금을 넣어 단촛물을 만들어서 밥에다가 섞어 준다.
④ 김에다가 밥을 깔고 김 안에 연어와 오이, 양파를 넣어 말아서 연어 캘리포니아롤을 만들어 준다.
⑤ 프라이팬에 올리브오일을 두르고 계란을 펼친 뒤 김밥용 계란으로 만들어 주고 박고지는 물과 간장, 설탕을 넣어 졸여 준다.
⑥ 김에다가 밥을 깔고 안에 오보로, 계란, 박고지, 단무지를 넣고 말아서 오보로 김초밥을 만들어 준다.
⑦ 라이스 페이퍼에 물을 묻혀서 아보카도 편 썬 것에 날치알을 넣어 말아서 아보카도롤을 만들어 준다.
⑧ 중앙에 옥수수콘 락교를 담고 실파를 가니시로 사용한다.

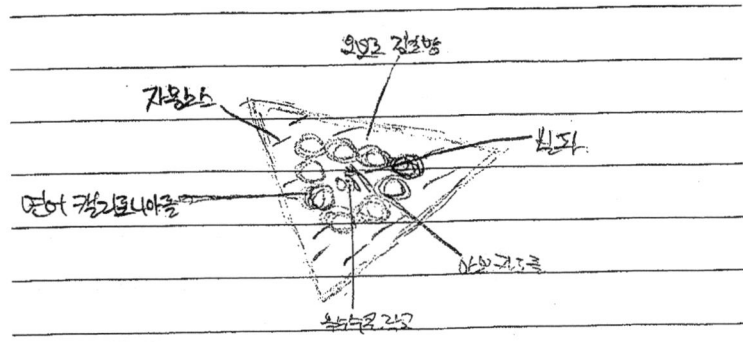

해산물

타라곤 페스토를 곁들인 새우 카나페와 새우 강정볼 그리고 새우 크림 샐러드

■■──── 재료 ────■■

큰새우, 작은 새우, 타라곤, 잣, 올리브오일, 바게트, 마늘, 버터, 옥수수콘, 감자, 마요네즈, 계란, 피클, 마늘, 양파, 당근, 샐러리, 밀가루, 계란, 빵가루, 휘핑크림, 라디치오, 비타민, 레몬주스, 설탕, 버터, 레몬, 어린잎 채소, 새싹, 소금, 후추

■■■──── 만드는 방법 ────■■■

① 믹서에 타라곤과 잣, 올리브오일, 소금, 후추를 약간 넣어서 레몬타임 페스토를 만들어 준다.
② 프라이팬에 버터를 넣고 녹여서 새우를 넣어서 소금, 후추 간을 약하게 하여 볶아준 뒤, 몰더에 라디치오 채썬 것을 맨 밑에 깔고 비타민을 레몬주스와 설탕을 넣어 버무려 올린 뒤, 레몬은 껍질만을 이용해 얇게 채 썰어 레몬 제스트를 올리고 마지막으로 새우 찢은 것을 올리고 어린잎 새싹을 올려 새우 크림 샐러드를 만들어 준다.
③ 새우, 마늘, 양파, 당근, 샐러드를 다져서 소금, 후추로 간을 한 다음 밀가루, 계란, 빵가루를 묻혀서 공 모양으로 만들어 180℃ 기름에 튀겨 새우 강정볼을 만들어 준다.
④ 바게트를 원형 몰더로 찍어서 마늘과 버터를 섞어서 바른 다음에 180℃ 오븐에서 2~3분간 구워주고, 감자와 계란은 삶아서 으깨어 옥수수콘과 마요네즈, 피클을 넣어 짤주머니로 짠 뒤, 마지막으로 구운 새우를 올려 마무리한다.

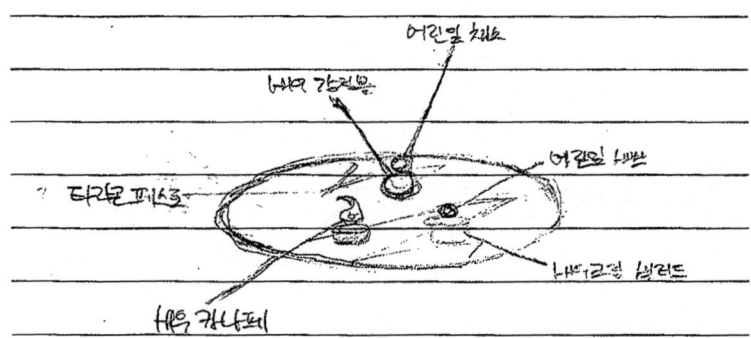

오늘의 양식

모시조개 푸타네스카와 농어구이 & 매시트포테이토
그리고 바질 페스토

■■──── 재료 ────■■

모시조개, 농어, 앤초비, 마늘, 페페론치노, 방울토마토, 바질, 잣, 올리브오일, 올리브, 굴소스, 로즈메리, 숏파스타, 감자, 생크림, 파슬리 가루, 소금, 후추

■■■──── 만드는 방법 ────■■■

① 믹서에 바질, 잣, 올리브오일, 소금, 후추 약간을 넣어서 믹싱하여 바질 페스토를 만들어 준다.
② 감자는 으깨어서 생크림과 파슬리, 소금, 후추를 넣어 믹싱한 뒤 짤주머니에 넣어서 오븐 팬에 소프트아이스크림 모양으로 짠 뒤 오븐에 구워 준다.
③ 프라이팬에 올리브오일을 두르고 마늘 다진 것과 모시조개를 넣어 입이 벌어질 때까지 익힌 다음에 마늘 편 썬 것과 앤초비, 페페론치노, 방울토마토를 넣고 삶은 숏파스타와 물 또는 야채스톡, 굴소스, 바질을 넣어 후추 간을 하여 졸여서 모시조개 푸타네스카를 만들어 준다.
④ 프라이팬에 올리브오일을 두르고 농어에 소금, 후추 간을 약하게 하여 농어구이를 완성한다.
⑤ 모시조개 푸타네스카를 깔고 바질 페스토를 뿌린 뒤, 농어구이와 매시트포테이토, 그리고 로즈메리를 올려 마무리해 준다.

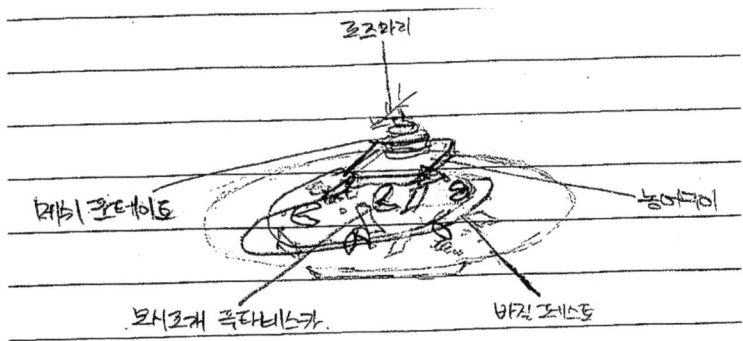

해산물

페스카토레 크림을 곁들인 해산물 토마토 캘리포니아 롤과 모과 빠찌엔느 그리고 키위 샐러드

■■─── 재료 ───■■

오징어, 새우, 쭈꾸미, 홍합, 세절 꽃게, 우유, 휘핑크림, 바질, 식초, 토마토홀, 마늘, 양파, 당근, 샐러리, 월계수잎, 정향, 통후추, 설탕, 쌀, 김, 오이, 모과, 키위, 어린잎 채소, 소금, 후추, 올리브오일

■■■─── 만드는 방법 ───■■■

① 모과를 얇게 채썰어서 180°C 기름에 튀겨 모과 빠찌엔느를 만들어 준다.
② 키위를 갈아서 어린잎 채소에 섞어서 키위 샐러드를 만들어 준다.
③ 마늘, 양파, 당근, 샐러리를 다져서 프라이팬에 볶다가 냄비에 넣어 토마토홀 으깬 것과 물 또는 야채스톡과 월계수잎, 정향, 통후추, 설탕, 소금, 후추를 약간 넣어서 토마토소스를 만들어주고 밥을 짓는다.
④ 프라이팬에 올리브오일을 두르고 마늘, 양파 다진 것과 오징어, 새우, 쭈꾸미를 넣어 볶다가 토마토소스를 부어서 해산물 토마토를 만들고, 밥에는 식초, 설탕, 소금을 넣어 단촛물을 넣어 섞어서 김에다가 밥을 깔고 김 안에 해산물 토마토를 넣고 말아 준다.
⑤ 프라이팬에 오징어, 새우, 쭈꾸미, 홍합, 꽃게, 크림을 부어 페스카토레 크림을 만든다.

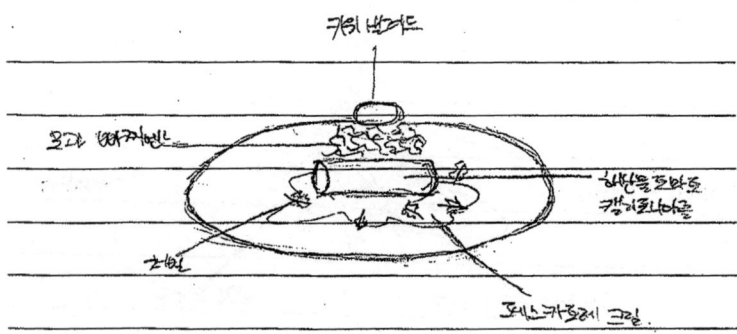

살구 허니 소스에 어우러진 토마토 처트니 도미 필렛과 마요네즈 소스에 어우러진 캘리포니아롤 & 고구마파이롤

■■── 재료 ──■■

도미, 토마토홀, 마늘, 양파, 당근, 샐러리, 로즈메리, 살구 퓌레, 꿀, 레몬주스, 마요네즈, 쌀, 김, 게맛살, 오이, 설탕, 식초, 소금, 밀가루, 버터, 슈가 파우더, 아몬드 파우더, 계란, 후추, 머스터드소스, 올리브오일

■■■── 만드는 방법 ──■■■

① 프라이팬이나 냄비에 살구 퓌레와 꿀, 물, 레몬주스를 넣고 끓여서 살구 허니 소스를 만들어주고, 마요네즈와 꿀, 레몬주스를 넣어 마요네즈 소스를 만들어 준다.
② 프라이팬에 올리브오일을 두르고 토마토홀, 마늘, 양파, 당근, 샐러리 다진 것과 로즈메리를 넣어서 볶아 소금, 후추 간을 하여 토마토 처트니를 만들어 주고 밥을 짓는다.
③ 프라이팬이나 냄비에 식초, 설탕, 소금을 넣어 단촛물을 만들어 주고, 게맛살오이, 양파를 채 썰어서 머스터드, 마요네즈, 설탕을 넣고 소금, 후추 간을 약하게 한 뒤 랩을 씌운 김밥에 김과 밥을 올려 뒤집은 뒤, 조미한 야채를 넣고 누들 김밥처럼 말아서 캘리포니아롤을 만들어 주고 고구마는 쪄서 으깨어 준다.
④ 버터를 녹여서 밀가루, 슈가, 아몬드 파우더, 계란을 넣고 파이 반죽을 하여 얇게 펼쳐 으깬 고구마를 넣어 말아 180°C 오븐에 구워 준다.
⑤ 도미 필렛은 소금, 후추 간을 하여 프라이팬에 오일을 두르고 구워 준다.

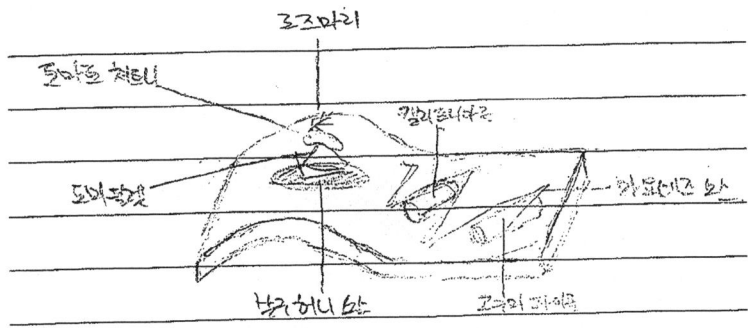

해산물

청경채 볶음을 곁들인 숏파스타 야끼우동과 문어 타코야끼 그리고 리코타 치즈 & 당면 튀일

■■── 재료 ──■■

문어, 오징어, 세절꽃게, 우유, 휘핑크림, 바질, 식초, 토마토홀, 마늘, 양파, 고춧가루, 가쓰오부시, 밀가루, 계란, 빵가루, 리코타 치즈, 당면, 어린잎 채소, 소금, 후추, 올리브오일

■■■── 만드는 방법 ──■■■

① 당면을 국자로 눌러서 180°C 기름에 튀겨서 당면 튀일을 만들어 준다.
② 프라이팬에 올리브오일을 두르고 청경채와 굴소스를 넣어 볶아서 청경채볶음을 만들어 준다.
③ 문어는 다리만 2cm 직경으로 잘라서 소금, 후추 간을 약하게 하여 밀가루, 계란, 가쓰오부시, 빵가루를 묻혀서 튀겨 문어 타코야끼를 만들어 준다.
④ 숏파스타를 삶은 뒤, 프라이팬에 올리브오일을 두르고 오징어, 세절꽃게, 새우, 양배추, 마늘, 양파 다진 것을 넣어 볶다가 숏파스타와 굴소스, 청경채와 고춧가루를 마지막으로 넣어서 볶아 숏파스타 야끼우동을 만들어 준다.
⑤ 당면 튀일을 맨 아래 깔고 청경채 볶음을 올린 뒤, 숏파스타 야끼우동과 문어 타코야끼, 가쓰오부시, 리코타 치즈, 어린잎 채소로 마무리하여 준다.

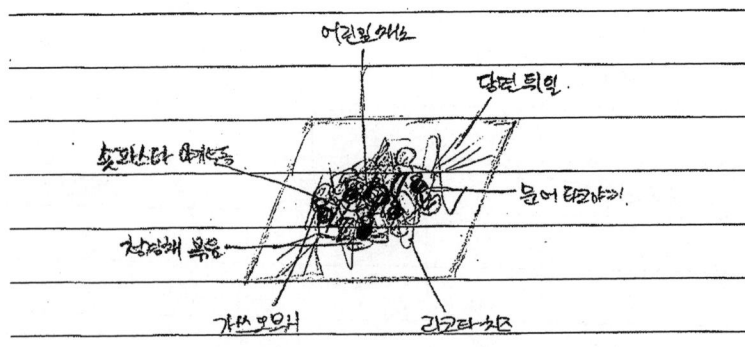

오늘의 양식

토르티야 속을 채운 미역국 파스타 그라탱과
메이플 시럽을 이용한 호두 바게트 그리고 사프란 페스토

■■──── 재료 ────■■

홍합, 꽃게, 미역, 국간장, 참기름, 마늘, 스파게티면, 토르티야, 피자치즈, 메이플 시럽, 호두, 바게트, 사프란, 잣, 올리브오일, 파슬리 가루, 올리브, 어린잎 채소, 소금, 후추

■■■──── 만드는 방법 ────■■■

① 믹서에 사프란, 잣, 올리브오일, 소금, 후추, 약간씩을 넣어 믹싱하여 사프란 페스토를 만들어 준다.
② 토르티야는 180˚C 기름에 국자와 함께 눌러서 튀겨 안에는 움푹 파이게 딱딱하게 튀겨 준다.
③ 바게트를 슬라이스하여 메이플 시럽을 바른 뒤, 호두를 올려 180˚C 오븐에 구워 호두 바게트를 만들어 준다.
④ 스파게티면은 삶고, 미역은 불린 뒤 프라이팬에 올리브오일을 두르고 마늘 찹과 마늘 편, 홍합, 꽃게, 미역을 넣어 볶다가 미역국 파스타를 만든 뒤, 토르티야에 넣어서 피자치즈와 올리브를 올려 180˚C 오븐에 6분간 구워 미역국 파스타 그라탱을 만들어 준다.
⑤ 미역국 파스타 그라탱을 중앙에 놓은 뒤, 호두 바게트를 올리고 사프란 페스토를 (-)일자로 뿌려 마무리한다.

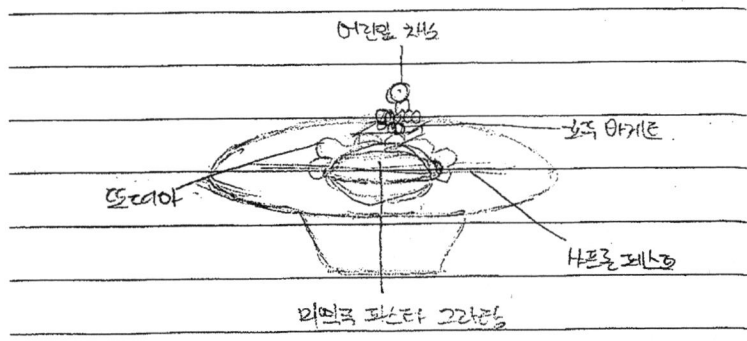

탠저린 소스를 곁들인 연어롤과 캘리포니아롤 그리고 새우 버섯 샐러드 & 견과류 빠찌엔느

■■── 재료 ──■■

연어, 새우, 게살, 파프리카, 양파, 깻잎, 팽이버섯, 새송이버섯, 버터, 표고버섯, 라디치오, 우유, 휘핑크림, 굴소스, 쌀, 김, 오이, 아보카도, 설탕, 머스터드, 마요네즈, 밤, 대추, 아몬드, 케이퍼, 감귤, 레몬주스, 로즈메리, 어린잎 채소, 소금, 후추, 식초, 올리브오일

■■■── 만드는 방법 ──■■■

① 믹서에 감귤, 레몬주스, 로즈메리, 설탕, 소금, 후추 약간씩을 넣어서 탠저린 소스를 만들어 준다.
② 밤, 대추, 아몬드는 얇게 채썰어서 180°C 기름에 튀겨 빠찌엔느를 만들어 준다.
③ 연어는 얇게 펼쳐서 소금, 후추 간을 약하게 한 뒤 깻잎을 깔고, 양파, 파프리카, 팽이버섯을 채 썰어서 휘핑크림과 케이퍼를 넣어 말아서 연어롤을 만들어 준다.
④ 프라이팬에 버터를 넣고 새우를 넣어 볶다가 새송이버섯 편 썬 것과 우유, 휘핑크림, 굴소스를 넣고 마지막에 라디치오를 넣어 졸인 뒤 표고버섯은 편 썰어서 새우버섯 샐러드를 표고버섯으로 감싼다.
⑤ 밥을 지은 다음에, 랩을 김발에 씌우고, 식초, 설탕, 소금을 넣어서 배합초를 만들어 밥과 섞은 뒤, 김 위에 올리고 반대로 뒤집어서, 게살, 양파, 오이 채 썬 것에 머스터드, 마요네즈, 설탕으로 간하여 넣어 만 뒤, 마무리해 준다.

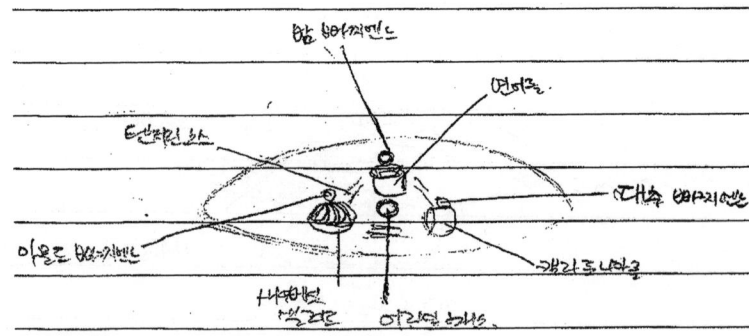

오늘의 양식

크림치즈 소스에 어우러진 가자미 필렛과 도쿄 김초밥
그리고 버섯 치즈 우동 & 과일 살사를 곁들인 새우 버섯 튀김

■■── 재료 ──■■

가자미, 새우, 게맛살, 우유, 휘핑크림, 슬라이스 치즈, 파슬리 가루, 김, 쌀, 단무지, 계란, 오이, 가쓰오부시, 새송이버섯, 양송이버섯, 버터, 우동면, 레몬주스, 사과, 키위, 방울토마토, 표고버섯, 밀가루, 빵가루, 어린잎 채소, 새싹, 소금, 후추, 설탕, 식초, 올리브오일

■■■── 만드는 방법 ──■■■

① 밥을 지은 다음에 계란, 오이, 게맛살을 구워주고 냄비에 식초, 설탕, 소금을 넣어 끓여서 배합초를 만들어 주어 랩을 씌운 김발에 김을 깔고 밥을 깐 뒤 360도 뒤집어서 계란, 오이, 게맛살, 단무지를 넣어서 말아 자른 뒤 가쓰오부시를 올려서 김초밥을 만들어 준다.

② 사과, 키위, 방울토마토를 다져서 레몬주스, 설탕, 소금, 후추를 넣어서 과일 살사를 만들고 새우 사이에 표고버섯 기둥을 끼워서 밀가루, 계란, 빵가루를 묻혀서 180°C 기름에 튀겨주고, 방울토마토는 (+) 모양 칼집을 내어 살짝 데친 뒤 구워서 복주머니 형태로 만든다.

③ 프라이팬에 버터를 넣고 버섯을 넣어 볶다가 우동면과 슬라이스 치즈, 파슬리 가루, 소금, 후추로 간하여 볶아서 버섯 치즈 우동을 만들고 어린잎 새싹으로 가니시 해준다.

④ 프라이팬에 우유, 휘핑크림, 슬라이스 치즈, 파슬리 가루, 소금, 후추를 넣어 졸여 크림치즈 소스를 만들고, 프라이팬에 버터를 넣고 가자미를 구워 가자미 필렛을 만든다.

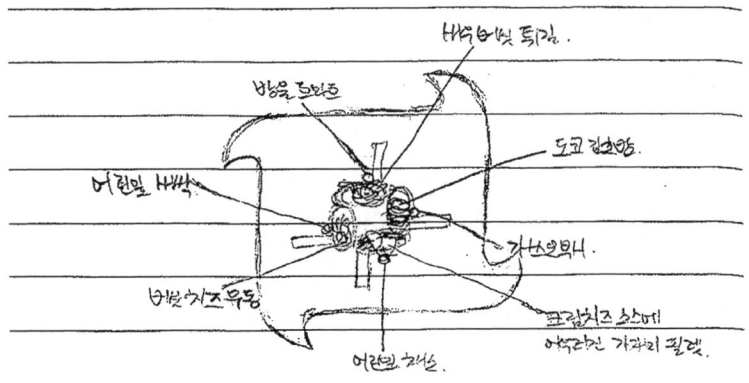

해산물

아스파라거스구이와 리코타 치즈를 곁들인
토마토 살사 & 관자구이 그리고 쭈꾸미 허브 크러스트볼

■■──── 재료 ────■■

관자, 쭈꾸미, 새우, 아스파라거스, 버터, 리코타 치즈, 토마토홀, 양파, 피망, 올리브, 레몬타임, 밀가루, 계란, 빵가루, 마늘, 레몬주스, 어린잎 채소, 소금, 후추, 올리브오일

■■■──── 만드는 방법 ────■■■

① 프라이팬에 버터를 넣고 아스파라거스를 넣어 아스파라거스구이를 만들어 주고, 마늘도 구워 준다.
② 토마토홀, 양파, 피망, 올리브를 다져서 레몬주스와 소금, 후추를 넣어 섞어서 토마토 살사를 만들어 준다.
③ 프라이팬에 버터를 넣고 녹인 뒤 관자를 넣어 소금, 후추 간하여 먹기 좋게 노릇하게 굽고 새우도 구워 준다.
④ 쭈꾸미를 한입 크기로 썰어서 소금, 후추로 간을 한 뒤 밀가루, 계란, 빵가루, 레몬타임을 입혀서 둥근 공 모양으로 만들어 준다.
⑤ 아스파라거스와 마늘 구이를 맨 밑에 깔아준 뒤 쭈꾸미 허브 크러스트볼과 토마토 살사 & 관자구이를 올려준 뒤, 리코타 치즈 액상을 뿌려서 마무리한다.

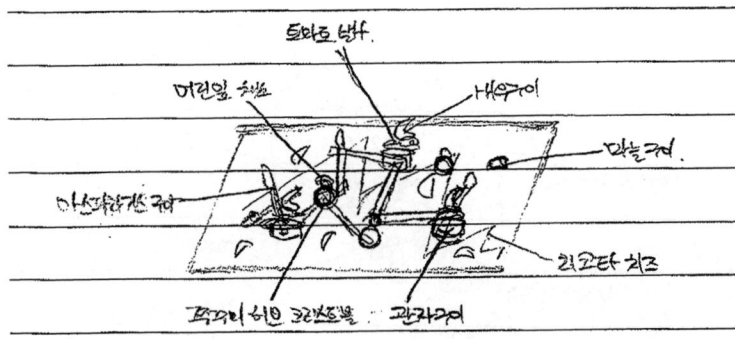

오늘의 양식

야채 쿠스쿠스에 어우러진 연어 스테이크와 토마토 처트니 그리고 매시트포테이토 & 바닐라빈

■■──── 재료 ────■■

연어, 버터, 파슬리 가루, 쿠스쿠스, 마늘, 양파, 당근, 애호박, 가지, 굴소스, 토마토홀, 피망, 올리브, 설탕, 감자, 생크림, 바닐라빈, 소금, 후추 올리브오일

■■■──── 만드는 방법 ────■■■

① 감자는 쪄서 으깨어 생크림과 파슬리, 소금, 후추를 넣어 믹싱한 뒤 짤주머니에 넣어서 오븐 팬에 소프트아이스크림 모양으로 짠 뒤 오븐에 구워 준다.
② 쿠스쿠스를 데친 뒤, 프라이팬에 올리브오일을 두르고, 마늘, 양파, 당근, 애호박, 가지 다진 것을 넣어 볶다가 쿠스쿠스와 굴소스를 넣어서 볶아 야채 쿠스쿠스를 만들어 준다.
③ 토마토홀, 피망, 올리브, 마늘, 양파를 다져서 프라이팬에 올리브오일을 두르고 볶다가 소금, 후추, 설탕으로 간하여 토마토 처트니를 만들어 준다.
④ 프라이팬에 버터를 넣고 녹인 뒤, 연어를 넣고 파슬리 가루, 소금, 후추로 간하여 구워서 연어 스테이크를 만들어 준다.
⑤ 중앙에 야채 쿠스쿠스를 깐 뒤, 연어 스테이크를 올리고 토마토 처트니와 매시트포테이토, 바닐라빈을 올려서 마무리한다.

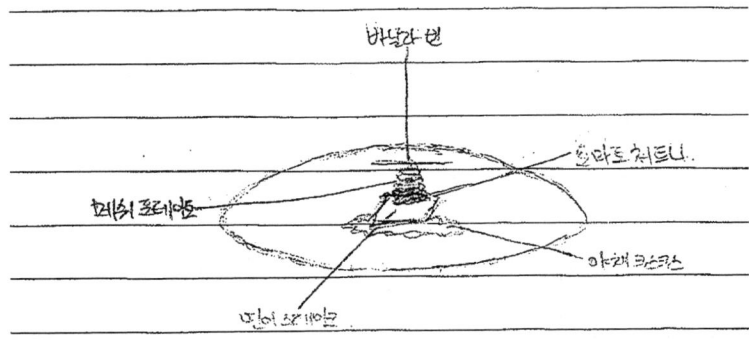

땅콩크림 소스를 곁들인 꽁치 치즈테린느와 블루베리 그리고 뽀모도로 스파게티와 단호박 샐러드

■■── 재료 ──■■

꽁치, 리코타 치즈, 우유, 피망, 땅콩크림, 월계수잎, 정향, 통후추, 블루베리, 스파게티면, 방울토마토, 바질, 모차렐라 치즈, 마늘, 토마토홀, 당근, 샐러리, 설탕, 단호박, 건포도, 호두, 어린잎 채소, 새싹, 마요네즈, 판젤라틴, 소금, 후추, 올리브오일

■■■── 만드는 방법 ──■■■

① 프라이팬이나 냄비에 땅콩크림, 우유, 휘핑크림, 월계수잎, 정향, 통후추, 소금, 후추로 간을 약하게 하여 졸여서 땅콩크림 소스를 만들어 준다.
② 단호박을 쪄서 으깬 다음에 건포도, 호두, 마요네즈, 소금, 후추를 넣어서 섞어서 단호박 샐러드를 만들어 준다.
③ 마늘, 양파, 당근, 샐러리를 다져서 프라이팬에 볶다가 냄비에 넣어 토마토홀 으깬 것과 물 또는 야채스톡과 월계수잎, 정향, 통후추, 설탕, 소금, 후추를 넣어 토마토소스를 만들어 준다.
④ 스파게티면을 삶은 뒤, 프라이팬에 올리브오일을 두르고, 마늘, 양파찹과 피망, 방울토마토를 볶다가 스파게티면과 물 또는 야채스톡 그리고 토마토소스를 넣어 함께 볶아주고 마지막에 모차렐라 치즈, 바질, 소금, 후추를 넣어 뽀모도로 스파게티를 만들어 준다.
⑤ 리코타 치즈를 으깨어 양파, 색색 피망을 다져 꽁치를 얇게 펼쳐서 소금, 후추로 간하여 넣어 180°C 오븐에 구운 뒤 젤라틴을 녹여 발라 테린느를 만든다.

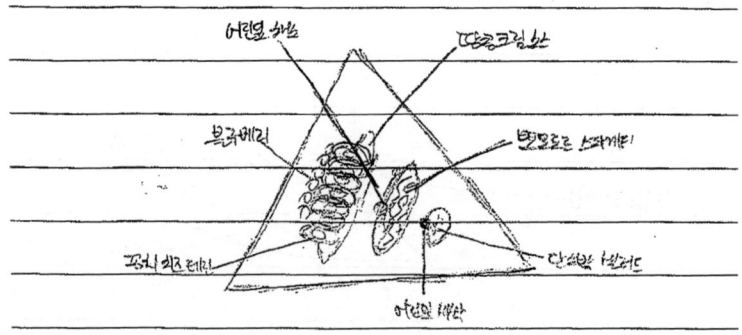

딜 페스토를 곁들인 버섯 크림 마카로니와 해산물 크림 리소토볼 그리고 고구마 빠찌엔느와 산딸기

■■──── 재료 ────■■

오징어, 쭈꾸미, 새우, 마늘, 양파, 팽이버섯, 쌀, 우유, 휘핑크림, 밀가루, 계란, 빵가루, 딜, 잣, 올리브오일, 새송이버섯, 양송이버섯, 마카로니, 고구마, 산딸기, 소금, 후추

■■■──── 만드는 방법 ────■■■

① 믹서에 딜, 잣, 올리브오일, 마늘, 소금, 후추를 넣고 믹싱하여 바질 페스토를 만들어 준다.
② 고구마는 얇게 채 썰어서 180°C 기름에 튀겨서 고구마 빠찌엔느를 만들어 준다.
③ 밥을 지은 다음, 프라이팬에 올리브오일을 두르고 오징어, 쭈꾸미, 새우를 넣고 볶다가 마늘 다진 것과 양파, 팽이버섯을 넣고 볶다가 우유, 휘핑크림, 밥, 소금, 후추로 간하여 졸여서 밀가루, 계란, 빵가루를 묻혀 공 모양으로 만들어서 180°C 오븐에서 튀겨 해산물 크림 리소토볼을 만들어 준다.
④ 마카로니는 삶은 뒤, 프라이팬에 올리브오일을 두르고 마늘, 양파 다진 것과 팽이 버섯, 새송이버섯, 양송이버섯 썬 것을 볶다가 마카로니와 우유, 휘핑크림, 소금, 후추로 간하여 버섯 크림 마카로니를 만들어 준다.
⑤ 페스토를 깔고 마카로니와 리소토볼, 빠찌엔느, 산딸기로 마무리한다.

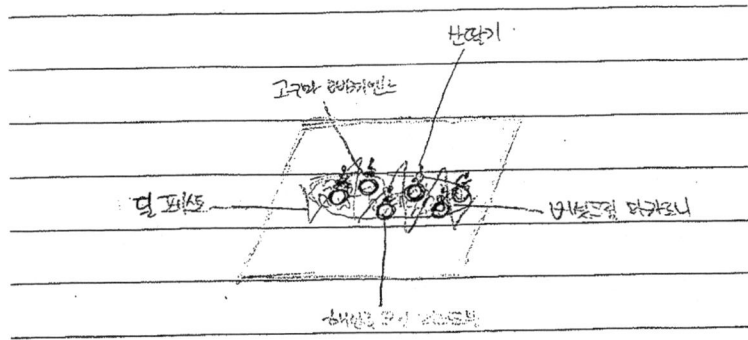

해산물

하드롤에 어우러진 피시 차우더 수프와 로즈메리 그리고 홀그레인 머스터드 드레싱을 곁들인 연어 샐러드

■■── 재료 ──■■

가자미, 연어, 양파, 피망, 샐러리, 감자, 우유, 휘핑크림, 버터, 마늘, 밀가루, 월계수잎, 정향, 통후추, 하드롤, 로즈메리, 홀그레인 머스터드, 마요네즈, 꿀, 식초, 연어, 라디치오, 양상추, 치커리, 방울토마토, 어린잎 채소, 설탕, 소금, 후추

■■■── 만드는 방법 ──■■■

① 홀그레인 머스터드와 마요네즈, 꿀을 섞어서 홀그레인 머스터드 드레싱을 만들어 준다.
② 연어는 얇게 회를 떠서 라디치오, 양상추, 치커리를 한입 크기로 찢어서 방울토마토와 식초, 설탕, 소금, 후추로 간하여 섞어 연어 샐러드를 만들어 준다.
③ 하드롤은 속을 도려내고, 프라이팬에 버터를 넣고 밀가루를 넣어서 볶다가 우유와 휘핑크림, 월계수잎, 정향, 통후추를 넣어 베샤멜소스를 만들어 준다.
④ 가자미뼈와 마늘, 양파, 샐러리, 월계수잎, 정향, 통후추를 넣고 끓여서 피시스톡을 만들어 준다.
⑤ 프라이팬에 버터를 넣고 가자미와 양파, 마늘, 피망, 샐러리, 감자 편 썬 것을 볶다가 피시스톡과 베샤멜소스를 넣고 소금, 후추로 간하여서 피시 차우더 수프를 만들어 하드롤에 넣어 로즈메리로 가니시하고 반대편에 샐러드와 가니시하여 마무리해 준다.

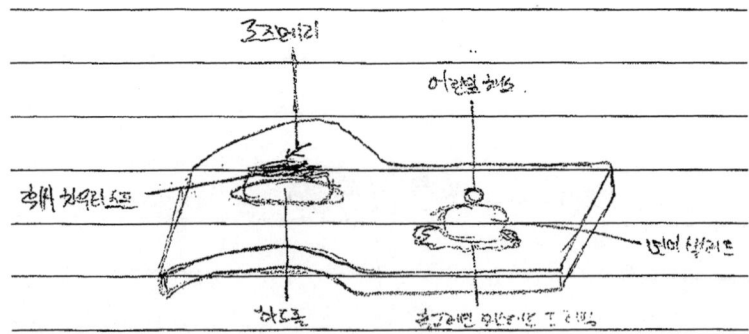

오늘의 양식

브로콜리 퓌레에 어우러진 도미 리코타 치즈롤과
크림 리소토볼 그리고 단호박 라자냐

■■── 재료 ──■■

도미, 샤프론, 리코타 치즈, 파프리카, 마늘, 양파, 새송이버섯, 쌀, 우유, 휘핑크림, 슬라이스 치즈, 밀가루, 계란, 빵가루, 브로콜리, 생크림, 단호박, 토마토홀, 당근, 샐러리, 월계수잎, 정향, 통후추, 피자치즈, 산딸기, 어린잎 채소, 새싹, 소금, 후추

■■■── 만드는 방법 ──■■■

① 브로콜리는 살짝 데쳐서 듬성듬성 찢은 뒤, 믹서에 브로콜리와 생크림, 소금, 후추를 넣어서 믹싱하여 브로콜리 퓌레를 만들어 준다.

② 마늘, 양파, 당근, 샐러리를 다져서 프라이팬에 넣어 볶다가 냄비에 넣어 토마토홀 으깬 것과 물 또는 야채스톡과 월계수잎, 정향, 통후추, 설탕, 소금을 약간 넣어서 토마토소스를 만들어 준다.

③ 단호박은 껍질을 벗기고 속을 파내어 편을 썬 뒤 프라이팬에 버터를 넣고 단호박을 구운 뒤 사이에 토마토소스와 피자치즈를 올려서 층층이 쌓은 뒤 180°C 오븐에 구워 단호박 라자냐를 만들어 준다.

④ 밥을 지은 다음에 프라이팬에 올리브오일을 두르고 마늘, 양파, 파프리카, 새송이버섯을 찹 및 편 썬 것을 볶다가 우유와 휘핑크림을 넣고 소금, 후추 간을 한 뒤 슬라이스 치즈를 넣고 졸인 뒤 둥근 원형으로 만들어서 밀가루, 계란, 빵가루를 묻혀 180°C 기름에 튀겨 준다.

⑤ 도미는 2장 뜨기 하여서 간을 하여 리코타 치즈를 넣고 말아서 오븐에 구워 준다.

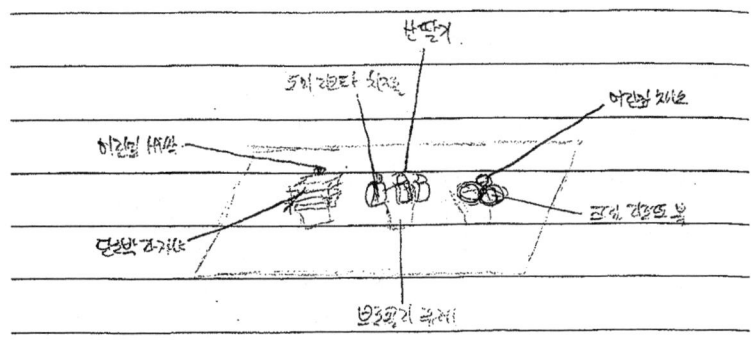

해산물

모차렐라에 어우러진 해산물 토마토 리소토와
바질 페스토 & 사과 빠찌엔느
그리고 감자 샐러드와 고르곤졸라 피자롤

■■ ── 재료 ── ■■

오징어, 쭈꾸미, 새우, 홍합, 세절 꽃게, 마늘, 양파, 파프리카, 새송이버섯, 토마토홀, 당근, 샐러리, 월계수잎, 정향, 통후추, 모차렐라 치즈, 바질, 잣, 올리브오일, 사과, 감자, 마요네즈, 피클, 파슬리 가루, 호두, 토르티야, 고르곤 졸라 치즈, 피자치즈, 어린잎 채소, 소금, 후추

■■■ ── 만드는 방법 ── ■■■

① 믹서에 바질, 잣, 올리브오일, 마늘, 소금, 후추를 넣고 믹싱하여 바질 페스토를 만들어 준다.
② 사과를 얇게 채썰어서 180°C 기름에 튀겨 사과 빠찌엔느를 만들어 준다.
③ 감자는 삶아서 으깨어 양파와 피클을 다져서 마요네즈와 파슬리 가루, 소금, 후추 간을 하여서 감자 샐러드를 만들어 준다.
④ 토르티야에 피자치즈, 고르곤졸라 치즈, 호두를 넣고 말아서 이쑤시개로 꽂은 뒤 180°C 오븐에서 6분간 구워 이쑤시개를 제거한 뒤, 고르곤졸라 피자롤을 만들어 준다.
⑤ 마늘, 양파, 당근, 샐러리를 다져서 프라이팬에 넣어 볶다가 냄비에 넣어 토마토홀 으깬 것과 물 또는 야채스톡과 월계수잎, 정향, 통후추, 설탕, 소금을 약간 넣어서 토마토소스를 만들어 준다.
⑥ 밥을 지은 다음에 프라이팬에 올리브오일을 두르고 마늘 찹과 해산물을 넣어서 볶다가 야채를 넣고 볶다가 물 또는 야채스톡과 소스, 밥을 넣어 리소토를 만든다.

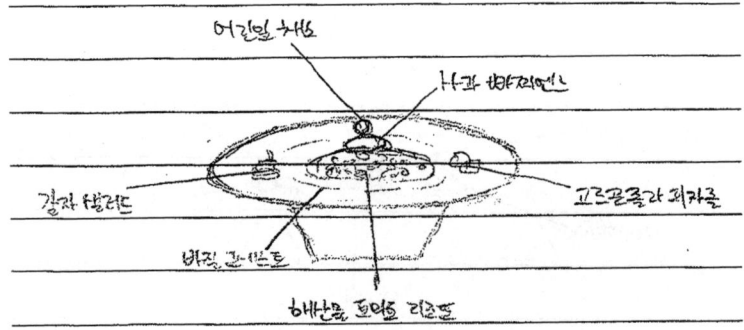

아스파라거스구이를 곁들인 삼치구이와 호이신 소스
그리고 해산물 쿠스쿠스와 매시트포테이토 & 로즈메리

■■── 재료 ──■■

삼치, 오징어, 쭈꾸미, 새우, 호이신 소스, 마늘, 양파, 새송이버섯, 팽이버섯, 아스파라거스, 버터, 쿠스쿠스, 감자, 생크림, 파슬리 가루, 당근, 애호박, 가지, 로즈메리, 소금, 후추

■■■── 만드는 방법 ──■■■

① 감자는 쪄서 으깬 다음에 생크림, 소금, 후추, 파슬리 가루를 넣어서 믹싱한 뒤 짤주머니에 넣어서 오븐 팬에 소프트아이스크림 모양으로 짠 뒤 오븐에 구워 준다.
② 아스파라거스는 칼집을 내서 연필 깎듯이 깎고 프라이팬에 버터를 넣고 아스파라거스를 넣어서 구워 아스파라거스구이를 만들어 준다.
③ 프라이팬에 올리브오일을 두르고 마늘 다진 것과 양파, 새송이버섯, 팽이버섯, 채 썬 것을 넣어 볶다가 물 또는 야채스톡 그리고 호이신 소스를 넣어 졸여서 호이신 소스를 만들어 준다.
④ 쿠스쿠스는 데친 뒤 프라이팬에 올리브오일을 두르고, 오징어, 쭈꾸미, 새우를 볶다가 양파, 당근, 애호박, 가지를 넣어서 볶은 뒤 밥과 호이신 소스를 넣어 마지막으로 볶아서 해산물 쿠스쿠스를 만들어 준다.
⑤ 프라이팬에 오일을 두르고 삼치에 칼집을 내어 소금 간을 해 구워 준다.

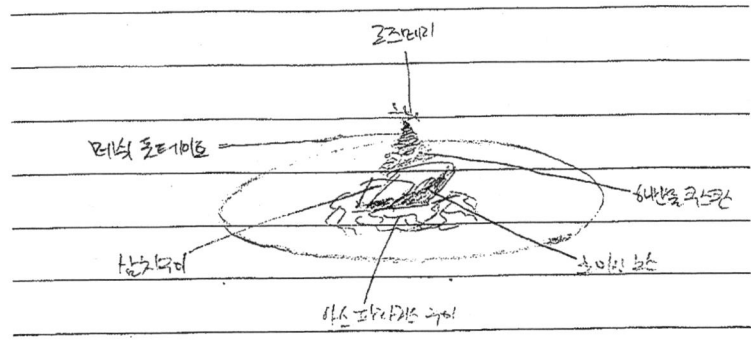

해산물

체리 소스를 곁들인 갈릭 참치구이와 마카로니 샐러드 그리고 해물 크림 리소토와 웨지 감자튀김

■■──── 재료 ────■■

참치, 오징어, 쭈꾸미, 새우, 홍합, 체리 퓌레, 레몬주스, 바닐라빈, 마카로니, 마요네즈, 설탕, 파슬리 가루, 옥수수콘, 마늘, 양파, 쌀, 당근, 애호박, 가지, 우유, 휘핑크림, 감자, 올스파이스, 소금, 올리브오일

■■■──── 만드는 방법 ────■■■

① 프라이팬이나 냄비에 체리 퓌레와 레몬주스, 바닐라빈을 넣어서 졸여 체리 소스를 만들어 준다.
② 마카로니는 삶은 뒤, 옥수수콘과 양파 다진 것을 넣고 마요네즈, 설탕, 파슬리 가루를 섞어서 마카로니 샐러드를 만들어 준다.
③ 감자는 웨지형으로 썰거나 웨지형 냉동감자를 이용해 튀긴 다음, 올스파이스, 소금, 후추, 파슬리 가루를 넣어서 섞어 웨지 감자 튀김을 만들어 준다.
④ 프라이팬에 올리브오일을 두르고 오징어, 쭈꾸미, 새우, 홍합을 넣어서 볶다가 우유, 휘핑크림, 파슬리 가루, 소금, 후추, 밥을 넣고 졸여서 해물 크림 리소토를 만들어 준다.
⑤ 프라이팬에 올리브오일을 두르고 마늘 찹한 것을 넣은 뒤, 참치를 넣고 구워서 미디엄 정도로 익혀 갈릭 참치구이를 만들어 준다.
⑥ 체리 소스를 깔은 뒤, 갈릭 참치구이를 올리고 어린잎 채소를 올린 뒤, 사이드에 웨지 감자, 샐러드, 리소토를 올려 마무리해 준다.

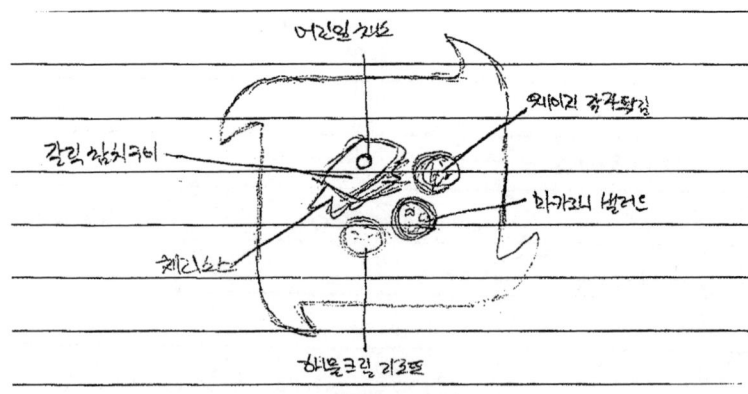

오늘의 양식

해물 크림소스에 어우러진 고구마 라자냐와 감자 라자냐 그리고 고르곤졸라 치즈 & 오렌지 제스트

■■──── 재료 ────■■

홍합, 꽃게, 새우, 오징어, 마늘, 양파, 양송이버섯, 우유, 휘핑크림, 슬라이즈 치즈, 바질, 고구마, 카망베르 치즈, 피자치즈, 감자, 고르곤졸라 치즈, 오렌지, 설탕, 어린잎 채소, 소금, 후추, 올리브오일

■■■──── 만드는 방법 ────■■■

① 오렌지는 얇게 채 썰어서 프라이팬이나 냄비에 물과 설탕을 넣어서 설탕에 묻게끔 글레이징하여 오렌지 제스트를 만들어 준다.
② 마늘, 양파, 당근, 샐러리를 다져서 프라이팬에 넣어 볶다가 냄비에 넣어 토마토홀 으깬 것과 물 또는 야채스톡과 월계수잎, 정향, 통후추, 설탕, 소금을 약간 넣어서 토마토소스를 만들어 준다.
③ 고구마와 감자는 직사각형으로 편 썰어서 프라이팬에 버터를 넣고 구운 뒤, 토마토소스를 층층이 바르고 피자치즈를 부려서 180°C 오븐에 5분 정도 구워서 고구마 라자냐와 감자 라자냐를 만들어 준다.
④ 고르곤졸라 치즈는 길게 자르고, 프라이팬에 올리브오일과 마늘, 양파찹을 넣고 한 번 더 볶은 뒤 우유와 휘핑크림, 슬라이스 치즈, 바질, 카망베르 치즈, 소금, 후추를 넣어서 해물 크림소스를 만들고 고구마 & 감자 라자냐와 고르곤졸라 치즈, 오렌지 제스트로 마무리한다.

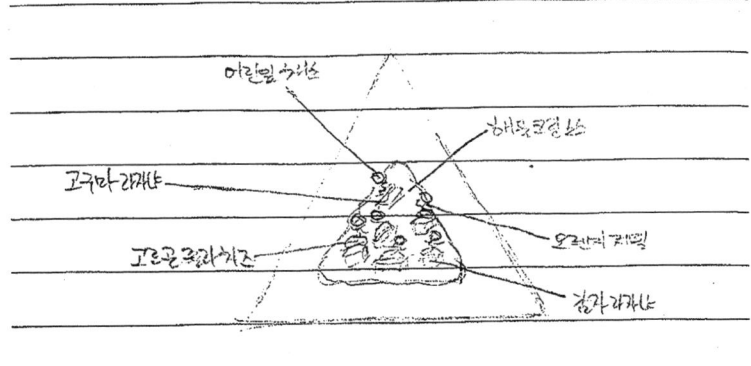

해산물

해물 크림 리소토에 어우러진 토마토 랭군과 바질 페스토 그리고 매시트 스위트포테이토 & 빠네

■■── **재료** ──■■

홍합, 꽃게, 새우, 오징어, 마늘, 양파, 팽이버섯, 청경채, 쌀, 우유, 휘핑크림, 토마토홀, 바질, 춘권피, 잣, 올리브오일, 고구마, 파슬리 가루, 생크림, 밀가루, 슬라이스 치즈, 계란, 소금, 후추

■■■── **만드는 방법** ──■■■

① 믹서에 바질, 잣, 올리브오일, 마늘, 소금, 후추를 넣고 믹싱하여 바질 페스토를 만들어 준다.
② 밀가루, 물, 올리브오일을 섞어서 프라이팬에 넣어 구워서 빠네를 만들어 준다.
③ 고구마는 쪄서 으깬 다음에 생크림, 소금, 후추, 파슬리 가루를 넣어서 믹싱한 뒤 짤주머니에 넣어서 오븐 팬에 소프트아이스크림 모양으로 짠 뒤 오븐에 구워 준다.
④ 춘권피에 토마토홀과 바질 그리고 소금, 후추를 넣어서 달걀노른자로 봉합하여 180°C 기름에 튀겨 토마토 랭군을 만들어 주고 쌀로 꼬들한 밥을 지어 준다.
⑤ 프라이팬에 올리브오일을 두르고 마늘 다진 것과 홍합, 꽃게, 새우, 오징어를 넣고 볶다가 양파, 슬라이스, 팽이버섯을 넣고 한 번 더 볶다가 우유, 휘핑크림, 밥, 슬라이스 치즈, 청경채, 소금, 후추로 간을 하여 해물 크림 리소토를 만들어 준다.

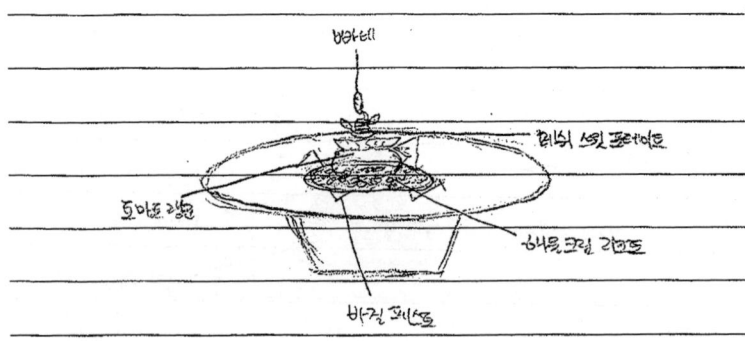

오늘의 양식

시금치 소스를 곁들인 구운 관자와 야채 처트니 & 한라봉 살사

■■──── 재료 ────■■

관자, 시금치, 우유, 생크림, 설탕, 마늘, 양파, 당근, 애호박, 가지, 새송이버섯, 토마토 페이스트, 한라봉, 레몬주스, 설탕, 식초, 크레송, 로즈메리, 소금, 후추, 버터, 올리브오일

■■■──── 만드는 방법 ────■■■

① 한라봉을 작은 한입 크기로 썰어서 레몬주스, 설탕, 식초를 뿌려 섞어서 한라봉 살사를 만들어 준다.
② 마늘은 다지고, 양파, 당근, 애호박, 가지, 새송이버섯은 스몰 다이스로 썬 뒤, 프라이팬에 오일을 두르고 손질한 야채를 볶다가 토마토 페이스트와 소금, 후추 간을 하여 야채 처트니를 만들어 준다.
③ 믹서에 시금치와 우유를 넣고 간 뒤, 냄비로 옮겨서 생크림과 소금, 후추를 넣어서 끓여 시금치 소스를 만들어 준다.
④ 프라이팬에 버터를 넣고 관자를 구우면서 화이트 와인으로 플람베하여 관자구이를 만들어 준다.
⑤ 움푹 파인 곳에는 시금치 소스와 구운 관자 그리고 크레송을 올리고 그 반대편에는 몰더에 담은 한라봉 살사와 로즈메리를 올리고 사이드에 야채 처트니를 곁들여 마무리해 준다.

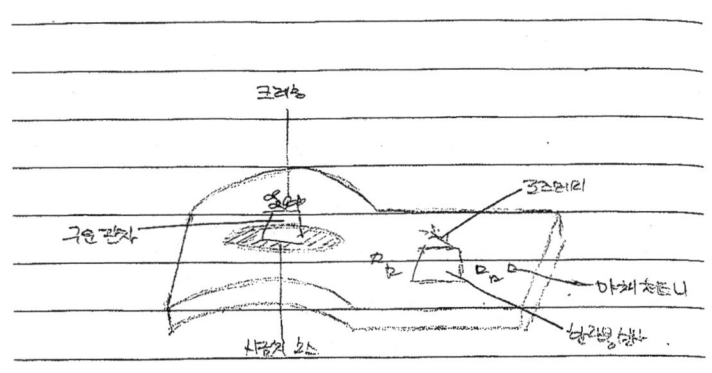

해산물

블루베리 클리에를 얹은 관자와 양송이버섯 그리고 겨자 비네그레트

■■── 재료 ──■■

관자, 블루베리, 레몬주스, 건포도, 건자두, 가지, 소금, 후추, 올리브오일, 양송이버섯, 머스타드, 식초, 설탕, 샬롯, 치커리, 버터, 화이트 와인

■■■── 만드는 방법 ──■■■

① 머스타드, 식초, 설탕, 올리브오일, 소금, 후추를 볼에다가 담아 휘퍼로 섞어서 겨자 비네그레트를 만들어 준다.
② 양송이버섯은 슬라이스하여 프라이팬에 버터를 넣고 소금, 후추 간을 하여서 구워 준다.
③ 블루베리, 건포도, 건자두, 가지 스몰 다이스한 것과 레몬주스, 올리브오일, 소금, 후추를 약간씩 넣어 섞어서 블루베리 클리에를 만들어 준다.
④ 프라이팬에 버터를 넣고 관자를 구우면서 화이트 와인으로 플럼베하여 관자구이를 만들어 준다.
⑤ 겨자 비네그레트를 지그재그로 뿌린 뒤 관자구이와 양송이구이를 올리고 블루베리 클리에와 샬롯 & 치커리로 가니시하여 마무리한다.

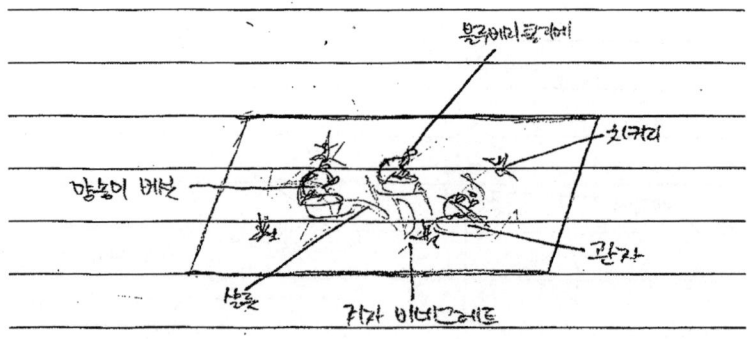

오늘의 양식

레몬 비네그레트를 곁들인 도미와 감자구이
그리고 체리토마토와 오렌지 제스트

■■―――― **재료** ――――■■

도미, 감자, 레몬, 레몬주스, 설탕, 식초, 화이트 와인, 체리토마토, 오렌지, 설탕, 차이브, 소금, 후추, 올리브오일, 버터

■■■―――― **만드는 방법** ――――■■■

① 오렌지는 껍질만을 이용하여 줄리엔한 뒤 프라이팬에 버터와 설탕을 넣어서 볶아 오렌지 제스트를 만들어 준다
② 레몬을 웨지형으로 썰어서 레몬주스, 설탕, 식초, 화이트 와인, 올리브오일, 소금, 후추를 볼에 담아 섞어서 레몬 비네그레트를 만들어 준다.
③ 프라이팬에 버터를 넣고 감자와 도미를 소금과 후추로 간하여 차례대로 구워 준다.
④ 중앙에 감자구이와 도미구이를 층층이 쌓은 뒤 상단 부분에 체리토마토와 오렌지 제스트를 올리고 차이브로 가니시한 뒤 사이드에는 레몬 비네그레트로 마무리 하여 준다.

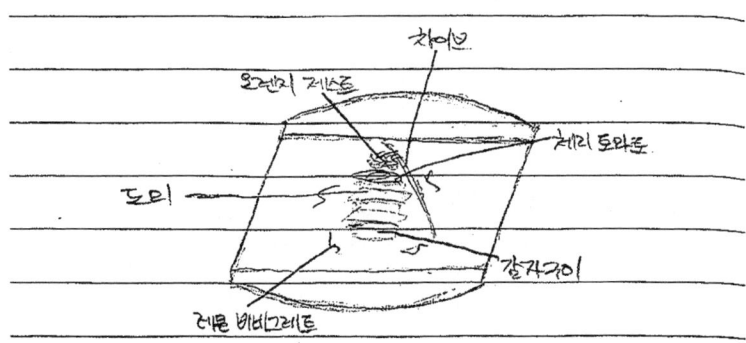

해산물

파프리카와 처빌로 속을 채운 새우 룰라드와 발사믹 소스 그리고 타라곤 페스토

■■ ── 재료 ── ■■

새우, 파프리카, 처빌, 발사믹 식초, 꿀, 타라곤, 잣, 마늘, 피클, 쑥갓, 브뤼셀 스프라웃,
소금, 후추, 올리브오일, 화이트와인

■■■ ── 만드는 방법 ── ■■■

① 믹서에 타라곤, 잣, 마늘, 올리브오일, 소금, 후추를 넣어서 믹싱하여 타라곤 페스트를 만들어 준다.
② 냄비에 발사믹 식초와 꿀을 넣어 주어서 발사믹 소스를 만들어 준다.
③ 파프리카(빨강, 노랑, 초록)는 슬라이스하여 데치고 처빌과 브뤼셀 스프라웃도 따로 데쳐준다.
④ 새우를 넓게 펼쳐서 소금, 후추, 화이트 와인으로 밑간 및 마리네이드하여 데친 파프리카와 처빌을 넣어 속을 채운 뒤 말아서 180°C 오븐에 10분 정도 구워 준다.
⑤ 중앙을 가로지르며 붓펜으로 발사믹 소스를 칠하여 새우 룰라드와 피클, 브뤼셀 스프라웃 쑥갓으로 가니시를 한 뒤 사이드에 타라곤 페스트를 뿌려서 마무리한다.

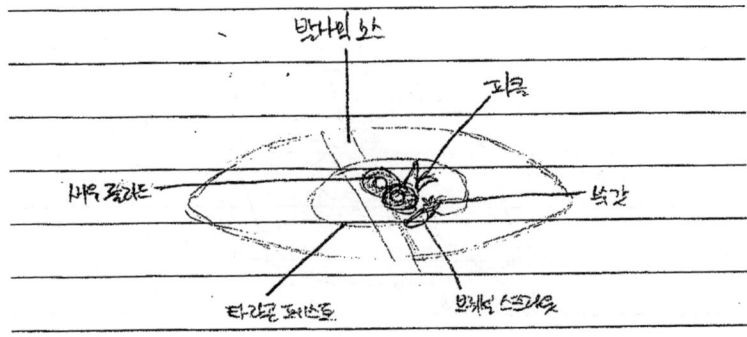

말린 대구 블랑다르 퀜넬에 망고 소스 그리고 레몬 & 제스트 핑크 페퍼콘

■■─── 재료 ───■■

대구, 생크림, 레몬주스, 화이트 와인, 딜, 망고 퓌레, 레몬버터, 설탕, 핑크 페퍼콘, 소금, 후추

■■■─   ─■■■

만드는 방법

① 레몬을 껍질만을 이용하여 줄리엔한 뒤 프라이팬에 버터와 설탕을 넣어서 볶아 오렌지 제스트를 만들어 준다.
② 팬에 화이트 와인을 졸이다가 핑크페퍼콘과 소금 후추를 넣어 졸여 준다.
③ 망고 퓌레를 프라이팬이나 냄비에 넣어서 졸여 망고 소스를 만들어 준다.
④ 대구살은 생크림 소금과 레몬주스 화이트 와인을 넣고 믹서에 곱게 갈아준 뒤 다진 딜을 넣어 준다.
⑤ 곱게 갈아놓은 대구살을 퀜넬 스푼 2개를 이용해 퀜넬 형태로 만들어 준다.
⑥ 중앙에 망고 소스를 깔고 대구 블랑다르 퀜넬을 3개 만들어 올린 뒤 레몬 제스트로 가니시하고 사이드에 핑크 페퍼콘을 뿌려서 마무리해 준다.

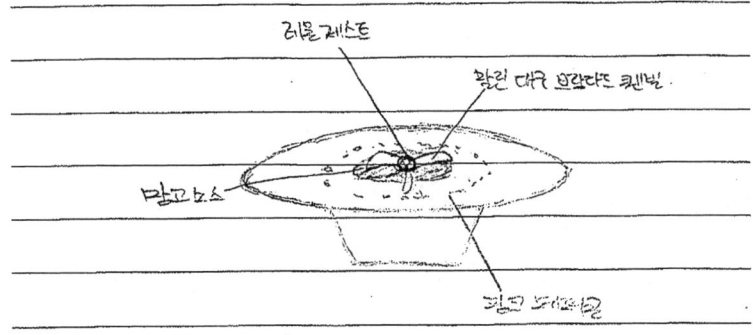

해산물

타라곤을 입힌 관자와 파프리카 소스
그리고 파르메산 치즈를 곁들인 시저 샐러드

■■── 재료 ──■■

관자, 타라곤, 파프리카(빨강, 노랑), 토마토, 레몬주스, 식초, 올리브, 오일, 소금, 후추, 파르메산, 치즈, 로메인상추, 베이컨, 식빵, 계란, 레드 와인 비니거, 앤초비, 겨자, 대파

■■■── 만드는 방법 ──■■■

① 팬에 올리브오일을 두르고 마늘 편 썬 것을 볶다가 스몰 다이스한 식빵을 넣어서 팬프라밍하여 마늘 크루통을 만들어주고 대파는 얇게 줄리엔하여 준다.
② 로메인상추를 한입 크기로 자르고 양파와 파프리카는 줄리엔하고 베이컨도 한입 크기도 썰어서 프라이팬에 구워 준다.
③ 둥근 볼에 달걀노른자, 레몬주스, 레드 와인 비니거, 다진 앤초비, 마늘, 양파, 겨자를 넣고 저은 뒤 오일을 조금씩 넣어 휘핑하고 (2분 뒤) 손질한 재료와 크루통을 넣고 파르메산 치즈를 뿌려 시저 샐러드를 만들어 준다.
④ 토마토와 노랑 파프리카는 스몰 다이스로 썰고 빨강 파프리카와 올리브오일, 식초, 레몬주스, 소금, 후추를 넣고 믹서로 믹싱하여 스몰 다이스한 재료와 섞어서 파프리카 소스를 만들어 준다.
⑤ 줄리엔한 대파를 중앙에 놓고 판자를 올린 뒤 사이드에 시저 샐러드를 담고 파프리카 소스를 뿌려서 마무리해 준다.

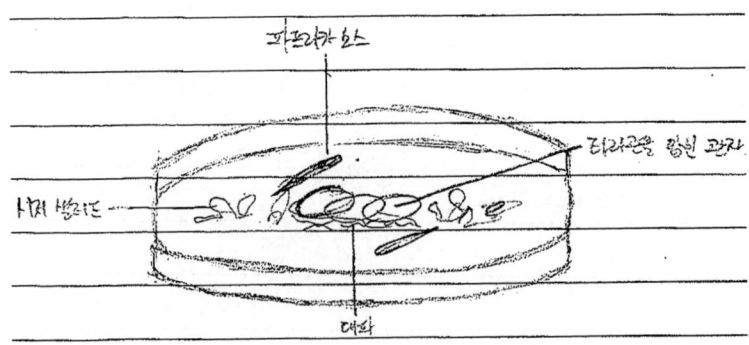

오늘의 양식

구운 연어와 단호박 퓌레
그리고 견과류와 겨자 비네그레트 & 민트 페스토

■■──── 재료 ────■■

연어, 단호박, 생크림, 버터, 아몬드, 호두, 건포도, 머스터드, 식초, 설탕, 민트, 마늘, 잣,
레몬주스, 소금, 후추, 올리브오일

■■■──── 만드는 방법 ────■■■

① 믹서에 민트, 잣, 마늘, 올리브오일, 소금 후추를 넣어서 믹싱하여 민트 페스토를 만들어 준다.
② 머스터드, 식초, 설탕, 올리브오일, 소금, 후추를 볼에다가 담아 휘퍼로 섞어서 겨자 비네그레트를 만들어 준다.
③ 단호박은 쪄서 으깬 다음에 볼에다가 담아 생크림, 버터를 넣고 휘퍼로 믹싱하여 단호박 퓌레를 만들어 준다.
④ 연어를 레몬주스와 소금, 후추로 마리네이드하여 프라이팬에 오일을 두르고 연어를 구워 준다.
⑤ 겨자 비네그레트와 민트 페스토를 지그재그로 뿌린 뒤 구운 연어를 올리고 단호박 퓌레를 얹은 뒤 견과류를 올려 가니시하여서 마무리해 준다.

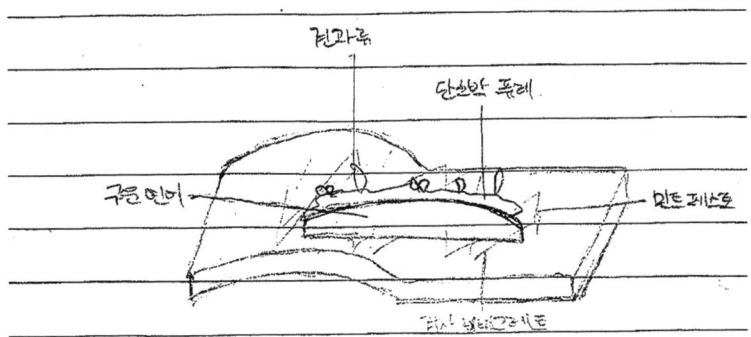

해산물

구운 도미와 야채 팀발 & 레몬 제스트
그리고 화이트 와인 비네그레트

■■──── 재료 ────■■

도미, 마늘, 양파, 당근, 애호박, 가지, 새송이버섯, 레몬, 설탕, 화이트 와인, 레몬주스, 식초, 케이퍼, 비타민, 베이비 비트잎, 소금, 후추, 버터, 올리브오일

■■■──── 만드는 방법 ────■■■

① 레몬은 껍질만을 사용해 줄리엔하여 프라이팬에 버터와 설탕을 넣어서 볶아 오렌지 제스트를 만들어 준다.
② 볼에다가 화이트 와인 레몬주스 식초 설탕을 넣고 휘퍼로 섞어서 화이트 와인 비네그레트를 만들어 준다.
③ 마늘을 다지고 양파, 당근, 애호박, 가지 새송이버섯을 스몰 다이스하여 프라이팬에 오일을 두르고 소금 후추 간하여 볶아서 원형 몰터에 담아 야채 팀발을 만들어 준다.
④ 프라이팬에 버터를 넣고 모디에 소금 후추 간을 하여 화이트 와인으로 플럼베하여 도미구이를 만들어 준다.
⑤ 접시 중앙에 야채 팀발을 담아서 구운 도미를 올린 뒤 레몬제스트를 올리고 사이드에 화이트 와인 비네그레트와 비타민 베이비 비트알으로 곁들어 마무리한다.

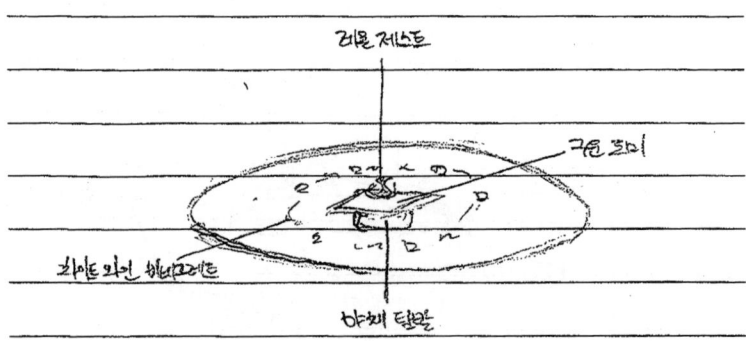

오늘의 양식

광어 타르타르와 야채 팀발 & 날치알 그리고 올리브 안티파스토

■■── 재료 ──■■

광어, 레몬주스, 올리브오일, 마늘, 양파, 애호박, 파프리카, 가지, 새송이버섯, 날치알, 올리브, 케이퍼, 발사믹 식초, 크레송, 소금, 후추

■■■── 만드는 방법 ──■■■

① 프라이팬에 올리브 케이퍼를 볶다가 올리브오일을 두르고 한 번 더 볶은 뒤 발사믹 식초를 부려 잠기도록 통 안에 담아 재워서 안티파스토를 만들어 준다.

② 마늘은 다지고 양파, 애호박, 파프리카, 가지, 새송이버섯을 스몰 다이스하여 프라이팬에 올리브오일을 두르고 소금 후추 간을 하여 볶아서 야채 팀발을 만들어 준다.

③ 광어는 3장 뜨기 하여서 껍질을 벗긴 뒤 다져서 레몬주스, 올리브오일, 소금, 후추로 간을 하여 섞어서 광어 타르타르를 만들어 준다.

④ 중앙에 원형 몰더를 놓고 야채 팀발을 깐뒤 광어 타르타르를 올리고 날치알을 올린 뒤 크레송을 올리고 사이드에 올리브 안티파스토를 곁들여 마무리한다.

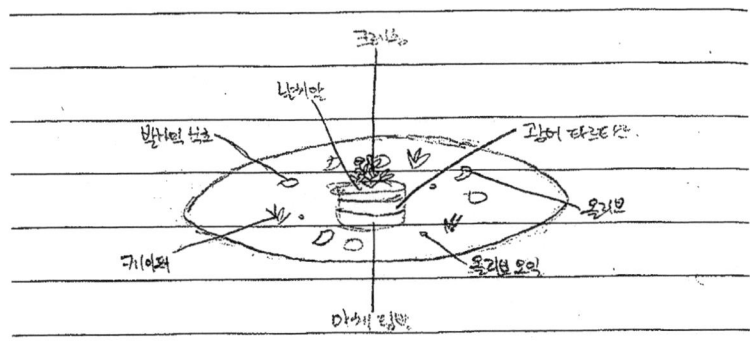

해산물

슈프림 소스와 레몬 비네그레트를 곁들여 연어로 말아낸 새우구이와 아스파라거스 그리고 레몬 제스트

■■── 재료 ──■■

연어, 새우, 치킨파우더, 밀가루, 버터, 생크림, 양송이, 양파, 레몬, 레몬주스, 식초, 화이트 와인, 사워크림, 딜, 케이퍼, 설탕, 아스파라거스, 버터, 처빌, 소금, 후추, 올리브오일

■■■── 만드는 방법 ──■■■

① 레몬은 껍질만을 사용해 줄리엔하여 프라이팬에 버터와 설탕을 넣고 볶아서 오렌지 제스트를 만들어 준다.
② 끓는 물에 치킨파우더를 넣어서 치킨스톡을 준비한 후 프라이팬에 버터와 밀가루를 넣고 볶아서 화이트 루를 만든 뒤 생크림과 스톡, 양송이버섯 양파 찹한 것을 넣어 끓여서 식혀 슈프림 소스를 만들어 준다.
③ 레몬을 웨지 형태로 잘라서 레몬주스, 식초, 화이트 와인을 볼에 담아 섞어서 레몬 비네그레트를 만들어 준다.
④ 프라이팬에 버터를 넣고 아스파라거스와 레몬주스, 소금 후추로 간하여 구워서 아스파라거스구이를 만들어 준다.
⑤ 새우는 내장을 제거한 2마리를 준비하고 살은 다져서 사워크림과 케이퍼를 섞어서 연어에 발라서 새우에 말아서 180°C 오븐에서 6~18분 정도 구워 준다.

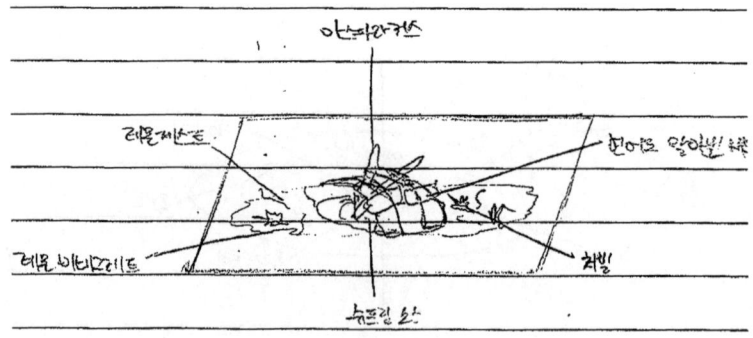

관자구이와 단호박 라비올리 & 야채 처트니
그리고 처빌 페스토와 새우구이 & 안티파스토

■■── **재료** ──■■

관자, 새우, 버터, 단호박, 밀가루, 계란, 물, 마늘, 양파, 파프리카, 리코타 치즈, 처빌, 잣, 발사믹 식초, 새송이버섯, 올리브, 크레송, 당근, 애호박, 가지, 소금, 후추, 올리브오일

■■■── **만드는 방법** ──■■■

① 믹서에 처빌, 잣, 마늘, 올리브오일, 소금 후추를 넣어서 믹싱하여 처빌 페스토를 만들어 준다.
② 프라이팬에 양파, 파프리카, 올리브, 새송이버섯 손질한 것을 볶다가 올리브오일을 넣고 한 번 더 볶은 뒤 발사믹 식초를 뿌려 잠기도록 통 안에 담아 재워서 안티파스토를 만들어 준다.
③ 단호박을 쪄서 으깨고 볼에다가 밀가루, 계란 노른자, 물, 소금간을 하여 반죽을 한 뒤 30분간 냉장휴지를 시켜서 꺼내어 얇게 펼쳐서 정사각형인 몰더로 찍은뒤 단호박, 마늘, 양파, 파프리카, 리코타 치즈 다진 것과 소금, 후추로 간을 하여서 반죽 안에 넣고 덮어서 끓는 물에 10분간 삶아서 라비올리를 만들어 준다.
④ 마늘은 찹하고 양파, 당근, 애호박, 가지를 프라이팬에 오일을 두르고 소금, 후추로 간을 하여 볶아서 야채 처트니를 만들어 준다.
⑤ 프라이팬에 버터를 넣고 새우에 소금 후추 간을 하여 구운 뒤 관자에 소금, 후추로 간을 하여 관자구이를 만들어 준다.

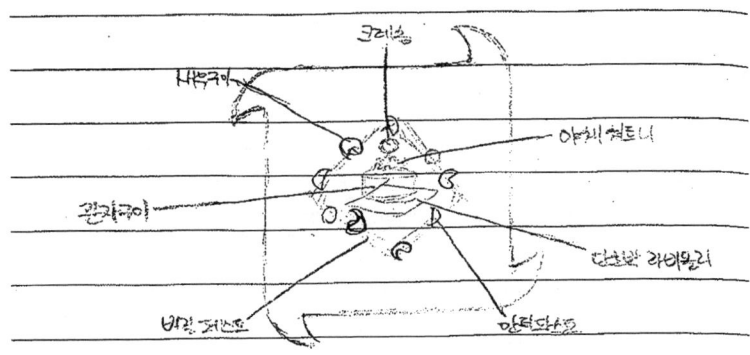

해산물

데리야끼로 글레이징한 삼치구이와
매시트 스위트포테이토
그리고 아스파라거스 구이와 오렌지 제스트 & 라즈베리

■■── 재료 ──■■

삼치, 간장, 설탕, 마늘, 양파, 대파, 계피, 고구마, 생크림, 버터, 아스파라거스, 오렌지, 설탕, 라즈베리, 베이비 비트잎, 소금, 후추, 올리브오일

■■■── 만드는 방법 ──■■■

① 오렌지는 껍질만을 얇게 줄리엔하여 프라이팬에 버터와 설탕을 넣고 볶아서 오렌지 제스트를 만들어 준다.
② 고구마는 쪄서 으깬 다음에 생크림과 버터 소금 간을 하여서 섞은 뒤 짤주머니에 넣어 오븐팬에 소프트아이스크림 모양으로 짜서 5분 구워 매시트 스위트포테이토를 만들어 준다.
③ 프라이팬에 버터를 넣고 아스파라거스에 소금, 후추 간을 하여 구워서 아스파라거스 구이를 만들어 준다.
④ 냄비에 물, 간장, 설탕, 마늘, 양파, 대파, 계피 넣고 은근히 끓여서 데리야끼 소스를 만든 뒤 삼치를 소금, 후추 간을 하여 프라이팬에 바짝 구워서 데리야끼에 글레이징하여 삼치구이를 만들어 준다.
⑤ 중앙 쪽에 삼치구이 위에 매시트 스위트포테이토를 올리고 사이드에 아스파라거스구이와 오렌지 제스트, 그리고 라즈베리를 곁들여서 마무리해 준다.

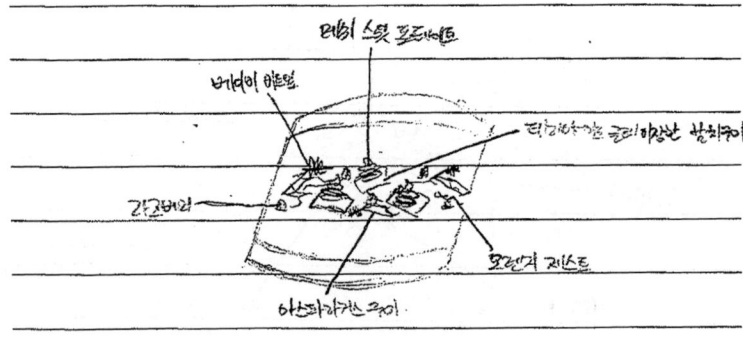

오늘의 양식

해물 크림 파르팔레와 레쉬 펌킨 그리고 도미구이와 양파 처트니 & 레몬 제스트

■■ ── **재료** ── ■■

새우, 오징어, 홍합, 쭈꾸미, 우유, 휘핑크림, 파르팔레, 단호박, 생크림, 버터, 도미, 마늘, 양파, 당근, 애호박, 가지, 토마토 페이스트, 레몬, 설탕, 처빌, 잣, 차이브, 소금, 후추, 올리브오일

■■■ ── **만드는 방법** ── ■■■

① 레몬은 껍질만을 사용하여 얇게 줄리엔한 뒤 프라이팬에 버터와 설탕 그리고 오렌지 줄리엔을 볶아서 제스트를 만들어 준다.

② 믹서에 처빌, 잣, 마늘, 올리브오일, 소금, 후추를 넣어서 믹싱하여 처빌 페스토를 만들어 준다.

③ 단호박을 쪄서 으깬 다음에 생크림, 버터를 넣고 소금 간을 하여서 섞어 짤주머니에 넣은 뒤 오븐 팬에 소프트아이스크림 모양으로 짜서 5분간 구워 매시트 펌킨을 만들어 준다.

④ 마늘은 찹하고 양파, 당근, 애호박, 가지는 스몰 다이스하여 프라이팬에 오일을 두르고 야채를 볶다가 토마토 페이스트 조금과 소금 후추 간을 하여서 볶아 야채 처트니를 만들어 준다.

⑤ 끓는 물에 파르팔레는 삶고 마늘 양파 애호박을 슬라이스하여 주고 프라이팬에 오일을 넣은 뒤 해산물을 볶다가 손질한 야채를 넣고 볶아서 파르팔레에 우유, 휘핑크림, 소금 후추 간을 하여주어 해물 크림 파르팔레를 만들어 주고 프라이팬에 버터를 넣고 도미를 구워 준다.

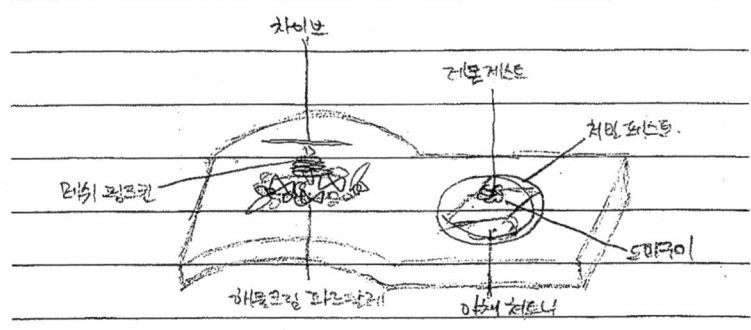

해산물

카타이피면으로 감싼 대하구이와 크림 루오테 & 단호박
그리고 바질 페스토와 방울토마토 퓌레

■■── 재료 ──■■

대하, 카타이피면, 마늘, 양파, 양송이버섯, 파프리카, 브로콜리, 루오테, 우유, 휘핑크림,
단호박, 바질, 잣, 방울토마토, 크레송, 소금, 후추, 설탕, 올리브오일

■■■── 만드는 방법 ──■■■

① 믹서에 바질, 잣, 마늘, 소금, 후추, 올리브오일을 넣어서 믹싱하여 바질 페스토를 만들어 준다.
② 방울토마토는 설탕을 조금 뿌려서 180°C 오븐에 5분간 구운 뒤 꺼내어서 칼로 내리쳐 퓌레 형태처럼 만들어 준다.
③ 단호박은 직육면체로 썰어서 180°C 오븐에서 5분간 구워 단호박 구이를 만들어 준다.
④ 루오테는 삶은 뒤 마늘, 양파, 양송이버섯을 슬라이스하여 프라이팬에 오일을 두르고 손질한 야채와 브로콜리를 볶다가 우유와 휘핑크림을 넣고 루오테에 소금 후추 간을 하여 볶아서 크림 루오테를 만들어 준다.
⑤ 대하에 소금 후추 간을 하여서 카타이피면으로 감싸서 180°C 기름에서 튀겨 준다.
⑥ 중앙에 크림 루오테를 깔고 카타이피면으로 감싼 대하구이를 올린 뒤 방울토마토 퓌레와 크레송을 올리고 바질 페스토를 곁들어 마무리해 준다.

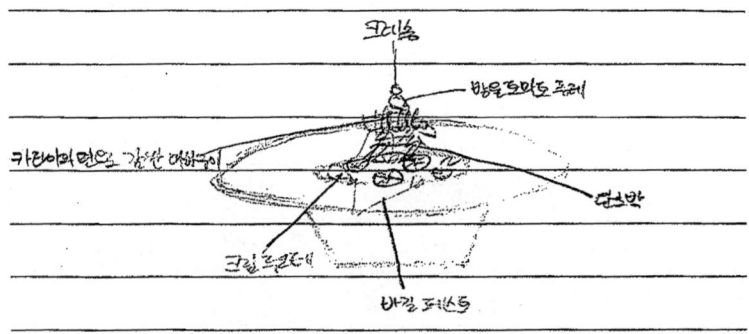

도미구이와 감자 퓌레 그리고 아스파라거스구이와 크림 루오테 & 오렌지 제스트

■■── 재료 ──■■

도미, 감자, 생크림, 파슬리 가루, 아스파라거스, 레몬주스, 버터, 루오테, 마늘, 양파, 우유, 휘핑크림, 오렌지, 설탕, 소금, 후추, 올리브오일

■■■── 만드는 방법 ──■■■

① 오렌지는 껍질만을 사용하여 얇게 줄리엔한 뒤 프라이팬에 버터와 설탕 그리고 오렌지 줄리엔을 볶아서 제스트를 만들어 준다.
② 감자는 쪄서 으깨어 생크림과 소금 후추로 간을 하여서 파슬리 가루를 넣어서 섞어 감자 퓌레를 만들어 준다.
③ 프라이팬에 버터를 넣고 아스파라거스와 레몬주스, 소금, 후추로 간을 하여서 구워 아스파라거스구이를 만들어 준다.
④ 루오테는 삶아서 프라이팬에 오일을 두르고 마늘 양파 찹한 것을 볶다가 루오테와 우유, 휘핑크림을 넣어서 볶아 크림 루오테를 만든다.
⑤ 도미는 3장 뜨기하여서 한입 크기보다 조금 크게 썰어서 칼집을 낸 뒤 소금 후추 간을 하여서 프라이팬에 버터를 넣고 구워서 도미구이를 만들어 준다.
⑥ 도미구이를 군데군데 놓고 감자 퓌레와 크림 루오테를 올린 뒤 사이드에 아스파라거스와 오렌지를 곁들어 마무리한다.

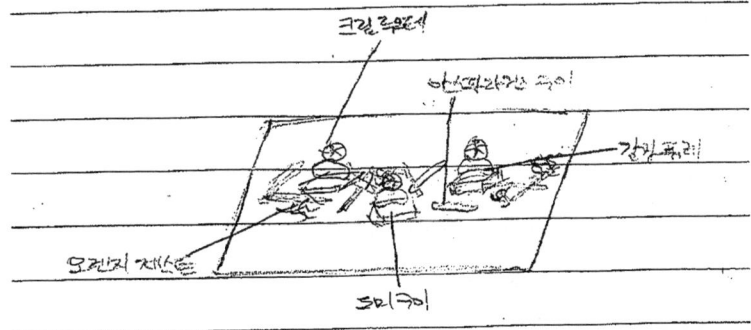

해산물

바질 페스토에 어우러진 쉬림프 라자냐와 가지, 페페로니 피자 그리고 포테이토 빠찌엔느

■■──── 재료 ────■■

새우, 마늘, 양파, 당근, 샐러리, 토마토홀, 월계수잎, 정향, 통후추, 버터, 피자치즈, 양송이 버섯, 바질, 잣, 가지, 페페로니, 피망, 올리브오일, 오레가노, 감자, 크레송, 소금, 후추

■■■──── 만드는 방법 ────■■■

① 믹서에 바질, 잣, 마늘, 소금, 후추, 올리브오일을 넣고 믹싱하여 바질 페스토를 만들어 준다.
② 감자는 얇게 줄리엔하여 180°C 기름에 튀겨서 포테이토 빠찌엔느를 만들어 준다.
③ 프라이팬에 버터를 넣고 슬라이스한 가지에 소금 후추 간을 하여 구워 준다.
④ 프라이팬에 오일을 두르고 마늘, 양파, 당근, 샐러리를 볶다가 냄비로 옮겨서 토마토홀, 물, 월계수잎, 정향, 통후추, 소금, 후추, 설탕을 넣어 간을 하여 끓여서 토마토소스를 만들어 준다.
⑤ 구운 가지에 토마토소스를 바른 뒤 양송이버섯, 페페로니, 피망, 올리브 슬라이스 한 것을 올리고 피자치즈와 오레가노를 부려서 180°C 오븐에서 5분간 구워 가지 페페로니 피자를 만들어 준다.
⑥ 새우는 반을 갈라 소금, 후추로 간을 하여 프라이팬에 버터를 넣고 구워서 토마토소스와 양파, 양송이, 피자치즈를 넣어 180°C 오븐에 구워 준다.

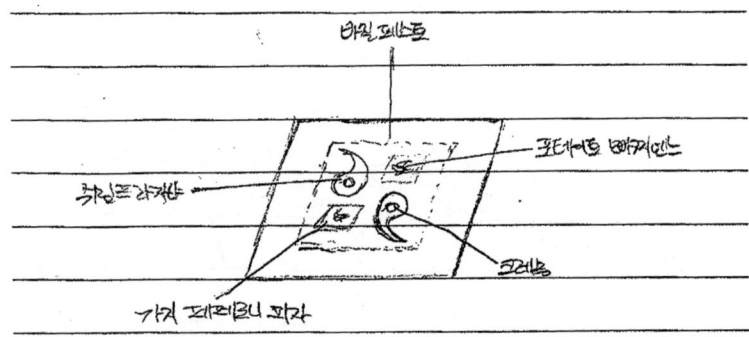

연어 스테이크와 단호박 퓌레 & 견과류
그리고 카망베르 토마토 파르팔레

■■── 재료 ──■■

연어, 버터, 단호박, 생크림, 건포도, 호두, 아몬드, 당면, 카망베르 치즈, 파르팔레, 토마토홀, 마늘, 양파, 당근, 샐러리, 월계수잎, 정향, 통후추, 설탕, 피망, 소금, 후추, 올리브오일

■■■── 만드는 방법 ──■■■

① 단호박을 쪄서 으깬 다음에 생크림과 소금 후추를 넣고 믹싱하여 단호박 퓌레를 만들어 준다.
② 프라이팬에 오일을 두르고 마늘, 양파, 당근, 샐러리를 볶다가 냄비에 옮겨서 물과 토마토홀, 월계수잎, 정향, 통후추, 설탕, 소금, 후추를 넣고 끓여서 토마토소스를 만들어 준다.
③ 파르팔레는 삶은 뒤 마늘 양파는 찹하여서 프라이팬에 오일을 두르고 마늘 양파 찹한것과 파르팔레 피망을 볶다가 물 또는 야채스톡 그리고 토마토소스와 카망베르 치즈, 소금, 후추를 넣어서 볶아 카망베르 토마토 파르팔레를 만들어 준다.
④ 프라이팬에 버터를 넣고 손질한 연어에 소금과 후추를 부려서 구워 연어 스테이크를 만들어 준다.
⑤ 당면을 180°C 기름에 튀겨서 직경 3cm가 되게 잘라 준다.
⑥ 연어 스테이크를 사이드에 놓고 단호박 퓌레와 견과류를 올리고 중앙에 파르팔레와 어린 잎 채소로 마무리한다.

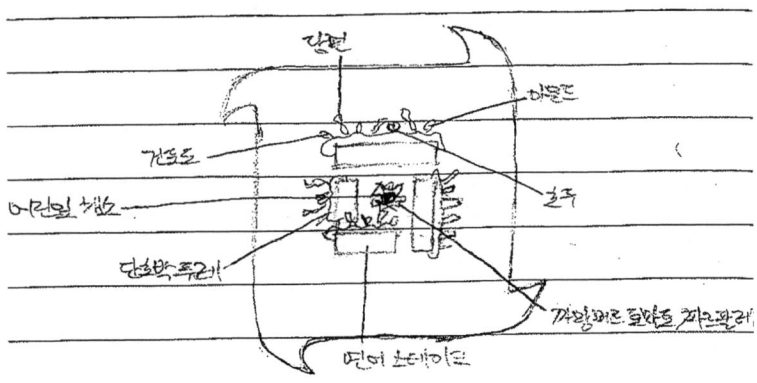

해산물

오징어 타코야끼와 레몬 제스트
그리고 문어 비네그레트 & 딜 페스토

■■──── 재료 ────■■

오징어, 마, 밀가루, 계란, 마늘, 양파, 가쓰오부시, 버터, 설탕, 문어, 레몬, 식초, 케이퍼, 샬롯, 청홍 파프리카, 딜, 잣, 크레송, 소금, 후추, 올리브오일

■■■──── 만드는 방법 ────■■■

① 믹서에 딜, 잣, 마늘, 올리브오일, 소금, 후추를 넣고 믹싱하여 딜 페스토를 만들어 준다.
② 레몬은 껍질만을 사용하여 얇게 줄리엔한 뒤 프라이팬에 버터와 설탕 그리고 레몬 줄리엔을 볶아서 제스트를 만들어 준다.
③ 문어는 다리만을 삶아서 3cm로 자르고 마늘 레몬은 찹하여 샬롯, 청홍 피망은 스몰 다이스로 잘라서 케이퍼와 레몬즙 식초 설탕을 넣어 섞어서 문어 비네그레트를 만들어 준다.
④ 오징어, 마늘, 양파를 큼직하게 찹하여 마와 밀가루, 계란을 넣고 소금, 후추를 간하여 되직하게 반죽하여 원 모양으로 만들어 180°C 기름에 튀겨 가쓰오부시를 올려 오징어 타코야끼를 만들어 준다.
⑤ 중앙에 오징어 타코야끼를 놓고 크레송을 올린 뒤 사이드에 문어 비네그레트와 딜 페스토, 레몬 제스트를 놓아 마무리한다.

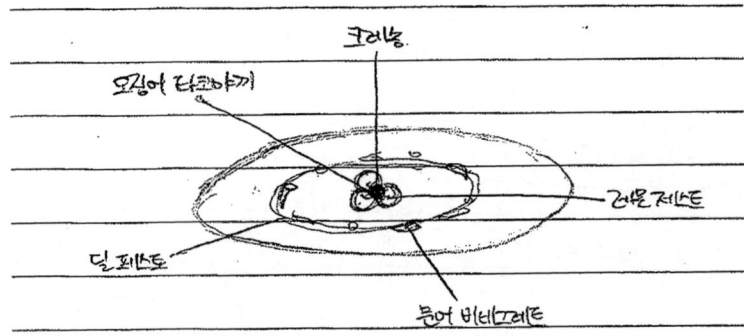

오늘의 양식

쉬림프 토마토 페투치네 누들과 모차렐라 치즈
그리고 레몬 파이와 딜 페스토

■■── 재료 ──■■

새우, 마늘, 양파, 피망, 표고버섯, 방울토마토, 페페론치노, 페투치네, 토마토홀, 당근, 샐러리, 월계수잎, 정향, 통후추, 설탕, 모차렐라 치즈, 밀가루, 버터, 계란, 우유, 딜, 잣, 비타민, 소금, 후추, 올리브오일

■■■── 만드는 방법 ──■■■

① 믹서에 딜, 잣, 마늘, 소금, 후추, 올리브오일을 넣고 믹싱하여 딜 페스토를 만들어 준다.
② 볼에다가 버터를 녹이고 계란과 소금을 넣어 섞은뒤 밀가루와 슈가파우더 레몬즙을 넣어서 반죽하여 파이 반죽을 만들어 30분간 냉장휴지 시킨다.
③ 레몬은 껍질만을 사용하여 얇게 줄리엔한 뒤 프라이팬에 버터와 줄리엔한 레본,설탕을 넣어 볶아 레몬 제스트를 만든 뒤 파이 반죽을 직육면체 몰더로 찍어서 레몬 웨지와 제스트를 올려서 180c 오븐에서 10~15분간 구워 레몬 파이를 만들어 준다.
④ 마늘, 양파, 당근, 샐러리를 찹하여 프라이팬에서 볶다가 냄비로 옮겨 물, 으깬 토마토홀, 월계수잎, 정향, 통후추, 설탕, 소금, 후추를 넣고 끓여서 토마토소스를 만들어 준다.
⑤ 페투치네를 삶아서 프라이팬에 오일을 두르고 마늘, 양파, 새우, 피망, 표고, 토마토, 페페론치노를 볶다가 물, 소스, 면을 넣어 볶아 완성한다.

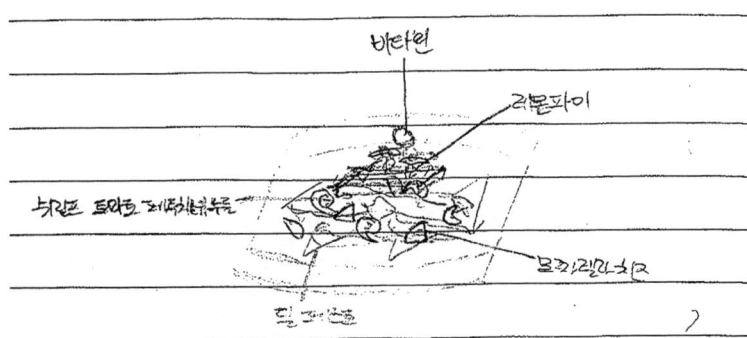

상하이 해물 볶음밥과 아스파라거스 제스트 그리고 크레페 샐러드와 안티파스토

■■── 재료 ──■■

오징어, 새우, 쭈꾸미, 꽃게, 마늘, 양파, 당근, 애호박, 숙주, 고추기름, 페페론치노, 굴소스, 청경채, 쌀, 아스파라거스, 버터, 설탕, 밀가루, 계란, 우유, 양상추. 사과, 배, 오렌지, 플레인 요구르트, 요플레, 양송이버섯, 피망, 발사믹 식초, 올리브오일, 어린잎 채소

■■■── 만드는 방법 ──■■■

① 아스파라거스는 껍질을 벗긴 뒤 얇게 줄리엔하여 프라이팬에 버터를 넣고 줄리엔 아스파라거스와 레몬주스, 설탕을 넣어서 볶아 아스파라거스 제스트를 만들어 준다.
② 프라이팬에 양송이버섯, 양파, 피망 깐 것을 볶다가 올리브오일 두르고 한 번 더 볶은 뒤 발사믹 식초를 부려 잠기게 통 안에 담아 재워서 안티파스토를 만들어 준다.
③ 양상추는 한입 크기로 찢은 뒤 사과, 배, 오렌지는 얇게 줄리엔하여 플레인 요구르트와 요플레를 섞어서 프라이팬에 버터를 넣고 밀가루, 계란, 우유로 만든 크레페 반죽을 넣어 구워서 샐러드를 넣어 말아서 크레페 샐러드를 만들어 준다.
④ 마늘은 찹하고 양파, 당근, 애호박은 스몰 다이스하여 프라이팬에 고추기름과 페페론치노, 오징어, 새우, 쭈꾸미, 꽃게를 넣어서 볶아 야채와 굴소스를 넣어서 볶아 상하이 해물 볶음밥을 만들어 준다.

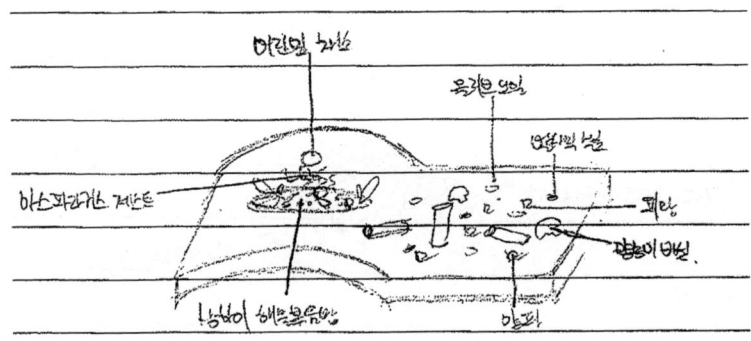

하드롤 속을 채운 연어 크림 리소토와 방울토마토 라자냐 그리고 바질 페스토

■■—— 재료 ——■■

연어, 마늘, 양파, 피망, 브로콜리, 방울토마토, 슬라이스 치즈, 버터, 우유, 휘핑크림, 하드롤, 피자치즈, 바질 가루, 파슬리 가루, 새송이버섯, 바질, 잣, 올리브오일, 소금, 후추

■■■—— 만드는 방법 ——■■■

① 믹서에 바질, 잣, 마늘, 올리브오일, 소금, 후추를 넣고 믹싱하여 바질 페스토를 만들어 준다.
② 하드롤을 브레드 칼로 윗부분을 자르고 속을 파낸 뒤 180°C 오븐에서 5분간 구워 준다.
③ 방울토마토를 얇게 슬라이스하여 피자치즈와 바질 가루, 파슬리 가루를 뿌려서 3층으로 겹쳐서 180c 오븐에서 3분간 구워 준다.
④ 마늘을 찹하고 양파, 피망, 브로콜리는 한입 크기로 썰어서 프라이팬에 버터를 넣고 연어를 굽다가 야채를 넣고 볶다가 밥과 우유, 휘핑크림, 슬라이스 치즈, 바질 가루, 파슬리 가루, 소금, 후추를 넣고 볶아서 연어 크림 리소토를 만들어 준다.
⑤ 하드롤 안에 연어 크림 리소토를 넣고 라자냐를 곁들인 뒤 베이비 비트잎을 올리고 사이드에 바질 페스토를 만들어 준다.

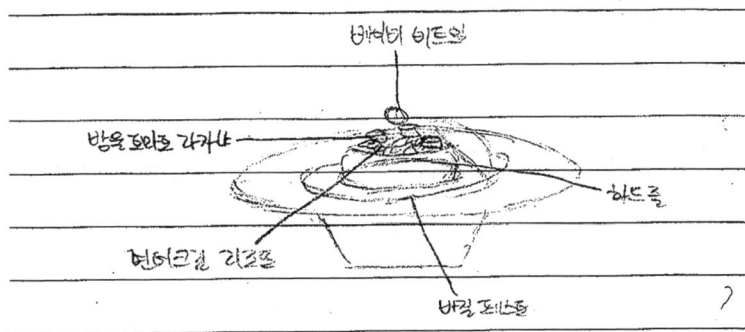

고르곤졸라 삼치구이와 단호박 라비올리
그리고 라즈베리와 민트 페스토

■■── 재료 ──■■

삼치, 고르곤졸라 치즈, 땅콩, 단호박, 밀가루, 계란, 물, 마늘, 양파, 파프리카, 리코타 치즈, 라즈베리, 비타민, 민트, 잣, 크레송, 방울토마토, 파슬리 가루, 소금, 후추, 올리브오일

■■■── 만드는 방법 ──■■■

① 믹서에 민트, 잣, 마늘, 올리브오일, 소금, 후추를 넣고 믹싱하여 민트 페스토를 만들어 준다.
② 단호박을 쪄서 으깬 다음에 밀가루, 계란, 단호박, 소금, 후추를 넣고 반죽하여 30분간 냉장 휴지를 시킨 뒤, 정사각형 몰더로 찍어서 중앙에 토마토 리코타 치즈, 마늘, 양파, 파프리카, 찹한 것과 소금 후추로 간하여 섞어서 속을 채워 덮은 뒤 라비올리를 만들어 준다.
③ 삼치는 한입 크기로 썰어서 속을 채워 덮은 뒤 고르곤졸라, 땅콩, 파슬리 가루를 뿌려서 180°C 오븐에서 5~10분간 구워 고르곤졸라 살치구이를 만들어 준다.
④ 고르곤졸라 삼치구이와 단호박 라비올리를 듬성듬성 놓은 뒤 라즈베리, 비타민, 크레송, 민트 페스토로 가니시하여 마무리한다.

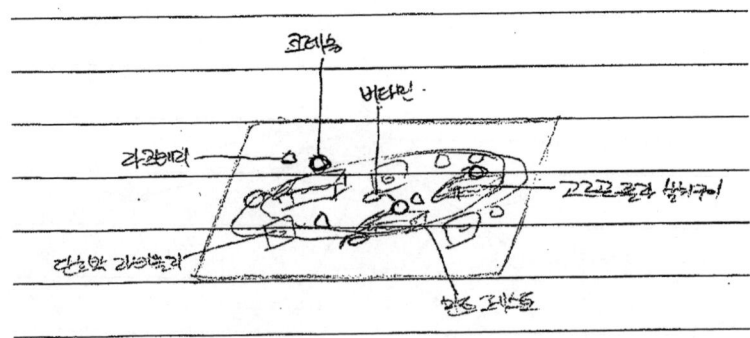

오늘의 양식

꽃게 크림 리소토에 어우러진 크림치즈볼과
토마토 브루스케타 그리고 딜 페스토

■■── **재료** ──■■

꽃게, 게살, 마늘, 양파, 피망, 양송이버섯, 브로콜리, 쌀, 우유, 휘핑크림, 크림치즈, 샐러리, 밀가루, 계란, 빵가루, 파슬리가루, 바질가루, 토마토, 올리브, 파르메산 치즈, 버터, 바게트, 딜, 잣, 어린잎 채소, 소금, 후추, 올리브오일

■■■── **만드는 방법** ──■■■

① 믹서에 딜, 잣, 마늘, 올리브오일, 소금, 후추를 넣고 믹싱하여 딜 페스토를 만들어 준다.
② 토마토는 (+) 모양으로 칼집을 내어서 끓는 물에 넣어 살짝 데쳐 껍질을 벗긴 뒤, 토마토, 마늘, 양파, 피망, 올리브, 파르메산 치즈를 다져서 소금 간을 하여주고 바게트는 버터와 마늘 찹을 섞어서 묻힌 뒤 180℃ 오븐에서 2분간 구워 토마토 처트니를 올려서 토마토 브루스케타를 만들어 준다.
③ 마늘, 양파, 샐러리를 찹하여 크림치즈와 혼합하여 작은 공 형태로 만들어서 밀가루, 계란, 빵가루, 파슬리 가루, 바질 가루를 묻혀서 180℃ 기름에 튀겨 크림치즈볼을 만들어 준다.
④ 밥을 짓고 마늘을 찹을 한 뒤 양파, 피망, 양송이버섯, 브로콜리는 한입 크기로 썰어서 프라이팬에 오일을 두르고, 마늘 찹과 꽃게 게살을 넣고 볶다가 손질한 야채를 넣어 함께 볶아서 우유, 휘핑크림을 넣고 밥에 소금, 후추로 간을 하여 볶아 파슬리, 바질 가루를 넣어 리소토를 만들어 준다.

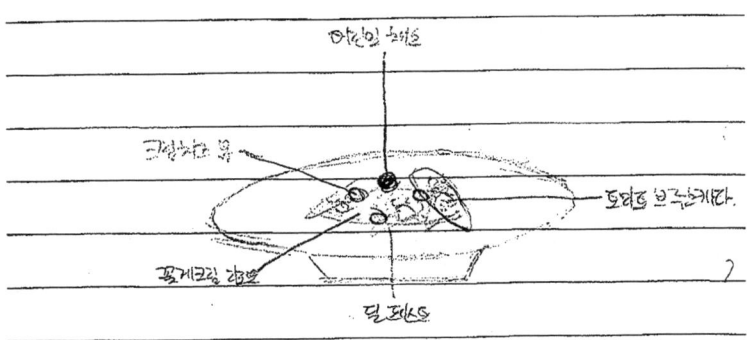

블루베리 클리에를 얹은 연어와 감자 크림치즈
그리고 견과류 파이와 바질 페스토 & 파프리카 페스토

■■──── 재료 ────■■

연어, 블루베리, 마늘, 로즈메리, 양파, 피망, 올리브, 레몬주스, 설탕, 식초, 감자, 생크림, 크림치즈, 파슬리가루, 호두, 아몬드, 건포도, 밀가루, 계란, 버터, 슈가파우더, 바질, 잣, 파프리카, 소금, 후추, 올리브오일

■■■──── 만드는 방법 ────■■■

① 믹서에 바질, 잣, 마늘, 올리브오일, 소금, 후추를 넣고 믹싱하여 바질 페스토를 만들어 준다.
② 믹서에 파프리카와 잣, 마늘, 올리브오일, 소금, 후추를 넣고 믹싱하여 파프리카 페스토를 만들어 준다.
③ 감자는 삶아서 으깨어 생크림, 크림치즈, 파슬리 가루를 넣고 소금 간을 하여 믹싱한 뒤 감자 크림치즈를 만들어 준다.
④ 마늘, 양파, 피망, 올리브, 로즈메리는 찹하여 블루베리, 레몬주스, 설탕, 식초를 혼합하여 블루베리 클리에를 만들어 준다.
⑤ 호두, 아몬드, 건포도는 프라이팬에 버터를 넣고 볶다가 설탕으로 글레이징한 뒤 볼에다가 버터를 녹여 밀가루, 계란, 슈가 파우더를 넣고 소금간을 하여 반죽을 한 뒤 30분간 냉장 휴지시켜 직사각형 몰더에 찍어서 견과류를 올린 뒤 180°C 오븐에서 10분간 구워 준다.
⑥ 견과류 파이를 중앙에 놓은 뒤 연어와 감자 크림치즈, 블루베리 클리에를 올리고 사이드에 바질 페스토, 파프리카 페스토를 곁들여 마무리해 준다.

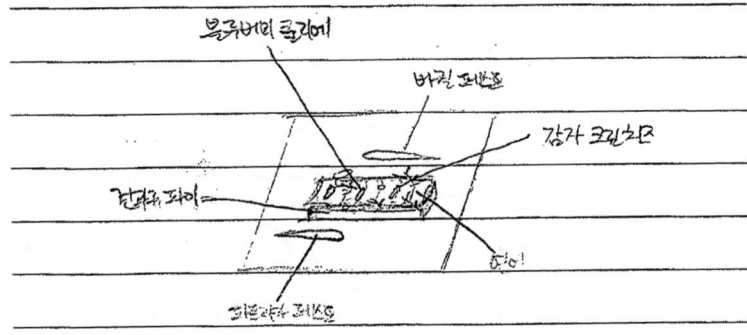

오늘의 양식

카스타피면으로 감싼 쉬림프와 애호박 라자냐
그리고 야채 처트니와 민트 페스토

■■──── 재료 ────■■

새우, 카스타피면, 애호박, 마늘, 양파, 당근, 샐러드, 토마토홀, 월계수잎, 정향, 통후추, 피자치즈, 버터, 가지, 양송이버섯, 토마토 페이스트, 방울토마토, 비타민, 민트, 잣, 소금, 후추, 올리브오일

■■■──── 만드는 방법 ────■■■

① 믹서에 민트, 잣, 마늘, 소금, 후추, 올리브오일을 넣고 믹싱하여 민트 페스토를 만들어 준다.
② 방울토마토에 (+) 모양 칼집을 내어서 끓는 물에 살짝 데친 다음 껍질 부분을 살짝 구워 복주머니 형태로 만들어 준다.
③ 마늘을 찹하고 양파, 당근, 가지, 양송이버섯은 스몰 다이스하여 프라이팬에 오일을 두르고 야채를 볶다가 토마토 페이스트와 소금, 후추를 넣어 볶아서 야채 처트니를 만들어 준다.
④ 마늘, 양파, 당근, 샐러리를 찹하여 프라이드팬에 오일을 넣고 볶다가 냄비로 옮겨 물 또는 스톡을 넣은 다음 으깬 토마토와 월계수잎, 정향, 통후추, 소금, 후추, 설탕을 넣고 끓여서 토마토소스를 만들어 준다.
⑤ 프라이팬에 버터를 넣고 애호박을 슬라이스하여 소금, 후추 간을 한 뒤 구워서 토마토소스, 피자치즈를 넣어 층층이 쌓아 오븐에서 구워 가지 라자냐를 만들어 준다.
⑥ 새우는 칼집을 내어서 소금, 후추로 간을 한 뒤 카스타피면으로 감싸 튀겨 준다.

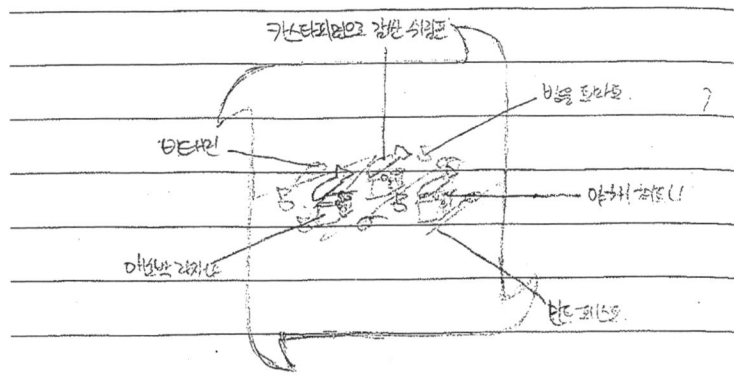

해산물

캐비어를 얹은 관자구이와 아스파라거스구이
그리고 레몬 제스트와 토마토 야채 팀발

■■── 재료 ──■■

관자, 캐비어, 버터, 마스라커스, 레몬, 설탕, 토마스홀, 토마토 페이스트, 마늘, 양파, 당근, 애호박, 새송이버섯, 비타민, 바질 가루, 소금, 후추, 올리브오일

■■■── 만드는 방법 ──■■■

① 레몬을 껍질 부분만을 얇게 줄리엔하여 프라이팬에 버터를 넣고 줄리엔한 레몬과 설탕을 넣고 볶아서 레몬 제스트를 만들어 준다.
② 마늘을 찹하고 양파, 당근, 애호박, 새송이버섯을 스몰 다이스하여 프라이팬에 오일을 두르고 야채를 볶다가 야채 팀발을 만들어 준다.
③ 프라이팬에 버터를 넣고 아스파라거스에 레몬즙, 소금, 후추 간을 하여 구워 아스파라거스구이를 만들어 준다.
④ 프라이팬에 버터를 넣고 관자를 삶은 뒤 소금, 후추 간을 하여서 관자를 구워 관자구이를 만들어 준다.
⑤ 중앙에 아스파라거스를 깐 후 토마토 야채 팀발을 깔고 관자를 올리고 캐비어를 얹은 뒤 레몬 제스트, 비타민을 가니시하여 마무리하여 준다.

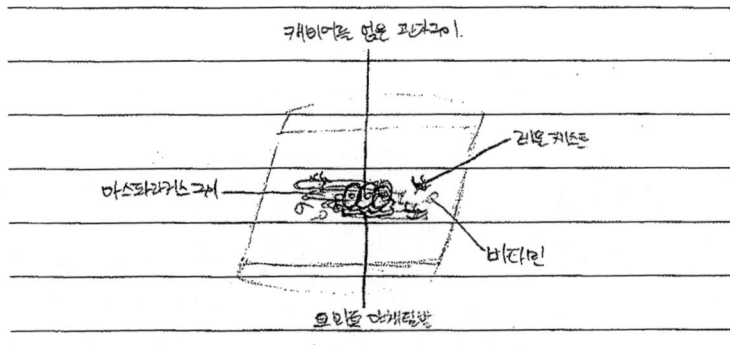

오늘의 양식

가자미구이와 야채 줄리엔볶음 & 치즈 퐁듀
그리고 과일 케이크와 레몬 제스트

■■── **재료** ──■■

가자미, 버터, 바질 가루, 파슬리 가루, 마늘, 양파, 양송이버섯, 파프리카, 우유, 휘핑크림, 리코타 치즈, 버터, 밀가루, 계란, 우유, B.P, 바닐라향, 크랜베리, 건포도, 건자두, 레몬, 설탕, 크레송, 어린잎 새싹, 차이브, 소금, 후추, 올리브오일

■■■── **만드는 방법** ──■■■

① 레몬은 껍질 부분만을 사용하여 얇게 줄리엔한 뒤 프라이팬에 버터를 넣고 줄리엔한 레몬과 설탕을 넣어 볶아서 레몬 제스트를 만들어 준다.
② 볼에다가 버터를 녹여서 달걀노른자, 설탕, 소금을 넣고 믹싱한 뒤 우유, 체 친 밀가루, 바닐라향, B.P, 건포도, 건자두, 크랜베리를 넣고 섞은 뒤 마지막으로 거품낸 흰자를 넣어 혼합하여 몰더에 담아 180°C 오븐에서 10분간 구워 과일 케이크를 만들어 준다.
③ 양파, 양송이버섯, 파프리카를 슬라이스하고 마늘을 찹하여 프라이팬에 오일을 두르고 소금, 후추로 간을 하여 볶아 준다.
④ 프라이팬이나 냄비에 우유, 휘핑크림, 리코타 치즈, 소금, 후추를 넣고 끓여서 치즈 퐁듀를 만들어 준다.
⑤ 프라이팬에 버터를 넣고 가자미에 바질 가루, 파슬리 가루, 소금, 후추로 간하여서 구워서 가자미구이를 만들어 준다.
⑥ 좌측에는 치즈퐁듀를 깔고 야채 줄리엔, 가자미, 크레송을 올린 뒤 우측에는 과일 케이크, 레몬 제스트, 어린잎 새싹, 차이브를 올려 준다.

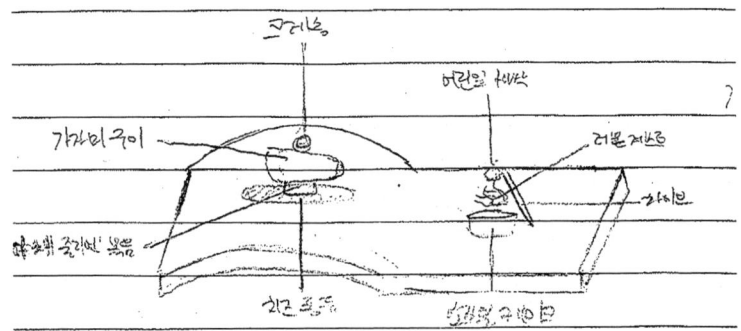

딜 페스토를 곁들인 해산물 파스타
그리고 새우볼 강정과 자몽 제스트

■■──── 재료 ────■■

홍합, 새우, 꽃게, 오징어, 쭈꾸미, 마늘, 양파, 피망, 표고버섯, 브로콜리, 스파게티면, 굴소스, 딜, 잣, 새송이버섯, 리코타 치즈, 밀가루, 계란, 빵가루, 바질 가루, 자몽, 설탕, 어린잎 채소, 소금, 후추, 올리브오일

■■■──── 만드는 방법 ────■■■

① 믹서에 딜, 잣, 마늘, 소금, 후추, 올리브오일을 붓고 믹싱하여 딜 페스토를 만들어 준다.
② 자몽은 껍질 부분만을 사용하여 얇게 줄리엔한 뒤 프라이팬에 버터를 넣고 줄리엔한 자몽과 설탕을 넣어 볶아 자몽 제스트를 만들어 준다.
③ 마늘, 양파, 새우, 새송이버섯, 리코타 치즈를 찹하여 밀가루, 계란, 소금, 후추를 넣어 반죽을 한 뒤 빵가루와 바질 가루를 묻혀 180c 기름에 튀겨 새우볼 강정을 만들어 준다.
④ 스파게티면, 물 또는 스톡, 굴소스, 소금, 후추로 간하여서 볶아 해산물 파스타를 만들어 준다.
⑤ 중앙에 해산물 파스타를 놓고 새우볼 강정과 레몬 제스트 그리고 어린잎 채소를 올린 뒤 딜 페스토를 얹고 완성한다.

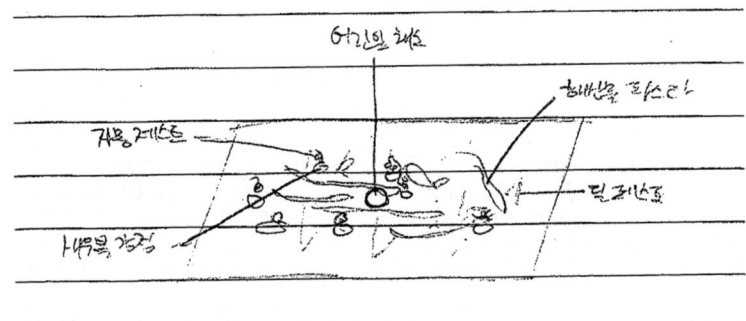

오늘의 양식

쉬림프 쿠스쿠스와 프렌치 쉬림프 튀김
그리고 발사믹 소스와 망고젤리 & 어린잎 샐러드

■■────── 재료 ──────■■

새우, 마늘, 양파, 당근, 애호박, 가지, 쿠스쿠스, 굴소스, 밀가루, 계란, 발사믹 식초, 꿀, 망고 퓨레, 젤라틴, 어린잎 채소, 레몬주스, 설탕, 단호박, 생크림, 당면, 베이비 비트잎, 소금, 후추, 올리브오일

■■■────── 만드는 방법 ──────■■■

① 프라이팬이나 냄비에 발사믹 식초와 꿀을 넣어 졸여서 발사믹 소스를 만들어 준다.
② 어린잎 채소에 레몬주스, 설탕을 넣고 섞어서 어린잎 샐러드를 만들어 준다.
③ 망고 퓨레에 젤라틴을 넣어서 몰더에 담아 30분간 냉장보관을 하고 젤라틴이 굳으면 스몰 다이스로 잘라 망고 젤리를 만들어 준다.
④ 단호박은 쪄서 으깨어 생크림과 섞어서 단호박 퓨레를 만들어 준다.
⑤ 새우는 칼집을 넣고, 소금, 후추 간을 한 뒤, 밀가루, 계란 반죽을 묻혀서 180°C 기름에 튀겨 프렌치 쉬림프 튀김을 만들어 준다.
⑥ 쿠스쿠스는 데친 뒤, 마늘은 찹하고 양파, 당근, 애호박, 가지는 스몰 다이스하여 프라이팬에 오일을 두르고 새우와 야채를 볶다가 쿠스쿠스와 굴소스를 넣어서 볶아 쉬림프 쿠스쿠스를 만들어 준다.

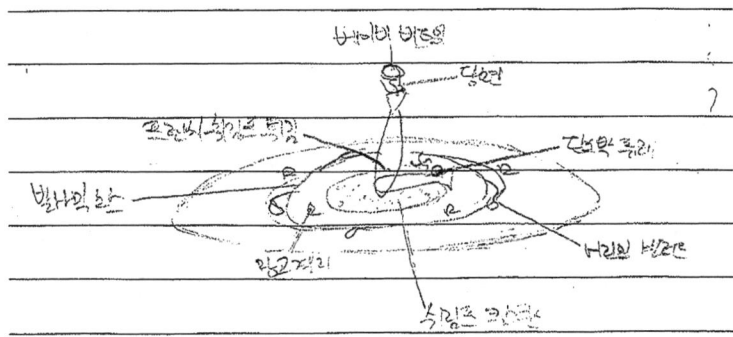

해산물

토르티야에 담긴 해물 도리아와
그리고 민트 페스토와 안티파스토

■■──── 재료 ────■■

홍합, 새우, 쭈꾸미, 오징어, 마늘, 양파, 당근, 애호박, 가지 쌀, 굴소스, 피자치즈, 파슬리 가루, 바질가루, 토르티야, 민트, 잣, 양송이버섯, 피망, 올리브, 발사믹 식초, 크레송, 소금, 후추, 올리브오일.

■■■──── 만드는 방법 ────■■■

① 믹서에 민트, 잣, 마늘, 소금, 후추, 올리브오일을 넣고 믹싱하여 민트 페스토를 만들어 준다.
② 프라이팬에 양송이버섯, 양파, 피망 썬 것을 볶다가 올리브오일을 두르고 한번 더 볶은 뒤 발사믹 식초를 뿌려 잠기도록 통 안에 담아 재워서 안티파스토를 만들어 준다.
③ 토르티야는 중앙에 래들로 눌러서 180℃ 기름에 달라서 속이 파인 토르티야를 만들어 준다.
④ 마늘은 찹하고, 양파, 당근, 애호박, 가지는 스몰 다이스하여 프라이팬에 오일을 두르고 마늘 찹과 홍합, 새우, 쭈꾸미, 오징어를 먼저 볶고 있다가 손질한 야채를 볶고 밥과 굴소스를 넣어 볶아서 토르티야에 담아 피자치즈와 파슬리 가루, 바질가루를 올려서 180℃ 오븐에서 3분간 구워 해물 도리아를 만들어 준다.
⑤ 중앙에 토르티야에 담긴 해물 도리아를 놓고 사이드에 민트 페스토와 안티파스토를 놓아서 마무리해 준다.

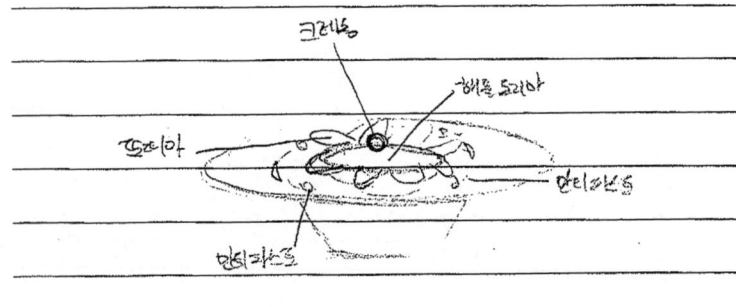

오늘의 양식

새우 가지 라자냐와 자몽 비네그레트
그리고 바질 페스토와 레몬 제스트 & 레몬 젤리

■■ ── 재료 ── ■■

새우, 가지, 버터, 마늘, 양파, 당근, 샐러리, 토마토홀, 월계수잎, 정향, 통후추, 설탕, 피자치즈, 자몽, 화이트 비니거, 레몬주스, 라임주스, 바질, 잣, 레몬, 젤라틴, 어린잎 채소, 소금, 후추, 올리브오일

■■■ ── 만드는 방법 ── ■■■

① 믹서에 바질, 잣, 마늘, 소금, 후추, 올리브오일을 넣고 믹싱하여 바질 페스토를 만들어 준다.
② 레몬은 껍질 부분만을 얇게 즐리엔하여 프라이팬에 버터를 넣고 줄리엔한 레몬과 설탕을 넣고 볶아서 레몬 제스트를 만들어 준다.
③ 레몬은 즙을 짜서 젤라틴과 혼합하여 몰더에 담아서. 30분간 냉장휴지시켜서 꺼내어 굳으면 레몬 젤리를 완성해 준다.
④ 자몽은 웨지형으로 썰어서 화이트 비니거, 레몬주스, 라임주스. 소금, 후추, 올리브오일을 넣고 혼합하여 자몽 비네그레트를 만들어 준다
⑤ 마늘, 양파, 당근, 샐러리를 찹하여 프라이팬에 오일을 두르고 냄비로 물 또는 스톡. 토마토홀, 월계수실, 정향, 통후추, 설탕, 소금, 후추를 넣고 끓여서 토마토소스를 만들어 준다.
⑥ 프라이팬에 버터를 넣고 가지, 새우 손질한 것을 소금, 후추 간을 하여 구운 뒤, 새우와 토마토소스, 피자치즈를 넣고 180°C 오븐에서 구워 준다.

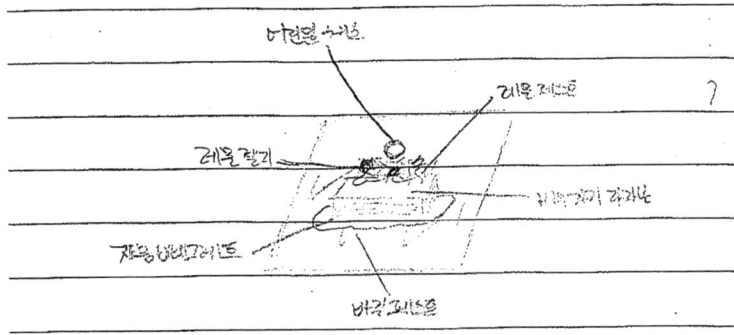

베샤멜소스에 어우러진 가자미 햄버그스테이크 그리고 감자 빠찌엔느와 민트 페스토

■■─── 재료 ───■■

가자미, 마늘, 양파, 토마토, 가지, 애호박, 당근, 샐러리, 토마토홀, 월계수잎, 정향, 통후추, 설탕, 피자치즈, 스트링 치즈, 감자, 민트, 잣, 차이브, 방울토마토, 버터, 밀가루, 소금, 후추, 올리브오일.

■■■─── 만드는 방법 ───■■■

① 믹서에 만든 잣, 마늘, 조금, 후추, 올리브오일을 넣고 믹싱하여 민트 페스토를 만들어 준다.
② 감자는 얇게 줄리엔하여 180℃ 기름에 튀겨서 감자 빠찌엔느를 만들어 준다.
③ 방울토마토는 (+) 모양 칼집을 내어서 데친 뒤, 껍질 부분을 올려서 프라이팬에 구워 복주머니 형태가 되게 만든다.
④ 프라이팬에 버터를 넣고 녹인 뒤, 밀가루를 넣어서 볶아 화이트 루를 만든 뒤 냄비에 우유, 휘핑크림, 월계수잎, 정향, 통후추를 넣고 화이트 루를 풀어서 끓여 소금, 후추 간을 하여서 베샤멜소스를 만들어 준다.
⑤ 마늘, 양파, 당근, 샐러리를 찹하여 프라이팬에 오일을 두르고 냄비로 물 또는 스톡 으깬 토마토홀, 월계수잎, 정향, 통후추, 설탕, 소금, 후추를 넣고 끓여서 토마토소스를 만들어 준다.
⑥ 가자미, 토마토, 가지, 애호박을 구워 소스, 치즈를 넣어 180℃ 오븐에서 구워 준다.

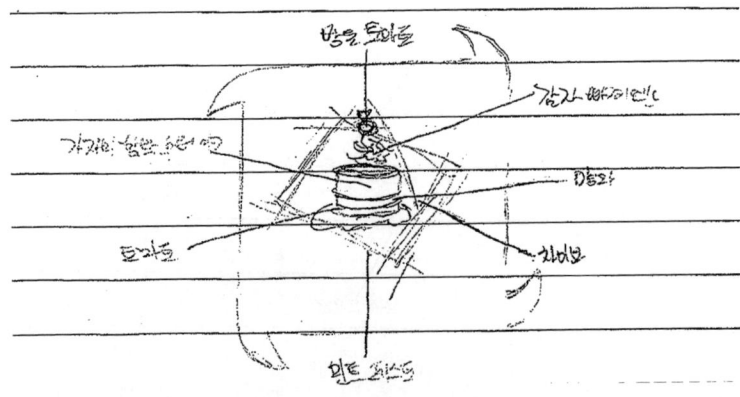

오늘의 양식

관자와 아스파라거스구이 & 캐비어
그리고 레몬 비네그레트와 어린잎 샐러드

■■──── 재료 ────■■

관자, 아스파라거스, 버터, 레몬쥬스, 캐비어, 화이트 비니거, 레몬, 라임주스, 설탕, 파슬리 가루, 어린잎 채소, 발사믹 식초, 비타민, 소금, 후추, 올리브오일, 그라나파다노 치즈

■■■──── 만드는 방법 ────■■■

① 어린잎 채소에 발사믹 식초, 올리브오일을 넣고 어린잎 샐러드를 만들어 준다.
② 레몬은 웨이지형으로 썰고, 레몬주스, 화이트 비니거, 라임주스, 설탕, 버터, 올리브오일을 넣고 혼합하여 레몬 비네그레트를 만들어 준다
③ 아스파라거스는 슬라이스하고 프라이팬에 버터를 넣은 뒤 아스파라거스, 레몬주스, 소금 후추를 넣고 구워서 아스파라거스구이를 만들어 준다.
④ 프라이팬에 버터를 넣고 관자에 소금, 후추 간을 하며 노릇하게 하여 아스파라거스구이를 만들어 준다.
⑤ 중앙에 아스파라거스구이를 깔고 관자구이, 캐비어, 비타민을 올린 뒤, 사이드에 어린잎 샐러드, 레몬 비네그레트를 곁들여 준다.

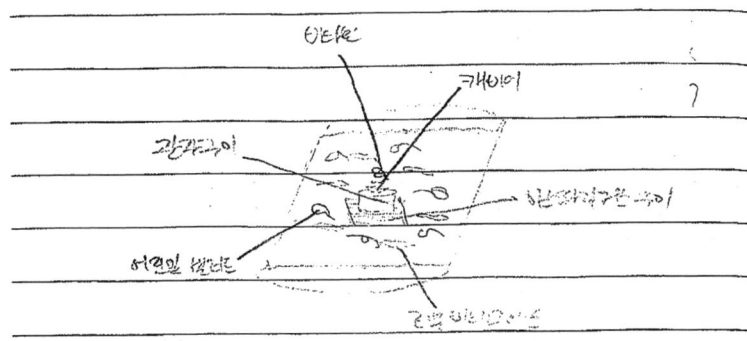

해산물

감베로니 토마토와 크림 치즈볼 & 비트잎 샐러드
그리고 고르곤졸라 감자와 바질 페스토

■■── 재료 ──■■

새우, 표고버섯, 마늘, 양파, 피망, 브로콜리, 토마토홀, 당근, 호두, 샐러리, 월계수잎, 정향, 통후추, 스트링 치즈, 체다치즈, 스파게티면, 계란, 빵가루, 베이비 비트잎, 라임주스, 메이플 시럽, 감자, 고르곤졸라 치즈, 밀가루, 치즈, 갓, 피자치즈, 오레가노, 바질가루, 어린잎 새싹, 소금, 후추, 오일

■■■── 만드는 방법 ──■■■

① 믹서에 바질, 마늘, 잣, 소금, 후추, 올리브오일을 넣고 믹싱하여 바질 페스토를 만들어 준다.
② 베이비 비트잎은 라임주스, 메이플 시럽을 넣고 섞어서 비트잎 샐러드를 만들어 준다.
③ 마늘, 양파, 당근, 샐러리를 찹하여 프라이팬에 오일을 두르고 볶다가 냄비로 옮겨서 물 또는 스톡, 으깬 토마토홀, 월계수잎, 정향, 통후추, 설탕, 소금, 후추를 넣고 끓여서 토마토소스를 만들어 준다.
④ 감자는 얇게 슬라이스하여 고르곤졸라 치즈, 피자치즈, 오레가노, 호두를 올려서 180°C 오븐에서 2~3분간 구워 고르곤졸라 감자를 만들어 주고 스파게티면을 삶아 준다.
⑤ 스트링 치즈, 체다치즈, 양파, 당근, 샐러리를 넣어서 작은 공 형태로 만든 뒤, 밀가루, 계란, 빵가루, 바질가루를 묻혀서 180°C 기름에서 튀겨 크림치즈볼을 만들어 준다.
⑥ 프라이팬에 오일을 넣고 새우와 야채를 볶다가 물 또는 스톡, 면 소스를 넣고 볶아 준다.

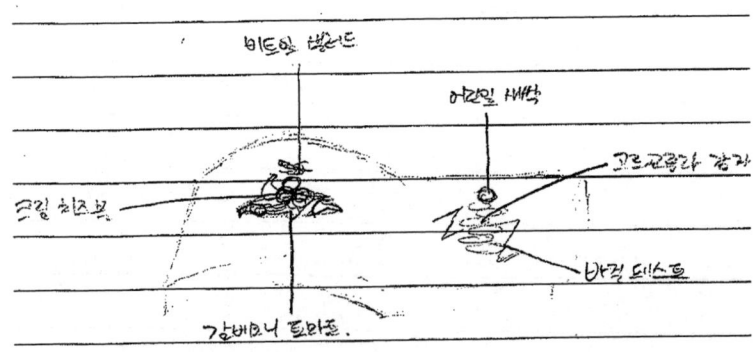

블랙베리 소스를 곁들인 가자미구이와 야채 팀발
그리고 쉬림프 샐러드와 쿠스쿠스

■■── 재료 ──■■

가자미, 버터, 파슬리 가루, 바질 가루, 마늘, 양파, 당근, 가지, 블랙베리, 레몬주스, 라임주스, 설탕, 배우, 양상추, 라디치오. 새우, 감귤, 식초, 소금, 쿠스쿠스, 굴소스, 민트, 잣, 어린잎 채소, 후추, 올리브오일

■■■── 만드는 방법 ──■■■

① 믹서에 민트, 잣, 마늘, 소금, 후추, 올리브오일을 넣고 믹싱하여 민트 페스토를 만들어 준다.
② 믹서에 감귤, 레몬주스, 식초, 설탕을 넣고 믹싱하여 만다린 소스를 만들어 준다.
③ 새우는 머리와 내장을 제거하고 삶은 뒤, 양상추, 라디치오를 한입 크기로 찢고 마늘은 찹하고 양파는 슬라이스하여 라임주스를 살짝 섞어서 쉬림프 샐러드를 만들어 준다.
④ 믹서에 블랙베리, 레몬주스, 라임주스, 설탕을 넣고 믹싱한 뒤, 프라이팬이나 냄비에 넣고 졸여서 블랙베리 소스를 만들어 준다.
⑤ 쿠스쿠스는 데친 뒤, 마늘은 찹하고 양파, 당근, 애호박, 가지는 스몰 다이스하여 프라이팬에 오일을 두르고 야채를 볶다가 쿠스쿠스와 굴소스를 넣고 볶아서 쿠스쿠스를 만들어 준다.
⑥ 마늘은 찹하고, 양파, 당근, 애호박, 가지를 다이스하여 볶아 야채 팀발을 만들고 프라이팬에 버터를 넣고 가자미, 파슬리, 바질, 소금, 후추로 간해 구워 준다.

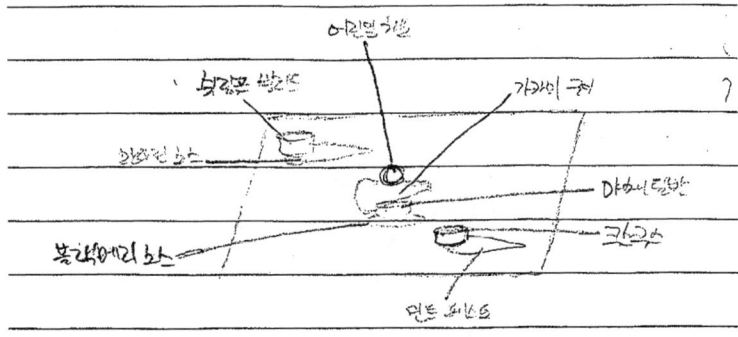

해산물 볶음과 마늘향을 입힌 페투치네 누들
그리고 상하이 야채 토마토 소테잉과 바질 페스토

■■──── 재료 ────■■

새우, 오징어, 홍합, 쭈꾸미, 꽃게, 마늘, 파이트 와인, 페투치네 누들, 페페론치노, 양파, 숙주나물, 당근, 애호박, 청경채, 고추기름, 굴소스, 바질, 잣, 크레송, 소금, 후추, 올리브오일

■■■──── 만드는 방법 ────■■■

① 믹서에 바질, 잣, 마늘, 소금, 후추, 올리브오일을 넣고 믹싱하여 바질 페스토를 만들어 준다.
② 페투치네 누들은 삶아서 프라이팬에 오일을 두르고, 마늘 찹과 페페론치노를 넣고 볶다가 페투치네 누들을 넣어서 볶아 준다.
③ 프라이팬에 고추기름과 페페론치노, 마늘 찹을 넣고 양파, 숙주, 당근, 애호박 슬라이스한 것을 볶다가 청경채, 굴소스를 넣고 볶아 상하이 야채 소테잉을 만들어 준다.
④ 프라이팬에 오일을 두르고 마늘 찹과 새우, 오징어, 승합, 쭈꾸미, 꽃게를 보고 화이트 와인으로 플럼베하면서 소금, 후추로 간하여 해산물 볶음을 만들어 준다.
⑤ 중앙에 해산물 볶음과 상하이 야채 소테잉, 크레송을 올리고 사이드에 마늘 향을 입힌 페투치네 누들로 감싸고. 바질 페스토로 마무리해 준다.

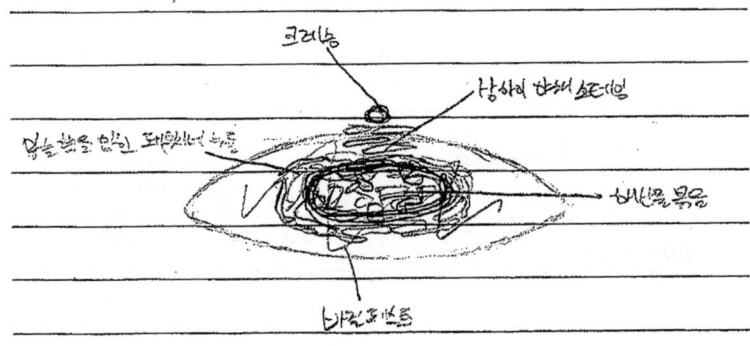

해산물 치즈 퐁듀와 갈릭 토스트
그리고 어린잎 샐러드와 타임 페스토와 망고 젤리

■■──── 재료 ────■■

새우, 오징어, 종합, 쭈꾸미, 꽃게, 리코타 치즈, 그라나파다노 치즈, 마늘, 양파,
양송이버섯, 브로콜리, 우유, 휘핑크림, 식빵, 버터, 설탕, 어린잎 채소, 레몬주스, 라임주스,
타임, 잣, 망고, 망고 퓌레, 필리핀 소금, 후추, 올리브오일

■■■──── 만드는 방법 ────■■■

① 믹서에 타임, 마늘, 잣, 소금, 후추, 올리브오일을 넣고 믹싱하여 타임 페스토를 만들어 준다.
② 망고는 스몰 다이스한 뒤 망고 퓌레와 젤라틴을 섞어서 몰더에 담아 30분간 냉장 휴지를 시킨 뒤 굳었으면 스몰 다이스로 잘라서 망고 젤리를 만들어 준다.
③ 식빵은 반을 잘라서 브레드용 칼로 속을 파내어서 마늘 찹과 버터, 설탕 혼합한 것을 전체적으로 발라 180℃ 오븐에서 5분간 구워 준다.
④ 어린잎 채소에 레몬주스 라임주스, 설탕을 넣어 섞어서 어린잎 샐러드를 만들어 준다.
⑤ 프라이팬에 오일을 두르고, 마늘 찹과 새우, 오징어, 홍합, 쭈꾸미, 꽃게를 볶다가 양파, 양송이 슬라이스, 데친 브로콜리를 넣어 한 번 더 볶은 뒤 우유, 휘핑크림, 리코타 치즈, 그라나파다노 치즈를 넣고 볶아서 해산물 치즈 퐁듀를 만들어 준다.

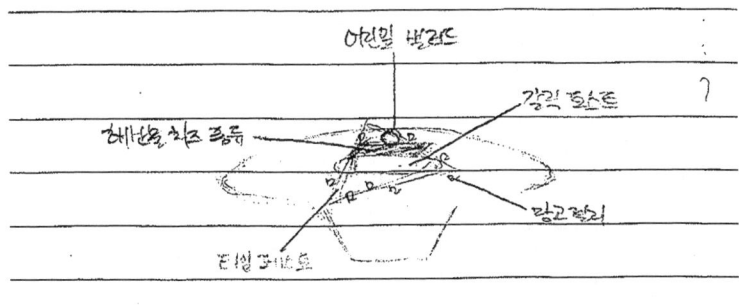

연어 토마토 햄버그스테이크와 매시트포테이토 그리고 복분자 클리에와 딜 페스토

■■——— 재료 ———■■

연어, 마늘, 양파, 당근, 샐러리, 토마토홀, 월계수잎, 정향, 통후추, 설탕, 토마토, 가지, 애호박, 감자, 생크림, 버터, 파슬리 가루, 피자치즈, 복분자, 레몬주스, 화이트 와인, 식초, 설탕, 처빌, 딜, 잣, 어린잎 채소, 소금, 후추, 올리브오일

■■■——— 만드는 방법 ———■■■

① 믹서에 딜, 마늘, 잣, 소금, 후추, 올리브오일을 넣고 믹싱하여 딜 페스토를 만들어 준다.
② 감자는 쪄서 으깨어 생크림, 버터, 파슬리 가루, 소금, 후추를 넣어 믹싱한 뒤 짤주머니에 넣어서 오븐 팬에 소프트아이스크림 모양으로 짜서 180℃ 오븐에서 3분간 구워 매시트포테이토를 만들어 준다.
③ 믹서에 복분자 1½과 레몬주스, 화이트 와인, 식초, 설탕을 넣고 믹싱한 뒤 남은 복분자와 혼합하여 복분자 클리에를 만들어 준다.
④ 마늘, 양파, 당근, 샐러리 찹을 프라이팬에 오일을 두르고 볶다가 냄비로 옮겨 물 또는 스톡, 으깬 토마토홀, 월계수잎, 정향, 통후추, 설탕, 소금, 후추를 넣고 끓여서 토마토소스를 만들어 준다.
⑤ 프라이팬에 버터를 넣고 언어, 토마토, 가지 애호박, 감자, 당근 슬라이스를 구워서 사이사이에 토마토소스와 피자치즈를 넣어서 180℃ 오븐에서 5분간 구워 연어 토마토 함박스테이크를 만들어 준다.

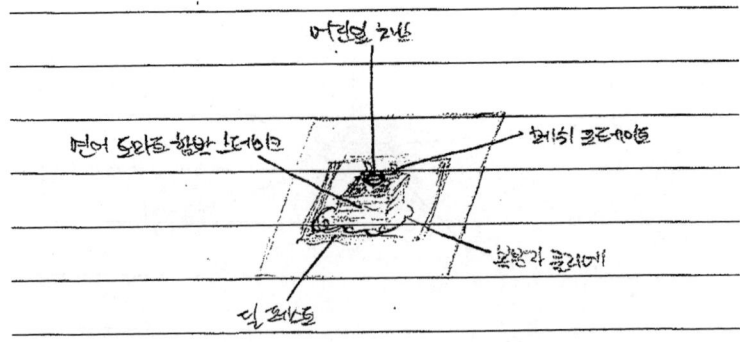

망고 소스에 어우러진 대구 무스와 레몬 제스트
그리고 춘권피 크림치즈와 두 가지 페스토

■■── 재료 ──■■

대구, 팽이버섯, 양파, 당근, 애호박, 가지, 망고 퓌레, 레몬, 설탕, 춘권피, 마늘, 샐러리, 크림치즈, 딜, 바질, 잣, 어린잎 채소, 소금, 후추, 올리브오일

■■■── 만드는 방법 ──■■■

① 믹서에 딜, 잣, 마늘, 소금, 후추, 올리브오일을 넣고 믹싱하여 딜 페스토를 만들어 주고, 바질, 잣, 마늘, 소금, 후추, 올리브오일을 넣고 믹싱하여 바질 페스토를 만들어 준다.
② 레몬은 껍질 부분만을 얇게 줄리엔하여 프라이팬에 버터를 넣고 줄리엔한 레몬과 설탕을 넣어 볶아서 레몬 제스트를 만들어 준다.
③ 프라이팬이나 냄비에 망고 퓌레를 넣고 끓여서 망고 소스를 만들어 준다.
④ 양파, 당근, 샐러리를 합하여 크림치즈를 넣어서 춘권피에 넣어 말아서 180°C 기름에 튀겨서 춘권피 크림치즈를 만들어 준다.
⑤ 팽이버섯, 양파, 당근, 애호박, 가지는 얇게 줄리엔하여 대구를 포떠서 소금, 후추 간을 하여서 줄리엔한 야채를 넣어서 말아 180°C 오븐에서 8~10분간 구워서 대구 무스를 만들어 준다.

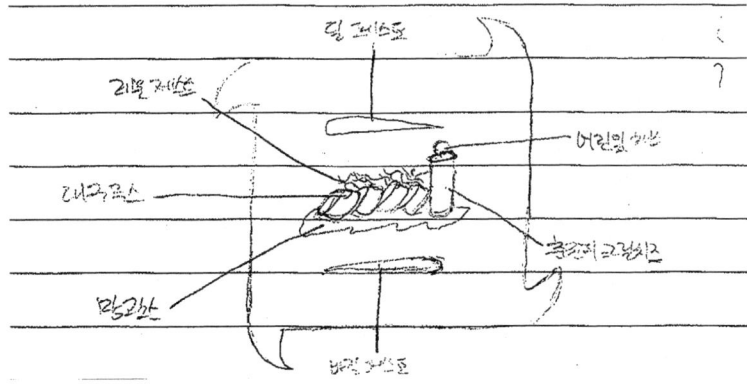

해산물

해물 크림수프와 도미구이 & 버섯 팀발
그리고 감자 마카로니볼과 오렌지 제스트

■■── 재료 ──■■

홍합, 쭈꾸미, 오징어, 새우, 꽃게, 마늘, 양파, 양송이버섯, 당근, 샐러리, 밀가루, 버터, 우유, 휘핑크림, 월계수잎, 정향, 통후추, 바질 가루, 파슬리 가루, 새송이버섯, 양송이버섯, 감자 오일, 마카로니, 마요네즈, 계란, 빵가루, 오렌지, 설탕, 어린잎 채소, 새싹, 소금, 후추

■■■── 만드는 방법 ──■■■

① 오렌지는 껍질 부분만을 얇게 줄리엔하여 프라이팬에 버터를 넣고 줄리엔한 오렌지와 설탕을 넣고 볶아서 레몬 제스트를 만들어 준다.
② 감자는 쪄서 으깨고 마카로니는 삶은 뒤 양파, 당근, 샐러리를 찹하여 마요네즈와 파슬리 가루, 소금, 후추를 넣고 섞어서 작은 볼 모양으로 만들어서 밀가루, 계란, 빵가루를 묻혀서 180°C 기름에 튀겨서 감자 마카로니볼을 만들어 준다.
③ 마늘은 찹하고 양파, 새송이버섯, 양송이버섯은 스몰 다이스하여 프라이팬에 오일을 두르고 손질한 재료를 넣고 소금, 후추 간하여 원형 몰더에 담아 버섯 팀발을 만들어 준다.
④ 프라이팬에 버터를 넣고 녹여 밀가루를 넣어 볶다 화이트 루를 만든 뒤 프라이팬에 마늘, 양파, 양송이, 해산물을 넣어 볶다가 우유, 휘핑크림, 화이트 루, 향신료, 소금, 후추를 넣고 끓여 크림스프를 만들고, 버터로 도미에 소금, 후추 간하여서 구워 준다.

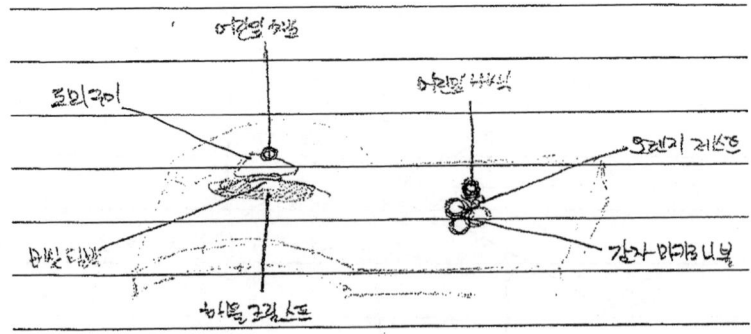

오늘의 양식

하드롤에 감은 모차렐라 해산물 토마토와 바질 페스토 & 시저 샐러드

■■── 재료 ──■■

홍합, 오징어, 새우, 쭈꾸미, 꽃게, 마늘, 양파, 당근, 샐러리, 설탕, 월계수잎, 정향, 통후추, 모차렐라 치즈, 피망, 표고버섯, 브로콜리, 하드롤, 바질, 잣, 로메인상추, 베이컨, 식빵, 파르메산 치즈, 계란, 앤초비, 레드 와인 비니거, 겨자, 크레송, 소금, 후추, 올리브오일

■■── 만드는 방법 ──■■

① 믹서에 바질, 잣, 마늘, 소금, 후추, 올리브오일을 넣고 믹싱하여 바질 페스토를 만들어 준다.
② 로메인상추는 한입 크기로 자르고, 양파와 파프리카는 줄리엔하고 베이컨 한입 크기로 썰어서 구워 준다.
③ 둥근 볼에 달걀 노른자, 레몬주스, 레드 와인 비니거, 다진 앤초비, 마늘, 양파, 겨자를 넣고 저은 뒤, 오일을 넣어 휘퍼하여 온전한 재료와 크루통을 넣고 파르메산 치즈를 뿌려 시저 샐러드를 만든다.
④ 하드롤은 브레드칼로 위를 자른 뒤 속을 파내서 180°C 오븐에서 2~3분간 구워 준다.
⑤ 마늘, 양파, 당근, 샐러리를 찹하여 프라이팬에 오일을 두르고 볶다가 냄비에 물 또는 스톡, 으깬 토마토를, 월계수잎, 정향, 통후추, 설탕, 소금, 후추를 넣고 끓여서 토마토소스를 만들어 준다.
⑥ 브로콜리는 삶은 뒤, 프라이팬에 오일을 두르고 마늘 찹과 해산물을 볶다가 야채를 볶고 물 또는 스톡, 토마토소스, 치즈를 넣고 볶아 준다.

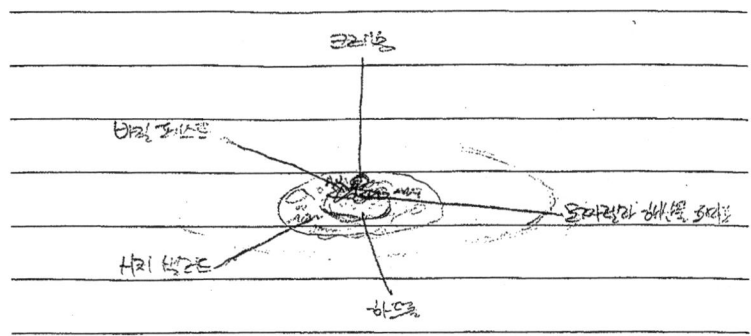

해산물 토마토 라자냐와 쿠스쿠스
그리고 토마토 브루스케타와 민트 페스토

■■── 재료 ──■■

홍합, 오징어, 새우, 쭈꾸미, 꽃게, 마늘, 양파, 당근, 샐러리, 설탕, 월계수잎, 정향, 통후추, 가지, 애호박, 피자치즈, 쿠스쿠스, 굴소스, 버터, 토마토, 올리브, 피망, 파르메산 치즈, 바게트, 민트, 잣, 어린잎 채소, 파슬리 가루, 소금, 후추, 올리브오일

■■■── 만드는 방법 ──■■■

① 믹서에 민트, 잣, 마늘, 소금, 후추, 올리브오일을 넣고 믹싱하여 민트 페스토를 만들어 준다.
② 토마토는 (+) 모양으로 칼집을 내어서 살짝 데쳐 껍질을 벗겨서 내용물만 스몰 다이스하고, 양파, 올리브, 피망을 스몰 다이스하여 소금과 파르메산 치즈 가루를 뿌리고 바게트는 버터와 마늘 찹, 파슬리 가루를 섞어서 바게트에 묻혀서 180℃ 오븐에 2분간 구워서 손질한 토마토 및 야채를 올려서 토마토 브루스케타를 만들어 준다.
③ 쿠스쿠스는 데치고 마늘은 찹하고 양파, 당근, 애호박, 가지는 스몰 다이스하여 프라이팬에 오일을 두르고 야채볶다가 쿠스쿠스와 굴소스로 볶아서 정사각형 몰더에 담아 준다.
④ 마늘, 양파, 당근, 샐러리를 찹하여 프라이팬에 오일을 두르고 야채 볶다가 냄비로 옮겨서 물 또는 스톡, 으깬 토마토 속, 월계수잎, 정향, 통후추, 설탕, 소금, 후추를 넣어서 끓여 토마토소스를 만들어 준다.
⑤ 야채는 정사각형 몰더로 찍고, 해산물은 소스와 볶아서 피자치즈를 넣어 구워 준다.

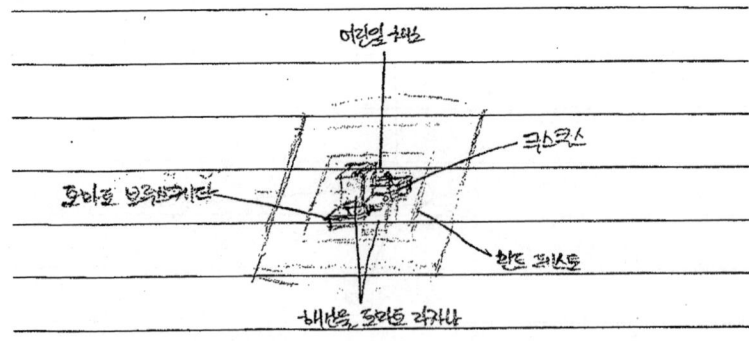

갈릭 & 아스파라거스구이에 어우러진 관자구이와 야채 처트니 그리고 망고 소스와 레몬제스트

■■ ── 재료 ── ■■

관자, 마늘, 아스파라거스, 버터, 레몬주스, 양파, 당근, 애호박, 가지, 피망, 토마토 페이스트, 망고 퓌레, 레몬, 설탕, 어린잎 채소, 소금, 후추, 올리브오일

■■■ ── 만드는 방법 ── ■■■

① 레몬은 껍질 부분만을 얇게 줄리엔하여 프라이팬에 버터를 넣고 줄리엔한 레몬과 설탕을 넣어 볶아서 레몬 제스트를 만들어 준다.
② 프라이팬이나 냄비에 망고 퓌레를 넣고 끓여서 망고 소스를 만들어 준다.
③ 프라이팬에 버터를 넣고 마늘과 아스파라거스를 넣고 소금, 후추, 레몬주스를 넣고 소테잉하여 갈릭 & 아스파라거스구이를 만들어 준다.
④ 마늘은 찹하고 양파, 당근, 애호박, 가지, 피망은 스몰 다이스하여 프라이팬에 오일을 두르고 페이스트를 볶다가 손질한 야채를 넣어서 볶아 야채 처트니를 만들어 준다.
⑤ 프라이팬에 오일을 두르고 관자에 소금, 후추 간하여 구워서 관자구이를 만들어 준다.

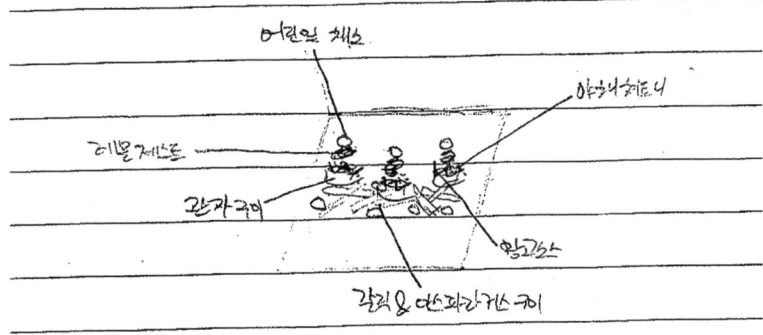

해산물

토마토 쉬림프 구이와 해산물 크림치즈롤
그리고 라디치오 샐러드와 만다린 소스

■■── 재료 ──■■

새우, 오징어, 쭈꾸미, 양파, 당근, 샐러리, 토마토홀, 월계수잎, 정향, 통후추, 설탕, 마늘, 버터, 춘권피, 크림치즈, 라디치오, 양상추, 발사믹 식초, 참깨, 감귤, 레몬주스, 라임주스, 어린잎 채소, 소금, 후추, 올리브오일

■■── 만드는 방법 ──■■

① 믹서에 감귤, 레몬주스, 라임주스를 넣고 믹싱하여 끓여서 만다린 소스를 만들어 준다.
② 라디치오와 양상추는 한입 크기로 찢고 양파는 슬라이스하여 발사믹 식초와 올리브오일, 참깨를 섞은 오리엔탈 드레싱으로 섞어서 라디치오 샐러드를 만들어 준다.
③ 새우, 오징어, 쭈꾸미, 마늘, 양파, 당근, 샐러리를 찹하여 크림치즈에 혼합한 뒤 소금, 후추 간을 하여 춘권피에 넣어 말아서 180°C 기름에 튀겨 해산물 크림치즈롤을 만들어 준다.
④ 마늘, 양파, 당근, 샐러리를 찹하여 프라이팬에 오일을 두르고 볶다가 냄비로 옮겨서 물 또는 스톡, 으깬 토마토속, 월계수잎, 정향, 통후추, 설탕을 넣고 끓여서 토마토소스를 만들어 준다.
⑤ 프라이팬에 버터를 넣고 새우를 볶다가 토마토소스에 소금, 후추 간하여서 볶아 토마토 쉬림프구이를 만들어 준다.

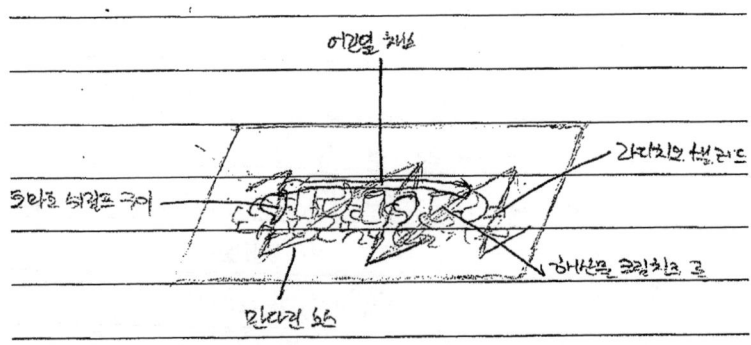

오늘의 양식

단호박 해산물 크림 리소토 그라탱과 바질 페스토 그리고 카프레제 샐러드 & 발사믹 젤리

■■──── 재료 ────■■

오징어, 새우, 쭈꾸미, 꽃게. 홍합, 단호박, 마늘, 양파, 느타리버섯, 우유, 휘핑크림, 피자치즈, 파슬리가루, 바질, 잣, 단호박 퓌레, 토마토 홀, 모차렐라 치즈, 발사믹 식초, 젤라틴, 어린잎 채소, 소금, 후추, 올리브오일

■■■──── 만드는 방법 ────■■■

① 믹서에 바질, 잣, 마늘, 소금, 후추, 올리브오일을 넣고 믹싱하여 바질 페스토를 만들어 준다.
② 발사믹 식초에 젤라틴을 넣어서 섞어 몰더에 담아 30분간 냉장휴지를 시켜 굳었으면 잘라서 발사믹 젤리를 만들어 준다.
③ 토마토홀, 모차렐라 치즈를 한입 크기로 잘라서 바질 페스토를 뿌려서 카프레제 샐러드를 만들어 준다.
④ 단호박은 반을 잘라서 속을 파내어 호일로 감싼 뒤, 180°C 오븐에서 30분간 구워서 단호박구이를 만들어 준다.
⑤ 밥을 지은 다음에 프라이팬에 오일을 두르고 마늘 찹과 오징어, 새우, 쭈꾸미, 꽃게, 홍합을 볶다가 양파, 느타리버섯을 볶고 우유, 휘핑크림, 파슬리가루, 밥, 소금, 후추, 단호박 퓌레를 넣고 볶다가 단호박 안에 넣어서 피자치즈와 파슬리 가루를 뿌려서 180°C 오븐에서 구워 단호박 해산물 크림 리소토 그라탱을 만들어 준다.

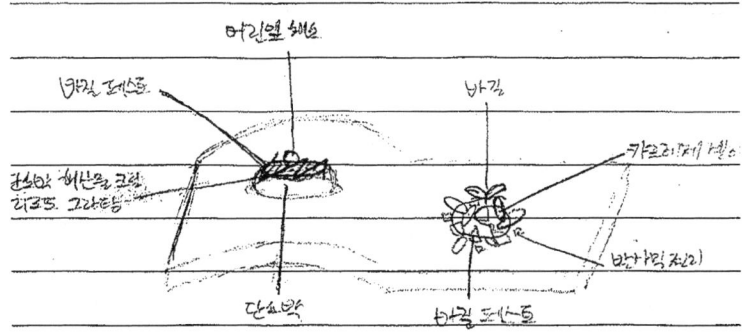

해산물

버섯 크림소스를 곁들인 페페론치노 해산물구이와 어린잎 샐러드 그리고 고르곤졸라 감자

■■──── 재료 ────■■

오징어, 새우, 쭈꾸미, 꽃게, 홍합, 마늘, 양파, 고추기름, 페페론치노, 굴소스, 새송이버섯, 양송이버섯, 우유, 휘핑크림, 어린잎 채소, 레몬주스, 라임주스, 설탕, 고르곤졸라 치즈, 파슬리가루, 피자치즈, 감자, 베이비 비트잎, 소금, 후추, 올리브오일

■■■──── 만드는 방법 ────■■■

① 볼에다가 어린잎 채소, 레몬주스, 라임주스, 설탕을 넣고 섞어서 어린잎 샐러드를 만들어 준다.
② 감자는 얇게 슬라이스하여 피자치즈와 고르곤졸라 치즈, 파슬리 가루를 부려서 180°C 오븐에서 2분간 구워 고르곤졸라 감자를 구워 준다.
③ 프라이팬에 고추기름을 두르고 마늘 찹과 페페론치노, 오징어, 새우, 쭈꾸미, 꽃게, 홍합을 넣고 볶다가 굴소스, 후추를 넣고 볶아서 페페론치노 해산물 구이를 만들어 준다.
④ 프라이팬에 오일을 두르고 마늘 찹과 새송이버섯, 양송이버섯 슬라이스를 볶다가 우유와 휘핑크림, 소금, 후추를 넣고 볶아서 버섯 크림소스를 만들어 준다.
⑤ 움푹 파인 곳에 버섯 크림소스를 넣고 중앙에 고르곤졸라 감자와 베이비 비트잎을 올리고 사이드에 페페론치노 해산물 구이와 어린잎 샐러드로 마무리한다.

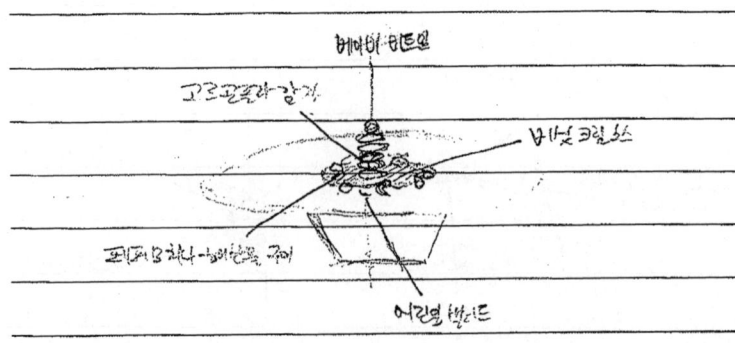

연어 토마토 라자냐와 카망베르 크림소스 그리고 고구마 빠찌엔느 & 딜 페스토

■■ ── 재료 ── ■■

연어, 마늘, 양파, 당근, 샐러리, 토마토홀, 월계수잎, 정향, 통후추, 설탕, 피자치즈, 카망베르 치즈, 우유, 휘핑크림, 고구마, 딜, 잣, 버터, 크레송, 소금, 후추, 올리브오일

■■■ ── 만드는 방법 ── ■■■

① 믹서에 딜, 잣, 마늘, 소금, 후추, 올리브오일을 넣고 믹싱하여 딜 페스토를 만들어 준다.
② 고구마는 얇게 줄리엔하여 180°C 기름에 튀겨서 고구마 빠찌엔느를 만들어 준다.
③ 마늘, 양파, 당근, 샐러리를 찹하여 프라이팬에 오일을 두르고 볶다가 냄비로 옮겨서 물 또는 스톡, 토마토홀, 월계수잎, 정향, 통후추, 설탕, 소금, 후추를 넣고 토마토소스를 만들어 준다.
④ 프라이팬에 오일을 두르고 마늘과 양파찹을 볶다가 우유, 휘핑크림, 카망베르 치즈, 소금, 후추를 넣고 끓여서 카망베르 크림소스를 만들어 준다.
⑤ 프라이팬에 버터를 넣고 연어는 슬라이스하여 소금, 후추 간을 하여서 익히다가 토마토소스, 피자치즈를 층층이 넣고 180°C 오븐에서 5분간 구워서 연어 토마토 라자냐를 만들어 준다.

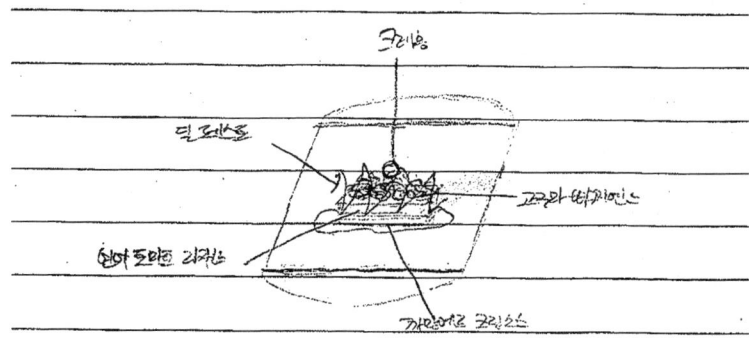

해산물

두 가지 맛 소스에 어우러진 동태 감자 치즈롤과 오징어 토마토 루오테 그리고 크림 치즈롤

■■── 재료 ──■■

동태, 오징어, 감자, 리코타 치즈, 파슬리 가루, 마늘, 양파, 당근, 샐러리, 토마토홀, 월계수잎, 정향, 통후추, 설탕, 루오테, 라즈베리 퓨레, 블랙베리 퓨레, 춘권피, 크림치즈, 고르곤졸라 치즈, 베이비 비트잎, 소금, 후추, 올리브오일

■■■── 만드는 방법 ──■■■

① 프라이팬이나 냄비에 각각 라즈베리 퓨레, 블랙베리 퓨레를 넣고 끓여서 라즈베리 소스, 블랙베리 소스를 만들어 준다.
② 마늘, 양파, 당근, 샐러리를 찹하여 크림치즈를 섞은 뒤 춘권피에 넣어 말아서 180°C 기름에 튀겨 크림치즈롤을 만들어 준다.
③ 마늘, 양파, 당근, 샐러리를 찹하여 프라이팬에 오일을 두르고 볶다가 냄비로 옮겨서 물 또는 스톡, 토마토홀, 월계수잎, 정향, 통후추, 설탕, 소금, 후추를 넣고 토마토소스를 만들어 준다.
④ 루오테는 삶아서 프라이팬에 오일을 두르고 마늘, 양파 찹을 볶다가 루오테와 물 또는 스톡, 토마토소스를 넣고 볶아서 토마토 루오테를 만들어 준다.
⑤ 오징어는 몸통 부분에 칼집을 낸 뒤 소금, 후추 간을 하여서 토마토 루오테를 넣고 말아주어서 이쑤시개로 고정시켜주고, 감자는 쪄서 으깨어 리코타 치즈, 소금, 후추, 파슬리를 넣고 섞어서 동태포에 간하여 넣고 말아서 오븐에 구워 준다.

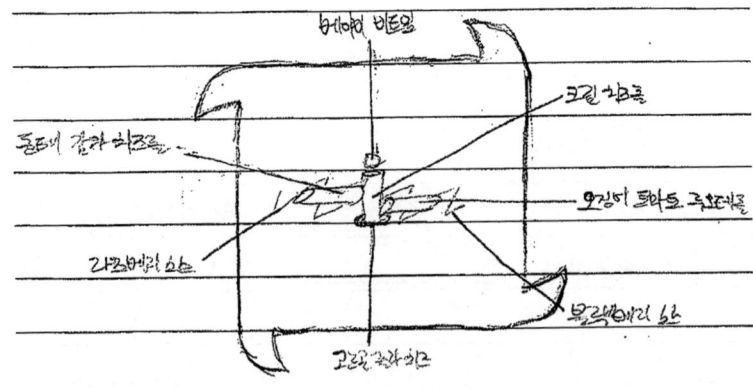

오늘의 양식

망고 소스를 곁들인 새우 햄버그스테이크와
한라봉 살사 & 만다린 젤리 그리고 시저 샐러드

■■── 재료 ──■■

새우, 두부, 마늘, 양파, 당근, 샐러리, 간장, 설탕, 망고 퓌레, 라임주스, 한라봉, 감귤,
젤라틴, 로메인상추, 베이컨, 식빵, 파르메산 치즈 가루, 계란, 앤초비, 레드 와인 비니거,
겨자, 어린잎 채소, 베이비 비트잎, 소금, 후추, 올리브오일

■■■── 만드는 방법 ──■■■

① 감귤을 믹서에 넣어서 믹싱하여 젤라틴을 첨가해서 섞은 뒤 몰더에 담아서 30분간 냉장 휴지시킨 뒤 꺼내어서 잘라 만다린 젤리를 만들어 준다.
② 한라봉과 양파는 스몰 다이스하여 라임주스를 넣어서 섞어 한라봉 살사를 만들어 준다.
③ 로메인상추는 한입 크기로 자르고, 양파와 파프리카는 줄리엔한 뒤, 베이컨은 한입 크기로 썰어서 구워 준다.
④ 둥근 볼에 달걀 노른자, 레몬주스, 레드 와인 비니거, 다진 앤초비, 마늘, 양파, 겨자를 넣고 저은 뒤, 오일을 넣고 휘퍼하여 손질한 재료와 크루통을 넣고 파르메산 치즈를 뿌려 시저 샐러드를 만들어 준다.
⑤ 프라이팬이나 냄비에 망고 퓌레를 넣고 끓여서 망고 소스를 만들어 준다.
⑥ 새우, 두부, 마늘, 양파, 당근, 샐러리는 찹하여 간장, 설탕, 소금, 후추로 반죽해서 원 모양으로 만들어 프라이팬에서 구워 준다.

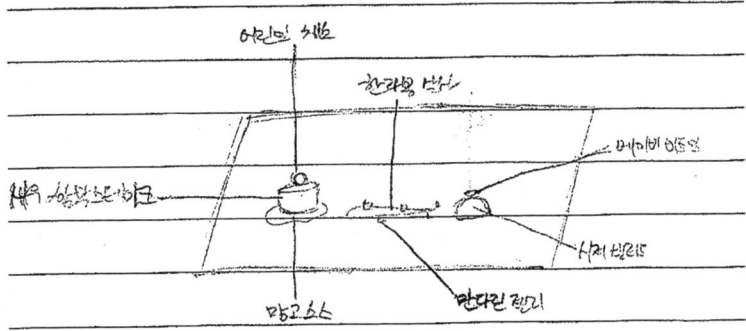

해산물

쿠스쿠스에 어우러진 관자구이와 망고 처트니 그리고 크림치즈볼 & 어린잎 샐러드

■■── 재료 ──■■

관자, 버터, 레몬주스, 마늘, 양파, 당근, 애호박, 가지, 쿠스쿠스, 굴소스, 망고, 파르메산 치즈 가루, 춘권피, 크림치즈, 샐러리, 어린잎 채소, 라임주스, 설탕, 로즈메리, 소금, 후추, 올리브오일

■■■── 만드는 방법 ──■■■

① 볼에다가 어린잎 채소, 레몬주스, 라임주스, 설탕, 파르메산 치즈 가루를 부려서 섞어 어린잎 샐러드를 만들어 준다.
② 망고와 양파는 스몰 다이스하여 소금 간을 한 뒤 섞어서 망고 처트니를 만들어 준다.
③ 마늘, 양파, 당근, 샐러리는 찹하여서 크림치즈와 소금, 후추를 넣어 섞어서 춘권피에 넣어 180°C 기름에 튀겨서 크림치즈볼을 만들어 준다.
④ 쿠스쿠스는 데치고 마늘은 찹한 뒤 양파, 당근, 애호박, 가지는 스몰 다이스하여 프라이팬에 오일을 두르고 야채를 볶다가 쿠스쿠스와 굴소스를 넣고 볶아 준다.
⑤ 관자는 프라이팬에 버터를 넣고 소금, 후추, 레몬주스를 넣어서 구워 관자구이를 만들어 준다.
⑥ 중앙에 쿠스쿠스를 깔고 관자구이와 망고 처트니, 로즈메리를 올린 뒤 사이드에 쿠스쿠스, 어린잎 채소를 올려 준다.

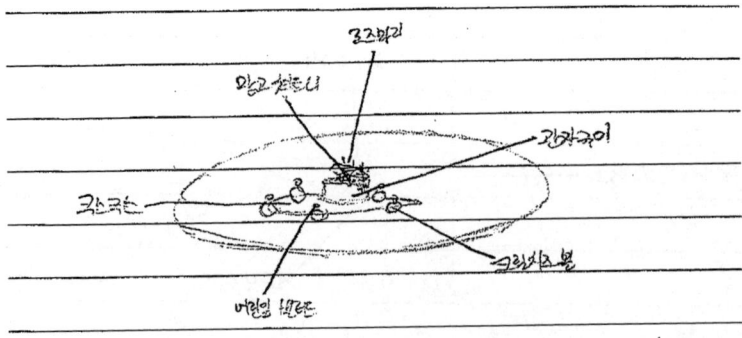

오늘의 양식

해산물구이와 안티파스토 & 민트 페스토
그리고 베샤멜소스와 크림치즈볼

■■ ── **재료** ── ■■

오징어, 쭈꾸미, 새우, 홍합, 꽃게, 버터, 양파, 피망, 양송이버섯, 올리브, 발사믹 식초, 민트, 잣, 우유, 휘핑크림, 월계수잎, 정향, 통후추, 밀가루, 크림치즈, 마늘, 당근, 샐러리, 계란, 빵가루, 파슬리가루, 크레송, 소금, 후추, 올리브오일

■■■ ── **만드는 방법** ── ■■■

① 믹서에 민트, 잣, 마늘, 소금, 후추, 올리브오일을 넣고 믹싱하여 민트 페스토를 만들어 준다.
② 새송이버섯, 양송이버섯, 피망, 양파, 올리브를 먹기 좋은 크기로 썰어서 프라이팬에 올리브오일을 두르고 볶다가 식혀서 발사믹 식초를 뿌려 통에다 재워 안티파스토를 만들어 준다.
③ 마늘, 양파, 당근, 샐러리를 찹하여 크림치즈와 섞은 뒤 작은 볼 형태로 만들어서 밀가루, 계란, 빵가루, 파슬리 가루를 묻혀서 180°C 기름에 튀겨 크림치즈볼을 만들어 준다.
④ 프라이팬에 버터를 넣고 녹여서 밀가루를 넣어서 볶아 화이트 루를 만들어 준 뒤 냄비에 우유, 휘핑크림, 월계수잎, 정향 통후추, 화이트 루, 소금, 후추를 넣고 휘퍼하면서 끓인 뒤 체로 걸러서 베샤멜소스를 만들어 준다.
⑤ 프라이팬에 버터를 넣고 오징어, 쭈꾸미, 새우, 홍합, 꽃게를 넣고 소금과 후추로 간한 뒤 볶아 해산물 구이를 만들어 준다.

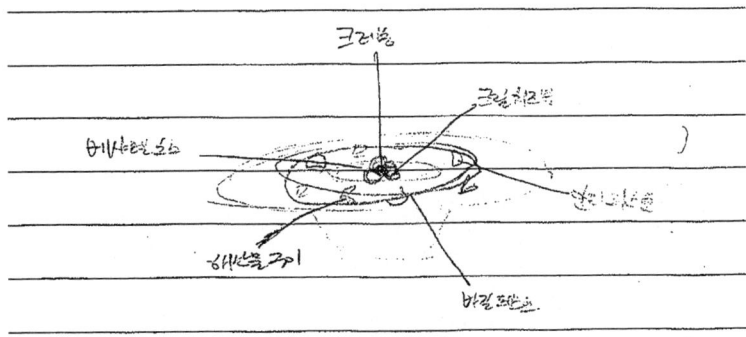

해산물

태국식 해물 페투치네 누들과 페페론치노 페스토 그리고 쿠스쿠스와 라디치오 샐러드 과일 살사

■■── 재료 ──■■

오징어, 쭈꾸미, 새우, 홍합, 꽃게, 페페론치노, 마늘, 양파, 당근, 애호박, 표고버섯, 청경채, 페투치네 누들, 굴소스, 잣, 쿠스쿠스, 가지, 라디치오, 양상추, 발사믹 식초, 참깨, 사과, 키위, 오렌지, 레몬주스, 베이비 비트잎, 소금, 후추, 올리브오일

■■■── 만드는 방법 ──■■■

① 믹서에 페페론치노, 마늘, 소금, 후추, 올리브오일을 넣고 믹싱하여 페페론치노 페스토를 만들어 준다.
② 라디치오와 양상추는 한입 크기로 찢고 양파는 슬라이스하여 발사믹 식초, 올리브오일, 참깨를 섞어서 라디치오 샐러드를 만들어 준다.
③ 사과, 키위, 오렌지는 한입 크기로 잘라서 레몬주스로 섞어 과일 살사를 만들어 준다.
④ 쿠스쿠스는 데치고 마늘은 찹하고 양파, 당근, 애호박, 가지는 스몰 다이스하여 프라이팬에 오일을 두르고 야채를 넣고 볶다가 쿠스쿠스와 굴소스를 넣어서 볶아 준다.
⑤ 페투치네는 삶은 뒤 프라이팬에 오일을 두르고 페페론치노, 마늘 찹, 오징어, 쭈꾸미, 새우, 홍합, 꽃게를 볶다가 양파, 당근, 애호박, 표고버섯, 청경채를 함께 볶아 페투치네 누들을 만들어 준다.

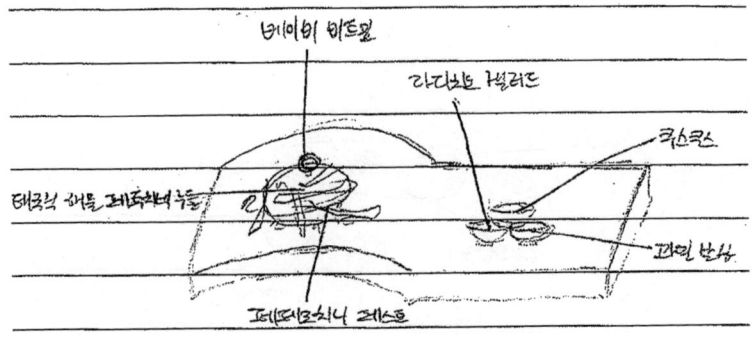

오늘의 양식

버섯 크림 리소토로 속을 채운 가자미 룰라드와 세사미 소스 그리고 바질 페스토와 자몽 젤리

■■ ── **재료** ── ■■

가자미, 마늘, 양파, 새송이버섯, 양송이버섯, 피망, 쌀, 우유, 휘핑크림, 버섯크림, 마요네즈, 참깨, 검은깨, 설탕, 물엿, 식초, 참기름, 바질, 잣, 자몽, 젤라틴, 어린잎 채소, 소금, 후추, 올리브오일

■■■ ── **만드는 방법** ── ■■■

① 믹서에 바질, 잣, 마늘, 소금, 후추, 올리브오일을 넣고 믹싱하여 바질 페스토를 만들어 준다.
② 자몽은 믹서로 갈아서 끓여 젤라틴과 혼합시킨 뒤 몰더에 담아 30분간 냉장 휴지시키고 굳으면 잘라서 자몽 젤리를 만들어 준다.
③ 믹서에 마요네즈, 참깨, 설탕, 물엿, 식초, 참기름을 넣고 믹싱하여 세사미 소스를 만들어 준다.
④ 밥을 지은 다음에 프라이팬에 오일을 두르고 마늘 찹과 양파, 새송이버섯, 양송이버섯, 피망 슬라이스한 것을 볶다가 우유, 휘핑크림, 밥, 소금, 후추, 버섯 크림으로 간하여 볶아서 버섯 크림 리소토를 만들어 준다.
⑤ 가자미는 3장 뜨기를 한 뒤 소금, 후추 간을 하고 넓게 펼친 뒤 버섯 크림 리소토를 넣고 말아서 180°C 오븐에서 6~8분간 구워 버섯 크림 리소토로 속을 채운 가자미 룰라드를 만들어 준다.

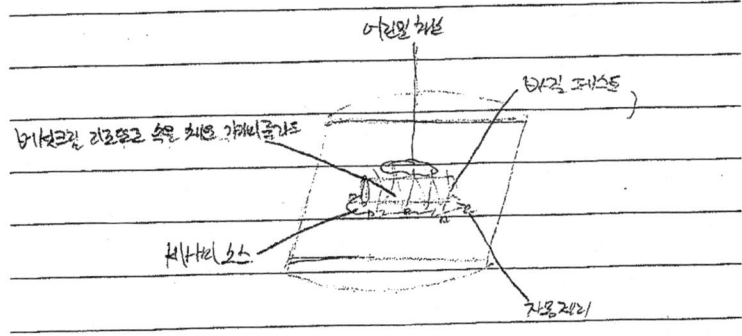

세 가지 맛 소스에 조화를 이룬 새우 치즈볼과 오징어 크림 리소토볼 그리고 굴 & 미역 감자볼

■■── 재료 ──■■

새우, 오징어, 굴, 마요네즈, 피클, 양파, 설탕, 식초, 파슬리 가루, 칠리소스, 핫소스, 케첩, 페페론치노, 마늘, 당근, 샐러리, 황설탕, 머스터드소스, 체다치즈, 쌀, 우유, 휘핑크림, 미역, 감자, 밀가루, 계란, 빵가루, 어린잎 채소, 소금, 후추, 올리브오일

■■■── 만드는 방법 ──■■■

① 마늘, 양파, 피클을 찹하여서 마요네즈와 설탕, 식초, 파슬리 가루를 섞어서 타르타르소스를 만들어 준다.
② 마늘, 양파, 당근, 샐러리, 페페론치노를 찹하여 프라이팬에 오일을 두르고 볶다가 칠리소스, 핫소스, 케첩, 황설탕, 물을 넣고 끓여서 칠리소스를 만들어 준다.
③ 새우와 체다치즈, 작은 볼 형태로 만들어 밀가루, 계란, 빵가루, 파슬리 가루를 뭉쳐서 180°C 기름에 튀겨 새우 치즈볼을 만들어 준다.
④ 밥을 지은 다음에 프라이팬에 오일을 두르고 마늘 찹과 오징어 찹, 양파 찹을 볶다가 밥, 우유, 휘핑크림, 소금, 후추로 간하여서 볶아 밀가루, 계란, 빵가루, 파슬리 가루를 묻혀서 180°C 기름에 튀겨 오징어 크림 리소토볼을 만들어 준다.
⑤ 감자는 쪄서 굴과 미역, 소금, 후추를 섞어서 반죽을 해서 180°C 기름에 튀겨 준다.

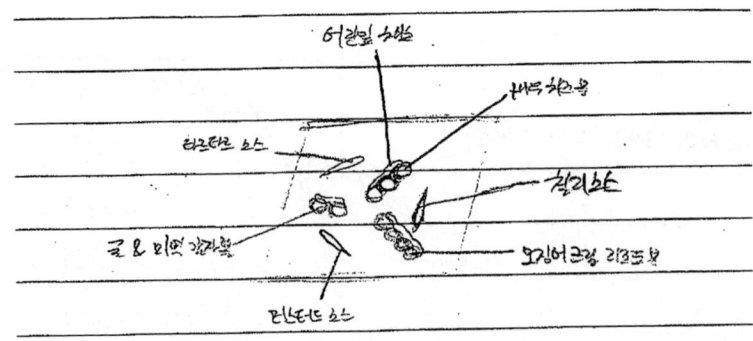

베샤멜소스를 곁들인 가자미 휠렛과 야채 팀발
그리고 단호박 퓌레와 브로콜리 퓌레 & 고구마 퓌레

■■── 재료 ──■■

가자미, 우유, 휘핑크림, 밀가루, 버터, 월계수잎, 정향, 통후추, 마늘, 양파, 당근, 애호박, 가지, 단호박, 생크림, 브로콜리, 자색고구마, 크레송, 소금, 후추, 올리브오일

■■■── 만드는 방법 ──■■■

① 단호박과 고구마는 쪄서 각각 으깨어 생크림과 소금을 넣고 믹싱하여 단호박 퓌레와 고구마 퓌레를 만들어 준다.
② 브로콜리는 데쳐서 믹서로 믹싱한 뒤 생크림과 소금을 넣고 믹싱하여 브로콜리 퓌레를 만들어 준다.
③ 마늘은 찹하고 양파, 당근, 애호박, 가지는 스몰 다이스하여 프라이팬에 오일을 두르고 야채를 넣고 소금, 후추 간을 하여서 볶아 원형 몰더에 담아 야채 팀발을 만들어 준다.
④ 프라이팬에 버터를 넣고 녹여서 밀가루를 넣어서 볶아 화이트 루를 만든 뒤 냄비로 옮겨서 우유, 휘핑크림, 월계수잎, 정향, 통후추, 소금, 후추를 넣고 휘핑기로 믹싱하면서 끓여 원하는 농도에서 베샤멜소스를 만들어 준다.
⑤ 가자미는 3장 뜨기 해서 ½로 자른 뒤 소금, 후추, 파슬리 가루를 뿌리고 프라이팬에 버터를 넣어서 구워 가자미 휠렛을 만들어 준다.

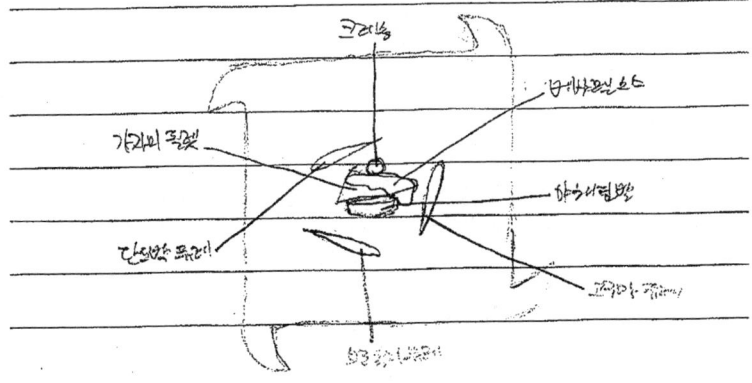

해산물

쉬림프가스 & 쉬림프구이와 타르타르소스
그리고 마카로니 샐러드와 쿠스쿠스

■■── 재료 ──■■

새우, 마늘, 양파, 당근, 샐러리, 밀가루, 계란, 빵가루, 파슬리 가루, 버터, 피클, 설탕, 마요네즈, 마카로니, 옥수수콘, 양상추, 피망, 쿠스쿠스, 애호박, 가지, 굴소스, 어린잎 채소, 베이비 비트잎, 소금, 후추, 올리브오일

■■■── 만드는 방법 ──■■■

① 마카로니는 삶고 양파, 양상추, 피망을 찹하여 옥수수콘과 마요네즈, 설탕을 넣고 섞어서 마카로니 샐러드를 만들어 준다.
② 계란을 삶아 노른자만 체에 쳐주고 양파, 샐러리, 피클을 찹하여 마요네즈, 파슬리 가루, 소금, 후추를 넣고 섞어서 타르타르소스를 만들어 준다.
③ 쿠스쿠스는 데치고 마늘은 찹하고 양파, 당근, 애호박, 가지는 스몰 다이스하여 프라이팬에 오일을 두르고 야채와 쿠스쿠스, 굴소스를 넣고 볶아서 작은 볼 형태로 만든 뒤 밀가루, 계란, 빵가루, 파슬리 가루를 뭉쳐서 180°C 기름에 튀겨 쿠스쿠스볼을 만들어 준다.
④ 새우의 머리 및 내장을 제거한 후 ½은 소금과 후추로 간하여 프라이팬에 버터를 넣고 구워서 쉬림프구이를 만들고 ½은 마늘, 양파, 당근, 샐러리와 찹하여서 소금, 후추로 간을 한 뒤 밀가루, 계란, 빵가루, 파슬리 가루를 묻혀 180°C 기름에 튀겨 쉬림프가스를 만들어 준다.

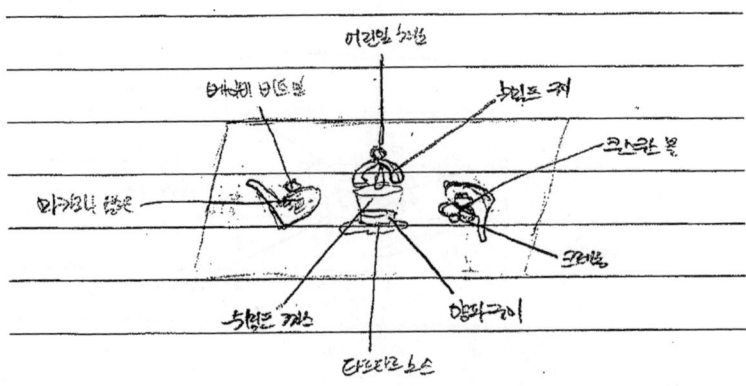

오늘의 양식

세 가지 소스에 어우러진 관자구이 & 야채 처트니와 크림치즈를 넣은 쉬림프 구이 그리고 해물 쿠스쿠스

■■── 재료 ──■■

관자, 새우, 오징어, 쭈꾸미, 망고 퓌레, 라즈베리 퓌레, 키위 퓌레, 버터, 마늘, 양파, 당근, 애호박, 가지, 샐러리, 크림치즈, 쿠스쿠스, 굴소스, 고구마, 크레송, 소금, 후추, 올리브오일

■■■── 만드는 방법 ──■■■

① 망고 퓌레, 라즈베리 퓌레, 키위 퓌레를 각각 냄비 또는 프라이팬에 넣어서 끓여 망고 소스, 라즈베리 소스, 키위 소스를 만들어 준다.
② 고구마는 얇게 줄리엔하여 180°C 기름에 튀겨서 고구마 빠찌엔느를 만들어 준다.
③ 마늘을 찹하고 양파, 당근, 애호박, 가지는 스몰 다이스하여 프라이팬에 오일을 두르고 볶아서 야채 처트니를 만들어 준다.
④ 쿠스쿠스는 데치고 마늘은 찹해서 양파, 당근, 애호박, 가지는 스몰 다이스하여서 프라이팬에 오일을 두르고 마늘 찹과 해산물을 볶다가 야채와 굴소스를 넣고 볶아서 원형 몰드에 담아 해물 쿠스쿠스를 만들어 고구마 빠찌엔느를 올려 준다.
⑤ 새우는 머리와 내장을 제거하고 마늘, 양파, 당근, 샐러리를 찹하여서 크림치즈와 섞은 뒤 새우 중앙에 넣어서 소금, 후추 간을 하여 180°C 오븐에서 5분간 구워 크림치즈를 올려서 쉬림프구이를 만들어 준다.
⑥ 프라이팬에 버터를 넣고 관자에 소금, 후추를 간하여 처트니를 올려 만들어 준다.

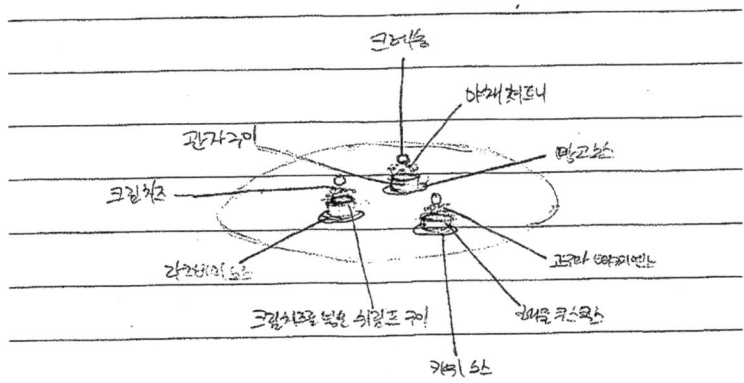

해산물